相続税・贈与税のための土地評価の基礎実務

渡邉 定義 編著　村上 晴彦／堀内 眞之 共著

税務研究会出版局

はしがき

　土地や土地の上に存する権利等の評価は、相続税や贈与税等の申告業務における実務上最も重要な作業の一つです。

　また、土地等は極めて個別性が強く、その置かれた状況により評価額が大きく異なってくることから、現地の状況を的確に把握し適正に法令や評価通達等を適用する必要があります。特に、先般改正・新設された「地積規模の大きな宅地の評価」が平成30年分から適用されることになり、評価を行う際にはチェックシートを使うなどしてこれらの補正率を的確に適用する必要があります。

　納税者自ら時価を算定し申告しなければならない申告納税制度の下では、これら個別事例に関する疑問や質問等も多く、実務家の悩みの種の一つとなっています。

　今般、このような実務家の方々の一助となれるよう、評価明細書の作成の仕方など基礎的な説明から難解な事例にわたるまで、できるだけ実務に沿って**体系的・網羅的**に記述するとともに、疑問や質問の多い事項を中心に**質疑・設例形式**で簡潔な解説をするよう構成しました。特に、初めて土地等の評価に携わる方にもわかりやすいように**評価の流れ**と**評価明細書の作成の流れ**についても詳述しています。また、資料編を含め国税庁から出されている情報（質疑応答事例等）は可能な範囲で掲載するようにしました。

　本書が、土地等の評価に携わる実務家の皆様や納税者の方々のお役に立てれば幸いに存じます。

　終わりに、税務研究会の奥田守氏及び知花隆次氏をはじめ出版局の皆様には、執筆から校正にいたるまで長きに渡り辛抱強くご協力いただきました。心からお礼申し上げます。

平成30年11月

編著者　渡邉　定義
著者　村上　晴彦
堀内　眞之

目　　次

第1章　土地等の評価の通則

第1節　相続税等の財産評価 …………………………………………………… 2
1　相続税等の財産評価 ……………………………………………………… 2
2　時価の意義と路線価等 …………………………………………………… 2
　Q1-1　路線価等に基づかない(例えば鑑定評価による)申告、更正の請求 …… 3
　Q1-2　相続開始後の売却価額による申告 …………………………………… 4
3　海外にある不動産・売買契約中の不動産などの評価 ………………… 4
　Q1-3　海外にある不動産の評価 ……………………………………………… 4
　Q1-4　たな卸資産である土地の評価 ………………………………………… 5
　Q1-5　売買契約中の土地（相続人が売買契約を解除）の評価 …………… 6
　Q1-6　売買契約中の農地の評価 ……………………………………………… 6
　Q1-7　遺産分割協議がされていない土地を相続した場合の評価等 …… 7

第2節　土地等の評価実務 ……………………………………………………… 8
1　土地等の評価手順 ………………………………………………………… 8
2　基礎資料の収集等と現地調査 …………………………………………… 16
　Q1-8　基礎資料の収集や現地調査が不十分な場合の誤り ………………… 16
　Q1-9　土地等を評価する上で必要な情報の把握方法 ……………………… 17
　Q1-10　賃貸借契約書がない場合 …………………………………………… 19

第3節　評価単位の確定 ………………………………………………………… 20
1　地目の判定 ………………………………………………………………… 20
　(1)　地目別評価の原則 …………………………………………………… 20
　　Q1-11　登記地目（台帳地目）と現況地目 …………………………… 21
　　Q1-12　地目の判定（農地） …………………………………………… 21
　　Q1-13　採草放牧地の地目の判定 ……………………………………… 22
　(2)　地目別評価の原則の例外 …………………………………………… 22
　　Q1-14　複数地目一体利用の場合（地目別の例外） ………………… 22

| Q1-15 | 宅地比準方式等で評価する一団の土地の具体例 …………… 24

2　地目ごとの評価単位 …………………………………………………… 26
　(1) 宅　　　地 ………………………………………………………… 26
　　| Q1-16 | 青地（青道）がある場合の評価単位 ……………………… 30
　　| Q1-17 | 不合理分割の具体例 ………………………………………… 31
　　| Q1-18 | 不合理分割の場合の土地の評価 …………………………… 33
　(2) 市街地農地等 ……………………………………………………… 34
　(3) 宅地、市街地農地等以外の土地（雑種地を除く。） …………… 35
　(4) 雑　種　地 ………………………………………………………… 35
　　| Q1-19 | 雑種地の評価単位 …………………………………………… 36
　　| Q1-20 | 市街地が形成されている市街化区域にある雑種地の評価 … 37
　　| Q1-21 | 利用目的の異なる雑種地が隣接している場合の評価単位 … 37
　　| Q1-22 | フェンスなどで仕切られた駐車場の評価単位 …………… 38

3　土地の上に存する権利の評価上の区分 ……………………………… 38
4　面　　　積 …………………………………………………………… 39
　　| Q1-23 | 「実際の面積」の意義 ……………………………………… 39
　　| Q1-24 | 共有地（マンション敷地）の地積 ………………………… 40
　　| Q1-25 | がけ地が含まれている宅地の地積 ………………………… 40
　　| Q1-26 | 山林の地積 …………………………………………………… 41
　　| Q1-27 | 相続開始後の実測による面積の増加（減少） …………… 41

第4節　財産評価基準書と評価方式の判別 …………………………… 43

1　財産評価基準書 ………………………………………………………… 43
2　評価方式の判別 ………………………………………………………… 45
3　路線価等とその見方 …………………………………………………… 46
　(1) 路線価と路線価方式による評価 ………………………………… 46
　(2) 地 区 区 分 ………………………………………………………… 46
　(3) 借地権割合 ………………………………………………………… 47
　(4) 路線価図の表示（見方） ………………………………………… 47
4　評価倍率表とその見方 ………………………………………………… 51
　(1) 評価倍率表と倍率方式による評価 ……………………………… 51
　(2) 評価倍率表の記載欄の内容等 …………………………………… 51
　(3) 評価倍率表の読み方 ……………………………………………… 53

|Q1-28| 評価倍率表の具体的な読み方 ·· 54
　(4)　評価方式を迷ったら評価倍率表と路線価図を併せて確認 ················ 54
　5　特定路線価の申請 ··· 55
　6　個別評価申出書 ··· 60
　7　土地及び土地の上に存する権利の評価明細書（第1表、第2表） ·········· 64
　(1)　土地及び土地の上に存する権利の評価明細書（第1表）の記載要領 ······· 64
　(2)　土地及び土地の上に存する権利の評価明細書（第2表）の記載要領 ······· 67
|Q1-29| 土地等の評価明細書（第1表、第2表）への記載要領 ············ 69
　8　市街地農地等の評価明細書と宅地造成費 ·· 73

第2章　宅地及び宅地に比準して評価する土地の評価

第1節　路線価方式による評価 ·· 82
　1　一路線に面する宅地 ··· 86
　(1)　評　価　方　法 ··· 86
　(2)　一路線に複数の路線価がある場合の評価 ·· 88
　　|Q2-1| 路線に2以上の路線価が付されている場合の宅地の評価 ········· 88
　　|Q2-2| 路線に地区区分の異なる2つの路線価が付設されている場合 ······· 90
　(3)　奥行距離と間口距離の求め方 ·· 91
　2　二路線に面する宅地 ··· 94
　(1)　正面路線と側方路線に面する宅地 ·· 94
　(2)　正面と裏面に路線がある宅地 ··· 96
　　|Q2-3| 正面路線価の判定 ··· 98
　3　三路線又は四路線に面する宅地 ··· 100
　4　側方・二方路線影響加算額の調整 ··· 103
　　|Q2-4| 側方路線等に宅地の一部が接している場合の調整 ·················· 103
　　|Q2-5| 二方路線影響加算額の調整 ·· 104
　　|Q2-6| 側方路線影響加算率ではなく二方路線影響加算率で計算する場合 ··· 104
　　|Q2-7| 三方路線に面する宅地の場合の調整 ·· 105
　　|Q2-8| 路線価の高い路線の影響を受ける度合いが著しく少ない場合の評価 ··· 106
　5　間口が狭小な宅地等 ·· 107

| Q2-9 | 側方路線と間口が狭小な宅地等の評価 ………………………… 109

6 不整形地の評価 …………………………………………………………… 111
　(1) 評価方法 ……………………………………………………………… 111
　(2) 不整形地補正率と想定整形地 ……………………………………… 113
　(3) 不整形地の具体的な評価方法 ……………………………………… 119
　　| Q2-10 | 河川を隔てて道路がある宅地の評価 ………………………… 127
　(4) 不整形地補正をしない場合 ………………………………………… 128

7 地積規模の大きな宅地の評価 …………………………………………… 131
　(1) 評価方法 ……………………………………………………………… 131
　(2) 適用可否判定に当たっての留意点 ………………………………… 134
　　| Q2-11 | 工業専用地域とそれ以外の用途地域にわたる場合の用途地域の判定 ………………………………………………………………… 135
　　| Q2-12 | 工業専用地域とそれ以外の地域がある場合の評価 ………… 136
　　| Q2-13 | 異なる指定容積率の地域にわたる宅地の指定容積率の求め方 … 137
　　| Q2-14 | 基準容積率が400％以下となる場合の適用の可否 …………… 138

8 無道路地 …………………………………………………………………… 141
　(1) 評価方法 ……………………………………………………………… 141
　　| Q2-15 | 無道路地の評価 ………………………………………………… 142
　(2) 接道義務を果たしていない宅地 …………………………………… 143

9 が け 地 …………………………………………………………………… 145
　(1) 評価方法 ……………………………………………………………… 145
　(2) 方位の判定 …………………………………………………………… 146
　(3) がけ地補正率の計算例 ……………………………………………… 149

10 容積率の異なる2以上の地域にわたる宅地の評価 …………………… 150
　(1) 評価方法 ……………………………………………………………… 150
　(2) 容積率の異なる2以上の地域にわたる宅地の評価の適用の可否 … 154
　(3) 裏路線価を正面路線価として評価する場合 ……………………… 155

第2節　倍率方式による評価 …………………………………………………… 157
　　| Q2-16 | 実際の面積と固定資産税課税台帳の面積と異なる場合 …… 157
　　| Q2-17 | 倍率地域における地積規模の大きな宅地の評価 …………… 158

第3節　市街地農地等の評価 …………………………………………………… 159
　1 評価方法等 ………………………………………………………………… 159

| Q2-18 | 宅地比準する市街地農地等に該当するか否かの確認方法 …………… 160
| Q2-19 | 市街地周辺農地の評価 ………………………………………………… 160
| Q2-20 | 宅地転用が見込めない市街地山林や市街地農地の評価 …………… 160
| Q2-21 | 路線価地域にある市街地農地の宅地比準による評価 ……………… 161
| Q2-22 | 倍率地域にある市街地農地の宅地比準による評価 ………………… 165
| Q2-23 | 宅地比準方式で評価する一団の土地の評価 ………………………… 168
| Q2-24 | 生産緑地に係る主たる従事者が死亡した場合の生産緑地の価額 … 170

第3章　個別の宅地の評価

第1節　大規模工場用地 …………………………………………………………… 172
1　評価単位 …………………………………………………………………… 172
  | Q3-1 | 「一団の工場用地」の判定 …………………………………………… 172
2　評価方法 …………………………………………………………………… 173
  | Q3-2 | 大規模工場用地の評価 ………………………………………………… 174

第2節　余剰容積率の移転と宅地の評価 ………………………………………… 178
1　余剰容積率を移転している宅地の価額 ………………………………… 178
2　余剰容積率の移転を受けている宅地の価額 …………………………… 179
  | Q3-3 | 余剰容積率の移転がある場合の評価額の計算 ……………………… 180

第3節　私道の評価 ………………………………………………………………… 181
  | Q3-4 | 路地状敷地の私道としての評価 ……………………………………… 182
  | Q3-5 | 倍率地域における私道の評価 ………………………………………… 182
  | Q3-6 | 特定路線価が設定された私道の評価 ………………………………… 182
  | Q3-7 | 歩道状空地の用に供されている宅地の評価 ………………………… 185
  | Q3-8 | 公開空地のある宅地の評価 …………………………………………… 186

第4節　土地区画整理事業施行中の宅地の評価 ………………………………… 187
第5節　造成中の宅地の評価 ……………………………………………………… 188
第6節　農業用施設用地の評価 …………………………………………………… 189
第7節　セットバックを必要とする宅地の評価 ………………………………… 190
  | Q3-9 | セットバックを要する宅地の評価 …………………………………… 190
  | Q3-10 | セットバックの有無の調査・確認 …………………………………… 194

第8節　都市計画道路予定地の区域内にある宅地の評価 …………………… 195
　　　Q3-11　都市計画道路予定地の区域内にある宅地の評価 …………… 196
　　　Q3-12　倍率地域や市街地農地等への適用等 ……………………… 197
第9節　文化財建造物等である家屋の敷地等の評価 ……………………… 200
　　1　文化財建造物である家屋の敷地の用に供されている宅地の評価 ……… 200
　　2　文化財建造物である構築物の敷地の用に供されている土地の評価 …… 201
　　3　文化財建造物である家屋の評価 ……………………………………… 201
　　4　文化財建造物である構築物の評価 …………………………………… 201
　　5　景観重要建造物である家屋及び敷地等の評価 ……………………… 202
　　　Q3-13　景観重要建造物である家屋及びその敷地の評価 …………… 202
　　　Q3-14　歴史的風致形成建造物である家屋及びその敷地の評価 …… 203

第4章　農地・山林・原野等の評価

第1節　農地の評価（市街地農地等を除く）……………………………………… 206
　　　Q4-1　評価倍率表による農地の評価方法の判別と評価 ………………… 206
第2節　山林の評価（市街地山林を除く）……………………………………… 209
　　1　山林の評価 ……………………………………………………………… 209
　　　Q4-2　評価倍率表による山林の評価方法の判別と評価 ………………… 209
　　2　保安林等の評価 ………………………………………………………… 210
　　　Q4-3　固定資産税評価額が付されていない保安林の評価 …………… 210
　　3　特別緑地保全地区内にある山林の評価 ……………………………… 211
第3節　原野等の評価（市街地原野を除く）…………………………………… 213
　　1　原野の評価 ……………………………………………………………… 213
　　2　特別緑地保全地区内にある原野の評価 ……………………………… 213
　　3　牧場・池沼の評価 ……………………………………………………… 213
第4節　鉱泉地の評価 ………………………………………………………… 214
　　1　鉱泉地の評価 …………………………………………………………… 214
　　2　住宅、別荘等の鉱泉地の評価 ………………………………………… 214
　　3　温泉権が設定されている鉱泉地の評価 ……………………………… 215
　　4　温泉権の評価 …………………………………………………………… 215
　　5　引湯権の設定されている鉱泉地及び温泉権の評価 ………………… 215

6　引湯権の評価 ·· 215
第5節　雑種地の評価 ·· 216
　1　雑種地の評価 ·· 216
　　(1)　評価方法 ·· 216
　　　Q4-4　雑種地の具体的な評価方法 ·· 216
　　(2)　市街化調整区域内にある雑種地の評価 ································· 217
　2　ゴルフ場の用に供されている土地の評価 ··································· 218
　　(1)　市街化区域及びそれに近接する地域にあるゴルフ場用地の価額 ······ 218
　　(2)　(1)以外の地域にあるゴルフ場用地の価額 ······························ 219
　3　遊園地等の用に供されている土地の評価 ··································· 221
　4　鉄軌道用地の評価 ·· 221
　　　Q4-5　都市公園の用地として貸し付けられている土地の評価 ········· 221

第5章　著しく利用価値の低い土地の評価等

第1節　利用価値が著しく低下している宅地の評価 ······························ 224
第2節　土壌汚染地の評価 ·· 225
第3節　埋蔵文化財包蔵地の評価 ··· 226
　　　Q5-1　埋蔵文化財包蔵地の確認 ·· 226

第6章　宅地の上に存する権利及びこれらの権利の目的となっている宅地の評価

第1節　評価方法の概要 ·· 228
　　　Q6-1　抵当権が設定されている土地の評価 ······························ 228
　　　Q6-2　駐車場敷地の評価 ·· 229
第2節　借地権及び借地権の目的となっている宅地（貸宅地）の評価 ······ 230
　1　借　地　権 ·· 230
　　(1)　借地権の評価 ·· 230
　　　Q6-3　所得税法・法人税法上の借地権と財産評価基本通達の借地権 ········ 231
　　　Q6-4　被相続人の自宅とその敷地について建物と借地権を配偶者、底地
　　　　　　を長男が相続する旨の遺産分割をした場合 ······················· 231

| Q6-5 | 自用地と借地を一体として利用している場合の評価 ………………… 232

(2) 相当の地代を支払うなどして設定された借地権の評価 …………………… 233
| Q6-6 | 法人が相当の地代を支払って賃借した場合の借地権の評価 ……… 234
| Q6-7 | 通常の地代（年額）の意味 ………………………………………………… 236

(3) 「土地の無償返還に関する届出書」が提出されている場合の借地権の評価 ……………………………………………………………………………………… 236

(4) 一時使用目的の借地権の評価 ………………………………………………… 241
| Q6-8 | 一時使用のための借地権の評価 …………………………………………… 242
| Q6-9 | 臨時的な使用に係る賃借権の評価 ………………………………………… 242

2 貸 宅 地 ……………………………………………………………………………… 242
(1) 貸宅地の評価 …………………………………………………………………… 242
| Q6-10 | 借地権割合の異なる路線が接続している場合の貸宅地の評価 …… 244
| Q6-11 | 複数の地目の土地を一体利用している貸宅地等の評価 …………… 245
| Q6-12 | 借地権の及ぶ範囲 ……………………………………………………………… 246

(2) 相当の地代を支払うなどして設定された借地権の目的となっている貸宅地の評価 ……………………………………………………………………………………… 250
| Q6-13 | 相当の地代が支払われている借地権の目的となっている貸宅地の評価 ……………………………………………………………………………………… 250
| Q6-14 | 地価の下落と相当の地代の金額について ……………………………… 252

(3) 「土地の無償返還に関する届出書」が提出されている場合の貸宅地の評価 ……………………………………………………………………………………… 252

(4) 一時使用目的の借地権の目的となっている貸宅地 ………………………… 253

第3節　貸家建付地の評価 ……………………………………………………………… 254
1 貸家建付地の評価方法 ……………………………………………………………… 254
2 借家権の目的となっている家屋の敷地の範囲 ………………………………… 255
(1) 貸 借 関 係 ……………………………………………………………………… 255
| Q6-15 | 従業員社宅の敷地の評価 ……………………………………………………… 255

(2) 課税時期に一部が空室となっている場合 ……………………………………… 256
| Q6-16 | サブリース契約で一括借上げされているアパートに空室がある場合 ……………………………………………………………………………………… 256
| Q6-17 | 貸家が空き家となっている場合の貸家建付地の評価 ……………… 256

(3) 貸家に併設された駐車場と貸家建付地の評価 ………………………………… 257

| Q6-18 | 賃貸ビルの敷地の一部を賃貸ビル以外の者に駐車場として利用させている場合の評価 | 257 |

| Q6-19 | 賃貸ビルの敷地の一部を駐車場としている場合で、専ら賃貸ビルの借家人が利用するものである場合の評価 | 258 |

| Q6-20 | 賃貸アパートの敷地内に、コインパーキングを設置している場合 | 259 |

| Q6-21 | 賃貸建物が敷地の建ぺい率、容積率を使い切って建築されている場合の貸家建付地の範囲 | 261 |

第4節　貸家建付借地権、転借権などの評価 …… 262
1　貸家建付借地権 …… 262
2　転借権・転貸借地権 …… 262
(1)　転借権 …… 263
(2)　転貸借地権の評価 …… 263
3　借家人の有する宅地等に関する権利 …… 263
(1)　権利が借家の敷地である宅地又はその宅地に係る借地権に対するものである場合 …… 264
(2)　権利がその借家の敷地である宅地に係る転借権に対するものである場合 …… 264

| Q6-22 | 借地権等の評価額の算定方法の概要 …… 264 |

第5節　定期借地権等及び定期借地権等の目的となっている宅地の評価 … 267
1　定期借地権等の意義 …… 267
2　定期借地権等の評価 …… 268
(1)　定期借地権等の価額 …… 268

| Q6-23 | 保証金の授受がある場合の経済的利益の総額について …… 269 |

(2)　一時使用目的の借地権 …… 270

| Q6-24 | 定期借地権の評価 …… 270 |

3　定期借地権等の目的となっている宅地の価額 …… 277
(1)　定期借地権等の目的となっている宅地の価額 …… 277

| Q6-25 | 定期借地権等の目的となっている宅地の評価 …… 278 |

(2)　課税上弊害がない場合の一般定期借地権の目的となっている宅地の価額 …… 279

| Q6-26 | 個別通達の適用に当たり課税上弊害がある場合について …… 279 |

第6節　地上権等及び地上権等の目的となっている宅地の評価 …… 281
1　地上権等の評価等 …… 281
(1)　地上権の評価 …… 281
(2)　地上権の目的となっている宅地の価額 …… 282
2　区分地上権等の評価等 …… 282
(1)　区分地上権の価額 …… 282
(2)　区分地上権の目的となっている宅地の価額 …… 282
Q6-27　区分地上権の目的となっている宅地の評価 …… 283
Q6-28　区分地上権が宅地の一部に設定されている場合の評価 …… 284
Q6-29　倍率地域にある区分地上権の目的となっている宅地の評価 …… 285
3　区分地上権に準ずる地役権の評価等 …… 286
(1)　区分地上権に準ずる地役権の価額 …… 286
(2)　区分地上権に準ずる地役権の目的となっている承役地である宅地の価額 …… 286
Q6-30　区分地上権に準ずる地役権の意義 …… 286
Q6-31　一部が区分地上権に準ずる地役権の目的となっている宅地の評価 …… 287
Q6-32　債権契約により高圧線が架設されている土地の評価 …… 288
4　土地の上に存する権利が競合する場合の宅地等 …… 288
(1)　土地の上に存する権利が競合する場合の借地権、定期借地権等又は地上権の価額 …… 288
(2)　土地の上に存する権利が競合する場合の宅地の価額 …… 289
Q6-33　借地権等と区分地上権とが競合する場合 …… 290
Q6-34　借地権と区分地上権に準ずる地役権とが競合する場合の宅地の評価 …… 291
Q6-35　区分地上権と区分地上権に準ずる地役権とが競合する場合の宅地の評価 …… 292
5　区分地上権の目的となっている貸家建付地の評価 …… 293
Q6-36　区分地上権の目的となっている貸家建付地の評価 …… 293
6　区分地上権に準ずる地役権の目的となっている貸家建付地の評価 …… 294

第7節　使用貸借に係る土地の使用権及びその目的となっている土地の評価 …… 295
1　使用貸借に係る使用権の評価 …… 295
2　使用貸借に係る使用権の設定されている土地の評価 …… 295

| Q6-37 | 使用貸借に係る土地の評価（使用貸借後に賃貸建物を建築した場合）…………………………………………………………………………… 295
| Q6-38 | 使用貸借に係る土地の評価（土地の無償返還に関する届出書の提出がない場合）………………………………………………………………… 296

3 使用貸借の開始以前に貸家の敷地の用に供されていた土地の評価………… 296
| Q6-39 | 使用貸借が設定されている土地の評価単位 ……………………………… 297
| Q6-40 | 賃貸用不動産の建物のみの贈与後の土地の評価 ………………………… 297
| Q6-41 | 夫が所有する土地上に夫婦共有の貸家がある場合 ……………………… 298
| Q6-42 | 共有の貸家の持分が共有の土地の持分を上回る場合の土地の貸家建付地評価 …………………………………………………………………… 298
| Q6-43 | 親の借地権付居宅の敷地を子が所有することとなる場合の借地権の取扱い ……………………………………………………………………… 299
| Q6-44 | 親の借地に子供が家を建てたときの借地権の取扱い …………………… 301

第7章 宅地以外の土地の上に存する権利及びこれらの権利の目的となっている土地の評価

第1節 農地の上に存する権利及びその目的となっている農地の評価 ……304
1 耕作権及び耕作権の目的となっている農地の評価 ……………………………… 304
　(1) 耕作権の価額 ………………………………………………………………… 304
　(2) 耕作権の目的となっている農地の価額 …………………………………… 305
2 永小作権及び永小作権の目的となっている農地の評価 ………………………… 305
　(1) 永小作権の価額 ……………………………………………………………… 305
　(2) 永小作権の目的となっている農地の価額 ………………………………… 306
3 農地に係る区分地上権及び区分地上権の目的となっている農地の評価 …… 306
　(1) 農地に係る区分地上権の価額 …………………………………………… 306
　(2) 区分地上権の目的となっている農地の価額 …………………………… 306
4 区分地上権に準ずる地役権及びその目的となっている農地の評価 ………… 307
　(1) 区分地上権に準ずる地役権の価額 ……………………………………… 307
　(2) 区分地上権に準ずる地役権の目的となっている農地の価額 ………… 307
5 土地の上に存する権利が競合する場合の耕作権又は永小作権の評価 ……… 308

(1)　耕作権又は永小作権及び区分地上権が設定されている場合の耕作権又は
　　　　永小作権の価額 ……………………………………………………………… 308
　　(2)　区分地上権に準ずる地役権が設定されている承役地に耕作権又は永小作
　　　　権が設定されている場合の耕作権又は永小作権の価額 ………………… 308
　6　土地の上に存する権利が競合する場合の農地の評価 …………………………… 308
　　(1)　耕作権又は永小作権及び区分地上権の目的となっている農地の価額 …… 308
　　(2)　区分地上権及び区分地上権に準ずる地役権の目的となっている承役地で
　　　　ある農地の価額 …………………………………………………………… 309
　　(3)　耕作権又は永小作権及び区分地上権に準ずる地役権の目的となっている
　　　　承役地である農地の価額 ………………………………………………… 309
　　　Q7-1　農地法の許可を受けないで他人に耕作させている農地の評価 ……… 309
　　　Q7-2　市民農園として貸し付けている農地の評価 ……………………………… 309
　　　Q7-3　農業経営基盤強化促進法に基づく農用地利用集積計画の公告によ
　　　　　り賃借権が設定されている農地の評価 …………………………………… 310
　　　Q7-4　農地中間管理機構に賃貸借により貸し付けられている農地の評価 …… 311
　　　Q7-5　10年以上の期間の定めのある賃貸借により貸し付けられている農
　　　　　地の評価 ………………………………………………………………… 311

第2節　山林の上に存する権利及びその目的となっている山林の評価 …… 313

　1　山林に係る賃借権の評価 ……………………………………………………… 313
　　(1)　純山林に係る賃借権の価額 …………………………………………… 313
　　(2)　中間山林に係る賃借権の価額 ………………………………………… 313
　　(3)　市街地山林に係る賃借権の価額 ……………………………………… 313
　2　賃借権の目的となっている山林の評価 ……………………………………… 313
　3　山林に係る地上権及び地上権の目的となっている山林の評価 …………… 314
　　(1)　山林に係る地上権の価額 ……………………………………………… 314
　　(2)　地上権の目的となっている山林の価額 ……………………………… 314
　4　山林に係る区分地上権とその目的となっている山林の評価 ……………… 315
　　(1)　山林に係る区分地上権の価額 ………………………………………… 315
　　(2)　区分地上権の目的となっている山林の価額 ………………………… 315
　5　区分地上権に準ずる地役権とその目的となっている承役地である山林の評
　　価 ……………………………………………………………………………… 315
　　(1)　山林に係る区分地上権に準ずる地役権の価額 ……………………… 315

(2) 区分地上権に準ずる地役権の目的となっている承役地である山林の価額 ……………………………………………………………………………… 316
　6 山林に係る土地の上に存する権利が競合する場合の賃借権又は地上権の評価 ……………………………………………………………………………… 316
　　(1) 賃借権又は地上権及び区分地上権が設定されている場合の賃借権又は地上権の価額 ……………………………………………………………… 316
　　(2) 区分地上権に準ずる地役権が設定されている承役地に賃借権又は地上権が設定されている場合の賃借権又は地上権の価額 ……………… 316
　7 土地の上に存する権利が競合する場合の山林の評価 …………………… 317
　　(1) 賃借権又は地上権及び区分地上権の目的となっている山林の価額 ……… 317
　　(2) 区分地上権及び区分地上権に準ずる地役権の目的となっている承役地である山林の価額 ………………………………………………………… 317
　　(3) 賃借権又は地上権及び区分地上権に準ずる地役権の目的となっている承役地である山林の価額 ………………………………………………… 317
　8 分収林契約に基づいて設定された地上権等及びその目的となっている山林の評価 …………………………………………………………………………… 317
　　(1) 分収林契約に基づき設定された地上権等の価額 ……………………… 317
　　(2) 分収林契約に基づいて貸し付けられている山林の価額 ……………… 318
　　　Q7-6 特別緑地保全地区内で管理協定が締結されている山林の評価 …… 318
　　　Q7-7 市民緑地契約が締結されている土地の評価 ………………………… 319
　　　Q7-8 風景地保護協定が締結されている土地の評価 …………………… 319

第3節 原野、牧場、池沼及び鉱泉地の上に存する権利及びその目的となっている土地の評価 …………………………………………………… 321

　1 賃借権及びその目的となっている原野の評価 …………………………… 321
　　(1) 原野の賃借権の価額 ……………………………………………………… 321
　　(2) 賃借権の目的となっている原野の価額 ………………………………… 321
　2 原野に係る地上権と地上権の目的となっている原野の評価 …………… 321
　　(1) 原野に係る地上権の価額 ………………………………………………… 321
　　(2) 地上権の目的となっている原野の価額 ………………………………… 322
　3 区分地上権及びその目的となっている原野の評価 ……………………… 322
　　(1) 原野に係る区分地上権の価額 …………………………………………… 322
　　(2) 区分地上権の目的となっている原野の価額 …………………………… 322

4　区分地上権に準ずる地役権及びその目的となっている承役地である原野の
　　評価 ··· 323
　　(1)　原野に係る区分地上権に準ずる地役権の価額 ·································· 323
　　(2)　区分地上権に準ずる地役権の目的となっている承役地である原野の価額
　　　　 ·· 323
　5　原野に係る土地の上に存する権利が競合する場合の賃借権又は地上権の評
　　価 ··· 323
　　(1)　賃借権又は地上権及び区分地上権が設定されている場合の賃借権又は地
　　　　上権の価額 ··· 323
　　(2)　区分地上権に準ずる地役権が設定されている承役地である原野に賃借権
　　　　又は地上権が設定されている場合の賃借権又は地上権の価額 ·············· 324
　6　土地の上に存する権利が競合する場合の原野の評価 ······················· 324
　　(1)　賃借権又は地上権及び区分地上権の目的となっている原野の価額 ········ 324
　　(2)　区分地上権及び区分地上権に準ずる地役権の目的となっている承役地で
　　　　ある原野の価額 ·· 324
　　(3)　賃借権又は地上権及び区分地上権に準ずる地役権の目的となっている承
　　　　役地である原野の価額 ··· 324
　7　牧場及び牧場の上に存する権利の評価 ·· 325
　8　池沼及び池沼の上に存する権利の評価 ·· 325
　9　権利の設定された鉱泉地及び鉱泉地の上に存する権利の評価 ········· 325
　　(1)　温泉権の価額 ·· 325
　　(2)　温泉権が設定されている鉱泉地の価額 ·· 325
　　(3)　引湯権の価額 ·· 325
　　(4)　引湯権の設定されている鉱泉地及び温泉権の価額 ···························· 326

第4節　雑種地の上に存する権利及びその目的となっている雑種地の評
　　　価 ··· 327
　1　雑種地に係る賃借権の評価 ·· 327
　　(1)　地上権に準ずる権利として評価することが相当と認められる賃借権の価
　　　　額 ··· 327
　　(2)　(1)に掲げる賃借権以外の賃借権の価額 ·· 327
　2　賃借権の目的となっている雑種地の評価 ·· 327
　　　Q7-9　堅固な構築物の敷地となっている雑種地の評価 ························ 328

| Q7-10 | 借地権の取引慣行があると認められる地域以外の地域にある賃借権の評価 ……………………………………………………………… 329
| Q7-11 | 相当の地代の授受がある賃借権の評価 …………………………… 330
| Q7-12 | 臨時的な使用のための賃借権の評価 ……………………………… 330

3 賃借人がその雑種地の造成を行っている場合の雑種地の評価 ………… 331
| Q7-13 | ゴルフ場用地を貸し付けている場合の雑種地の評価 ………… 331
| Q7-14 | 中古車展示場の一部に簡易な建物がある場合 ………………… 332
| Q7-15 | 第三者が貸駐車場を営業するために砂利を敷いている場合の貸雑種地の評価 ……………………………………………………………… 333
| Q7-16 | 貸駐車場として利用している土地の評価 ……………………… 333

4 雑種地に係る地上権及び地上権の目的となっている雑種地の評価 …… 333
　(1) 雑種地に係る地上権の価額 ……………………………………………… 333
　(2) 地上権の目的となっている雑種地の価額 ……………………………… 334

5 区分地上権及びその目的となっている雑種地の評価 …………………… 334
　(1) 雑種地に係る区分地上権の価額 ………………………………………… 334
　(2) 区分地上権の目的となっている雑種地の価額 ………………………… 335

6 区分地上権に準ずる地役権及びその目的となっている雑種地の評価 … 335
　(1) 雑種地に係る区分地上権に準ずる地役権の価額 ……………………… 335
　(2) 区分地上権に準ずる地役権の目的となっている承役地である雑種地の価額 ……………………………………………………………………… 335

7 雑種地の上に存する権利が競合する場合の賃借権又は地上権の評価 … 335
　(1) 賃借権又は地上権及び区分地上権が設定されている場合の賃借権又は地上権の価額 ……………………………………………………………… 336
　(2) 区分地上権に準ずる地役権が設定されている承役地に賃借権又は地上権が設定されている場合の賃借権又は地上権の価額 ……………… 336
| Q7-17 | 鉄道の高架下の賃借権の評価 ……………………………………… 336

8 土地の上に存する権利が競合する場合の雑種地の評価 ………………… 337
　(1) 賃借権又は地上権及び区分地上権の目的となっている雑種地の価額 …… 337
　(2) 区分地上権及び区分地上権に準ずる地役権の目的となっている承役地である雑種地の価額 ……………………………………………………… 337
　(3) 賃借権又は地上権及び区分地上権に準ずる地役権の目的となっている承役地である雑種地の価額 ………………………………………… 337

9 占用権の評価	337
(1) 取引事例のある占用権の評価	338
(2) (1)以外の占用権で、地下街又は家屋の所有を目的とする占用権の評価	338
(3) (1)及び(2)以外の占用権の評価	338
Q7-18 占用権の性格	339
10 占用権の目的となっている土地の評価	339
11 占用の許可に基づき所有する家屋を貸家とした場合の占用権の評価	339
Q7-19 構築物の賃借人の土地に対する権利の評価	340
12 取引事例のある占用権（船場センタービルの道路占用権）	340
(1) 評価単位	340
(2) 評価方法	340
第5節 使用貸借に係る「宅地以外の土地」の使用権及びその目的となっている土地の評価	342

第8章 家屋及び借家権並びに構築物の評価

第1節 家屋の評価	344
1 評価単位	344
2 家屋の評価	344
3 建築中の家屋の評価	344
Q8-1 建築中の家屋の評価方法	344
Q8-2 増改築等に係る家屋の状況に応じた固定資産税評価額が付されていない家屋の評価	345
4 附属設備等の評価	346
(1) 家屋と構造上一体となっている設備	346
(2) 門、塀等の設備	346
(3) 庭園設備	346
Q8-3 借家人が附属させた建物附属設備の評価	347
5 貸家の評価	348
第2節 借家権の評価	349
1 借家権の価額	349
Q8-4 借家権と相続税の課税財産	349

第3節　構築物	350
1　評価単位	350
2　評価の方式	350
Q8-5　構築物の賃借人の土地に対する権利及び構築物に対する権利の評価	350

第9章　負担付贈与等及び信託の場合の評価

第1節　負担付贈与又は時価より低額の対価で取得した土地等及び家屋等に係る評価 ……… 352

1　負担付贈与等の場合の評価額 ……… 352
2　負担付贈与等の場合の贈与価額（経済的利益の額） ……… 352
　Q9-1　住宅ローンの負担付の高層マンションの贈与 ……… 353
　Q9-2　賃貸用不動産を無償で贈与した場合の評価について ……… 353

第2節　信託と土地評価 ……… 355

1　信託受益権の評価 ……… 355
2　信託財産が土地等及び家屋等である場合について ……… 355

第10章　特定非常災害に伴う土地等の評価

第1節　概　　要 ……… 358

1　対応措置の概要 ……… 358
2　計　算　例 ……… 359
　(1)　路線価方式 ……… 360
　(2)　倍率方式 ……… 362
　(3)　災害減免法との関係 ……… 362
　Q10-1　災害減免法と特定非常災害の評価の特例の計算例 ……… 362
　Q10-2　特定非常災害発生日前に取得した家屋の評価 ……… 363
　Q10-3　課税時期が特定非常災害発生日以降である場合の取扱い ……… 364
　Q10-4　特定非常災害発生後に評価額が改定されていない被災家屋の評価 … 365

【参考資料】……………………………………………………………………………… 369
① 国税庁　質疑応答事例一覧（平成30年11月1日現在）……………………… 370
② 不動産登記事務取扱手続準則 …………………………………………………… 374
③ 画地調整率表 ……………………………………………………………………… 376
④ 一般定期借地権の目的となっている宅地の評価に関する取扱いについて … 380
⑤ 相当の地代を収受している貸宅地の評価について …………………………… 382
⑥ 相当の地代を支払っている場合等の借地権等についての相続税及び贈与税の取扱いについて ……………………………………………………………… 383
⑦ 使用貸借に係る土地についての相続税及び贈与税の取扱いについて ……… 387
⑧ 相当の地代等を収受している場合の借地権等についての取扱い（相続税・贈与税）一覧 …………………………………………………………………… 392
⑨ 農用地利用増進法等の規定により設定された賃貸借により貸付けられた農用地等の評価について ………………………………………………………… 394
⑩ 負担付贈与又は対価を伴う取引により取得した土地等及び家屋等に係る評価並びに相続税法第7条及び第9条の規定の適用について ………………… 396
⑪ 都市公園の用地として貸し付けられている土地の評価について …………… 397
⑫ 特定市民農園の用地として貸し付けられている土地の評価について ……… 399
⑬ 公益的機能別施業森林区域内の山林及び立木の評価について ……………… 401
⑭ 公共用地の取得に伴う損失補償基準細則 ……………………………………… 404

本書の内容は、平成30年11月1日現在の法令等によっています。

主な評価方法一覧と目次

区分	評価方法	評基通	参照頁
①自用地	（1）路線価方式＝市街地的形態を形成する地域にある宅地 （2）倍率方式＝（1）以外の地域 　（注）路線価図・評価倍率表をご参照ください。	11	82 157
②地積規模の大きな宅地	（1）地積規模の大きな宅地の定義 　三大都市圏においては500㎡以上の地積の宅地、それ以外の地域においては1,000㎡以上の地積の宅地で、路線価図による地区区分が普通商業・併用住宅地区及び普通住宅地区に所在するもののうち、次のイからハ以外のもの。 　イ　市街化調整区域（宅地分譲に係る開発行為を行うことができる区域を除く。）に所在する宅地 　ロ　都市計画法8条第1項第1号《用途地域》に規定する工業専用地域に所在する宅地 　ハ　指定容積率が400％（東京都の特別区内においては300％）以上の地域に所在する宅地 （2）評価方法 　路線価×画地補正率×規模格差補正率^(注)×地積 　（注）規模格差補正率 ＝ $\dfrac{Ⓐ×Ⓑ＋Ⓒ}{地積規模の大きな宅地の地積（Ⓐ）} ×0.8$ ＜三大都市圏に所在する宅地＞ | 地区区分 　　　記号 地積㎡	普通商業・併用住宅地区、普通住宅地区	
---	---	---
	Ⓑ	Ⓒ
500以上　1,000未満	0.95	25
1,000 〃　3,000 〃	0.90	75
3,000 〃　5,000 〃	0.85	225
5,000 〃	0.80	475 | ＜三大都市圏以外の地域に所在する宅地＞ | 地区区分 　　　記号 地積㎡	普通商業・併用住宅地区、普通住宅地区	
---	---	---
	Ⓑ	Ⓒ
1,000以上　3,000未満	0.90	100
3,000 〃　5,000 〃	0.85	250
5,000 〃	0.80	500		20-2、平成29年資産評価企画官情報5号（H29.10.3）	131
③無道路地	評価額＝不整形地としての価額－無道路地のしんしゃく^(注) （注）不整形地としての価額の割合の40％以内 　（不整形としての価額＝1㎡当たりの評価額^(注)×地積 　　（注）イ又はロのいずれか低いほうをいいます。 　　　イ　1㎡当たりの評価額＝路線価×奥行価格補正率×不整形地補正率 　　　ロ　1㎡当たりの評価額＝路線価×奥行価格補正率×間口狭小補正率×奥行長大補正率）	20-3	141

項目	内容		
④がけ地等を有する宅地	評価額＝1㎡当たりの評価額^(注)×地積 （注）1㎡当たりの評価額＝路線価×奥行価格補正等の画地調整×がけ地補正率	20-5	145
⑤1画地の宅地が容積率の異なる2以上の地域にわたる場合	評価額＝減額調整後の1㎡当たりの評価額×地積 減額調整後の1㎡当たりの評価額 　＝路線価×奥行価格補正等の画地調整×（1－減額割合^(注)） （注） 控除割合（小数点以下第3位未満四捨五入）＝$\left(1-\dfrac{容積率の異なる部分の各部分に適用される容積率にその各部分の地積を乗じて計算した数値の合計}{正面路線に接する部分の容積率×宅地の総地積}\right)$×容積率が価額に及ぼす影響度 ＜容積率が価額に及ぼす影響度＞ | 地区区分 | 影響度 | |---|---| | 高度商業地区、繁華街地区 | 0.8 | | 普通商業・併用住宅地区 | 0.5 | | 普通住宅地区 | 0.1 |	20-6	150
⑥私道	評価額＝自用地評価額×30％ （注）ただし、不特定多数の者の通行の用に供されているときは評価しない。	24	181
⑦土地区画整理事業施行中の宅地	（1）仮換地が指定されていない場合 　　従前の宅地の価額で評価する （2）仮換地が指定されている場合 | | | |---|---| | 仮換地の指定がある | 評価基本通達の価額で評価する | | 工事完了まで1年を超える | 評価基本通達の価額の95％で評価する | | 使用開始日が決められて使用ができず、かつ、造成工事が行われていない | 従前の宅地の価額で評価する |	24-2	187
⑧セットバックを必要とする宅地	評価額＝ 利用制限がないものとした場合の価額（A）^(注)－Aの価額×$\dfrac{セットバック部分の地積}{総地積}$×0.7 （注）利用制限がないものとした場合の価額（A）＝ 　　路線価×奥行価格補正等の画地調整×地積	24-6	190
⑨都市計画道路予定地の区域内にある宅地	評価額＝利用制限がないものとした場合の価額（A）^(注)×補正率 （注）利用制限がないものとした場合の価額（A）＝ 　　路線価×奥行価格補正等の画地調整×地積	24-7	195
⑩文化財建造物の敷地の評価	評価額＝宅地の自用地価額×（1－控除割合^(注)） （注）文化財建造物の種類に応じて割合が定められています。 | 文化財建造物の種類 | 控除割合 | |---|---| | 重要文化財 | 0.7 | | 登録有形文化財 | 0.3 | | 伝統的建造物 | 0.3 |	24-8	200

⑪農地	（1）純農地・中間農地＝倍率方式 （2）市街地農地＝その農地が宅地であるとした場合の価額から宅地造成費を控除した価額 （3）市街地周辺農地＝（2）×80%	37～40	159 206
⑫生産緑地	（1）買取りの申出ができない場合 　生産緑地でないものとした評価額×（1－下記の控除割合） 　| 課税時期から買取り申出ができる日までの期間 | 控除割合 | 　| --- | --- | 　| 5年以下 | 10% | 　| 5年超10年以下 | 15% | 　| 10年超15年以下 | 20% | 　| 15年超20年以下 | 25% | 　| 20年超25年以下 | 30% | 　| 25年超30年以下 | 35% | （2）買取りの申出をしていた又はできる場合 　生産緑地でないものとした評価額×95%	40-3	169
⑬ゴルフ場用地等	（1）市街化区域及びそれに近接する地域にあるゴルフ場（宅地比準方式） 評価額＝$\left(\begin{array}{c}\text{そのゴルフ場用地等の}\\\text{1㎡当たりの固定資産}\\\text{評価税評価額}\end{array}\right)\times 地積 \times \frac{60}{100} - \left(\begin{array}{c}\text{ゴルフ場用地等を}\\\text{宅地に造成する場}\\\text{合の造成費相当額}\end{array}\right)\times 地積$ （2）（1）以外の地域にあるゴルフ場（倍率方式） 評価額＝$\dfrac{\text{そのゴルフ場用地等}}{\text{の固定資産税評価額}}\times\dfrac{\text{固定資産税評価}}{\text{額に乗ずる倍率}}$	83	218 331
⑭自用家屋	評価額＝家屋の固定資産税評価×1.0	89	344
⑮附属設備等	（1）門や塀 　評価額＝（再建築価額－償却費）×70% （2）庭園設備 　評価額＝調達価額×70%	92	346
⑯貸家	評価額＝家屋の固定資産税評価額×（1－30%×賃貸割合）	93	348
⑰借地権	評価額＝自用地としての価額×借地権割合	27	230
⑱貸宅地	評価額＝自用地としての価額×（1－借地権割合） 評価額＝自用地としての価額×貸宅地割合(注) （注）「貸宅地割合」が定められている地域のみの計算式です。	25	242
⑲貸家建付地	評価額＝$\dfrac{\text{宅地の自用地}}{\text{としての価額}}\times\left(1-\dfrac{\text{借地権}}{\text{割合}}\times\dfrac{\text{借家権割合}}{(0.3)}\times\dfrac{\text{賃貸}}{\text{割合}}\right)$	26	254
⑳貸家建付借地権	評価額＝$\dfrac{\text{宅地の自用地}}{\text{としての価額}}\times\dfrac{\text{借地権}}{\text{割合}}\times\left(1-\dfrac{\text{借家権割合}}{(0.3)}\times\dfrac{\text{賃貸}}{\text{割合}}\right)$	28	262
㉑転貸借地権	評価額＝$\dfrac{\text{宅地の自用地}}{\text{としての価額}}\times\dfrac{\text{借地権}}{\text{割合}}\times\left(1-\dfrac{\text{借地権}}{\text{割合}}\right)$	29	262
㉒転借権	評価額＝$\dfrac{\text{宅地の自用地}}{\text{としての価額}}\times\dfrac{\text{借地権}}{\text{割合}}\times\dfrac{\text{借地権}}{\text{割合}}$	30	262
㉓借家人の有する権利	評価額＝$\dfrac{\text{宅地の自用地}}{\text{としての価額}}\times\dfrac{\text{借地権}}{\text{割合}}\times\dfrac{\text{借家権割合}}{(0.3)}$	31	263

㉔定期借地権	評価額＝自用地評価額×$\dfrac{\text{設定時に借地権者に帰属する経済的利益の総額}}{\text{設定時におけるその宅地の通常の取引価額}}$×$\dfrac{\text{残存年数に応ずる基準年利率による複利年現価率}}{\text{設定期間年数に応ずる基準年利率による複利年金現価率}}$		27-2、27-3	267
㉕定期借地権の目的となっている宅地	次のうちいずれか低い金額 （1）自用地評価額－定期借地権の価額 （2）自用地評価額×（1－残存期間に応じる割合） 	定期借地権の残存期間	割合
---	---
5年以下	5％
5年超10年以下	10％
10年超15年以下	15％
15年超	20％	 ただし、借地権割合が30％－70％の地域にあって、課税上弊害のない場合は、下記の通り評価する。 自用地評価額－自用地評価額×（1－底地割合） 　　　　　　　×$\dfrac{\text{残存期間の複利年金現価率}}{\text{設定期間の複利年金現価率}}$ 	地域	C	D	E	F	G
---	---	---	---	---	---
借地権割合	70％	60％	50％	40％	30％
底地割合	55％	60％	65％	70％	75％			25（2） 平10課評2-8	277
㉖地上権及び永小作権	地上権（借地借家法に規定する借地権等を除く）及び永小作権の価額は、その残存期間に応じ、その目的となっている土地のこれらの権利を取得した時におけるこれらの権利が設定されていない場合の時価に、次に定める割合を乗じて算出した金額による。 	残存期間	割合
---	---
残存期間が10年以下のもの	5％
残存期間が10年を超え15年以下のもの	10％
残存期間が15年を超え20年以下のもの	20％
残存期間が20年を超え25年以下のもの	30％
残存期間が25年を超え30年以下のもの及び地上権で存続期間の定めのないもの	40％
残存期間が30年を超え35年以下のもの	50％
残存期間が35年を超え40年以下のもの	60％
残存期間が40年を超え45年以下のもの	70％
残存期間が45年を超え50年以下のもの	80％
残存期間が50年を超えるもの	90％			相法23	地上権 281 永小作権 305
㉗区分地上権	トンネル、道路、橋梁等の工作物を所有するために、地下又は空間について上下の範囲を定めて設定された地上権 自用地としての価額×区分地上権の割合 （注）算式中の「区分地上権の割合」は、立体利用阻害率を基として算定しますが、地下鉄等のトンネルの所有を目的として設定した区分地上権を評価するときには、この割合は100分の30とすることができます。		27-4	282

㉘区分地上権に準ずる地役権	特別高圧架空電線の架設、高圧のガスを通ずる導管の敷設その他の目的のために地下又は空間について上下の範囲を定めて設定された地役権で、建造物の設置を制限するもの		27-5	286
	自用地としての価額×区分地上権に準ずる地役権の割合 （注）　算式中の「区分地上権に準ずる地役権の割合」は、土地利用制限率を基として算定しますが、次に掲げるその承役地に係る制限の内容の区分に従い、それぞれ次に掲げる割合によることができます。 　（1）家屋の建築が全くできない場合……100分の50又は借地権割合のいずれか高い割合 　（2）家屋の構造、用途に制限を受ける場合……100分の30 （甲地の利益のために乙地を利用し、ここを通行したり引水したりするため設定された物権を地役権といいますが、この場合、甲地を要役地、乙地を承役地といいます。）			
㉙耕作権	賃貸借契約に基づき土地（農地又は採草放牧地）を耕作する権利（農地法第20条《農地又は採草放牧地の賃借権の解約等の制限》第1項本文の規定の適用がある賃借権に限られ、いわゆるヤミ小作はこれに含まれません。）		42	304
	自用地としての価額×耕作権割合			
㉚貸付けられている雑種地	賃借権又は地上権等の目的となっている雑種地		86	327
	自用地としての価額－賃借権又は地上権等の価額 　ただし、賃借権の目的となっている雑種地については、以下の㉛欄に掲げるところによって評価した賃借権の価額が、次に掲げる賃借権の区分に従い、その雑種地の自用地としての価額にその賃借権の残存期間に応じ次に掲げる割合を乗じて計算した金額を下回る場合には、その雑種地の自用地としての価額からその価額に次に掲げる割合を乗じて計算した金額を控除した金額によって評価します。 　（1）地上権に準ずる権利として評価することが相当と認められる賃借権 　　・残存期間が5年以下のもの　　　　　　　　100分の5 　　・残存期間が5年を超え10年以下のもの　　　100分の10 　　・残存期間が10年を超え15年以下のもの　　 100分の15 　　・残存期間が15年を超えるもの　　　　　　 100分の20 　（2）上記（1）以外の賃借権 　　　（1）に掲げる割合の2分の1に相当する割合			
㉛雑種地に係る賃借権	賃貸借契約に基づき雑種地を使用収益する権利（借地権、定期借地権等及び耕作権などに該当するものを除きます。）		87	327
	雑種地に係る賃借権の価額は、賃貸借契約の内容、利用の状況等を勘案して評価します。 　ただし、次に掲げる賃借権の区分に従い、それぞれ次に掲げるところにより評価することができます。 　（1）地上権に準ずる権利として評価することが相当と認められる賃借権 　　（自用地としての価額）×（法定地上権割合又は借地権割合のいずれか低い割合） 　（2）上記（1）以外の賃借権 　　（自用地としての価額）×（法定地上権割合）×1／2 （注）　法定地上権割合とは、相続税法第23条に定められている割合をいいます。			

【評価の流れ（概要）と参照ページ】

1　土地等の調査（P16～）　（手順詳細はP9以下参照）

　　基礎資料の収集と現地調査
- 「課税明細書」や「名寄帳」等が必要になってきます。
- 「公図」、「登記簿謄本（登記情報）」、「測量図」等はインターネットでも入手できます。
- 「登記情報提供サービス」（http://www1.touki.or.jp/）をご覧ください。

↓

2　「評価単位」の確定（P20～）　（手順詳細はP10以下参照）

　　現況地目と利用区分の確認

　原則として地目と実際の利用区分ごとに評価するため、**評価単位**を確定する必要があります。土地等の評価単位は、原則として宅地、田、畑、山林、原野、牧場、池沼、鉱泉地、雑種地の地目に応じて区分し、利用区分に応じて評価単位が定められています。地目は全部事項証明書等に基づく地目ではなく、**現況地目**によって判断します。

　⇒「原則」と「例外」があることに注意してください。（P22）

↓

3　「評価方式」の判別（P43～）　（手順詳細はP11以下参照）

　土地の評価方法には、路線価方式と倍率方式があります。地域により評価方法が異なります。（財産評価基準書や路線価図の見方については、P43以下参照）

①　財産評価基準書に、路線価が定められている地域は「路線価方式」
②　財産評価基準書に、路線価が定められていない地域は「倍率方式」

↓

4　「評価明細書」の作成（P64～）

　それぞれの評価が評価基本通達に沿って行えるように**評価明細書**（国税庁ホームページ等参照）が用意されています。

①　「土地及び土地の上に存する権利の評価明細書（第1表）」（P64～）
②　「土地及び土地の上に存する権利の評価明細書（第2表）」（P67～）
③　「市街地農地等の評価明細書」（P73～）

なお、これらの評価明細書の使い分けは次のとおりです。
- 例えば、路線価地域にある自用の住宅の評価であれば、①の明細書だけで足ります。
- 借地や貸地、賃貸住宅の敷地では、①と②を使います。
- 市街地にある自用の市街地農地等である場合は、①と③を使います。

↓

地目別の評価単位及び評価方法一覧（第1章第3節P20～）

種　類	評　価　単　位	評　価　方　法	参照頁
宅　地	1画地の宅地（利用の単位となっている1区画の宅地をいいます。）ごとに評価します。1画地の宅地は必ずしも1筆の宅地からなるとは限らず、2筆以上の宅地からなる場合もあり、また、1筆の宅地が2画地以上の宅地として利用されている場合もあります。 　ただし、贈与や遺産分割等による宅地の分割が親族間等で行われた場合において、例えば、分割後の画地が宅地として通常の用途に供することができないなど、その分割が著しく不合理であると認められるときは、その分割前の画地を「1画地の宅地」とします。	(1)　市街地的形態を形成する地域にある宅地 　　**路線価方式**により評価します。 (2)　(1)以外の宅地 　　**倍率方式**により評価します。	20 26
市街地　農　地〔田　畑〕 市街地周辺 中　間 純	田及び畑（以下「農地」といいます。）は、利用の単位となっている一団の農地ごとに評価します。 ※　「生産緑地」として指定された農地についても同様の評価をします。 　1枚の農地ごとに評価します。（原則）	原則として**宅地比準方式**により評価します。 市街地農地であるとした場合の価額の**80%**相当額により評価します。 **倍率方式**により評価します。	23 34
市街地　山　林〔原野牧場池沼〕 中　間 純	利用の単位となっている一団の山林（原野・牧場・池沼）ごとに評価します。 　1筆の山林（原野・牧場・池沼）ごとに評価します。（原則）	原則として**宅地比準方式**により評価します。 **倍率方式**により評価します。	23 34
鉱泉地	1筆の鉱泉地ごとに評価します。	その鉱泉地の固定資産税評価額 × (その鉱泉地の鉱泉を利用する宅地の課税時期における価額 / その鉱泉地の鉱泉を利用する宅地のその鉱泉地の固定資産税評価額の評定の基準となった日における価額)	35
雑種地	利用の単位となっている一団の雑種地ごとに評価します。 　なお、いずれの用にも供されていない一団の雑種地は、その全体を「利用の単位となっている一団の雑種地」として評価します。	原則として、評価する雑種地と状況が類似する付近の土地の価額に**比準**して評価します。 ただし倍率が定められている地域にある雑種地の価額は、**倍率方式**により評価します。	23 35

(注)　1　その土地が上記のどの評価方法により評価するかについては、「財産評価基準書」をご覧ください。
　　　2　「**宅地比準方式**」とは、その土地が宅地であるとした場合の価額からその土地を宅地に転用するとした場合において通常必要と認められる造成費に相当する金額を控除して評価する方法です。

第1章

土地等の評価の通則

第1節 相続税等の財産評価

1 相続税等の財産評価

　相続税や贈与税は、いずれも相続（遺贈）又は贈与により、無償で取得した財産を課税価格として納税義務が課される税です。

　このため、無償で取得した財産がいくらかという評価作業をしなければ課税価格を計算できませんが、現行相続税法が採用している申告納税制度の下では、納税義務者一人ひとりが相続や贈与により取得した財産の価額を評価しなければなりません。

　相続税法には、財産評価に関する規定はありますが、ごく特定の財産のみで、多くの財産については、「時価」により評価することだけしか規定されていません（相法22）。

　そこで、課税の公平・公正の観点から、相続税等における財産評価の取扱いを統一するため相続財産評価に関する基本通達（昭39.4.25直資56外1、以下文章では、「評価基本通達」、参照する記述では「評基通」といいます。）を定め、これにより評価することとされています。

2 時価の意義と路線価等

　評価基本通達では、「**時価**」とは、課税時期において、それぞれの財産の状況により、不特定多数の当事者間で自由な取引が行われる場合に成立すると認められる価額をいい、その価額は、この通達の定めによって評価した価額によるものとされています（評基通1(2)）。

　土地等の評価について評価基本通達は、土地等の評価の困難性を考慮して、納税者の申告の便宜及び課税の公平を図り、簡易かつ的確に評価額を算定するため、**評価単位**、**路線価方式**や**倍率方式**などの評価方法を詳細に定めるとともに、評価の基準となる路線価や評価倍率等の作成手順を示しています。

　評価の基準となる路線価、評価倍率等の作成は、各国税局長に委ねられ毎年1月1日を評価時点として、公示価格、売買実例価格及び不動産鑑定士からの精通者意見等を基にして、公示価格水準の8割程度で評定され、「財産評価基準書」に取りまとめ公開されます。

Q1-1　路線価等に基づかない（例えば鑑定評価による）申告、更正の請求

問　土地の評価が路線価を下回っていると思われるので不動産鑑定評価を利用して申告（更正の請求）をしたいと考えていますが認められますか。

答　相続税における財産の価額は、相続税法22条の規定により、相続財産取得時（課税時期）における「時価」によって評価することとされており、「時価」とは、課税時期において、それぞれの財産の状況により、不特定多数の当事者間で自由な取引が行われる場合に成立すると認められる価額をいいます。

ところで、財産の評価に当たっては、取扱いの統一（課税の公平）と納税者の申告の便宜という観点から、評価基本通達及び同通達に基づき国税局長が定めた路線価等により評価するとされ、この評価方法については一般的に合理的なものとして裁判例においても支持されています。

しかしながら、路線価等は評定基準日（1月1日）の地価を基に作成されているため、それ以降急激な地価の下落があり、路線価が時価を下回る場合も考えられます。

また、取扱いの統一という観点から、定められた基準で作られた路線価、通達による統一的な評価をした結果が著しく不当となるような特別な事情がある場合、言い換えますと、評価通達によって算定されたその土地の評価額が課税時期の客観的な交換価値を上回っている場合には、鑑定評価に基づく申告、更正の請求も許容される場合があると考えます。

> 【参考】
> 鑑定評価に関して具体的な基準を示した裁決例（平成18年3月15日裁決（裁決事例集No71-505頁））
>
> 「評価通達等を適用して評価することが著しく不適当と認められる特別な事情が存する場合、すなわち、評価通達等により算定される土地の評価額が客観的交換価値を上回る場合には他の合理的な評価方法により時価を求めるべきものと解されている。」という一般的な考え方を示した上で、「この場合の評価通達等により算定される土地の評価額が客観的交換価値を上回っているといえるためには、これを下回る不動産鑑定評価が存在し、その鑑定評価が一応公正妥当な鑑定理論に従っているというのみでは足りず、同一の土地について他の不動産鑑定評価があればそれとの比較において、また、周辺における公示価格や都道府県地価調査による基準地の標準価格の状況、近隣における取引事例等の諸事情に照らして、評価通達等により算定された土地の評価額が客観的交換価値を上回ることが明らかであると認められることを要するものと解されてい

> る。」としています。
>
> 　ただし、この請求に係る鑑定評価額は、「更地価格の算定に当たり、公示価格との規準による規準価格を採用せずに比準価格のみを採用し、規準価格との均衡を図っているとはいい難く相当ではないこと、また、請求人鑑定の個別格差補正等による減価に合理性は認められないこと等」から採用できないとして棄却しています。

Q1-2　相続開始後の売却価額による申告

問　相続開始直後に路線価を下回る価額で土地を売却した場合、売買価額で評価して申告することができますか。

答　「時価」とは、課税時期において、それぞれの財産の状況により、不特定多数の当事者間で自由な取引が行われる場合に成立すると認められる価額をいいます。

　したがって、相続開始直後に、相続により取得した土地について、路線価を下回る価額で売買したとしても、売買の条件や事情により、その売買価額が必ずしもその土地の時価を示すものとは限りませんので、売買価額による申告は困難と思われます。

　しかしながら、その土地の特殊な事情などにより、正常な取引においても「路線価を下回る」場合には、評価に当たりしんしゃくができるものはないか（例えば、「著しく価値が低下している土地の評価等」（５章１節）の考慮など）の再検討をした上で、それでもなお路線価による評価が時価を上回っていると考えられる場合は、「売買価額」や「鑑定評価」による申告も有力な選択肢となります。

3｜海外にある不動産・売買契約中の不動産などの評価

　本書で扱う評価は、評価基本通達に基づくものですが、基本的には海外の不動産やたな卸資産には適用がありません。

Q1-3　海外にある不動産の評価

問　相続財産の中に海外にある不動産がある場合、どのように評価すればいいのですか。

答 相続税法の施行地外（国外）にある財産についても、国内にある財産と同じ方法で評価することになります（評基通5-2）。

しかし、国外にある財産については、評価基本通達が適用できないケースが多いものと思われることから、その場合は、同通達の定めに準じて、売買実例価額、精通者意見価格等を参酌して評価します（評基通5-2なお書）。

この場合、課税上弊害のない限り、次の方法により評価して差し支えないものと思われます。

① その財産の取得価額が明らかなときに、その取得価額を基にその財産が所在する地域におけるその財産と同一種類の財産の一般的な価格動向に基づいて時点修正して求めた価額。

② 課税時期後にその財産を譲渡しているときに、その譲渡価額を基に課税時期現在の価額として時点修正を行い合理的に算出した価額。

なお、例えば、その財産を親族から低額で譲り受けたり、債務の返済等のために売り急ぐなど、その価額がその時点の適正な価額であるとは認められない場合や、取得価額又は譲渡価額を時点修正するための合理的な価額変動率が存在しない場合は、課税上弊害がある場合に該当します。

相続税法の施行地外にある不動産等の財産の評価額は、その国における時価を基に円に換算する必要があります。この場合の**邦貨換算**は、原則として、納税者の取引金融機関が公表する課税時期における最終の為替相場（**対顧客直物電信買相場《TTB》**又はこれに準ずる相場をいいます。）によって行います（評基通4-3）。

なお、課税時期が休日であるなど、当該相場が公表されていない場合は、課税時期前の当該相場のうち、課税時期に最も近い相場によることになります。また、納税者が既に取引している金融機関が複数ある場合は、納税者が選択した取引金融機関の為替相場によります。

Q1-4　たな卸資産である土地の評価

問 土地をたな卸資産として所有しています。
これらの土地はどのように評価するのでしょうか。

答 不動産売買業者が販売を目的として所有する土地等でたな卸資産に該当するものの評価額は、路線価方式や倍率方式で計算するのではなく、たな卸資産の評価方法に準じて、販売業者が課税時期においてその土地を販売するとした場合の価額から、その価額のうちに含まれる適正利潤の額及び販売業者が負担すると認め

られる経費の額等を控除した金額により評価します（評基通4-2）。

Q1-5　売買契約中の土地（相続人が売買契約を解除）の評価

問　土地等の売買契約中に所有者が死亡した場合に、その相続人が売買契約を解除すれば、相続財産は売買残代金請求権ではなく土地等の不動産であるとして評価することができますか。

答　相続税の納税義務は、相続により財産を取得した時、すなわち、相続開始時に成立（通則法15②四）しています。

そして、相続により取得した財産の価額の合計額をもって相続税の課税価格とすることとされており、相続により取得した財産の価額は、原則として、当該財産の取得の時における時価による（相法22、評基通1(2)）こととされていますから、相続開始後の当該財産に生じた事情（相続人による契約の解除など）は、制度の上の措置がなされている場合など、これを考慮すべき特段の事情と認められない限り考慮されません。（参考：平成21年9月16日裁決（裁決事例集No.78-491頁））

したがって、売買契約中の土地等は、原則として「残代金請求権」（金銭債権）として評価することとなります。

Q1-6　売買契約中の農地の評価

問　売買契約を交わした農地の移転許可前に買主に相続が開始しましたが既に代金の全額を支払っています。

この場合、農地は評価基本通達に基づいて評価してよろしいでしょうか。

答　農地法上の権利の移転は、農地委員会の許可が所有権移転の要件となっていることから、相続開始までに売買代金の全額を支払っていたとしても相続開始日より後に農地委員会の許可がされた場合には、相続開始の日において買主（被相続人）は当該農地の所有権を取得していないことになります。

したがって、相続財産は、農地ではなく**「前渡金債権」**（その他財産）です。

（参考：昭和51年4月15日裁決、TAINSコード　J12-4-02）

他方、売主に相続が開始した場合、仮に売主である被相続人が農地の売買契約を締結し、買主から代金を全額受け取っていたとしても、農地法上の権利移転についての農地委員会の許可が相続開始の日後である場合は、相続財産は**農地**であり、農地として評価をすることとなります。

なお、当該取引に伴い取得した金銭は「預り金」となります。

Q1-7　遺産分割協議がされていない土地を相続した場合の評価等

問　父が亡くなり、相続税の申告の準備をしていたところ、10年前に亡くなった祖父が所有していた土地（相続人間で遺産分割協議が成立せず未分割のままとなっています。）があることが分かりました。

この未分割の土地はどのように申告したらいいのでしょうか。

答　祖父の財産については、父の法定相続分で申告することとなります。

例えば、祖父が亡くなった時の法定相続人が子である兄弟4人で、そのうちの一人が父である場合には、その土地全体を評価した上で、その評価額の4分の1を相続財産として申告します（評基通2）。

> 【参考】
> 仮に、将来祖父の相続財産について、分割協議が成立して父の相続する当該土地の持分が増加あるいは減少しても、父の相続税には関係がありませんので、基本的には、お父さんの相続税に関して修正申告も更正の請求もできないと考えられますが事例によって異なりますので留意が必要です。

第2節 土地等の評価実務

1 | 土地等の評価手順

① 土地等の評価に当たっては、<u>課税時期</u>（相続税開始時又は贈与時）の評価対象となる土地の所在、所有（権利関係など）、利用等の状況、行政上の制約などを確認し、現況の地目を判定した上で、**評価単位**を確定し、その評価単位ごとに土地の形状等、その**地積**（実際の面積）を確認します。

② 次に、財産評価基準書（路線価図、評価倍率表）により、評価対象地が**路線価地域**にあるのか、**倍率地域**にあるのかを確認して、該当する方式で評価します。

・**路線価地域**にある土地については、路線価図に表示された「路線価」及び「地区区分」を基に、評価する土地等の画地条件などによる補正（路線価に定められた調整率を乗じて計算します。）を行った上で、評価額を求めます。

・**倍率方式**で評価する土地については、固定資産税評価額に評価倍率表に定められた倍率を乗じて評価額を求めます。

　なお、市街地農地、市街地周辺農地、市街地山林、市街地原野など宅地に比準して評価する土地は、宅地であるとして評価した上で、評価基準書に定められた造成費を控除して評価を行います。これを「**宅地比準方式**」といいます。

③ 更に個別事情のある土地については、そういった事情（セットバックなど）を考慮して評価額を算出します。

④ このようにして算出された価額は、**自用地**（他人の使用する権利のない土地）**としての価額**ですから、借地権などの権利の設定されている土地については、路線価図又は評価倍率表に表示されている借地権割合を自用地としての価額に乗じて、借地権を評価し、また、自用地としての評価額から、借地権の価額を差し引いて貸宅地を評価します。

> 💡 **keyword 「自用地」と「自用地としての価額」**
>
> 　「自用地」は、他人の権利の目的となっていない場合の土地で、いわゆる更地をいいます。これに対して「自用地としての価額」は、貸宅地や借地権の目的となっている宅地などを評価するに当たり定義された評価基本通達上の用語で、評価基本通達25《貸宅地の評価》に、「11《評価の方式》から22-3《大規模工場用地の路線価及び倍率》まで、24《私道の用に供されている宅地の評価》、24-2《土地区画整理事業施行中の宅地の評価》及び24-6《セットバックを必要とする宅地の評価》から24-8《文化財建造物である家屋の敷地の用に供されている宅地の評価》までの定めにより評価したその宅地の価額」とされています。

第2節 土地等の評価実務　9

　　　　　　　　　　　　実務評価手順

| Step 1 | **基礎資料の収集**と現地調査　　　　　P 16 ～ |

イ　評価の誤りは基本的な調査ができていなかったことが要因

　＜誤りとその原因＞

　　①相続財産である土地の一部が申告漏れとなった

　　②不注意で路線価、倍率の適用年度を見誤る

　　③所在地の確認が不十分であったため、適用する路線価を誤る

　　④権利関係の確認が不十分であったため借地権と定期借地権を誤る

　　⑤登記情報の確認・現地調査が不十分であったため設定されていた地役権、地上権の設定などを見落とす

　　⑥現地調査をしなかったため「地目」の判定を誤る

　　⑦都市計画情報の確認をしなかったため、市街化区域と市街化調整区域を誤る

ロ　資料収集と現地調査のポイントとヒント

　＜ポイント＞

　　・納税者の手元にある**固定資産税課税明細書**、**登記済証**などからスタート

　　・申告漏れなどがないよう**名寄帳（兼課税台帳）**なども市区町村から収集

　　・共有持分や地上権、地役権などの権利設定などは登記情報を確認

　　・土地の形状や実測図面などは、地積測量図、建物建築時の敷地測量図、現地調査で確認

　　・位置確認は、住宅地図、公図、のほか市区町村で入手できる地番図（地番参考図）が便利

　　・所在地を確認したら現地調査、デジタルカメラや巻尺などで、現況を記録に残す

　　・利用状況は、評価単位の確定に大きく影響することからその把握は正確に

　＜ヒント＞

　　①納税者（相続人）の手元にある資料の確認

　　・**固定資産税課税明細書**

　　　　固定資産税の課税通知書とともに毎年市区町村から納税者に送付されます。所有土地の所在、地番、課税地目、地積、固定資産税評価額などが記載されています。

　　・建物建築時の資料や登記済証（いわゆる権利証）などに確認

②**名寄帳（固定資産税課税台帳兼名寄帳）**

　市区町村の固定資産税課で交付を受けます。

　その市区町村で被相続人が所有している不動産（固定資産税が課税されていない不動産も含めて）を一覧で見ることができます。

③**地番図（地番参考図）**

　市区町村で固定資産税課税の参考図として作成されており、地番から土地の位置を確認する場合、公図よりもよくわかります。

④**インターネットを活用した情報収集**

・登記情報提供サービス（http://www1.touki.or.jp/）

　登記情報（不動産の所有、権利設定などの情報、公図、地積測量図）をネットから入手できます。

・「全国農地ナビ」（https://www.alis-ac.jp/）

　農業振興地域内の農用地地域に所在するかどうか、賃貸の有無、地積などの確認が可能です。

・インターネットで公開されている都道府県・市区町村の地図情報

　都市計画図、道路図、地番参考図のほか、埋蔵文化財情報をインターネットで公開している都道府県や市区町村もあります。

　なお、インターネット情報の活用に当たっては、それぞれの情報サイトの注意事項にご留意ください。

Step 2	「評価単位」の確定	P20～

①収集した資料と利用状況の現地調査の結果を基にまず、地目を確認します。

　この地目は、登記地目ではなく現況です。　　→**現況地目**

②そして、地目ごとに**評価単位**を確定します。

　ただし、「原則」と「例外」があることにご注意ください。

　土地の評価は、「評価単位」ごとに行いますから、この作業は大変重要です。

③設例や質疑などを参考に、権利関係の確認、現地調査をしっかりと行ってください。

　利用状況の確認が不十分な場合は、再度、確認をすることもあります。

| Step 3 | 評価基準書による「評価方式」の判別　　P43〜 |

評価単位ごとに路線価方式又は倍率方式で評価します。判別は**評価基準書**により行います。

①評価基準書に路線価が定められている地域にある土地は「路線価方式」
……………………………………………………………………………………… 評価方法　P46

②評価基準書に路線価が定められていない地域にある土地は「倍率方式」
……………………………………………………………………………………… 評価方法　P51

| Step 4 | 画地補正等と**評価明細書**の作成　　P64〜 |

評価に当たっては、自用地としての評価額を求めた後で、借地権や借地権の設定されている土地について所要の調整を行います。

また、市街地農地等の評価では、宅地とした場合の価額から、必要な造成費を差し引いて評価額を求めます。

この計算のために用意された様式は次のとおりです。

①**土地及び土地の上に存する権利の評価明細書（第1表）**………… 記載要領　P64
　　路線価方式による評価（自用地の評価額）（2章1節）
　　私道の評価（3章3節）

②**土地及び土地の上に存する権利の評価明細書（第2表）**………… 記載要領　P67
　　個別の宅地の評価（3章7節、8節）
　　大規模工場用地の評価（3章1節）
　　借地権や貸宅地等の評価（6章、7章）

③**市街地農地等の評価明細書**……………………………………………… 記載要領　P73
　　市街地農地等の評価（2章3節）

なお、これらの評価明細書の使い分けは次のとおりです。

・例えば、路線価地域にある自用の住宅の評価であれば、①だけで足ります。
・借地や貸地、賃貸住宅の敷地では、①と②を使います。
・また、市街地にある自用の市街地農地である場合は、①と③を使います。

〈名寄帳の例〉

第2節 土地等の評価実務　13

〔評価明細書作成の本書参考ページ〕

土地及び土地の上に存する権利の評価明細書（第1表）

（平成三十年分以降用）

局(所)	署
年分	ページ

（住居表示）（　　　　）
所在地番

所有者 住所(所在地) / 氏名(法人名)
使用者 住所(所在地) / 氏名(法人名)

地目：宅地・田・山林・原野・畑・雑種地［　］
地積：㎡
路線価：正面 円／側方 円／側方 円／裏面 円
地形図及び参考事項

間口距離：m
奥行距離：m

利用区分：自用地・貸宅地・貸家建付地・転貸借地権・借地権・貸家建付借地権・転借権・借家人の有する権利・私道

地区区分：ビル街地区・高度商業地区・繁華街地区・普通商業・併用住宅地区・普通住宅地区・中小工場地区・大工場地区

路線価方式（通常の宅地の評価）

自用地1平方メートル当たりの価額

1. 一路線に面する宅地
   （正面路線価）　（奥行価格補正率）
   　円 × 0.　　　　　　　　　　　　　　　　　　（1㎡当たりの価額）円　A

2. 二路線に面する宅地
   (A) ［側方路線価／裏面］　（奥行価格補正率）　［側方／二方］路線影響加算率
   　円 + （　円 × 0. × 0.　）　　　　　　（1㎡当たりの価額）円　B

3. 三路線に面する宅地
   (B) ［側方路線価／裏面］　（奥行価格補正率）　［側方／二方］路線影響加算率
   　円 + （　円 × 0. × 0.　）　　　　　　（1㎡当たりの価額）円　C

4. 四路線に面する宅地
   (C) ［側方路線価／裏面］　（奥行価格補正率）　［側方／二方］路線影響加算率
   　円 + （　円 × 0. × 0.　）　　　　　　（1㎡当たりの価額）円　D

5-1 間口が狭小な宅地等
   （AからDまでのうち該当するもの）　（間口狭小補正率）　（奥行長大補正率）
   　円 × （　　×　　　）　　　　　　　　　　　　（1㎡当たりの価額）円　E

5-2 不整形地
   （AからDまでのうち該当するもの）　不整形地補正率※
   　円 × 0.
   ※不整形地補正率の計算
   （想定整形地の間口距離）　（想定整形地の奥行距離）
   　m × 　m ＝ 　㎡
   （想定整形地の地積）　（不整形地の地積）　（想定整形地の地積）　（かげ地割合）
   （　㎡ － 　㎡）÷ 　㎡ ＝ 　%
   （不整形地補正率表の補正率）（間口狭小補正率）　　　　　（小数点以下2位未満切捨て）
   　0.　　×　　　　　　　　　　　 ＝ 0.　①
   （奥行長大補正率）（間口狭小補正率）
   　　　　×　　　　　　　　　　　 ＝ 0.　②
   〔不整形地補正率（①、②のいずれか低い率、0.6を限度とする。）〕 0.
   （1㎡当たりの価額）円　F

6. 地積規模の大きな宅地
   （AからFまでのうち該当するもの）　規模格差補正率※
   　円 × 0.
   ※規模格差補正率の計算
   （地積Ⓐ）　　　　　Ⓑ　　　　Ⓒ　　　　（地積Ⓐ）　（小数点以下2位未満切捨て）
   {（　㎡× 　 + 　）÷ 　㎡} × 0.8 ＝ 0.
   （1㎡当たりの価額）円　G　← P131～

7. 無道路地
   （F又はGのうち該当するもの）　（※）
   　円 × （ 1 － 0. ）
   ※割合の計算（0.4を限度とする。）
   （正面路線価）　（通路部分の地積）　（F又はGのうち該当）　（評価対象地の地積）
   （　円 × 　㎡）÷（　円 × 　㎡）＝ 0.
   （1㎡当たりの価額）円　H　← P141～

8. がけ地等を有する宅地　［南、東、西、北］
   （AからHまでのうち該当するもの）　（がけ地補正率）
   　円 × 0.
   （1㎡当たりの価額）円　I　← P145～

9. 容積率の異なる2以上の地域にわたる宅地
   （AからIまでのうち該当するもの）　（控除割合（小数点以下3位未満四捨五入））
   　円 × （ 1 － 0. ）
   （1㎡当たりの価額）円　J　← P150～

10. 私道
    （AからJまでのうち該当するもの）
    　円 × 0.3
    （1㎡当たりの価額）円　K　← P181～

自用地の評価額
自用地1平方メートル当たりの価額（AからKまでのうちの該当記号）（　）円
地積 ㎡
総額（自用地1㎡当たりの価額）×（地積）円　L

（注）1 5-1の「間口が狭小な宅地等」と5-2の「不整形地」は重複して適用できません。
　　　2 5-2の「不整形地」の「AからDまでのうち該当するもの」欄の価額について、AからDまでの欄で計算できない場合には、（第2表）の「備考」欄等で計算してください。

（資4-25-1-A4統一）

土地及び土地の上に存する権利の評価明細書（第2表）

区分	算式	総額	記号
セットバックを必要とする宅地の評価額	（自用地の評価額） （自用地の評価額） （該当地積） 　　円 － （　　　　円 × ㎡／総地積㎡ × 0.7 ）	（自用地の評価額） 　　　　円	M （P190）
都市計画道路予定地の区域内にある宅地の評価額	（自用地の評価額） （補正率） 　　　　円 × 0．	（自用地の評価額） 　　　　円	N （P195）
大規模工場用地等の評価額	○ 大規模工場用地等 　（正面路線価）　（地積）　（地積が20万㎡以上の場合は0.95） 　　　円 × 　　㎡ ×	円	O （P172）
	○ ゴルフ場用地等 　（宅地とした場合の価額）（地積）　　（1㎡当たりの造成費）（地積） 　（　　円 × 　　㎡×0.6） － （　　円 × 　　㎡）	円	P （P218）

	利用区分	算式	総額	記号
総額計算による価額	貸宅地	（自用地の評価額） （借地権割合） 　　円 × (1－ 0．　　)	円	Q （P242）
	貸家建付地	（自用地の評価額又はS） （借地権割合）（借家権割合）（賃貸割合） 　　円 × (1－ 0．　×0．　× ㎡／㎡)	円	R （P254）
	目的となっている土地の権利	（自用地の評価額） （　割合） 　　円 × (1－ 0．　)	円	S
	借地権	（自用地の評価額） （借地権割合） 　　円 × 0．	円	T （P230～）
	貸家建付借地権	（T,AAのうちの該当記号） （借家権割合）（賃貸割合） （　　）円 × (1－ 0．　× ㎡／㎡)	円	U
	転貸借地権	（T,AAのうちの該当記号） （借地権割合） （　　）円 × (1－ 0．　)	円	V （P262）
	転借権	（T,U,AAのうちの該当記号） （借地権割合） （　　）円 × 0．	円	W
	借家人の有する権利	（T,W,AAのうちの該当記号） （借家権割合）（賃借割合） （　　）円 × 0．　× ㎡／㎡	円	X
	（　　　）権	（自用地の評価額） （　割合） 　　円 × 0．	円	Y
	権利が競合する場合の土地の権利	（Q,Sのうちの該当記号） （　割合） （　　）円 × (1－ 0．　)	円	Z
	他の権利と競合する場合の権利	（T,Yのうちの該当記号） （　割合） （　　）円 × (1－ 0．　)	円	AA

備考	

（注）区分地上権と区分地上権に準ずる地役権とが競合する場合については、備考欄等で計算してください。

市街地農地等の評価明細書

市街地農地　　市街地山林
市街地周辺農地　市街地原野　← **宅地比準方式（P159〜）**

（平成十八年分以降用）

所　在　地　番				
現　況　地　目			①　地　積	㎡
評価の基とした宅地の1平方メートル当たりの評価額	所　在　地　番		③（評　価　額）	円
	②評価額の計算内容			
評価する農地等が宅地であるとした場合の1平方メートル当たりの評価額	④評価上考慮したその農地等の道路からの距離、形状等の条件に基づく評価額の計算内容		⑤（評　価　額）	円

← P161〜

宅地造成費の計算	平坦地	整地費	整地費	（整地を要する面積）　（1㎡当たりの整地費） 　　　㎡　×　　　円	⑥	円
			伐採・抜根費	（伐採・抜根を要する面積）（1㎡当たりの伐採・抜根費） 　　　㎡　×　　　円	⑦	円
			地盤改良費	（地盤改良を要する面積）（1㎡当たりの地盤改良費） 　　　㎡　×　　　円	⑧	円
		土盛費		（土盛りを要する面積）（平均の高さ）（1㎡当たりの土盛費） 　　　㎡　×　　　m　×　　　円	⑨	円
		土止費		（擁壁面の長さ）（平均の高さ）（1㎡当たりの土止費） 　　　m　×　　　m　×　　　円	⑩	円
		合計額の計算		⑥＋⑦＋⑧＋⑨＋⑩	⑪	円
		1㎡当たりの計算		⑪　÷　①	⑫	円
	傾斜地	傾斜度に係る造成費		（傾　斜　度）　　　度	⑬	円
		伐採・抜根費		（伐採・抜根を要する面積）（1㎡当たりの伐採・抜根費） 　　　㎡　×　　　円	⑭	円
		1㎡当たりの計算		⑬　＋　（⑭　÷　①）	⑮	円
市街地農地等の評価額				（⑤－⑫（又は⑮））×① （注）市街地周辺農地については、さらに0.8を乗ずる。		円

(注) 1　「②評価額の計算内容」欄には、倍率地域内の市街地農地等については、評価の基とした宅地の固定資産税評価額及び倍率を記載し、路線価地域内の市街地農地等については、その市街地農地等が宅地である場合の画地計算の内容を記載してください。なお、画地計算が複雑な場合には、「土地及び土地の上に存する権利の評価明細書」を使用してください。
　　2　「④評価上考慮したその農地等の道路からの距離、形状等の条件に基づく評価額の計算内容」欄には、倍率地域内の市街地農地等について、「③評価額」欄の金額と「⑤評価額」欄の金額とが異なる場合に記載し、路線価地域内の市街地農地等については記載の必要はありません。
　　3　「傾斜地の宅地造成費」に加算する伐採・抜根費は、「平坦地の宅地造成費」の「伐採・抜根費」の金額を基に算出してください。

(資4-26-A4統一)

2 | 基礎資料の収集等と現地調査

所有・形状、利用状況などの確認は、評価実務の入口です。

これらの確認に当たっては、**登記情報**（登記簿や公図、地積測量図など）だけでなく、現地調査により評価対象地を特定するとともに、**接道の状況**（接道数、接道の幅員、間口距離）などを確認します。

建物や構築物がある場合は、建物又は構築物の所有・利用の状況を確認します。

貸地、借地、賃貸住宅（貸家建付地）などの場合は、賃貸契約書などで契約の内容、貸地、借地の範囲や入居状況なども含めて、課税時期（相続開始時、贈与時）の土地の所有、利用状況などを正確に把握します。

また、遺産分割協議や遺言などにより相続人や受遺者がどのように土地を取得しているか、どのように利用しているかも併せて把握します。

さらに、評価基本通達では、土地利用の行政上の規制などについて評価上、しんしゃくする規定を置いていますので、そういった規定に当てはまるかどうかを市区町村の担当部局で確認します。

Q1-8　基礎資料の収集や現地調査が不十分な場合の誤り

問　基礎資料の収集や現地調査が不十分な場合はどのような誤りがありますか。

答　例えば次のような事例があります。

① 評価対象地を公図、住宅地図、現地調査での確認が不十分であったために、路線を間違え、誤った「路線価」、「地区区分」で評価した。

② 地積測量図や実測図面があり、公簿面積と相当の差があるにも関わらず、確認せず公簿面積で評価した。

③ 現地調査をしなかったための評価の誤り
　・駐車場（登記簿上、宅地、現況雑種地）と自宅敷地（宅地）を一体で評価した。
　・側方には水路を挟んで路線があることを確認せず角地として評価した。
　・段差がある土地を平坦地として評価した。

④ 都市計画、容積率、建築基準等に係る資料収集をしなかったための評価の誤り
　・都市計画道路予定地内にある宅地であることを見過ごした。
　・地積規模の大きな宅地の評価の適用判断を誤った。
　・既にセットバックし一部が不特定多数の者が通行する道路敷として利用されている土地について、当該道路敷も含めて評価した。
　・既にセットバックしている宅地に、セットバックを必要とする宅地の評価を

適用した。
- セットバックを必要とする宅地の評価を適用しなかった。

⑤ 貸借関係を正確に確認しなかったための評価の誤り
- 無償返還の届出が出ている貸宅地を借地権ありで評価した。
- 定期借地権を普通借地権として貸宅地を評価した。
- 親族に使用貸借で使用させている自宅隣の宅地を1画地の宅地として評価した。

⑥ アパートの利用状況を確認していなかったために、課税時期に一部空室のあるアパートについて、建物はすべて貸家、敷地はすべて貸家建付地として評価した。

⑦ 農地、山林についての評価の誤り
- 農用地区域外の農地について、農用地区域の倍率を適用して評価した。
- 相続財産を調査するに当たり、固定資産税課税明細書のみで行ったために、非課税、免税点以下の土地（例えば、免税点以下の山林、非課税の保安林、池）などが申告漏れとなった。

⑧ 雑種地についての評価の誤り
- 市街化調整区域にある雑種地について、建築規制がないものとして評価した。
- 駐車場を宅地と一体で評価した。

Q1-9　土地等を評価する上で必要な情報の把握方法

問 土地等を評価するに当たり基本となる情報について、問合先やそこで入手できる情報などについて教えてください。

答 土地等の評価については、路線価地域や倍率地域によって把握しなければならない情報は異なりますが、評価に必要な主な情報、問合先（かっこ内に記載）、そこで把握できる内容等は、次のとおりです。

なお、記載している問合先は市区町村の標準的な窓口です。各市区町村によって名称が異なりますので、ご照会や閲覧される場合には、その手続の窓口を電話などでご確認ください。

1　共通の情報

(1) **登記情報、公図、地積測量図**（法務局）
- 所有権、区分所有権、持分などの確認を行います。
- 地上権、区分地上権、地役権、永小作権などを把握します。
- 公図で、土地の位置などの確認を行います。
- 地積測量図は、地積のほか間口、奥行距離、土地の形状が把握できます。
  ※ すべての土地について地積測量図があるわけではありません。

(2) **固定資産税課税台帳兼名寄帳**（写）（市区町村の固定資産税課など）
・各市区町村別にある所有不動産を非課税・免税点以下となっているものも含めて把握できます。
・土地ごとに固定資産税評価額などの確認ができるほか、市街化区域、市街化調整区域の別も把握できます。
・未登記建物なども掲載されています。

(3) **地番図**（市区町村の固定資産税課など）
・地番から土地等の位置を特定できます。

(4) **道路台帳図**（市区町村の土木建設課など）
・各市区町村が管理する道路の名称、幅員を確認できます。ただし、当該幅員と実際の幅員とが異なる場合がありますのでご注意ください。

(5) **指定道路図**（市区町村の建築指導課など）
・建築基準法上の道路（種別、未判定、非道路など）の確認ができます。

(6) **建築計画概要書**（市区町村の土木建設課など）
敷地の実測図やセットバックの有無などを把握できます。

(7) **都市計画図**（市区町村の都市計画課など）
・都市計画区域、市街化区域、市街化調整区域の確認ができます。
・用途地域、指定容積率を把握できます。
・都市計画道路、都市公園などの確認も可能です。

(8) **その他**（納税者から聴取・収集）
・土地に係る売買契約書がある場合は、実測の有無、実測図面なども確認できる場合があります。
・建物や構築物の敷地の場合は、建築確認通知や建築確認申請に係る書類を確認することで、敷地の実測図やセットバックの有無が把握できます。

2 宅地、雑種地

(1) **住宅地図**
・評価対象地の位置確認、利用状況の確認に利用します。

(2) **ブルーマップ**
・住宅地図に法務局備付の地図と地図に準ずる図面（公図）及び都市計画情報を重ね合わせた地図で、地番からの評価対象地の位置、住居表示などとの照合、利用状況の確認、用途地域、指定容積率などの把握に活用します。

(3) **賃貸借契約書、不動産所得の内訳書**（納税者）
・契約形態（普通借地権、定期借地権など）、賃貸状況の把握
※賃貸住宅では、空き室の状況（相続開始前後1月程度）、借地上の家屋の所有

者なども同時に確認も併せて行います。

(4) **関係会社の決算書（内訳書）、無償返還の届出書（控）**（関係会社）
・同族会社と土地の貸借関係がある場合の賃貸関係の確認、年間の地代の額を把握します。

(5) **借地権者の地位に変更のない旨の届出書など**（納税者等）
・親族間の使用貸借の確認を行います。

3 農地

(1) 生産緑地等の把握（市区町村の農林課など）
・生産緑地に該当するか、農用地区域内か否かを確認します。
※地番、位置により管理がされています。

(2) 農地基本台帳等（市区町村の農業委員会）
・耕作者（耕作権の有無）を確認をします。
・農地の納税猶予適用の有無について確認します。
・転用許可の有無の確認を行います。

4 山林

(1) 森林簿又は森林調査簿（森林組合）

(2) 保安林台帳（都道府県担当事務所）
・保安林の該当の有無、保安林規制内容の確認
※地番、位置により照会します。

Q1-10　賃貸借契約書がない場合

問　建物の賃貸借に当たり契約書を交わしていない場合でも、貸地、貸家建付地として評価していいのでしょうか。新たに契約書を交わす必要はありますか。

答　古くから賃貸されている土地や建物については、賃貸借契約書がないものがあります。その場合は、賃貸人、賃借人を確認するほか土地や建物の所有・利用状況、地代・家賃の支払状況など基本的な賃貸借関係の確認を行いますが、新たに契約書を交わす必要はありません。

なお、貸地などについては、相続や建物の建替え・増築時に「名義書換料」の支払いなどを行っている場合に何らかの書面を交わしている場合もあります（地域によって様々な慣行があります。）のでご確認ください。

また、被相続人の家賃収入について不動産所得の申告がされていない場合もまれにあります。

そのような場合でも、「貸地」や「貸家建付地」として評価しますが、被相続人に係る所得税の申告（又は修正申告）が必要となりますのでご注意ください。

第3節 評価単位の確定

相続財産の評価は、各財産について定められた評価単位ごとに行うこととされ（評基通1(1)）、土地等の**評価単位**は、原則として、評価対象となる土地の地目を判定し、その地目別に「評価単位」を確定します（評基通7、7-2）。

1 │ 地目の判定

(1) 地目別評価の原則

土地の価額は、課税時期の現況の地目の別に評価します（評基通7）。

このように地目別に評価するのは、地目別に価格形成がされているためですが、これについては**重要な2つの例外**（P22以降参照）があります。例外もしっかり理解する必要があります。

地目の判定は、登記情報や固定資産税課税台帳の地目ではなく、現況の地目によりますが、その際の地目の区分は、不動産登記事務取扱手続準則（平成17年2月25日民二第456号法務省民事局長通達）68条及び69条（資料編を参照）に準じて判定します。

評価基本通達に掲げられている地目と同準則に定める地目の定め方は、次のとおりです。

- 宅地　　建物の敷地及びその維持若しくは効用を果たすために必要な土地
- 田　　　農耕地で用水を利用して耕作する土地
- 畑　　　農耕地で用水を利用しないで耕作する土地
- 山林　　耕作の方法によらないで竹木の生育する土地
- 原野　　耕作の方法によらないで雑草、かん木類の生育する土地
- 牧場　　家畜を放牧する土地
- 池沼　　かんがい用水でない水の貯留池
- 鉱泉地　鉱泉（温泉を含む。）の湧出口及びその維持に必要な土地
- 雑種地　以上のいずれにも該当しない土地

> 💡 **keyword「雑種地」**
>
> 「雑種地」の定義は漠然としていますが、評価対象となる雑種地には、構築物の敷地、駐車場（宅地に該当するものを除きます。）、資材置場、ゴルフ場、遊園地、運動場、鉄軌道等の用地などが含まれています。

Q1-11 登記地目（台帳地目）と現況地目

問 登記情報を調べたところ、次のとおり、地目は畑となっていますが、現況は砂利敷の月極駐車場として利用されています。この場合どのように評価すればいいのでしょうか。

表題部（土地の表示）		調製	余白	不動産番号	XXXXXXXXXXXX
地図番号	余白		境界確定	余白	
所　在	○○市○○町10丁目				
①地番	②地目	③地積　㎡		原因及びその日付（登記の日付）	
23番2	畑	850		23番から分筆［平成10年10月10日］	

答 地目は課税時期の現況によって判定します。

この場合、現況、駐車場ということですから雑種地として評価することとなります（評基通7）。

Q1-12 地目の判定（農地）

問 登記情報の地目は農地（田又は畑）ですが、現況が次のような場合には地目はどのように判定するのでしょうか。
① 数年前から耕作しないで放置している土地
② 砂利を入れて青空駐車場として利用している土地

答 土地の地目は、登記情報の地目によるのではなく課税時期の現況によって判定します。

ところで、農地とは耕作の目的に供される土地をいい（農地法2①）、耕作とは土地に労費を加え肥培管理を行って作物を栽培することをいいます。また、耕作の目的に供される土地とは、現に耕作されている土地のほか、現在は耕作されていなくても耕作しようとすればいつでも耕作できるような、すなわち、客観的に見てその現状が耕作の目的に供されるものと認められる土地（休耕地、不耕作地）も含むものとされています（平成12年6月1日12構改B第404号農林水産事務次官依命通知）。

したがって、①の耕作していない土地が上記のような状態に該当すれば農地と判定しますが、長期間放置されていたため、雑草等が生育し、容易に農地に復元し得ないような状況にある場合には原野又は雑種地と判定することになります。また、②の土地のように駐車場の用に供している土地は、雑種地と判定することになります。

Q1-13　採草放牧地の地目の判定

問　採草放牧地の地目はどのように判定するのでしょうか。

答　「採草放牧地」は、農地法上の区分であって、地目を判定する基準となる不動産登記法上の土地の区分ではありません。

不動産登記法上の区分では、原野又は牧場に当たると考えますが、いずれの地目に該当するかは、課税時期の現況により判定することとなります。

なお、農地法上の区分では「主として耕作又は養畜の事業のための採草又は家畜の放牧の目的に供されるもの」とされています（農地法21）。

（2）地目別評価の原則の例外

イ　複数地目一体利用の場合（評基通7ただし書）

一体として利用されている一団の土地が2以上の地目からなる場合には、その一団の土地は、主たる地目からなるものとして、その**一団の土地**ごとに評価します。

これは、このような土地を地目別に評価すると一体利用されている効用が評価額に反映しないために定められた地目別評価の原則の重要な例外です。

具体にどのような扱いか質疑で確認しましょう。

Q1-14　複数地目一体利用の場合（地目別の例外）

問　建物の敷地となっている宅地とその他の雑種地からなる図のようなゴルフ練習場があります。土地A～Cの現況地目は異なりますが、ゴルフ練習場として一体で利用されています。

次のような場合地目をどのように判定しますか。

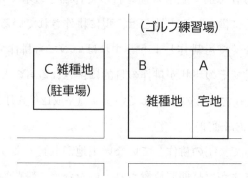

（ゴルフ練習場）

C 雑種地
（駐車場）

B 雑種地

A 宅地

答 この場合、A、Bはゴルフ練習場として一体利用されている一団の土地で、全体を主たる地目である雑種地とします。C土地は一体利用されているものの、道路で物理的に分断されており、A、Bと一団の土地とは言えませんので、A、Bとは区分して評価します。

【参考】

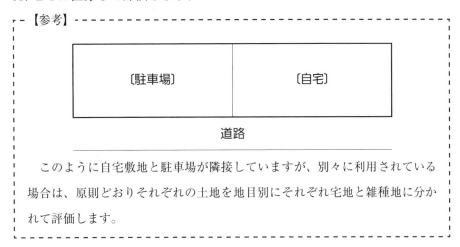

このように自宅敷地と駐車場が隣接していますが、別々に利用されている場合は、原則どおりそれぞれの土地を地目別にそれぞれ宅地と雑種地に分かれて評価します。

雑種地の具体的な評価については、4章5節を参照してください。

ロ　宅地比準方式等で評価する一団の土地（評基通7なお書）

宅地比準方式で評価する市街地農地、市街地山林、市街地原野又は宅地と状況が類似する雑種地が対象で、これらいずれか2以上の地目の土地が隣接しており、その形状、地積の大小、位置等から見て**一団として評価**することが合理的と認められる場合には、その一団の土地ごとに評価します。

このように取り扱われるのは、**宅地に比準**して評価するこれらの土地は、宅地化が進展している地域に介在し、将来的に宅地化の可能性が高いことから、取引価額も宅地の価額の影響を強く受け、宅地としての利用単位を基に形成されるためで、これも地目別評価の原則の重要な例外です。

なお、この取扱いは、市街地周辺農地、生産緑地、調整区域内にある転用許可済農地は含みません。

Q1-15 宅地比準方式等で評価する一団の土地の具体例

問 次のような事例の場合、宅地比準方式で評価する一団の土地と判断されますか。

なお、検討に当たって、周辺の「標準的な規模の宅地」を示しておりますので参考にしてください。

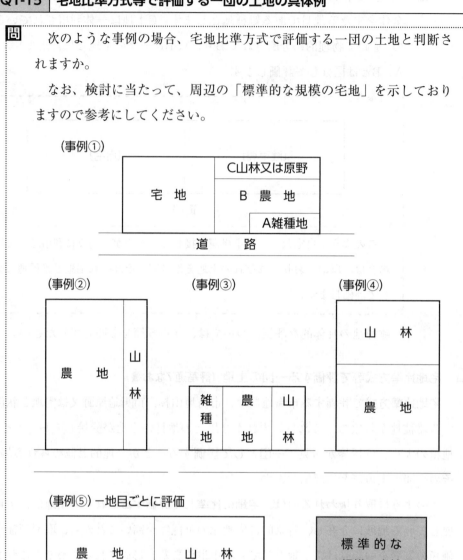

答　それぞれの事例の判断は次のとおりです。

・**事例①**は、A、B、Cを一団の土地として一体評価します。ただし、宅地そのものは、別個に評価します。

　これは、標準的な宅地規模を考えた場合にはA土地は地積が小さいこと、形状を考えた場合には、B土地は単独で評価するのではなくA土地と合わせて評価するのが相当と認められること、また、個々に評価した場合、C土地は道路に面していない土地となり、単独で評価するのは妥当でないことから、A、B及びC土地全体を一団の土地として評価することが合理的であると認められるからです。

・**事例②、③、④**も一団の土地として一体評価します。

　事例②は、山林のみで評価することとすると、形状が間口狭小、奥行長大な土地となり、また、山林部分のみを宅地として利用する場合には、周辺の標準的な宅地と比較した場合に宅地の効用を十分に果たし得ない土地となってしまいます。

　事例③は、各地目の地積が小さいこと、事例④は、山林部分が道路に面していないことから、宅地の効用を果たすことができない土地となります。これらのような場合には、土地取引の実情からみても隣接の地目を含めて一団の土地を構成しているものとみるのが妥当であることから、全体を一団の土地として評価します。

・**事例⑤**は一体評価しません。

　このように判断するのは、農地、山林それぞれの土地が、その形状、地積の大小、位置等からみて単独で宅地の効用を果たすからです。

　※　宅地比準方式で評価する一団の土地の評価計算の具体的な計算事例については、Q2-23（2章3節）をご覧ください。

2 | 地目ごとの評価単位

土地の評価は、次のとおり、評価単位を確定した上で、その<u>評価単位ごとに</u>評価します。土地の上に存する権利についても同様に評価します（評基通7-2）。

評価を行う際、まず最初に悩むのがこの**評価単位の判定**です。地目ごとの評価単位について基本的考え方を身につけておくことが重要です。

(1) 宅地

<u>利用の単位となっている**1区画**</u>の宅地（「1画地の宅地」といいます。）ごとに評価します。

> 【チェックポイント】
> 「利用の単位」とは、一体として利用される範囲を指し、**自用の土地**であれば、他人の権利による制約がないので、その全体が一体として利用されるものであり、他人の権利が存する土地とは区分されます。したがって、自用の土地は、その全体を利用の単位として評価することとなります。また、**他人の権利の存する土地について**、貸付先がそれぞれ異なっている場合には、利用についてもそれぞれ異なっていますので、同一人に貸し付けられている部分ごとに利用の単位とします。

イ 1画地の宅地の具体的な判定

① 所有する宅地を<u>自ら使用している場合</u>（このような利用を「自用」といいます。）には、居住の用か事業の用かにかかわらず、<u>その全体</u>（次図のA、B）を1画地の宅地とします。

これは、自用の宅地は、他人の権利（借地権、賃借権、借家権等）による制約がないので、その全体を一体として利用することが可能で、その全体を利用の単位として評価することが合理的だからです。

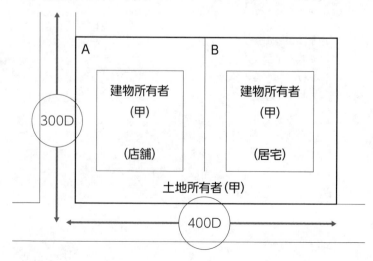

② 所有する宅地の一部について借地権を設定させ、他の部分を自己が使用している場合（図1）には、A、Bそれぞれの部分を1画地の宅地とします。一部を貸家の敷地、他の部分を自己が使用している場合（図2）も同様とします。

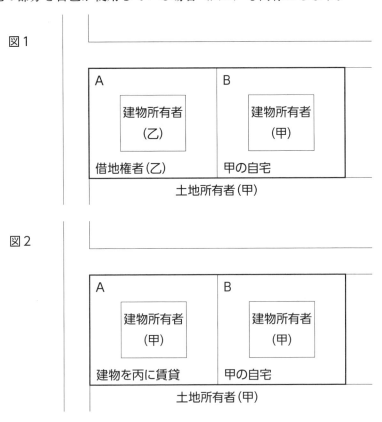

③ 所有する宅地の一部について借地権を設定させ、他の部分を貸家の敷地の用に供している場合には、A、Bそれぞれの部分を1画地の宅地とします。

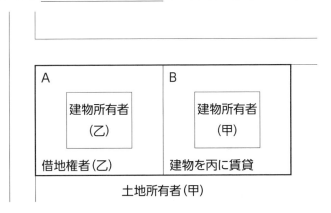

④ 借地権の目的となっている宅地を評価する場合において、貸付先が複数であるときには、同一人に貸し付けられている部分ごとに1画地の宅地とします。

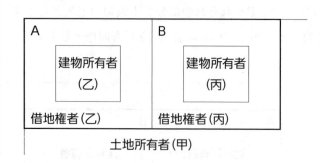

⑤ 貸家建付地（貸家の敷地の用に供されている宅地をいいます。）を評価する場合において、貸家が数棟あるときには、原則として、各棟の敷地ごとに1画地の宅地とします。

⑥ 2以上の者から隣接している土地を借りて、これを一体として利用している場合には、その借主の借地権の評価に当たっては、その全体を1画地として評価します。この場合、貸主側の貸宅地の評価に当たっては、各貸主の所有する部分ごとに区分して、それぞれを1画地の宅地として評価します。

次図の場合、甲は、A土地、B土地の土地を借りて、建物を建て、一体で利用していますので、これを1画地の宅地として評価します。

他方、乙、丙は、貸宅地として利用している部分は、自己が所有する部分のみですから、それを1画地の宅地として評価します。

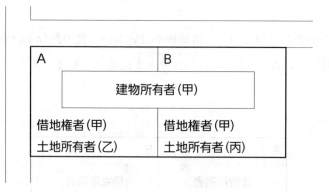

⑦ 共同ビルの敷地の用に供されている宅地は、その全体を1画地の宅地として評価します。

例えば、次図のような場合には、A、B、C及びD土地全体を1画地の宅地として評価した価額に、甲、乙、丙及び丁の有するそれぞれの土地の価額の比を乗じた金額により評価します。この場合、土地の価額の比は次の算式によって計算して差し支えありません。

$$\frac{土地の}{価額の比} = \frac{各土地ごとに財産評価基本通達により評価した価額}{各土地ごとに財産評価基本通達により評価した価額の合計額}$$

⑧ 所有する宅地の一部を自己が使用し、他の部分を使用貸借により貸し付けている場合には、その全体を1画地の宅地として評価します。また、自己の所有する宅地に隣接する宅地を使用貸借により借り受け、自己の所有する宅地と一体として利用している場合であっても、隣接する宅地上には権利を持たないので所有する土地のみを1画地の宅地として評価します。

したがって、次の図1については、A、B土地全体を1画地の宅地として評価し、図2については、A土地、B土地それぞれを1画地の宅地として評価します。

なお、使用貸借に係る使用権の価額は、零として取り扱い、使用貸借により貸し付けている宅地の価額は自用地価額で評価します。

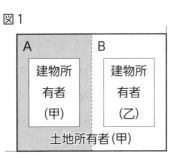
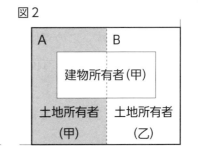

ロ 1画地の宅地と1筆の宅地

「1画地の宅地」は、必ずしも1筆の宅地からなるとは限らず、2筆以上の宅地からなる場合もあり、1筆の宅地が2画地以上の宅地として利用されている場合もあります（評基通7-2（注）1）。

所有権の確認は、地番（1筆）ごとに登記情報により行いますが、**評価単位**を判断する場合は、地番（1筆）ごとに評価するのではなく、利用の単位で判断します。

例えば、次図1、図2のような宅地です。

図1は、3筆の宅地で1つの利用の単位となっていますので、評価単位は1つです。

他方、図2は、1筆の宅地ですが利用の単位はA、B2つですから、評価単位は2つです。

図1
全体を自宅敷地として利用

図2
A部分は自宅、B部分は貸地

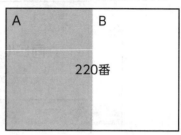

Q1-16　青地（青道）がある場合の評価単位

問　公図を確認すると右図のように宅地の中に市所有の青地（旧水路部分で、課税時期には埋め立てられ、水路としての機能はなく、20番地、21番地とともに自宅敷地として利用されている。）があります。

この場合、評価の単位はどうなるのでしょうか。

答　水路が事実上廃止され、青地（旧水路）を含む宅地に住宅が建設されていることがあります。この青地は公共外公共物で、所有土地の中を青地が横断していてもその箇所に所有権はありません。この場合の評価の単位は、青地も含めて1画地の宅地として評価し、青地部分の土地の価額（市から買い取る金額）を控除したものを評価額とします。（参考：平成28年12月7日裁決、裁決事例集No.105）

【参考】
青地（旧水路）により分断されている2つの土地の評価単位に係る裁決例
本件相続開始日において、（イ）土地①、②の各土地の間には、青地が介在していたものの、当該青地は全て埋め立てられており、水路としての機能を失っていたこと、（ロ）土地①、②の各土地は、青地部分の土地を含めて一体の畑として耕作されていたこと、（ハ）○市は、土地①、②の各土地並びに青地部分の土地を一体として生産緑地地区に定める都市計画を決定していたことの各事実が認められる。これらのことからすると、土

地①、②の各土地は、一団の生産緑地、すなわち1つの評価単位として取り扱うのが相当であると認められる。

> 💡**keyword　青地（青道）と赤道**
>
> 　青地（青道ともいいます。）は、水路で、旧公図に青く塗って表示されていたことからその名があります。ちなみに、里道は赤く塗られていたので、赤道（あかみち）といいます。赤道についても同様の裁決例があります（平成19年3月28日裁決（裁決要旨集登載））。

ハ　不合理分割

　不合理分割の扱いは、親族間で贈与や遺産分割協議の際に、現実の利用状況を無視して不合理な遺産分割が行われた場合に実情に即した評価が行えるよう、その分割前の画地を「1画地の宅地」とするものです（評基通7-2(1)(注)）。

　この扱いは、宅地及び宅地に準じて評価する市街地農地、市街地山林、市街地原野等についても適用されます（評基通7-2(2)(3)(4)(7)）。

Q1-17　不合理分割の具体例

問　相続、遺贈又は贈与により取得した宅地については、原則として、取得者が取得した宅地ごとに評価単位が判定されますが、不合理分割される場合は、具体的にどのような場合でしょうか。

答　宅地の分割が親族間等で行われた場合において、例えば、分割後の画地が宅地として通常の用途に供することができないなど、その分割が著しく不合理であると認められるときは、その分割前の画地を「1画地の宅地」とします。

　不合理分割の例としては、次のような事例が挙げられます。

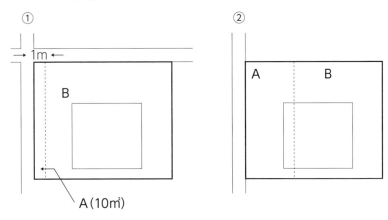

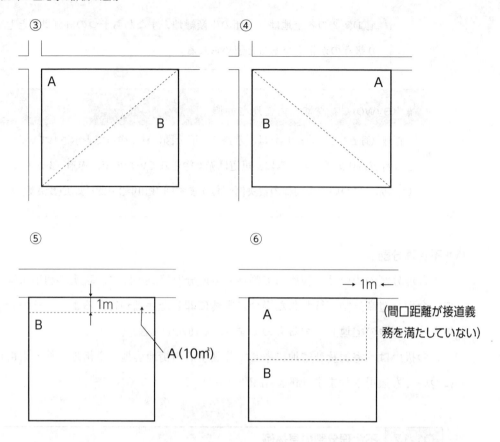

　①については現実の利用状況を無視した分割であり、②は無道路地を、③は無道路地及び不整形地を、④は不整形地を、⑤は奥行短小な土地と無道路地を、⑥は接道義務を満たさないような間口が狭小な土地を作り出す分割であり、土地を利用できず通常の用途に供することができない、著しく不合理な分割と認められます。このような場合、全体を1画地の宅地としてその価額を評価した上で、個々の宅地を評価することとするのが相当とされ、具体的には、A、B宅地全体を1画地の宅地として評価した価額に、各土地の価額の比を乗じた価額により評価することとなります。

Q1-18 不合理分割の場合の土地の評価

問 乙は、亡父甲から次の図のような宅地のうち、A土地を生前に贈与を受けていました。今回、甲の相続開始により、乙はB土地を相続により取得することとなりましたが、この場合のB土地はどのように評価するのでしょうか。

```
                    ←―――20m―――→
          ┌─────────────────────┐
          │ B  380㎡            │      (普通住宅地区)
          │  土地所有者(甲)      │
          │   ┌──────────┐      │
    300D  │   │          │      │ 20m
          │   │建物所有者(甲)│    │
          │   │          │      │
          │   └──────────┘ ↓    │
          │ A  20㎡      1m     │     土地所有者(乙)
          └─────────────────────┘
                    400D
```

答 A土地は単独では通常の宅地として利用できない宅地であり、生前の贈与における土地の分割は不合理なものと認められますから、分割前の画地（A、B土地全体）を「1画地の宅地」とし、その価額を評価した上で個々の宅地を評価するのが相当です。具体的には、A、B土地全体を1画地の宅地として評価した価額に、A、B土地を別個に評価した価額の合計額に占めるB土地の価額の比を乗じて評価額を求めます。

（計算例）

1 A、B土地全体を1画地として評価した価額

（正面路線価）（奥行価格補正率）（側方路線価）（奥行価格補正率）（側方路線影響加算率）（地積）
(400,000円 × 1.00 + 300,000円 × 1.00 × 0.03) × 400㎡ = 163,600,000円

2 Aを単独で評価した価額

（正面路線価）（奥行価格補正率）（側方路線価）（奥行価格補正率）（側方路線影響加算率）（地積）
(400,000円 × 0.90 + 300,000円 × 1.00 × 0.03) × 20㎡ = 7,380,000円

3 Bを単独で評価した価額

（正面路線価）（奥行価格補正率）（地積）
300,000円 × 1.00 × 380㎡ = 114,000,000円

4 Bの評価額

$$163,600,000円 \times \frac{\overset{(価額の比)}{114,000,000円}}{7,380,000円 + 114,000,000円} = 153,652,990円$$

(参考) なお、贈与税の申告におけるA土地の評価額も、原則として、A、B土地全体を評価した価額にA土地の価額の比を乗じて算出します。

(2) 市街地農地等

宅地比準方式で評価する市街地農地、市街地周辺農地、生産緑地、市街地山林及び市街地原野（（原野の評価に準ずる牧場池沼を含みます。）（この項において「市街地農地等」といいます。））の評価の単位は、それぞれ「利用の単位となっている<u>一団</u>の市街地農地等」を評価単位とします（評基通7-2 (2) 但し書）。

これは、市街地農地等は、宅地としての影響を強く受けることから**宅地比準**することとされており、このこととの整合性を図るため、評価の単位についても宅地としての効用を果たす規模での評価を行う必要があるからです。

イ 市街地農地、市街地周辺農地の評価の単位

① 所有している<u>市街地農地又は市街地周辺農地を自ら使用している場合</u>は、耕作の単位にかかわらず、その全体をその「利用の単位となっている**一団**の農地」とします。

例えば、右の事例のように市街地農地又は市街地周辺農地を所有している場合です。

② 所有している市街地農地を自ら使用している場合において、その一部が**生産緑地**である場合には、生産緑地とそれ以外の農地に区分してそれぞれを「利用の単位となっている一団の農地」とします。

例えば、右の事例の場合で、田（A）、畑（A）が生産緑地に指定されている場合は、田（A）及び畑（A）と田（B）

畑（A）、田（A）は生産緑地

及び畑（B）のそれぞれを「利用の単位となっている一団の農地」とします。

これは、生産緑地は農地等として管理しなければならないという制約があることから、市街農地と隣接しているような場合であっても、それぞれを「利用の単位となっている一団の農地」としています。

③ 所有する農地の一部について、<u>永小作権又は耕作権を設定させ</u>、それ以外のところは自ら使用している場合には、永小作権又は耕作権が設定されている部分と自ら使用している部分をそれぞれ「利用の単位となっている一団の農地」とします。

④ 所有する農地を区分して<u>複数の者に対して永小作権、耕作権を設定させている場合</u>

には、同じ者への貸付けごとに「利用の単位となっている一団の農地」とします。

ロ　市街地山林、市街地原野など

利用の単位となっている一団の市街地山林、市街地原野を評価単位とします（市街地にある池沼も同様です。）。

ハ　不合理分割の適用

市街地農地等の評価に当たっては、宅地と同様、不合理分割の適用があります。

(3) 宅地、市街地農地等以外の土地（雑種地を除く。）

上記(2)「市街地農地等」に該当しない「田、畑、山林、原野、牧場、池沼」及び鉱泉地の評価の単位は次のとおりです。

・田及び畑　1枚の農地（評基通7-2(2)）

（注）耕作の単位となっている1区画の農地をいいます。1筆ではありませんのでご注意ください。

・山林、原野、牧場、池沼、鉱泉地　1筆（評基通7-2(3)～(6)）

(4) 雑種地

「利用の単位となっている一団の雑種地」を評価単位とします（評基通7-2(7)）。

これは、雑種地が例えば、駐車場、テニスコート、運動場等のように何らかの用に供されているのが現状であることから、その評価は1筆ごとではなく、「利用の単位」ごとに行うことが現状に適合しているという考え方に基づいています。

なお、利用の単位となっている一団の雑種地は、物理的に一体として利用されているものをいい、道路、河川等により分離されている場合は、分離されている部分をそれぞれ評価単位とします。

また、市街化調整区域以外の都市計画区域で市街地的形態を形成している地域において、宅地と状況が類似する雑種地が2以上の評価単位により隣接しており、その形状、地積の大小、位置関係等から見て一団で評価することが合理的と認められる場合は、それらを「一団の雑種地」として評価します。この場合、宅地と同様に不合理分割の適用があります。

> ※ 評価基本通達7-2(7) 雑種地《評価単位》(一部抜すい)
> (7) 雑種地は、利用の単位となっている一団の雑種地（同一の目的に供されている雑種地をいう。）を評価単位とする。
> 　ただし、市街化調整区域以外の都市計画区域で市街地的形態を形成する地域において、82《雑種地の評価》の本文の定めにより評価する宅地と状況が類似する雑種地が2以上の評価単位により一団となっており、その形状、地積の大小、位置等からみてこれらを一団として評価することが合理的と認められる場合には、その一団の雑種地ごとに評価する。この場合において、(1)の（注）に定める場合に該当するときは、その（注）を準用する。
> （注）3　いずれの用にも供されていない一団の雑種地については、その全体を「利用の単位となっている一団の雑種地」とすることに留意する。

Q1-19　雑種地の評価単位

問　次のように土地が駐車場（雑種地）とその管理用の建物の敷地（宅地）として利用されている場合どのように評価しますか。

なお、当該土地は、登記地目が「宅地」の2筆の土地で構成されています。

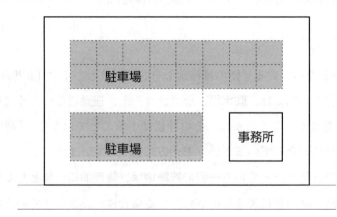

答　評価対象地は、雑種地（駐車場部分）と宅地（事務所敷地）となりますが、この一団の土地は駐車場経営を目的とされており、主たる地目は、「雑種地」と判断されます。

次に雑種地の評価単位についてですが、利用の単位となっている一団の雑種地を単位としますから、土地が2筆で構成されていても、1評価単位となります。

この場合、駐車場部分と事務所部分を合わせた地積が「地積規模の大きな宅地の評価」に係る面積要件を満たす場合は、当該評価の検討をすることになります。

第3節　評価単位の確定　37

Q1-20　市街地が形成されている市街化区域にある雑種地の評価

問　市街地が形成されている市街化区域にある次図右のようなA〜Cの土地はどのように評価しますか。

図左は雑種地周辺の標準的な宅地を示します。

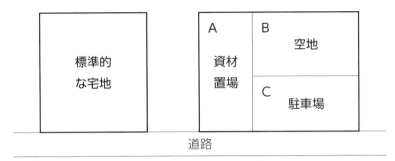

答　評価対象となるA〜Cの土地の地目はいずれも「雑種地」で、土地の利用も異なりますから、原則ではそれぞれを評価単位することとなりますが、このように市街化区域にある雑種地で、宅地に類似する雑種地が2以上の評価単位により隣接する場合は、その形状、地積の大小、位置関係等から見て、一体で評価することが合理的と認められる場合には、それら一団の雑種地を一つの評価単位として評価することとされています。

この事例をこれに当てはめますと、A〜Cそれぞれ標準的な宅地と比較すると小さく、全体を一体とした方が土地として有効に活用でき、その方が合理的と考えられますので、A〜Cを1つの評価単位とします。

Q1-21　利用目的の異なる雑種地が隣接している場合の評価単位

問　次図のような場合は、どのように評価しますか。

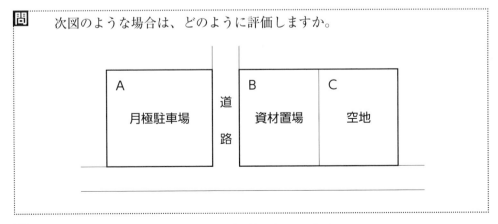

答　A〜Cの土地はいずれも現況は雑種地となります。

そこで、雑種地の利用の単位ですが、「利用の単位となっている一団の雑種

地ごとが評価単位となります。

A〜Cは、利用の単位は別々ですから、この場合は、原則通り、それぞれの雑種地を別々に評価することとなります。

Q1-22　フェンスなどで仕切られた駐車場の評価単位

問　図のように駐車場を経営している場合、どのように評価しますか。

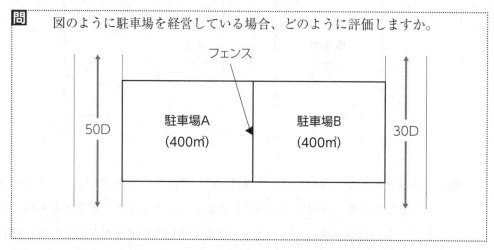

答　駐車場A、駐車場Bを1つの評価単位とします。

この場合、二方に路線がある宅地となりますが、地積は800㎡ですから、三大都市圏に所在する場合は、地積規模の大きな宅地の評価を検討することとなります。

ただし、駐車場Aと駐車場Bとの間に段差がある場合（物理的に別々と判断される場合）や取得者が異なる場合は、それぞれを評価単位とします。なお、別々に評価する場合は、地積規模の大きな宅地の評価はできませんのでご留意ください。

3 ｜ 土地の上に存する権利の評価上の区分

土地の上に存する権利の価額は、次に掲げる権利の別に評価します（評基通9）。

(1) 地上権（区分地上権、借地権に該当するものを除きます。）
(2) 区分地上権
(3) 永小作権
(4) 区分地上権に準ずる地役権
(5) 借地権（定期借地権等に該当するものを除きます。）
(6) 定期借地権等
(7) 耕作権

(8) 温泉権（引湯権を含みます。）

(9) 賃借権（上記(5)から(8)に該当するものを除きます。以下同じです。）

(10) 占用権（地価税法施行令2条2項に規定する権利をいいます。以下同じです。）

4 │ 面積

地積は、課税時期の実際の面積によるとされています（評基通8）。

土地の評価は、評価単位ごとに行うため、地積も評価単位ごとの実際の面積となります。

Q1-23　「実際の面積」の意義

問　土地の地積は、「実際の面積」によることとなっていますが、全ての土地について、実測するのでしょうか。

答　土地の地積を「実際の面積」によることとしているのは、台帳地積と実際の面積とが異なるものについて、実際の面積によることとする基本的な考え方が示されたもので、全ての土地について、実測を要求しているのではありません。

実務上の取扱いとしては、特に縄延の多い山林等について、立木に関する実地調査の実施、航空写真による地積の測定、その地域における平均的な縄延割合の適用等の方法によって、実際の面積を把握することとし、それらの方法によってもその把握ができないもので、台帳地積によることが他の土地との評価の均衡を著しく失すると認められるものについては、実測を行うこととなります。

固定資産税課税台帳の面積が異なる場合の評価事例（倍率評価の場合）については「Q2-16」を参考にして下さい。

Q1-24 共有地（マンション敷地）の地積

問 敷地全体の地積が2,400㎡、持分50分の1のマンションを所有しています。全体の地積を持分であん分しますと面積は48㎡となります。

形状は下図のとおりですが、この場合、不整形地補正率の選択や規模格差の大きな宅地の評価の判定に使う地積は、2,400㎡、48㎡のどちらですか。

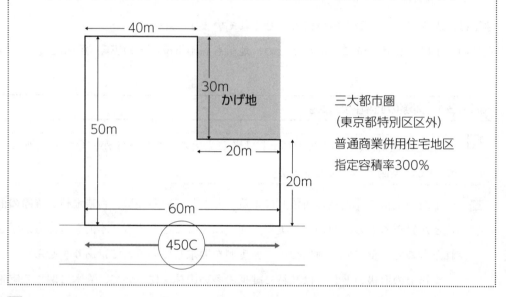

三大都市圏
（東京都特別区区外）
普通商業併用住宅地区
指定容積率300%

答 共有財産の持分の価額は、その財産の価額をその共有者の持分に応じてあん分した価額によって評価します（評基通2）。

上記のマンション敷地は共有ですから、全体の地積2,400㎡を評価単位として評価し、それを持分50分の1であん分して評価します。

したがって、不整形補正率の選択や地積規模の大きな宅地の評価の適用を判定する場合の地積は2,400㎡となります。

Q1-25 がけ地が含まれている宅地の地積

問 平坦地が400㎡、がけ地部分が200㎡併せて600㎡あります。

この場合、不整形地補正率を算定する際の地積、地積規模の大きな宅地の評価の際の判断基準となる地積はどのようになりますか。

答 平坦地とがけ地が一体となっている宅地は、全体を1つの評価単位として評価しますから、地積も合計の600㎡となり、この地積を基準に地積規模の大きな宅地の評価を含む画地調整を行います。なお、がけ地部分が平坦部分と一体となっておらず、それぞれを別々に評価する場合はそれぞれの部分ごとの地積によって調整を行います。

| Q1-26 | 山林の地積 |

問 山林の地積は、水平面積と傾斜面積がありますが、どちらで評価するのですか。

答 立木は、地表より垂直的に育成すること、植樹本数は一般的には傾斜面積の多少に影響されないことから、水平面積を山林面積とします。

| Q1-27 | 相続開始後の実測による面積の増加（減少） |

問 相続した土地を譲渡するに当たり測量したところ、申告した地積より増加（減少）しました。この場合どのようにすればいいのですか。

答 申告に当たっては、課税時期の実際の地積によることになっています。

したがって、増加（減少）した面積を実際の地積として、当該土地を評価した上で、相続税を計算し、税額が増加（減少）する場合は修正申告（更正の請求）を行います。

なお、実測により、地積が増加（減少）し、「地積規模の大きな宅地の評価」の適用がある（なくなる）場合には、規模格差補正を行う（行わない）ことに留意してください。

また、当該土地を相続開始後に譲渡し、実測精算が行われる場合の相続税の取得費加算の特例（措法39）に係る、取得費に加算される相続税額は、当該修正申告に係る金額（更正の請求に係る更正後の金額）を基に計算します。

地目別の評価単位及び評価方法一覧

種類	評価単位	評価方法	参照頁
宅地	1画地の宅地（利用の単位となっている1区画の宅地をいいます。）ごとに評価します。1画地の宅地は必ずしも1筆の宅地からなるとは限らず、2筆以上の宅地からなる場合もあり、また、1筆の宅地が2画地以上の宅地として利用されている場合もあります。 　ただし、贈与や遺産分割等による宅地の分割が親族間等で行われた場合において、例えば、分割後の画地が宅地として通常の用途に供することができないなど、その分割が著しく不合理であると認められるときは、その分割前の画地を「1画地の宅地」とします。	(1) 市街地的形態を形成する地域にある宅地 　**路線価方式**により評価します。 (2) (1)以外の宅地 　**倍率方式**により評価します。	20 26 82 157
市街地農地〔田畑〕 市街地周辺 中間 純	田及び畑（以下「農地」といいます。）は、利用の単位となっている一団の農地ごとに評価します。 ※「生産緑地」として指定された農地についても同様の評価をします。 1枚の農地ごとに評価します。（原則）	原則として**宅地比準方式**により評価します。 市街地農地であるとした場合の価額の**80%**相当額により評価します。 **倍率方式**により評価します。	23 34 159 160 206
市街地山林〔原野牧場池沼〕 中間 純	利用の単位となっている一団の山林（原野・牧場・池沼）ごとに評価します。 1筆の山林（原野・牧場・池沼）ごとに評価します。（原則）	原則として**宅地比準方式**により評価します。 **倍率方式**により評価します。	23 34 159 209
鉱泉地	1筆の鉱泉地ごとに評価します。	その鉱泉地の固定資産税評価額 × その鉱泉地の鉱泉を利用する宅地の課税時期における価額 / その鉱泉地の鉱泉を利用する宅地のその鉱泉地の固定資産税評価額の評定の基準となった日における価額	35 214
雑種地	利用の単位となっている一団の雑種地ごとに評価します。 　なお、いずれの用にも供されていない一団の雑種地は、その全体を「利用の単位となっている一団の雑種地」として評価します。	原則として、評価する雑種地と状況が類似する付近の土地の価額に**比準**して評価します。 ただし倍率が定められている地域にある雑種地の価額は、**倍率方式**により評価します。	23 35 216

(注) 1　その土地が上記のどの評価方法により評価するかについては、「財産評価基準書」をご覧ください。
　　 2　「**宅地比準方式**」とは、その土地が宅地であるとした場合の価額からその土地を宅地に転用するとした場合において通常必要と認められる造成費に相当する金額を控除して評価する方法です。

第4節 財産評価基準書と評価方式の判別

1 │ 財産評価基準書

　財産評価基準書は、評価基本通達に基づき各国税局局長が作成した相続財産評価の基準です。

　評価実務では、原則としてこの評価基準（路線価、倍率）を基にして、評価基本通達の定めに従って評価額を計算します。

　ところで、評価基本通達に基づき各国税局が作成する財産評価の基準は、路線価や評価倍率だけではありません。

　財産評価基準書には、次ページにありますように、貸宅地、借地権、貸家建付地などの評価に必要な「**借地権割合**」や「**借家権割合**」のほか、宅地比準方式の評価に必要な**造成費**など、土地評価に欠かせない情報が数多く掲載されています。

　このように、評価実務では**財産評価基準書**は大変重要で、その見方、使い方を正確に覚えることで、的確かつ効率的に評価を行うことができます。

　路線価図や評価倍率表は毎年7月ごろにその年分のものが公表されます。

　なお、評価基準書は、課税時期（相続の場合は被相続人の死亡の日、贈与の場合は贈与により財産を取得した日）の属する年分のものを使います。

東京都 財産評価基準書目次

ご覧になりたい項目をクリックしてください。

1. 土地関係（土地の評価方式には、路線価方式と倍率方式があり、いずれかの方法で評価します。）

路線価図
路線価図

評価倍率表
一般の土地等用
大規模工場用地用
ゴルフ場用地等用

その他土地関係
宅地造成費の金額表
鉱泉地の評価
雑種地の評価
耕作権の評価
占用権の評価

2. 土地関係以外

借家権割合
森林の立木の標準価額表
電話加入権の評価
農業投資価格の金額表

3. 参考

家屋の固定資産税評価額に乗ずる倍率
伐採制限等を受けている山林の評価

（国税庁ホームページより）

（参考）財産評価基準書の内容と財産評価基本通達等の関係

1　土地関係
　(1)　路線価図
　　　　路線価（評基通14）
　　　　地区区分（評基通14-2）
　　　　借地権割合（評基通27）
　(2)　評価倍率表（一般の土地等用）
　　　　評価倍率（評基通21、37、38、47、48、58、58-2、61、62）
　　　　借地権割合、貸地割合（評基通27）
　(3)　評価倍率表（(2)以外）
　　　　大規模工場用地用（評基通22-3）
　　　　ゴルフ場用地等用（評基通83）
　(4)　その他土地関係
　　　　宅地造成費の金額表（評基通40、49、58-3）
　　　　鉱泉地の評価（評基通69）
　　　　雑種地の評価（評基通83-2）
　　　　耕作権の評価（評基通42）
　　　　占有権の評価（評基通87-5）
2　土地関係以外
　・借家権割合（評基通94）
　・森林の立木の標準価額表（評基通113）
　・電話加入権の評価（評基通161）
　・農業投資価格の金額表（措法70の6）
3　参考
　・家屋の固定資産税評価額に乗ずる倍率（評基通別表1）
　・伐採制限等を受けている山林の評価

2｜評価方式の判別

　土地等の評価は、**路線価方式**か**倍率方式**のいずれかで評価します（評基通11ほか）。

　どちらの評価方式で評価するかの判別は、財産評価基準書（路線価図、評価倍率表）で行います。各地目等に対応する評価方式は次表のとおりです。

　次に記述する路線価図、評価倍率表の見方などを参考に評価対象地の路線価、適用する倍率を確認の上、それぞれの手順により評価します。

　なお、**市街地農地等**は、評価対象地を路線価方式又は倍率方式のいずれかの方式で宅地と

した場合の評価額を算出した上で、宅地とする場合の必要な造成費を控除して評価する**「宅地比準方式」**が用意されています。

各地目等と評価方式

地目等		評価方式
宅地		路線価方式
		倍率方式
農地 山林 原野	市街地農地等	宅地比準方式
		倍率方式
	上記以外	倍率方式

※　市街地農地等には、市街地農地、市街地周辺農地、市街地山林、市街地原野を含む。
※　市街地周辺農地は、宅地比準方式により計算した価額の80％で評価。
※　雑種地については、状況が類似する地目に比準して評価。

3 ｜ 路線価等とその見方

（1）路線価と路線価方式による評価

路線価は、宅地の利用状況がおおむね同一と認められる一連の宅地に面している路線ごとに、その路線に面する標準的な宅地の1㎡当たりの価格が付設されます（評基通14）。

路線価方式では、評価対象地が接する路線に付された標準的な宅地の1㎡当たりの価額である「路線価」を基に、評価対象地の形状等の程度に応じた調整を行い評価額を求めます。

このため、もし、路線価を見誤りますと評価も誤ったものとなりますから、路線価の確認に当たっては、公図、住宅地図、実測図や現地調査などにより、評価対象地の位置を正確に把握した上で、路線価を慎重に確認します。

なお、評価対象地は、一路線だけでなく、二路線、三路線に接している場合もあります。

また、一路線に2つの路線価がある場合もあり、こういった条件は評価に大きく影響を及ぼしますので現地調査に当たってはこの点の観察も必要です。

（2）地区区分

路線価方式で画地調整を行う場合、もう一つ欠かせないのが地区区分です。

地区区分は、路線価で評価する地域について、宅地の利用状況がおおむね同一と認められる一定の地域ごとに、地区区分が定められます（評基通14-2）。

そのようにして定められた地区区分は路線価とともに路線価図に表示（下記「路線価図の表示」参照）されていますが、路線価を補正する各種の**調整率**は、地区区分により異なります。また、平成30年分から適用となる「地積規模の大きな宅地の評価」では、普通商業併用住宅地区、普通住宅地区以外の地区区分では適用がありません。

地区区分も路線価の確認と併せて誤りのないようにしなければなりません。

【地区区分の種類・表示と説明】

種類・表示	説明
① ビル街地区	大都市における商業地域内で、高層の大型オフィスビル、店舗等が街区を形成し、かつ敷地規模が大きい地区
② 高度商業地区	大都市の都心若しくは副都心又は地方中核都市の都心等における商業地域内で、中高層の百貨店、専門店舗等が立ち並ぶ高度小売商業地区又は中高層の事務所等が立ち並ぶ高度業務地区
③ 繁華街地区	大都市又は地方中核都市において各種小売店舗等が立ち並ぶ著名な商業地又は飲食店舗、レジャー施設等が多い歓楽街など人通りが多く繁華性の高い中心的な商業地区をいい、高度商業地区と異なり比較的幅員の狭い街路に中層以下の平均的に小さい規模の建物が立ち並ぶ地域
④ 普通商業地区	商業地域若しくは近隣商業地域にあって、又は第一種、第二種及び準住居地域若しくは準工業地域内の幹線道路（国県道等）沿いにあって、中低層の店舗、事務所等が立ち並ぶ商業地区
⑤ 併用住宅地区	商業地区の周辺部（主として近隣商業地域内）又は第一種、第二種及び準住居地域若しくは準工業地域内の幹線道路（国県道等）沿いにあって、住宅が混在する小規模の店舗、事務所等の低層利用の建物が多い地区
⑥ 普通住宅地区	主として第一種及び第二種低層住居専用地域、第一種及び第二種中高層住居専用地域、第一種、第二種及び準住居地域又は準工業地域内にあって、主として居住用建物が連続している地区
⑦ 中小工場地区	主として準工業地域、工業地域又は工業専用地域内にあって比較的規模の小さい工場、倉庫、流通センター、研究開発施設等が集中している地区
⑧ 大工場地区	主として準工業地域、工業地域又は工業専用地域内にあって比較的規模の大きい工場、倉庫、流通センター、研究開発施設等が集中している地区

(3) 借地権割合

借地権、貸宅地や貸家建付地の評価に欠かせない借地権割合は、借地権の売買実例価額、精通者意見価格、地代の額等を基として評定した借地権の価額の割合（以下「借地権割合」といいます。）がおおむね同一と認められる地域ごとに定められ（評基通27）、路線価地域では、路線価とともに**A～Gの記号**で、倍率地域については、評価倍率表の「借地権割合」の欄に数字で記載されます。

(4) 路線価図の表示（見方）

イ 路線価の表示例

路線価図に表示される**路線価の単位**は千円で、**地区区分**、**借地権割合**と併せて表示されます。

例えば、路線価が500,000円、地区区分が「普通商業・併用住宅地区」、借地権割合が60％の場合、路線価図には次のとおり表示されます。

なお、借地権割合は、A〜Gまでの記号で表します。

路線価の表示(千円単位)

500D

地区区分の表示
普通商業・併用住宅地区
（表記記号は下記参照）

借地権割合

A	90%	E	50%
B	80%	F	40%
C	70%	G	30%
D	60%		

ロ　地区区分の表示

地区	表示方法
ビル街地区	13,500A（六角形）
高度商業地区	7,200B（楕円）
繁華街地区	4,040B（八角形）
普通商業・併用住宅地区	500C（円）
普通住宅地区	450D（なし）
中小工場地区	200D（ひし形）
大工場地区	300D（長方形）

ハ　地区区分の適用範囲を示す記号

上記地区区分の記号の上部又は下部（路線の向きによっては右又は左）が「黒塗り」又は「斜線」で表示されている路線の地区区分は、「普通商業・併用住宅地区」を例にとりますと、次のとおりです。

地区	表示方法
道路を中心として全域	900C （記号：円）
道路を中心として車線のない側全域	900C （記号：上部斜線）
道路沿いのみの地域	900C （記号：全体黒塗り）
道路を中心として黒塗りの道路沿いと反対側全域	900C （記号：上部黒塗り）
道路を中心として黒塗り側の道路沿いのみの地域	900C （記号：上部黒塗り、下部斜線）

〈実際の路線価図のイメージ〉

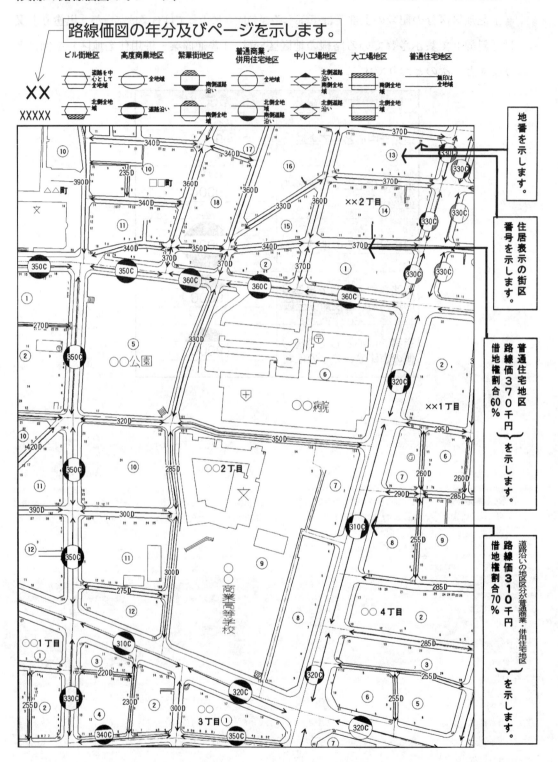

4 ｜ 評価倍率表とその見方

（1）評価倍率表と倍率方式による評価

　評価倍率表は、各国税局長が評価基本通達に基づき評定した倍率方式で評価する場合に用いる評価倍率を取りまとめた表で、評価実務では、評価対象地の所在地、適用地域、地目を手掛かりにそれに対応する**評価倍率**をその評価対象地に係る**固定資産税評価額**に乗じて評価額を算出します。

　評価倍率表の掲載欄の内容等は次の（2）のとおりで、税務署別にその管轄の全地域の市区町村の町丁目大字ごとに適用地域名等を示し、評価倍率は、適用地域名ごとに「固定資産税評価額に乗ずる倍率等」の欄に地目別に掲載されます。

　なお、評価倍率表は、全国全地域の評価方法が掲載されていますので、路線価地域と倍率地域の区分が路線価図だけではよくわからない場合は、評価倍率表と併せて確認します。

【参考】

　大字を地域の単位として評価することの合理性がみとめられた判決例

　倍率方式による財産評価において、行政区画単位である「大字」単位ごとに同一倍率を用いる原則の例外を認める場合にどの程度の個別事情を考慮すべきかは、評価制度の向上と事務量及び徴税経費の抑制、売買実例の確保等の諸要素の比較衡量によることになり、技術的、専門的、政策的判断にわたるものであるから、「大字」単位に評価倍率を定める方法が著しく合理性を欠くとか、他に全国的にも通用しうる簡易かつ適正な方法を採りうるといった特段の事情が存在しない限り、「大字」を地域の単位とする右方法は、合理的な評価方法として一応是認することができる（千葉地裁平成7年4月24日判決、平4（行ウ）21号。税務訴訟資料209号155頁）。

（2）評価倍率表の記載欄の内容等

イ 「町（丁目）又は大字」欄

　市区町村ごとに、町（丁目）又は大字名を五十音順に記載されています。

ロ 「適用地域名」欄

　「全域」は、その町（丁目）又は大字の全域が路線価地域又は倍率地域であることを示しています。

　また、「一部」又は「路線価地域」とある場合は、その町（丁目）又は大字の地域に路線価地域と倍率地域が存在することを示しています。

ハ 「借地権割合」欄

　倍率地域におけるその町（丁目）又は大字の地域につき、「借地権」の価額を評価する場合の借地権割合が％単位で掲げられています。

路線価地域については、路線価図に路線価とともに表示されますので、「－」と表示されています。

ニ 「宅地」欄

　固定資産税評価額に乗じる倍率が記載されています。

　なお、路線価地域の場合は「路線」と記載されます。

ホ 「田」、「畑」欄

　適用地域の田畑の分類、評価方式及び固定資産税評価額に乗ずる倍率が記載されています。

　　（農地の分類等と表記）

純農地…………………純
中間農地………………中
市街地周辺農地………周比準
市街地農地……………比準又は市比準

ヘ 「山林」欄

　その地域の山林の価額を評価する場合における山林の分類、評価方式及び固定資産税評価額に乗ずる倍率が記載されています。

　　（山林の分類等と表記）

純山林…………………純
中間山林………………中
市街地山林……………比準又は市比準

ト 「原野」欄

　その地域の原野の価額を評価する場合における原野の分類、評価方式及び固定資産税評価額に乗ずる倍率が記載されています。

　　（原野の分類等と表記）

純原野…………………純
中間原野………………中
市街地原野……………比準又は市比準

チ 「牧場」及び「池沼」欄

　その地域の牧場及び池沼を評価する場合における評価方式及び固定資産税評価額に乗ずる倍率が記載されています。

(3) 評価倍率表の読み方

評価倍率表（例）

○○市　　　　　　　　　　　　　　　　　　　　　　　　　　　　　　　　　　　　○○税務署

音順	町（丁目）又は大字名	適用地域名	借地権割合	固定資産税評価額に乗ずる倍率等					
				宅地	田	畑	山林	原野	牧場	池沼
い	石田町	全域	−	路線	比準	比準	比準	比準	−	−
う	上田町	市街化区域	30	1.2	比準	比準	比準	比準	−	−
		市街化調整区域								
		1　農用地区域			純30	純40			−	−
		2　上記以外の地域		1.2	中45	中66	中92	中92	−	−

表の上から順に次のとおり読みます。

・石田町に所在する土地（全域）

　「宅地」欄の「路線」は、宅地は**路線価**により、その他の地目欄の「比準」は**宅地比準方式**（2章3節参照）により評価します。

　なお、この場合に「借地権割合」欄に「−」と表示されているのは、路線価図に路線価とともに記載されているからです。

・上田町に所在する土地については、適用地域が3地域に区分されています。

　① 市街化区域内に所在する土地

　　「宅地」欄の「1.2」は、固定資産税評価額に乗じる倍率です。

　　したがって、この地域にある宅地は固定資産税評価額に1.2倍を乗じた価額が自用地としての評価額となります。

　　また、「借地権割合」欄の30は借地権割合が30％あることを示しています。

　　宅地以外の土地は、「比準」とありますので宅地比準方式で評価します。

　② 市街化調整区域で農用地区域内の田、畑

　　「田」、「畑」欄の「純」の表示は、この地域内にある田畑は純農地に該当することを示し、田はその固定資産税評価額に30倍を乗じた価額が、畑はその固定資産税評価額に40倍を乗じた価額が評価額となります。

　　評価対象地が市街化調整区域で農用地区域内にあるかどうかの調べ方は、Q1-8（P16～）を参考にしてください。その際「全国農地ナビ」を有効に活用しましょう。

　③ 市街化調整区域で農用地区域以外の土地

　　宅地は、固定資産税評価額に1.2倍を乗じて評価します。

　　なお、「借地権割合」欄に記載がないのは、この地域は「借地権の取引慣行があると認められる地域以外の地域」であることを示しており、借地権は評価しませんが、他方、貸宅地については、借地権割合を100分の20として計算した価額を借地権の価額として控除して評価します（6章P230）。

田、畑、山林、原野の欄に「中」とあるのは、田畑は、中間農地、山林原野はそれぞれ、中間山林、中間原野であることを示し、固定資産税評価額にそれぞれの評価倍率を乗じて評価します（4章P209以下参照）。

Q1-28　評価倍率表の具体的な読み方

問　評価倍率表の表記と評価方法について具体的に教えてください。

答　評価倍率表が次のように表記している場合の各適用地域に該当する各地目の評価方法は次のとおりとなります。

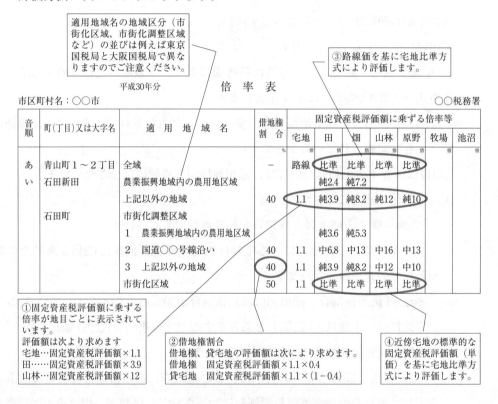

(4) 評価方式を迷ったら評価倍率表と路線価図を併せて確認

東京都の特別区内や大阪市内のように都市中心部の土地を評価する場合、当たり前のように路線価図から路線価を確認し評価の準備を進めることができます。

しかし、**市街化区域**と**市街化調整区域**が隣接している地域では、路線価図だけで評価方法を判別すると大きな間違いとなる場合があります。

例えば、○○市山田町にある田、路線価図では次図のように路線価が付設された道路（80Dのところ）が市街化区域（路線価地域）と市街化調整区域（倍率地域）の境にある場合です。

評価倍率表は、下記のように評価対象地が市街化調整区域にある場合は、倍率方式で評価するとされているにもかかわらず、これを確認せず、下図の田を路線価により宅地比準

で評価すると過大な評価になります。

このような場合には、必ず評価倍率表を確認しましょう。

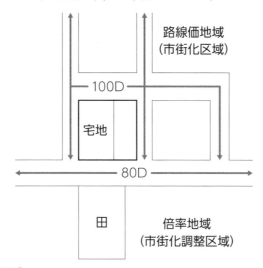

【評価倍率表の掲載例】

音順	町（丁目）又は大字名	適用地域名	借地権割合	固定資産税評価額に乗ずる倍率等						
				宅地	田	畑	山林	原野	牧場	池沼
や	山田町	市街化区域	－	路線	比準	比準	比準	比準	－	－
		市街化調整区域	40	1.2	中35	中50	中30	中30	－	－

5 │ 特定路線価の申請

　相続税や贈与税の申告をする場合に、路線価地域内において、路線価の設定されていない道路のみに接している土地を評価する必要があるときには、「当該道路を路線とみなして当該宅地を評価するための路線価（以下「特定路線価」といいます。）を納税義務者からの申出等に基づき設定することができる。」（評基通14-3）とされています。

　具体的には、「**特定路線価設定申出書**」に必要事項を記載の上、所要の書類を添付して、納税地を所轄する税務署長に提出します。

　特定路線価の設定申請しようとする道路が建築基準法上の道路でない場合は特定路線価の設定はされません。この点は、市区町村の建築指導課等で確認することができます。

　ただし、設定には時間を要しますので、特定路線価設定が必要な場合は早めに申出書を提出してください。

　なお、特定路線価は路線価の設定されていない宅地について専らその評価をするためだけに設定されるものですから、仮に側方路（又は二方路）に特定路線価が設定されたとしても、当該特定路線価による側方（二方）路線影響加算は行いません。

		整理簿 ※

平成＿＿年分　特定路線価設定申出書

＿＿＿＿＿＿＿＿税務署長

平成＿＿年＿＿月＿＿日　　申出者　住所(所在地)〒＿＿＿＿＿＿＿＿＿＿＿＿＿＿＿＿
　　　　　　　　　　　　（納税義務者）

　　　　　　　　　　　　　　　　氏名(名称)＿＿＿＿＿＿＿＿＿＿＿＿＿＿＿印

　　　　　　　　　　　　　　　　職業(業種)＿＿＿＿＿＿電話番号＿＿＿＿＿＿

相続税等の申告のため、路線価の設定されていない道路のみに接している土地等を評価する必要があるので、特定路線価の設定について、次のとおり申し出ます。

※印欄は記入しないでください。

1　特定路線価の設定を必要とする理由	□　相続税申告のため（相続開始日＿＿年＿＿月＿＿日） 　　被相続人 ┌ 住所＿＿＿＿＿＿＿＿＿＿＿＿＿＿＿＿＿＿＿ 　　　　　　　│ 氏名＿＿＿＿＿＿＿＿＿＿＿＿＿＿＿＿＿＿＿ 　　　　　　　└ 職業＿＿＿＿＿＿＿＿＿＿＿＿＿＿＿＿＿＿＿ □　贈与税申告のため（受贈日＿＿年＿＿月＿＿日）
2　評価する土地等及び特定路線価を設定する道路の所在地、状況等	「別紙　特定路線価により評価する土地等及び特定路線価を設定する道路の所在地、状況等の明細書」のとおり
3　添付資料	(1)　物件案内図（住宅地図の写し） (2)　地形図（公図、実測図の写し） (3)　写真　　撮影日＿＿年＿＿月＿＿日 (4)　その他　[　　　　　　　　　　　　　]
4　連絡先	〒 住　所＿＿＿＿＿＿＿＿＿＿＿＿＿＿＿＿＿＿＿＿＿＿＿＿＿＿＿ 氏　名＿＿＿＿＿＿＿＿＿＿＿＿＿＿＿＿＿＿＿＿＿＿＿＿＿＿＿ 職　業＿＿＿＿＿＿＿＿＿電話番号＿＿＿＿＿＿＿＿
5　送付先	□　申出者に送付 □　連絡先に送付

＊　□欄には、該当するものにレ点を付してください。

（資9－29－A4統一）

別紙　特定路線価により評価する土地等及び特定路線価を設定する道路の所在地、状況等の明細書

土地等の所在地 （住居表示）	[　　　　　　]	[　　　　　　]
土地等の利用者名、 利用状況及び地積	（利用者名） （利用状況）　　　　　　m²	（利用者名） （利用状況）　　　　　　m²
道路の所在地		
道路の幅員及び奥行	（幅員）　　m　（奥行）　　m	（幅員）　　m　（奥行）　　m
舗装の状況	□舗装済　・　□未舗装	□舗装済　・　□未舗装
道路の連続性	□通抜け可能 　（□車の進入可能・□不可能） □行止まり 　（□車の進入可能・□不可能）	□通抜け可能 　（□車の進入可能・□不可能） □行止まり 　（□車の進入可能・□不可能）
道路のこう配	度	度
上　水　道	□有 □無（□引込み可能・□不可能）	□有 □無（□引込み可能・□不可能）
下　水　道	□有 □無（□引込み可能・□不可能）	□有 □無（□引込み可能・□不可能）
都　市　ガ　ス	□有 □無（□引込み可能・□不可能）	□有 □無（□引込み可能・□不可能）
用途地域等の制限	（　　　　　　）地域 建ぺい率（　　　）％ 容積率（　　　）％	（　　　　　　）地域 建ぺい率（　　　）％ 容積率（　　　）％
その他（参考事項）		

（資9－30－A4統一）

記載方法等

　この申出書は、課税の対象となる路線価地域内に存する土地等について、その土地等に接している道路に路線価が設定されていないため、路線価を基に評価することができない場合に、その土地等を評価するための路線価（特定路線価）の設定を申し出るときに使用します。

1　この申出書は、相続税、贈与税の申告のため、路線価の設定されていない道路のみに接している土地等を評価することが必要な場合に提出してください。

2　この申出書は、原則として、納税地を所轄する税務署に提出してください。

3　「特定路線価により評価する土地等」、「特定路線価を設定する道路」及び「特定路線価を設定する道路に接続する路線価の設定されている路線」の状況等がわかる資料（物件案内図、地形図、写真等）を添付してください。

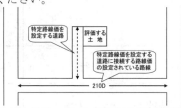

4　「特定路線価により評価する土地等」及び「特定路線価を設定する道路」の所在地、状況等については、「別紙　特定路線価により評価する土地等及び特定路線価を設定する道路の所在地、状況等の明細書」に記載してください。

(1)　「土地等の所在地（住居表示）」欄には、「特定路線価により評価する土地等」の所在地を画地ごとに記載してください。

(2)　「土地等の利用者名、利用状況及び地積」欄には、その土地等の利用者名、利用状況及び地積を記載してください。土地等の利用状況については、「宅地（自用地）」、「宅地（貸地）」などと記載してください。

(3)　「道路の所在地」欄は、「特定路線価を設定する道路」の所在地の地番を記載してください。

(4)　「道路の幅員及び奥行」欄には、「特定路線価を設定する道路」の幅員及び「特定路線価を設定する道路に接続する路線価の設定されている路線」からその土地等の最も奥までの奥行距離を記載してください。

(5)　「舗装の状況」欄は、該当するものにレ点を付してください。

(6)　「道路の連続性」欄は、該当するものにレ点を付してください。

(7)　「道路のこう配」欄には、傾斜度を記載してください。

(8)　「上水道」、「下水道」、「都市ガス」欄は、該当するものにレ点を付してください。各欄の「引込み可能」とは、「特定路線価を設定する道路」に上下水道、都市ガスが敷設されている場合及び「特定路線価を設定する道路」にはないが、引込距離約50m程度のもので、容易に引込み可能な場合をいいます。

(9)　「用途地域等の制限」欄には、その土地等の存する地域の都市計画法による用途地域（例えば、第1種低層住居専用地域等）、建ぺい率及び容積率を記載してください。

(10)　「その他（参考事項）」欄には、上記以外に土地の価格に影響を及ぼすと認められる事項がある場合に記載してください。

　　（注）この申出書を提出した場合でも、路線価を基に課税の対象となる土地等を評価することができるときには、特定路線価を設定しないことになりますので留意してください。

第4節 財産評価基準書と評価方式の判別　59

特定路線価設定申出書の提出チェックシート

フリガナ
申出者氏名：　　　　　　　　　　

「特定路線価設定申出書」を提出する場合には、次の事項のチェックをお願いします（原則として、「はい」が全て☑となった方のみ提出できます。）。

1　特定路線価の設定を必要とする年分の路線価は公開されていますか。
　　□ はい
　　いいえ → 路線価の公開前に提出された場合には、路線価が公開された後の回答になります。

2　特定路線価の設定を必要とする理由は、相続税又は贈与税の申告のためのものですか。
　　□ はい
　　いいえ → 相続税又は贈与税の申告以外の目的のためには、特定路線価を設定できません。

3　評価する土地等は、「路線価方式」により評価する地域（路線価地域）内にありますか。
　　※　財産評価基準書（路線価図・評価倍率表）で確認できます。
　　□ はい
　　いいえ → 「倍率方式」により評価する地域内にある土地等は、固定資産税評価額に所定の倍率を乗じて評価します。

4　評価する土地等は、路線価の設定されていない道路のみに接している土地等ですか。
　　□ はい
　　いいえ → 原則として、既存の路線価を基に画地調整等を行って評価します。
　　例えば、下図の場合、評価対象地が路線価の設定されている道路に接しているので、その路線価を基に評価します。
　　なお、評価方法など不明な点につきましては、相続税又は贈与税の納税地を管轄する税務署にご相談下さい。
　　相談の結果、「特定路線価設定申出書」を提出していただく場合もあります。

5　特定路線価を設定したい道路は、評価する土地等の利用者以外の人も利用する道路ですか。
　　□ はい
　　いいえ →

6　特定路線価を設定したい道路は、建物の建築が可能な道路ですか。
　　※　都県又は市町村の部署（建築指導課等）で確認できます。
　　□ はい
　　いいえ →

★　特定路線価は、原則として「建築基準法上の道路等」に設定しています。
「建築基準法上の道路等」とは、
① 「建築基準法第42条第1項1号～5号又は第2項」に規定する道路
② 「建築基準法第43条第1項ただし書」に規定する道路
をいいます。

納税地を管轄する税務署に「特定路線価設定申出書」を提出してください。
※　納税地は、相続税の場合は被相続人の住所地、贈与税の場合は受贈者の住所地となります。

※　「特定路線価設定申出書」の提出時にこのチェックシートも併せて提出してください。
※　財産評価基準書（路線価図・評価倍率表）は国税庁ホームページ【www.rosenka.nta.go.jp】で確認できます。
※　通常、回答までに1か月程度の期間を要します。
※　このチェックシートについての不明な点につきましては、特定路線価を設定する土地等の所在する地域の評定担当署の評価専門官（裏面参照）にご相談下さい。

6 | 個別評価申出書

　土地区画整備事業施行地等については、財産評価基準書（路線価図、評価倍率表）に「個別評価」とされている場合があります。その場合は、「**個別評価申出書**」により、評価を依頼することとなります。

平成＿＿年分　個 別 評 価 申 出 書

整理簿
※

※印欄は記入しないでください。

＿＿＿＿＿＿＿税務署長

平成＿＿年＿＿月＿＿日　　申出者　住所(所在地)〒＿＿＿＿＿＿＿＿＿＿＿＿＿＿
　　　　　　　　　　　　(納税義務者)

　　　　　　　　　　　　　　　氏名(名称)＿＿＿＿＿＿＿＿＿＿＿＿＿印

　　　　　　　　　　　　　　　職業(業種)＿＿＿＿＿電話番号＿＿＿＿＿＿

　相続税等の申告のため、財産評価基準書に「個別評価」と表示されている土地等を評価する必要があるので、次のとおり申し出ます。

1	個別評価を必要とする理由	☐ 相続税申告のため（相続開始日＿＿年＿＿月＿＿日） 　　被相続人｛住所＿＿＿＿＿＿＿＿＿＿＿＿＿＿＿＿＿＿ 　　　　　　　氏名＿＿＿＿＿＿＿＿＿＿＿＿＿＿＿＿＿＿ 　　　　　　　職業＿＿＿＿＿＿＿＿｝ ☐ 贈与税申告のため（受贈日＿＿年＿＿月＿＿日）
2	個別評価する土地等の所在地、状況等	「別紙1　個別評価により評価する土地等の所在地、状況等の明細書」のとおり
3	添付資料	「別紙2　個別評価申出書添付資料一覧表」のとおり
4	連絡先	〒 住　所＿＿＿＿＿＿＿＿＿＿＿＿＿＿＿＿＿＿＿＿＿＿ 氏　名＿＿＿＿＿＿＿＿＿＿＿＿＿＿＿＿＿＿＿＿＿＿ 職　業＿＿＿＿＿＿＿＿＿＿電話番号＿＿＿＿＿＿＿
5	送付先	☐ 申出者に送付 ☐ 連絡先に送付

＊　□欄には、該当するものにレ点を付してください。

別紙1　個別評価により評価する土地等の所在地、状況等の明細書

評価する土地等の所在地〔住居表示〕	〔　　　　　　　　　　〕	〔　　　　　　　　　　〕
評価する土地等の利用者名、利用状況及び地積	（利用者名） （利用状況） （地積）　　　　　　　　m²	（利用者名） （利用状況） （地積）　　　　　　　　m²

【土地区画整理事業の場合】

仮換地の指定の有無及び指定日	有　・　無 平成　　年　　月　　日	有　・　無 平成　　年　　月　　日
（仮換地の指定がある場合）仮換地の所在地		
仮換地の使用収益開始の有無	有　・　無 （使用収益の開始日） 平成　　年　　月　　日	有　・　無 （使用収益の開始日） 平成　　年　　月　　日
（仮換地の使用収益が開始されている場合）利用者名、利用状況及び地積	（利用者名） （利用状況） （地積）　　　　　　　　m²	（利用者名） （利用状況） （地積）　　　　　　　　m²
（仮換地の使用収益が開始されていない場合）使用収益が開始されていない理由及び使用収益の開始予定日	（理由） （使用収益の開始予定日） 平成　　年　　月　　日	（理由） （使用収益の開始予定日） 平成　　年　　月　　日
仮換地の造成工事	工事完了・工事中・未着手	工事完了・工事中・未着手
従前地の工事の状況	工事完了・工事中・未着手	工事完了・工事中・未着手
清算金の有無等	有・無　　　　　　　　　円	有・無　　　　　　　　　円
減歩割合	％	％

【市街地再開発事業の場合】

市街地再開発事業名		
権利変換期日	平成　　年　　月　　日	平成　　年　　月　　日

【その他】

参考事項		

別紙2　個別評価申出書添付資料一覧表

資料の名称等	添付の有無
評価する土地等の案内図	□あり　□一部あり　□なし（添付できない理由等は以下のとおり）

【土地区画整理事業の場合】

資料の名称等	添付の有無
仮換地指定通知書	□あり　□一部あり　□なし（添付できない理由等は以下のとおり）
仮換地位置図	□あり　□一部あり　□なし（添付できない理由等は以下のとおり）
仮換地の公図又は実測図	□あり　□一部あり　□なし（添付できない理由等は以下のとおり）
従前地位置図	□あり　□一部あり　□なし（添付できない理由等は以下のとおり）
従前地の公図又は実測図	□あり　□一部あり　□なし（添付できない理由等は以下のとおり）
重ね図	□あり　□一部あり　□なし（添付できない理由等は以下のとおり）
仮換地の使用収益開始の日の通知書	□あり　□一部あり　□なし（添付できない理由等は以下のとおり）
（評価対象の土地が倍率地域に存する場合）固定資産税評価証明書	□あり　□一部あり　□なし（添付できない理由等は以下のとおり）
（評価対象の土地が倍率地域に存する土地で、宅地以外の場合）近傍宅地の1㎡当たりの固定資産税評価額の表示	□あり　□一部あり　□なし（添付できない理由等は以下のとおり）

【市街地再開発事業の場合】

資料の名称等	添付の有無
権利変換計画書等	□あり　□一部あり　□なし（添付できない理由等は以下のとおり）
権利変換期日等の通知書	□あり　□一部あり　□なし（添付できない理由等は以下のとおり）
権利変換登記後の登記事項証明書等	□あり　□一部あり　□なし（添付できない理由等は以下のとおり）

【その他】

資料の名称等	添付の有無
参考資料	

7 | 土地及び土地の上に存する権利の評価明細書（第1表、第2表）

　この様式は、相続税又は贈与税の申告に際し、土地及び土地の上に存する権利の価額を評価するために使用するもので、相続税又は贈与税の申告書添付用の明細書として国税庁で作成されたものです。

　このうち「土地及び土地の上に存する権利の評価明細書（第1表）」は、2章1節の路線価方式による「自用地としての評価」（自用地の評価額）に使用します。

　また、「土地及び土地の上に存する権利の評価明細書（第2表）」は、3章の個別の宅地の評価、6章の貸宅地や借地権、貸家建付地などの評価に使用します。

　なお、本書に掲げる様式は、「平成30年分以降用」です。

(1) 土地及び土地の上に存する権利の評価明細書（第1表）の記載要領

　路線価方式で評価する地域にある土地を自用地として評価する場合に使用します。

　1～9までの欄を使用することで、2章の掲げる画地補正を行うことができます。

　以下、主な欄の記載方法を説明します。

イ　評価対象地の基本情報

　　土地等の調査で得た利用状況は基礎資料を基に確定した「**評価単位**」（1章3節）ごとに作成します。

・「所在地番」欄

　「評価単位」ごとに評価対象地の地番を記載します。

　このため、評価単位が1筆であれば、地番は1つですが、評価単位となる1画地の宅地が数筆からなる場合は複数の地番を記入します。他方、評価単位が1筆の土地の一部の場合は「○○番のうち250㎡」などと記載します。

　上部のかっこ書きには、住居表示を記入します。

・「所有者」欄

　評価する土地の所有者の住所氏名を記入します。

・「使用者」欄

評価対象地を利用している者を、賃貸契約書などで確認の上記入します。

・「地目」欄

現況の地目を記入します。

なお、複数地目が一体利用されている場合は主な現況地目を記入します。

・「面積」欄

評価単位ごとの課税時期の**実際の面積**を記載します。

なお、共有の場合は、全体の面積を記載し、表の最下欄の総額のところで持分により調整計算を行います。

マンションの場合、持分を更に共有している場合がありますが、その場合も最下欄の総額の計算のところで調整計算します。

・「利用区分」欄

利用権の種類に応じて該当するものを○で囲みます。

なお、その利用が使用貸借の場合は、「自用地」とします。

・「地形図及び参考事項」欄

地形図のほか、評価上参考となる情報を記載します。

ロ 路線価図及び地区区分（2章1節）

評価対象地の位置を路線価図で確認の上路線価、地区区分を記入します。

土地及び土地の上に存する権利の評価明細書（第1表）		局(所)	署
		30 年分	ページ

（※表の詳細部分は省略）

・「正面」、「側方」、「側方」、「裏面」欄

路線価図からその宅地の接する路線の路線価を記載します。

一路線の場合は「正面」欄のみ記入します。

正面路線価が複数ある場合は、路線価が接する距離で加重平均した価額を記入します。

複数の路線に面する場合は、正面路線を判定した上で「正面」、「側方」、「裏面」の各路線価を記入します。

・「地区区分」欄

正面路線価の属する地区区分を丸で囲みます。

ハ　一路線〜複数路線に面する宅地の評価（2章1節）

次の1から4の欄により計算を行います。

1	一路線に面する宅地 （正面路線価）　　　　　（奥行価格補正率） 　　　　円　×　　　　　　．	（1㎡当たりの価額）　円	A
2	二路線に面する宅地 （A）　　　　［側方 　　　　　　裏面］路線価　（奥行価格 補正率）　［側方 二方］路線影響加算率］ 　　　円　＋　（　　円　×　．　×　0．　　　）	（1㎡当たりの価額）　円	B
3	三路線に面する宅地 （B）　　　　［側方 　　　　　　裏面］路線価　（奥行価格 補正率）　［側方 二方］路線影響加算率］ 　　　円　＋　（　　円　×　．　×　0．　　　）	（1㎡当たりの価額）　円	C
4	四路線に面する宅地 （C）　　　　［側方］路線価　（奥行価格 補正率）　［側方 二方］路線影響加算率］ 　　　円　＋　（　　円　×　．　×　0．　　　）	（1㎡当たりの価額）　円	D

ニ　間口狭小・奥行長大補正及び不整形地補正（2章1節）

上記ハで得た1㎡当たりの価額を　次の5-1、5-2の欄を使用して評価します。

ただし、これらは重複して適用されません。どちらか有利な方を選択します。

5-1	間口が狭小な宅地等 （AからDまでのうち該当するもの）　（間口狭小） 補正率　　（奥行長大） 補正率 　　　　円　×　（　　．　　×　　　　）	（1㎡当たりの価額）　円	E
5-2	不　整　形　地 （AからDまでのうち該当するもの）　　　不整形地補正率※ 　　　　　　円　×　　0． ※不整形地補正率の計算 （想定整形地の間口距離）　（想定整形地の奥行距離）　（想定整形地の地積） 　　　　m　×　　　　m　＝　　　　㎡ （想定整形地の地積）　（不整形地の地積）　（想定整形地の地積）　（かげ地割合） （　　　　㎡　－　　　　㎡）÷　　　　㎡　＝　　　　％ （不整形地補正率表の補正率）　（間口狭小補正率） 　　0．　　　　　×　　　　　　＝　0．　　①　　［不整形地補正率 （奥行長大補正率）　（間口狭小補正率）　　　　　　　　　　①、②のいずれか低い 　　　　×　　　　　　＝　0．　　②　　　率、0.6を限度とする。］ 　　　　　　　　　　　　　　　　　　　　　　　　0．	（1㎡当たりの価額）　円	F

ホ　地積規模の大きな宅地の評価（2章1節）

次の6の欄を使って評価します。

なお、この適用に当たっては、チェックシートを利用します。

| 6 | 地積規模の大きな宅地
（AからFまでのうち該当するもの）　　　規模格差補正率※
　　　　円　×　　0．
※規模格差補正率の計算
（地積（Ⓐ））　　（Ⓑ）　　（Ⓒ）　　　（地積（Ⓐ））　　　　（小数点以下2
｛（　　㎡×　　＋　　）÷　　㎡　×　0.8　＝　0．　　位未満切捨て） | （1㎡当たりの価額）　円 | G |

ヘ その他

以上のほか、7から10の欄は、無道路地、がけ地等を有する宅地の評価、容積率の異なる2以上の地域にわたる宅地の評価、私道の評価が計算できる欄が用意され、ここでそれぞれの評価を行います。

7 無道路地 （F又はGのうち該当するもの）　　　　　　　（※） 　　円　×　（　1　－　0.　　　） ※割合の計算（0.4を限度とする。） （正面路線価）（通路部分の地積）（F又はGのうち該当するもの）（評価対象地の地積） （　　円×　　㎡）÷（　　円×　　㎡）＝ 0.	（1㎡当たりの価額）円	H
8 がけ地等を有する宅地　〔南、東、西、北〕 （AからHまでのうち該当するもの）（がけ地補正率） 　　円　×　0.	（1㎡当たりの価額）円	I
9 容積率の異なる2以上の地域にわたる宅地 （AからIまでのうち該当するもの）（控除割合（小数点以下3位未満四捨五入）） 　　円　×　（　1　－　0.　　）	（1㎡当たりの価額）円	J
10 私　　道 （AからJまでのうち該当するもの） 　　円　×　0.3	（1㎡当たりの価額）円	K

ト 自用地の評価額

最下段の欄で、上記の10の欄までで求めた価額（自用地の1㎡当たりの単価）に地積を乗じて評価対象地の自用地としての評価額を計算します。

(2) 土地及び土地の上に存する権利の評価明細書（第2表）の記載要領

この明細書は、3つのパートに分かれています。

イ 個別の宅地の評価（3章7節、8節）

次の2つの欄は3章の評価のうち、セットバックを必要とする宅地の評価と都市計画道路予定地の区域内にある宅地の評価の計算に使用します。

セットバックを必要とする宅地の評価額	（自用地の評価額）　（自用地の評価額）　（該当地積） 　円　－　（　　円　×　㎡／総地積㎡　×　0.7）	（自用地の評価額）円	M
都市計画道路予定地の区域内にある宅地の評価額	（自用地の評価額）　（補正率） 　円　×　0.	（自用地の評価額）円	N

ロ 大規模工場用地等の評価額（3章1節、4章6節）

この欄は、大規模工場用地等の評価及びゴルフ場の用に供されている土地の評価の計算に使用します。

大規模工場用地等の評価額	○ 大規模工場用地等 （正面路線価）　（地積）　（地積が20万㎡以上の場合は0.95） 　円　×　㎡　×	円	O
	○ ゴルフ場用地 （宅地とした場合の価額）（地積）（1㎡当たりの造成費）（地積） （　円　×　㎡×0.6）－（　円×　㎡）	円	P

ハ 貸宅地や借地権等（6章、7章）の評価

次の各欄は、貸地や借地権の評価を計算する場合に使用します。

いずれの場合も「自用地の評価額」（「自用地としての評価額」と同義です。）が計算の基礎となります。

	利用区分	算　式	総　額	記号
総額計算による価額	貸宅地	（自用地の評価額）　　　（借地権割合） 　円 × (1− 0.　　)	円	Q
	貸家建付地	（自用地の評価額又はS）　（借地権割合）（借家権割合）（賃貸割合） 　円 × (1− 0.　×0.　×$\frac{㎡}{㎡}$)	円	R
	目的となっている土地（権利の）	（自用地の評価額）　　　（　割合） 　円 × (1− 0.　　)	円	S
	借地権	（自用地の評価額）　　　（借地権割合） 　円 × 0.	円	T
	貸家建付借地権	（T, AAのうちの該当記号）　（借家権割合）（賃貸割合） （　　） 　円 × (1− 0.　　× $\frac{㎡}{㎡}$)	円	U
	転貸借地権	（T, AAのうちの該当記号）　（借地権割合） （　　） 　円 × (1− 0.　　)	円	V
	転借権	（T, U, AAのうちの該当記号）（借地権割合） （　　） 　円 × 0.	円	W
	借家人の有する権利	（T, W, AAのうちの該当記号）（借家権割合）（賃貸割合） （　　） 　円 × 0.　　× $\frac{㎡}{㎡}$	円	X
	〔　　〕権	（自用地の評価額）　　　（　割合） 　円 × 0.	円	Y
	権利が競合する場合の土地	（Q, Sのうちの該当記号）　（　割合） （　　） 　円 × (1− 0.　　)	円	Z
	他の権利と競合する場合の権利	（T, Yのうちの該当記号）　（　割合） （　　） 　円 × (1− 0.　　)	円	AA

第4節　財産評価基準書と評価方式の判別　69

Q1-29　土地等の評価明細書（第1表、第2表）への記載要領

問　甲（東京都○○市○○町2丁目2-2）は、土地A（○○市○○町2丁目20番　登記地目宅地、地積500㎡）及び土地B（○○市○○町2丁目22番　登記地目畑、地積150㎡）及び自宅、貸家を相続により取得しました。

土地A及び土地Bの利用状況は、図のとおりで、土地Aのうち150㎡が貸家の敷地となっています。土地Bの登記地目は畑ですが、現況は貸家（建物）の敷地となっています。

また、貸家（床面積80㎡）は、相続開始時点で空室はありません（賃貸割合100％）。

この図のうち、貸家の敷地となっている土地について、評価明細書への記載要領を教えてください。

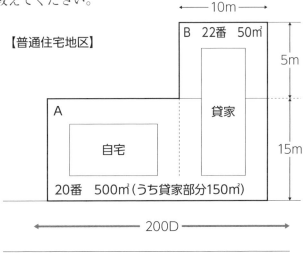

答

1　土地等の評価明細書（第1表）

宅地の評価は、利用の単位となっている1区画の宅地（「1画地の宅地」といいます。）を単位として評価しますから、自宅部分（A土地のうち350㎡）と貸家部分（A土地のうち150㎡及びB土地50㎡）のそれぞれが評価単位となります（P27②後段参照）。

このように、評価単位は2つありますので、土地等の評価明細書（第1表）はそれぞれ評価単位ごとに作成します。その際、「所在地番」欄は自宅部分の評価については、「○○市○○町2丁目20番地500㎡のうち350㎡」又は「○○市○○町2丁目20番地の一部」とし、地積は、「350㎡」となることにご留意ください（P64（1）イ）。

貸家部分について土地等の評価明細書第1表の記載例を次ページに掲げました。

第1章 土地等の評価の通則

（記載例）

土地及び土地の上に存する権利の評価明細書（第1表）

（平成三十年分以降用）

局(所)	署		
30 年分		ページ	

所在地番	（住居表示）（〇〇市〇〇町2丁目2-2 ） 〇〇市〇〇町2丁目20番地 （うち150㎡）同22番地	所有者	住所（所在地） 〇〇市〇〇町2丁目2-2 氏名（法人名） 甲	使用者	住所（所在地） 〇〇市〇〇町2丁目2-2 氏名（法人名） 同左

地目	地積	路線価				地形図及び参考事項
(宅地) 田 畑 山林 原野 雑種地 [ ]	200 ㎡	正面 200,000 円	側方 円	側方 円	裏面 円	（参考図：20番 500㎡（うち借家部分150㎡）、22番 50㎡、自宅、借家、10m、5m、15m、200㎡）

間口距離	10 m	利用区分	自用地 貸宅地 貸家建付地 借地権 私道	(貸家建付借地権) 転貸借地権 転借権 借家人の有する権利	地区区分	ビル街地区 高度商業地区 繁華街地区 普通商業・併用住宅地区 中小工場地区 大工場地区 (普通住宅地区)
奥行距離	20 m					

自用地1平方メートル当たりの価額				
	1 一路線に面する宅地 （正面路線価）　　　　　（奥行価格補正率） 200,000 円 × 1.00	（1㎡当たりの価額） 200,000 円	A	
	2 二路線に面する宅地 （A）　　［側方/裏面路線価］（奥行価格補正率）［側方二方路線影響加算率］ 円 + （　　円 × .　　× 0.　　）	（1㎡当たりの価額） 円	B	
	3 三路線に面する宅地 （B）　　［側方/裏面路線価］（奥行価格補正率）［側方二方路線影響加算率］ 円 + （　　円 × .　　× 0.　　）	（1㎡当たりの価額） 円	C	
	4 四路線に面する宅地 （C）　　［側方/裏面路線価］（奥行価格補正率）［側方二方路線影響加算率］ 円 + （　　円 × .　　× 0.　　）	（1㎡当たりの価額） 円	D	
	5-1 間口が狭小な宅地等 （AからDまでのうち該当するもの）（間口狭小補正率）（奥行長大補正率） 200,000 円 × （ 1.00 × 0.98 ）	（1㎡当たりの価額） 196,000 円	E	
	5-2 不 整 形 地 （AからDまでのうち該当するもの）　不整形地補正率※ 円 × 0. ※不整形地補正率の計算 （想定整形地の間口距離）（想定整形地の奥行距離）（想定整形地の地積） 　　m　　　　　　　m　　　　　　　㎡ （想定整形地の地積）（不整形地の地積）（想定整形地の地積）（かげ地割合） （　㎡ － 　㎡） ÷ 　㎡ = 　％ （不整形地補正率表の補正率）（間口狭小補正率）（小数点以下2位未満切捨て） 0.　　× .　　= 0.　① （奥行長大補正率）（間口狭小補正率） 　　　　　　× 　　= 0.　② ［不整形地補正率 ①、②のいずれか低い率、0.6を限度とする。］	（1㎡当たりの価額） 円	F	
	6 地積規模の大きな宅地 （AからFまでのうち該当するもの）　規模格差補正率※ 円 × 0. ※規模格差補正率の計算 （地積（Ⓐ））　（Ⓑ）　（Ⓒ）　（地積（Ⓐ））（小数点以下2位未満切捨て） ｛（　㎡ × 　　+ 　　）÷ 　㎡｝× 0.8 = 0.	（1㎡当たりの価額） 円	G	
	7 無 道 路 地 （F又はGのうち該当するもの）　　　　　（※） 円 × （ 1 － 0. ） ※割合の計算（0.4を限度とする。） （正面路線価）（通路部分の地積）（F又はGのうち該当するもの）（評価対象地の地積） （　円 × 　㎡）÷（ 円 × 　㎡）= 0.	（1㎡当たりの価額） 円	H	
	8 がけ地等を有する宅地　　　　〔 南 、 東 、 西 、 北 〕 （AからHまでのうち該当するもの）　（がけ地補正率） 円 × 0.	（1㎡当たりの価額） 円	I	
	9 容積率の異なる2以上の地域にわたる宅地 （AからIまでのうち該当するもの）（控除割合（小数点以下3位未満四捨五入）） 円 × （ 1 － 0. ）	（1㎡当たりの価額） 円	J	
	10 私　　道 （AからJまでのうち該当するもの） 円 × 0.3	（1㎡当たりの価額） 円	K	

自用地の評価額	自用地1平方メートル当たりの価額 （AからKまでのうちの該当記号） （ G ）　196,000 円	地積 200 ㎡	総額 （自用地1㎡当たりの価額）×（地積） 39,200,000 円	L

（注）1 5-1の「間口が狭小な宅地等」と5-2の「不整形地」は重複して適用できません。
　　　2 5-2の「不整形地」の「AからDまでのうち該当するもの」欄の価額について、AからDまでの欄で計算できない場合には、（第2表）の「備考」欄等で計算してください。

（資4-25-1-A4統一）

2 土地等の評価明細書（第2表）

説明に代えて、上記の貸家部分の土地の記載例を次ページに掲げました。

比較的利用頻度が高い「貸家建付地」の評価です。

計算の基礎となる「自用地の評価」は、土地等の評価明細書第1表のLの金額、39,200,000円と借地権割合（路線価200の後にある「D」）は60％と借家権割合は30％で、第二表のRの欄のとおり計算します（貸家建付地の評価方法については、P254以下を参照。）。

なお、この評価に必要な借家権割合は、国税庁のホームページ（http://www.nta.go.jp）の財産評価基準書の「2　土地関係以外」の「借家権割合」のところに、次のように記載されています。

平成30年分
（東京都）

借家権割合

　財産評価基本通達94（借家権の評価）の定めにより借家権の価額を評価する場合における借家権割合は、100分の30です。
　なお、借家権の価額は、その権利が権利金等の名称をもって取引される慣行のない地域にあるものについては評価しません。

（注）なお、借家権割合は東京都だけでなく全国**100分の30**です。

(記載例)

土地及び土地の上に存する権利の評価明細書（第2表）

（平成三十年分以降用）

項目	算式	金額	記号
セットバックを必要とする宅地の評価	（自用地の評価額）　（自用地の評価額）　　（該当地積） 　円　－　（　円　×　㎡／総地積㎡　×　0.7　）	（自用地の評価額） 円	M
都市計画道路予定地の区域内にある宅地の評価	（自用地の評価額）　　（補正率） 　円　×　0.	（自用地の評価額） 円	N

大規模工場用地等の評価額	○ 大規模工場用地等 　（正面路線価）　　（地積）　　（地積が20万㎡以上の場合は0.95） 　　　円　×　　㎡　×	円	O
	○ ゴルフ場用地等 　（宅地とした場合の価額）（地積）　（1㎡当たりの造成費）　（地積） 　（　円　×　㎡×0.6）－（　円　×　㎡）	円	P

	利用区分	算式	総額	記号
総額計算による価額	貸宅地	（自用地の評価額）　（借地権割合） 　円　×（1－0.　）	円	Q
	貸家建付地	（自用地の評価額又はS）　（借地権割合）（借家権割合）（賃貸割合） 39,200,000円　×（1－0.6　×0.3　×80㎡／80㎡）	32,144,000 円	R
	目的となっている土地（貸借している権利）	（自用地の評価額）　　（割合） 　円　×（1－0.　）	円	S
	借地権	（自用地の評価額）　（借地権割合） 　円　×　0.	円	T
	貸家建付借地権	（T,AAのうちの該当記号）　（借家権割合）　（賃貸割合） （　） 　円　×（1－0.　　×　㎡／㎡）	円	U
	転貸借地権	（T,AAのうちの該当記号）　（借地権割合） （　） 　円　×（1－0.　）	円	V
	転借権	（T,U,AAのうちの該当記号）　（借地権割合） （　） 　円　×　0.	円	W
	借家人の有する権利	（T,W,AAのうちの該当記号）　（借家権割合）　（賃借割合） （　） 　円　×　0.　×　㎡／㎡	円	X
	権利	（自用地の評価額）　（割合） 　円　×　0.	円	Y
	権利が競合する場合の土地	（Q,Sのうちの該当記号）　（割合） （　） 　円　×（1－0.　）	円	Z
	他の権利と競合する場合の権利	（T,Yのうちの該当記号）　（割合） （　） 　円　×（1－0.　）	円	AA

備考	

(注) 区分地上権と区分地上権に準ずる地役権とが競合する場合については、備考欄等で計算してください。

(資4-25-1-A4統一)

8 | 市街地農地等の評価明細書と宅地造成費

　市街地農地等の評価明細書は、相続税又は贈与税の申告に際し、市街地農地（生産緑地を含みます。）市街地周辺農地、市街地山林、市街地原野を評価（具体的な評価方法は2章3節参照）するために使用するもので、相続税又は贈与税の申告書添付用の明細書として国税庁で作成されたものです。

　具体的には、評価倍率表の「固定資産税評価額に乗ずる倍率等」の地目欄に「比準」、「市比準」又は「周比準」と記載された田畑、山林、原野などが対象となります。

　例えば、次の評価倍率表の適用地域にある田畑、山林、原野が該当します。

（評価倍率表）

音順	町（丁目）又は大字名	適用地域名	借地権割合	固定資産税評価額に乗ずる倍率等					
				宅地	田	畑	山林	原野	牧場	池沼
や	山田町	市街化区域	−	路線	比準	比準	比準	比準	−	−
よ	吉田町	市街化区域	40	1.2	比準	比準	比準	比準	−	−

　宅地比準方式による評価は、次の計算式で求めますが、このうち「宅地であるとした場合の1㎡当たりの価額」は土地等の評価明細書第1表で、「**造成費**」はこの明細書で計算します。

　なお、この計算に必要な造成費は、評価する土地が所在する都道府県の財産評価基準書の「宅地造成費の金額表」を使用します。

（宅地比準方式の計算式）

$$\left\{ \begin{array}{c} 宅地であるとした場合 \\ の1㎡当たりの価額 \end{array} - \begin{array}{c} 1㎡当たりの \\ 造成費 \end{array} \right\} \times 地積$$

（注）市街地農地等であっても、評価倍率が定められている地域では、その倍率を使って評価しますので、この明細書は使用しません。

市街地農地等の評価明細書

市街地農地　　市街地山林　　← 該当する区分を○で囲みます
市街地周辺農地　市街地原野

（平成十八年分以降用）

所　在　地　番	← 評価の単位となる一団の土地の地番を記入します		
現　況　地　目		① 地　積	㎡
評価の基とした宅地の1平方メートル当たりの評価額	所　在　地　番	← 実際の面積を記入します。	
	② 評価額の計算内容	③（評　価　額）	円
評価する農地等が宅地であるとした場合の1平方メートル当たりの評価額	④ 評価上考慮したその農地等の道路からの距離、形状等の条件に基づく評価額の計算内容	← 財産評価基準書の「宅地造成費の金額表」から転記します。	
		⑤（評　価　額）	円

宅地造成費の計算	平坦地	平地費	整地費	（整地を要する面積）　　　（1㎡当たりの整地費） 　　　㎡　×　　　　円	⑥	円
			伐採・抜根費	（伐採・抜根を要する面積）　（1㎡当たりの伐採・抜根費） 　　　㎡　×　　　　円	⑦	円
			地盤改良費	（地盤改良を要する面積）　（1㎡当たりの地盤改良費） 　　　㎡　×　　　　円	⑧	円
		土盛費		（土盛りを要する面積）（平均の高さ）（㎡当たりの土盛費） 　　　㎡　×　　　m　×　　　円	⑨	円
		土止費		（擁壁面の長さ）（平均の高さ）（㎡当たりの土止費） 　　　m　×　　　m　×　　　円	⑩	円
		合計額の計算		⑥＋⑦＋⑧＋⑨＋⑩	⑪	円
		1㎡当たりの計算		⑪　÷　①	⑫	円
	傾斜地	傾斜度に係る造成費		（傾　斜　度）　　　　度	⑬	円
		伐採・抜根費		（伐採・抜根を要する面積）　（1㎡当たりの伐採・抜根費） 　　　㎡　×　　　　円	⑭	円
		1㎡当たりの計算		⑬　＋　（⑭　÷　①）	⑮	円

市街地農地等の評価額	（⑤－⑫（又は⑮））×① （注）市街地周辺農地については、さらに0.8を乗ずる。	円

（注） 1 「②評価額の計算内容」欄には、倍率地域内の市街地農地等については、評価の基とした宅地の固定資産税評価額及び倍率を記載し、路線価地域内の市街地農地等については、その市街地農地等が宅地である場合の画地計算の内容を記載してください。なお、画地計算が複雑な場合には、「土地及び土地の上に存する権利の評価明細書」を使用してください。
　　　 2 「④評価上考慮したその農地等の道路からの距離、形状等の条件に基づく評価額の計算内容」欄には、倍率地域内の市街地農地等について、「③評価額」欄の金額と「⑤評価額」欄の金額とが異なる場合に記載し、路線価地域内の市街地農地等については記載の必要はありません。
　　　 3 「傾斜地の宅地造成費」に加算する伐採・抜根費は、「平坦地の宅地造成費」の「伐採・抜根費」の金額を基に算出してください。

（資4-26-A4統一）

〈財産評価基準書の「宅地造成費の金額表」(東京都)〉

平成30年分
(東京都)

宅地造成費の金額表

1 市街地農地等の評価に係る宅地造成費

「市街地農地」、「市街地周辺農地」、「市街地山林」(注)及び「市街地原野」を評価する場合における宅地造成費の金額は、平坦地と傾斜地の区分によりそれぞれ次表に掲げる金額のとおりです。

> (注) ゴルフ場用地と同様に評価することが相当と認められる遊園地等用地(市街化区域及びそれに近接する地域にある遊園地等に限ります。)を含みます。

表1　平坦地の宅地造成費

工事費目		造成区分	金額
整地費	整地費	整地を必要とする面積1平方メートル当たり	700円
	伐採・抜根費	伐採・抜根を必要とする面積1平方メートル当たり	900円
	地盤改良費	地盤改良を必要とする面積1平方メートル当たり	1,700円
土盛費		他から土砂を搬入して土盛りを必要とする場合の土盛り体積1立方メートル当たり	6,200円
土止費		土止めを必要とする場合の擁壁の面積1平方メートル当たり	64,900円

(留意事項)
(1)「整地費」とは、①凹凸がある土地の地面を地ならしするための工事費又は②土盛工事を要する土地について、土盛工事をした後の地面を地ならしするための工事費をいいます。
(2)「伐採・抜根費」とは、樹木が生育している土地について、樹木を伐採し、根等を除去するための工事費をいいます。したがって、整地工事によって樹木を除去できる場合には、造成費に本工事費を含めません。
(3)「地盤改良費」とは、湿田など軟弱な表土で覆われた土地の宅地造成に当たり、地盤を安定させるための工事費をいいます。
(4)「土盛費」とは、道路よりも低い位置にある土地について、宅地として利用できる高さ(原則として道路面)まで搬入した土砂で埋め立て、地上げする場合の工事費をいいます。
(5)「土止費」とは、道路よりも低い位置にある土地について、宅地として利用できる高さ(原則として道路面)まで地上げする場合に、土盛りした土砂の流出や崩壊を防止するために構築する擁壁工事費をいいます。

平成30年分
（東京都）

表2　傾斜地の宅地造成費

傾　斜　度	金　　　額
3度超　5度以下	17,200 円/㎡
5度超　10度以下	21,200 円/㎡
10度超　15度以下	32,100 円/㎡
15度超　20度以下	45,000 円/㎡
20度超　25度以下	49,900 円/㎡
25度超　30度以下	53,300 円/㎡

（留意事項）
（1）「傾斜地の宅地造成費」の金額は、整地費、土盛費、土止費の宅地造成に要するすべての費用を含めて算定したものです。

　　なお、この金額には、伐採・抜根費は含まれていないことから、伐採・抜根を要する土地については、「平坦地の宅地造成費」の「伐採・抜根費」の金額を基に算出し加算します。

（2）傾斜度3度以下の土地については、「平坦地の宅地造成費」の額により計算します。

（3）傾斜度については、原則として、測定する起点は評価する土地に最も近い道路面の高さとし、傾斜の頂点（最下点）は、評価する土地の頂点（最下点）が奥行距離の最も長い地点にあるものとして判定します。

（4）宅地への転用が見込めないと認められる市街地山林については、近隣の純山林の価額に比準して評価する（財産評価基本通達49（市街地山林の評価））こととしています。

　　したがって、宅地であるとした場合の価額から宅地造成費に相当する金額を控除して評価した価額が、近隣の純山林に比準して評価した価額を下回る場合には、経済合理性の観点から宅地への転用が見込めない市街地山林に該当するので、その市街地山林の価額は、近隣の純山林に比準して評価することになります。

　　（注）1　比準元となる具体的な純山林は、評価対象地の近隣の純山林、すなわち、評価対象地からみて距離的に最も近い場所に所在する純山林です。
　　　　　2　宅地造成費に相当する金額が、その山林が宅地であるとした場合の価額の100分の50に相当する金額を超える場合であっても、上記の宅地造成費により算定します。
　　　　　3　宅地比準方式により評価する市街地農地、市街地周辺農地及び市街地原野等についても、市街地山林と同様、経済合理性の観点から宅地への転用が見込めない場合には、宅地への転用が見込めない市街地山林の評価方法に準じて、その価額は、純農地又は純原野の価額により評価することになります。
　　　　　　なお、市街地周辺農地については、市街地農地であるとした場合の価額の100分の80に相当する金額によって評価する（財産評価基本通達39（市街地周辺農地の評価））ことになっていますが、これは、宅地転用が許可される地域の農地ではあるが、まだ現実に許可を受けていないことを考慮したものですので、純農地の価額に比準して評価する場合には、80％相当額に減額する必要はありません。

(参考) 市街地山林の評価額を図示すれば、次のとおりです。

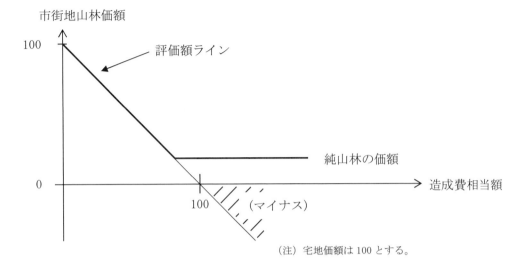

(参考) 高さと傾斜度との関係

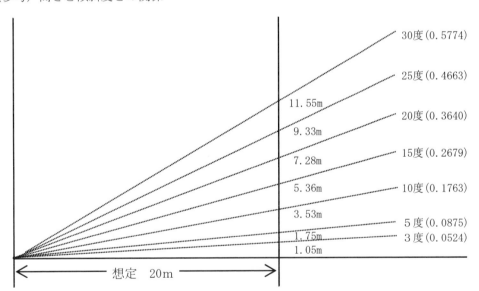

傾斜度区分の判定表

傾　斜　度	①高さ÷奥行	②奥行÷斜面の長さ
3度超5度以下	0.0524 超 0.0875 以下	0.9962 以上 0.9986 未満
5度超10度以下	0.0875 超 0.1763 以下	0.9848 以上 0.9962 未満
10度超15度以下	0.1763 超 0.2679 以下	0.9659 以上 0.9848 未満
15度超20度以下	0.2679 超 0.3640 以下	0.9397 以上 0.9659 未満
20度超25度以下	0.3640 超 0.4663 以下	0.9063 以上 0.9397 未満
25度超30度以下	0.4663 超 0.5774 以下	0.8660 以上 0.9063 未満

(注) ①及び②の数値は三角比によります。

平成30年分
（東京都）

2　農業用施設用地の評価に係る宅地造成費

　　農業用施設用地の評価に係る宅地造成費の金額は、市街地農地等の評価に係る宅地造成費の金額を用いて算定します。

　　（留意事項）
　　　（1）宅地造成費については、評価する農業用施設用地の課税時期現在の現況から判定します。例えば、農業用施設用地の現況が、土盛り、土止めを行っておらず、畑を整地した程度のものであれば、加算する造成費は整地費のみとなります。
　　　（2）農業用施設用地の1平方メートル当たりの価額は、その付近にある標準的な宅地の1平方メートル当たりの金額を限度とします。

3　ゴルフ場用地の評価に係る宅地造成費

　　財産評価基本通達83（ゴルフ場の用に供されている土地の評価）の(1)に定める市街化区域及びそれに近接する地域にあるゴルフ場用地を評価する場合における造成費（そのゴルフ場用地を宅地に造成する場合において通常必要と認められる造成費）の金額は、市街地農地等の評価に係る宅地造成費の金額を用いて算定します。

＜全国の平坦地の宅地造成費一覧（平成30年分）＞　（1㎡当たりの金額（土盛費は1㎥当たり））

都道府県＼工事費目	整地費			土盛費	土止費
	整地費	伐採・抜根費	地盤改良費		
北海道	600円	900円	2,000円	5,800円	66,000円
青森県、岩手県、宮城県、秋田県、山形県、福島県	700円	1,000円	1,800円	6,700円	65,200円
茨城県、栃木県、群馬県、新潟県、埼玉県、長野県	700円	900円	1,700円	6,300円	64,300円
東京都、千葉県、神奈川県、山梨県	700円	900円	1,700円	6,200円	64,900円
富山県、石川県、福井県	600円	900円	1,800円	6,100円	64,900円
岐阜県、静岡県、愛知県、三重県	600円	900円	1,700円	6,300円	66,900円
滋賀県、京都府、大阪府、兵庫県、奈良県、和歌山県	600円	900円	1,700円	6,000円	64,900円
鳥取県、島根県、岡山県、広島県、山口県	600円	900円	1,700円	5,900円	59,000円
徳島県、香川県、愛媛県、高知県	600円	900円	1,800円	6,000円	68,000円
福岡県、佐賀県、長崎県	600円	900円	1,700円	6,000円	50,600円
熊本県、大分県、宮崎県、鹿児島県	600円	900円	1,700円	5,900円	48,600円
沖縄県	600円	900円	2,300円	6,400円	52,100円

＜全国の傾斜地の宅地造成費一覧（平成30年分）＞　（1㎡当たりの金額）

都道府県＼傾斜度	3度超5度以下	5度超10度以下	10度超15度以下	15度超20度以下	20度超25度以下	25度超30度以下
北海道	17,300円	21,600円	33,200円	46,600円	51,500円	52,500円
青森県、岩手県、宮城県、秋田県、山形県、福島県	18,300円	22,200円	33,700円	47,500円	52,800円	56,400円
茨城県、栃木県、群馬県、新潟県、埼玉県、長野県	17,000円	21,000円	31,800円	44,700円	49,500円	52,500円
東京都、千葉県、神奈川県、山梨県	17,200円	21,200円	32,100円	45,000円	49,900円	53,300円
富山県、石川県、福井県	17,400円	21,300円	32,300円	45,400円	50,400円	53,700円
岐阜県、静岡県、愛知県、三重県	17,100円	21,000円	31,700円	44,600円	49,400円	52,200円
滋賀県、京都府、大阪府、兵庫県、奈良県、和歌山県	17,100円	20,400円	31,500円	44,600円	49,500円	54,300円
鳥取県、島根県、岡山県、広島県、山口県	16,400円	19,700円	30,400円	42,700円	47,400円	51,900円
徳島県、香川県、愛媛県、高知県	17,000円	20,900円	32,100円	45,600円	50,400円	51,500円
福岡県、佐賀県、長崎県	15,000円	18,000円	28,900円	39,100円	45,000円	48,600円
熊本県、大分県、宮崎県、鹿児島県	15,400円	18,000円	29,500円	41,500円	46,200円	51,300円
沖縄県	16,300円	19,400円	28,500円	39,200円	43,900円	52,800円

第2章

宅地及び宅地に比準して評価する土地の評価

第1節　路線価方式による評価

　路線価は、その路線に接する標準的な宅地の1㎡当たりの価額です。

　評価対象となる宅地は、標準的な宅地ばかりではありません。複数の路線に接し、標準的な宅地より有効利用が可能な宅地もあれば、間口が狭く奥行が長いものや不整形や地積規模が大きいものなど減価要素を含んだ宅地もあります。

　路線価方式による評価は、標準的な価額である路線価を基に、評価対象地の形状等の程度に応じて、地区区分ごとに評価基本通達が定める<u>「調整率」を用いる</u>ことで、評価額を計算するものです。

　この評価手法を用いることで、比較的容易に、また、同じ宅地であれば誰が評価しても評価額に差がなく、公平な課税が確保できることから、相続税や贈与税の評価のほか、固定資産税の評価に採用されています。

　また、この評価を支援するために用意されている**「土地及び土地の上に存する権利の評価明細書（第1表）」**（以下「土地等の評価明細書（第1表）」といいます。）を利用することで、効率的に路線価方式による評価を行うことができます。

　以下では、路線価方式による評価の手順、土地等の評価明細書（第1表）による評価の実際を設例で概観した上で、その明細書の流れに沿って、「1　一路線に面する宅地」から「10　容積率の異なる2以上の地域にわたる宅地」の評価まで、基本的なところを重点に説明します。

【評価手順】

路線価による評価を行う際の主な手順は、次のとおりです。

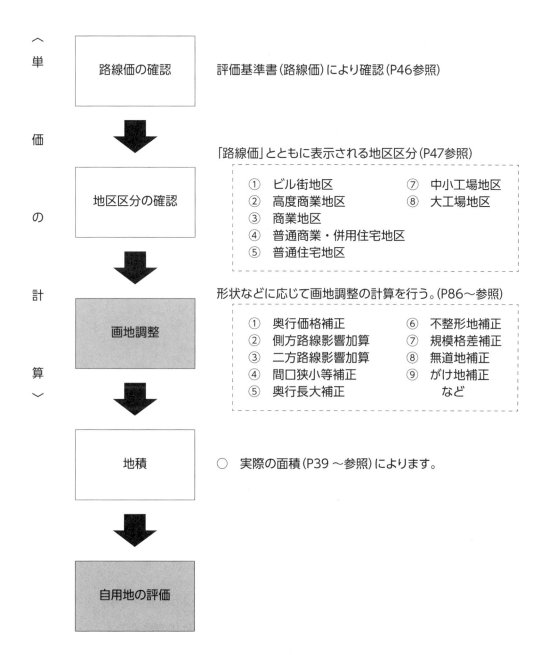

【路線価方式の評価例】

地積規模の大きな宅地の評価が適用される場合のマンション敷地を例に路線価方式の**評価手順**を確認しましょう。

設例　マンション敷地の評価（評価全体の流れ）

右図のマンション敷地を評価します。

地積は2,400㎡、宅地の持分は50分の1で、三大都市圏の市街化区域に所在し、路線価は450千円、地区区分は、普通商業併用住宅地区で、地積規模の大きな宅地の適用要件は満たしています。

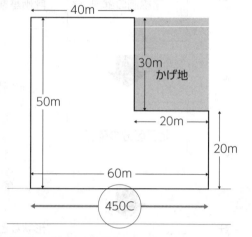

（マンション敷地の形状）

・間口距離　60m
・奥行距離　40m（計算上の奥行距離）

　　※　地積を間口距離で除して計算上の奥行距離を求めています。

想定整形地の間口距離　60m
想定整形地の奥行距離　50m
想定整形地の地積　　　3,000㎡

（各種調整率の計算手順）

① 路線価に奥行価格補正率を乗じて一路線に面する宅地の価額を求めます。
② ①で求めた価額を不整形地補正率で補正します。
③ ②で求めた価額を規模格差の大きな宅地の評価で更に補正します。
④ ③で求めた価額に地積を乗じて敷地全体の評価額を計算します。
⑤ ④で求めた価額はマンション敷地全体の価額ですから持分であん分することで、その持分に応じた評価額を求めます。

土地等の評価明細書（第1表）の記載例は、次ページのとおりです。

なお、計算された金額（L欄）は、マンション敷地全体の評価ですから、これを持分であん分した金額が評価額となります。

　　（全体の評価額）　　　（持分）
　　735,823,200　×　1/50　＝　14,716,464円

（参考）　共有持分割合は、登記事項証明書に「敷地権の割合」が記入されている場合には、それによることもできます。

（記載例）

土地及び土地の上に存する権利の評価明細書（第1表）

局(所)		署						
30 年分		ページ						

項目	内容
（住居表示）	（ ○○市○○三丁目5－1 ）
所在地番	○○市○○三丁目231番地、232番地
所有者 住所（所在地）	○○市○○三丁目5－1-302
所有者 氏名（法人名）	甲野 太郎
使用者 住所（所在地）	同左
使用者 氏名（法人名）	同左

地目	地積	路線価
(宅地) 田 山林 原野 畑 雑種地 [ ]	2,400 ㎡	正面 450,000 円　側方　円　側方　円　裏面　円

間口距離 60 m　奥行距離 40 m

利用区分：自用地・貸家建付借地権・貸宅地・転貸借地権・貸家建付地・転借権・借地権・借家人の有する権利

地区区分：ビル街地区・普通住宅地区・高度商業地区・中小工場地区・繁華街地区・大工場地区・**普通商業・併用住宅地区**

地形図及び参考事項：40m／30m かげ地／50m／20m／20m／60m／450C

（手順）

区分	項目	計算	1㎡当たりの価額	記号
自用地1平方メートル当たりの価額	1 一路線に面する宅地（正面路線価）（奥行価格補正率） 450,000 円 × 0.93		418,500	A ←①
	2 二路線に面する宅地（A）[側方/裏面路線価]（奥行価格補正率）[側方/二方 路線影響加算率] 円 + (円 × . × 0.)			B
	3 三路線に面する宅地（B）			C
	4 四路線に面する宅地（C）			D
	5-1 間口が狭小な宅地等（AからDまでのうち該当するもの）（間口狭小補正率）（奥行長大補正率） 円 × (. × .)			E
	5-2 不整形地（AからDまでのうち該当するもの） 不整形地補正率※ 418,500 円 × 0.99 ※不整形地補正率の計算 （想定整形地の間口距離）（想定整形地の奥行距離）（想定整形地の地積） 60 m × 50 m = 3,000 ㎡ （想定整形地の地積）（不整形地の地積）（想定整形地の地積）（かげ地割合） (3,000 ㎡ － 2,400 ㎡) ÷ 3,000 ㎡ = 20 % （不整形地補正率表の補正率）（間口狭小補正率） 0.99 × 1.00 = 0.99 ① （奥行長大補正率）（間口狭小補正率） 1.00 × 1.00 = 1.00 ② 不整形地補正率 [①、②のいずれか低い率、0.6を限度とする。] 0.99		414,315	F ←②
	6 地積規模の大きな宅地（AからFまでのうち該当するもの） 規模格差補正率※ 414,315 円 × 0.74 ※規模格差補正率の計算 （地積(Ⓐ)）（Ⓑ）（Ⓒ）（地積(Ⓐ)） { (2,400 ㎡ × 0.90 + 75) ÷ 2,400 ㎡ } × 0.8 = 0.74		306,593	G ←③
	7 無道路地（F又はGのうち該当するもの） 円 × (1 － 0.) ※割合の計算（0.4を限度とする。）（正面路線価）（通路部分の地積）（F又はGのうち該当するもの）（評価対象地の地積） (円 × ㎡) ÷ (円 × ㎡) = 0.			H
	8 がけ地等を有する宅地（AからHまでのうち該当するもの）〔南、東、西、北〕（がけ地補正率） 円 × 0.			I
	9 容積率の異なる2以上の地域にわたる宅地（AからIまでのうち該当するもの）（控除割合（小数点以下3位未満四捨五入）） 円 × (1 － 0.)			J
	10 私道（AからJまでのうち該当するもの） 円 × 0.3			K
自用地の評価額	自用地1平方メートル当たりの価額（AからKまでのうちの該当記号）(G) 306,593 円	地積 2,400 ㎡	総額（自用地1㎡当たりの価額）×（地積） 735,823,200 円	L ←④

（注）1　5-1の「間口が狭小な宅地等」と5-2の「不整形地」は重複して適用できません。
2　5-2の「不整形地」の「AからDまでのうち該当するもの」欄の価額について、AからDまでの欄で計算できない場合には、（第2表）の「備考」欄等で計算してください。

共有割合に応じた評価額 ＝ 735,823,200 × （共有持分）1/50 ＝ 14,716,464円 ←⑤

1 │ 一路線に面する宅地

(1) 評価方法

　宅地の価額は、その宅地が接する路線からの「奥行距離」の影響を受けることから、路線価方式で評価をする場合は、標準的な価格である路線価を評価対象宅地の奥行距離に応じて補正(「奥行価格補正」といいます(評基通15)。)を行います。

　一路線に面する宅地の評価は、その路線価に地区区分に応じて定められた奥行価格補正率表(評基通　付表1)に定める補正率を乗じることで奥行価格補正を行い、それに地積を乗じて評価額を計算します(評基通15)。

(算式)

> 評価額 ＝ 路線価 × 奥行価格補正率 × 地積

　設例　一路線に面する宅地の評価

　次図の例で評価方法を確認します。

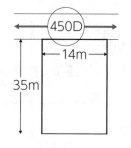

普通商業・併用住宅地区
　間口距離　　14m
　奥行距離　　35m
　地積　　　　490㎡

(計算例)

1　奥行価格補正後の価額

　　　(正面路線価)　　(奥行価格補正率)
　　　450,000円　×　0.97 (注)　＝　436,500円

(注)　奥行価格補正率は、奥行価格補正率表の地区区分「普通商業・併用住宅地区」の奥行距離35mに対応した奥行価格補正率(0.97)を適用します。

2　評価額

　　　(奥行価格補正後の価額)　　(地積)
　　　436,500円　×　490㎡　＝　213,885,000円

　土地等の評価明細書(第1表)を使用した記載例は、次ページのとおりです。

第1節 路線価方式による評価

(記載例 抜粋)

地目	地積	正面	側方	側方	裏面	地形図及び参考事項
⓪宅地 原野 田 雑種地 畑 山林 〔 〕	㎡ 490	円 450,000	円	円	円	←450D→ ←14m→ 35m
間口距離 14 m	利用区分	⓪自用地 貸宅地 貸家建付地 借地権 私道	貸家建付借地権 転貸借地権 転借権 借家人の有する権利〔 〕	地区区分	ビル街地区 普通住宅地区 高度商業地区 中小工場地区 繁華街地区 大工場地区 ⓪普通商業・併用住宅地区	
奥行距離 35 m						

自用地	1 一路線に面する宅地 (正面路線価) 450,000 円 × (奥行価格補正率) 0.97	(1㎡当たりの価額) 436,500円	A
自用地の評価額	自用地1平方メートル当たりの価額 (AからKまでのうちの該当記号) (G) 436,500 円	地積 490 ㎡	総額 (自用地1㎡当たりの価額)×(地積) 213,885,000 円	L

奥行価格補正率表(平成30年分以降用)抜粋

地区区分 奥行距離m	ビル街地区	高度商業地区	繁華街地区	普通商業・併用住宅地区	普通住宅地区	中小工場地区	大工場地区
4未満	0.80	0.90	0.90	0.90	0.90	0.85	0.85
4以上 6未満		0.92	0.92	0.92	0.92	0.90	0.90
6 〃 8 〃	0.84	0.94	0.95	0.95	0.95	0.93	0.93
8 〃 10 〃	0.88	0.96	0.97	0.97	0.97	0.95	0.95
10 〃 12 〃	0.90	0.98	0.99	0.99		0.96	0.96
12 〃 14 〃	0.91	0.99				0.97	0.97
14 〃 16 〃	0.92				1.00	0.98	0.98
16 〃 20 〃	0.93		1.00			0.99	0.99
20 〃 24 〃	0.94			1.00			
24 〃 28 〃	0.95				0.97		
28 〃 32 〃	0.96	1.00	0.98		0.95		
32 〃 36 〃	0.97		0.96	**0.97**	0.93		
36 〃 40 〃	0.98		0.94	0.95	0.92	1.00	1.00
40 〃 44 〃	0.99		0.92	0.93	0.91		
44 〃 48 〃			0.90	0.91	0.90		
48 〃 52 〃		0.99	0.88	0.89	0.89		
52 〃 56 〃		0.98	0.87	0.88	0.88		
56 〃 60 〃	1.00	0.97	0.86	0.87	0.87		
60 〃 64 〃		0.96	0.85	0.86	0.86	0.99	
64 〃 68 〃		0.95	0.84	0.85	0.85	0.98	

※奥行価格補正率は、評価対象地の地区区分、奥行距離に対応したものを使用します。

(2) 一路線に複数の路線価がある場合の評価

一路線に面する土地でも、その一路線に2以上の路線価が付されている場合があります。

また、2以上の路線価の地区区分が異なることもあります。そのような場合の正面路線価の計算、それぞれの路線価の地区区分が異なる場合の判定について、次の2つの質疑で確認します。

Q2-1 路線に2以上の路線価が付されている場合の宅地の評価

問 次図のように路線に2つの路線価が付設されている宅地の評価はどのように計算しますか。

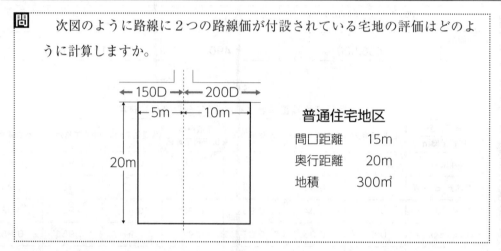

答 それぞれの路線価に接する距離により加重平均して路線価を計算して、それを正面路線価として、奥行価格補正率等の画地調整を行い評価します。

(計算例)

1　正面路線価の計算

$$\frac{150,000円 \times 5m + 200,000円 \times 10m}{5m + 10m} = 183,333円$$

2　奥行価格補正後の価額

　　(正面路線価)　　(奥行価格補正率)
　　183,333円　×　　1.00　　＝　183,333円

(注) 奥行価格補正率は、奥行価格補正率表の地区区分「普通住宅地区」の奥行距離20mに対応した補正率 (1.00) を適用します。

3　評価額

　　(正面路線価)　　(地積)
　　183,333円　×　300㎡　＝　54,999,900円

土地等の評価明細書 (第1表) を使用した記載例は、次ページのとおりです。

第1節　路線価方式による評価　89

（記載例）

土地及び土地の上に存する権利の評価明細書（第1表）

局(所)	署
30 年分	ページ

（住居表示）	(　　　)	所有者	住　所 (所在地)		使用者	住　所 (所在地)	
所在地番			氏　名 (法人名)			氏　名 (法人名)	

地　目	地　積	路　　　線　　　価				地区区分	地形図及び参考事項
（宅地）原野 田　雑種地 畑 山林 [ ]	300 m²	正面 183,333 円	側方 円	側方 円	裏面 円		正面路線価は路線に接する距離により加重平均で計算 150,000×5m+200,000×10m / 5m+10m = 183,333

間口距離	15 m	利用区分	自用地　貸家建付借地権 貸宅地　転貸借地権 貸家建付地　転借権 借地権　借家人の有する権利 私道 ( )	地区区分	ビル街地区　（普通住宅地区） 高度商業地区　中小工場地区 繁華街地区　大工場地区 普通商業・併用住宅地区
奥行距離	20 m				

	1 一路線に面する宅地 　　（正面路線価）　　　　　　　（奥行価格補正率） 　　　　183,333 円　×　　　1.00	(1m²当たりの価額) 円 183,333	A
自用地1平方メートル当たりの価額	2 二路線に面する宅地 　（A）　　　[側方 路線価]　（奥行価格 ）[側方 路線影響加算率] 　　　　　　　　[裏面]　　　補正率　　[二方] 　　　　　円　+　（　　　　円　×．　　×　0．　　）	(1m²当たりの価額) 円	B
	3 三路線に面する宅地 　（B）　　　[側方 路線価]　（奥行価格 ）[側方 路線影響加算率] 　　　　　　　　[裏面]　　　補正率　　[二方] 　　　　　円　+　（　　　　円　×．　　×　0．　　）	(1m²当たりの価額) 円	C
	4 四路線に面する宅地 　（C）　　　[側方 路線価]　（奥行価格 ）[側方 路線影響加算率] 　　　　　　　　[裏面]　　　補正率　　[二方] 　　　　　円　+　（　　　　円　×．　　×　0．　　）	(1m²当たりの価額) 円	D
	5-1 間口が狭小な宅地等 　（AからDまでのうち該当するもの）　（間口狭小 ）（奥行長大 ） 　　　　　　　　　　　　　　　　　補正率　　　補正率 　　　　　円　×　（．　　　×．　　　）	(1m²当たりの価額) 円	E
	5-2 不　整　形　地 　（AからDまでのうち該当するもの）　不整形地補正率※ 　　　　　円　×　0． ※不整形地補正率の計算 (想定整形地の間口距離)　(想定整形地の奥行距離)　(想定整形地の地積) 　　　　m　×　　　　m　=　　　　m² (想定整形地の地積)　(不整形地の地積)　(想定整形地の地積)　(かげ地割合) （　　　m²　-　　　m²）÷　　　m²　=　　　% (不整形地補正率表の補正率)　(間口狭小補正率)　（小数点以下2 ）[不整形地補正率] 　　0．　　　　×．　　　=　0．　　①　位未満切捨て　（①、②のいずれか低い） 　(奥行長大補正率)　(間口狭小補正率)　　　　　　　　　　率、0.6を限度とする。 　　　．　　　×．　　　=　0．　　②	(1m²当たりの価額) 円	F
	6 地積規模の大きな宅地 　（AからFまでのうち該当するもの）　規模格差補正率※ 　　　　　円　×　0． ※規模格差補正率の計算 　(地積(Ⓐ))　　(Ⓑ)　　(Ⓒ)　(地積(Ⓐ))　（小数点以下2 ） ｛（　　m²　×　　　+　　　）÷　　m²｝× 0.8 = 0．	(1m²当たりの価額) 円	G
	7 無　道　路　地 　（F又はGのうち該当するもの）　　　　　　　（※） 　　　　　円　×　（1　-　0．　　　） ※割合の計算（0.4を限度とする。） 　(正面路線価)　(通路部分の地積)　(F又はGのうち 該当するもの)　(評価対象地の地積) （　　円×　　m²）÷（　　円×　　m²）= 0．	(1m²当たりの価額) 円	H
	8 がけ地等を有する宅地　　〔　南、東、西、北　〕 　（AからHまでのうち該当するもの）　（がけ地補正率） 　　　　　円　×　0．	(1m²当たりの価額) 円	I
	9 容積率の異なる2以上の地域にわたる宅地 　（AからIまでのうち該当するもの）　（控除割合(小数点以下3位未満四捨五入)） 　　　　　円　×　（1　-　0．　　　）	(1m²当たりの価額) 円	J
	10 私　　道 　（AからJまでのうち該当するもの） 　　　　　円　×　0.3	(1m²当たりの価額) 円	K

自用地の評価額	自用地1平方メートル当たりの価額 （AからKまでのうちの該当記号） （ G ）　183,333 円	地　積 300 m²	総　　　　　　額 (自用地1m²当たりの価額) × (地積) 54,999,900 円	L

(注) 1 5-1の「間口が狭小な宅地等」と5-2の「不整形地」は重複して適用できません。
　　 2 5-2の「不整形地」の「AからDまでのうち該当するもの」欄の価額について、AからDまでの欄で計算できない場合には、（第2表）の「備考」欄等で計算してください。

Q2-2　路線に地区区分の異なる2つの路線価が付設されている場合

問　次図のように路線に地区区分の異なる2つの路線価が付設されている宅地の評価は、どのように計算しますか。

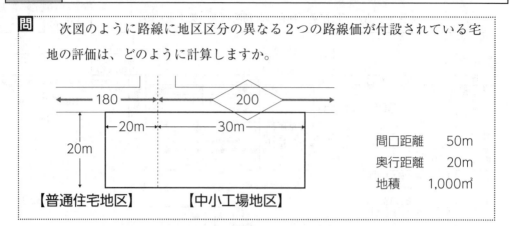

答　路線価に接する距離により加重平均して正面路線価を計算します。

適用する**地区区分**は、その宅地の面積等により、いずれかの地区区分かを判定し、その地区区分の奥行価格補正率等により画地調整を行い評価します。

（計算例）

1　加重平均により正面路線価を計算

$$\frac{180{,}000円 \times 20m + 200{,}000円 \times 30m}{20m + 30m} = 192{,}000円$$

2　地区区分の判定

　　a　普通住宅地区の地積　400㎡

　　b　中小工場地区の地積　600㎡

　　地区区分は中小工場地区と判定（a＜b）

3　奥行価格補正後の価額

　　（正面路線価）　（奥行価格補正率）
　　192,000円　×　1.00　＝　192,000円

　　（注）奥行価格補正率は、奥行価格補正率表の地区区分「中小工場地区」、奥行距離20mに対応した補正率（1.00）です。

4　評価額

　　192,000円　×　1,000㎡　＝　192,000,000円

この事例は、地積が1,000㎡ありますが、地区区分が中小工場地区と判定されるため、「地積規模の大きな宅地の評価」の適用はありませんのでご注意ください。

なお、このような事例の場合、それぞれの地区区分に属する部分ごとに画地調整率を用いて合理的に評価できることから、その評価方法によることも可能です。

ただし、この評価方法を使う場合の間口距離は、評価単位（全体）を基準とすることにご留意ください。

※この事例では、評価額はどちらで計算しても変わりません。

(3) 奥行距離と間口距離の求め方

　奥行距離は、奥行価格補正率などの調整率の計算には欠かせませんが、評価対象地は、長方形や正方形の整形地ばかりではなく、不整形地も多くあり、奥行距離の求め方に迷うことがあります。

　そこで、様々な形状の土地について奥行距離の求め方を確認します。

イ　不整形地の奥行距離の求め方

　不整形地の奥行距離は、地積を間口距離で除すことで、**計算上の奥行距離**を算定して、それを奥行距離とします。

　ただし、そのように算出した奥行距離が想定整形地の奥行距離を超えるときは、<u>最奥部までの距離</u>が限度となります。

> 【チェックポイント】
>
> 　不整形地補正は、奥行価格補正とは異なる趣旨の補正です。評価基本通達では、奥行価格補正率を適用後に不整形地補正を行います。
>
> 　このため、奥行距離については、不整形地の地積を間口距離で除した**計算上の奥行距離**（ただし、想定整形地の奥行距離を限度とします。）を奥行距離とすることなどで両補正の調整が図られています。

　いくつかの例で、奥行距離の求め方を確認します（想定整形地の取り方についてはP115参照）。

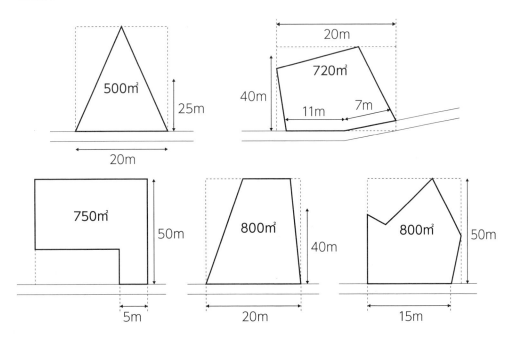

ロ　間口距離の判定

間口距離は、原則として道路と接する部分の距離によります。

したがって、次図「間口事例」では、Aの場合はa、Bの場合はa＋cによります。Cの場合はbによりますが、aによっても差し支えありません。

また、Aの場合で私道部分を評価する際には、角切（注）で広がった部分は間口距離に含めません。

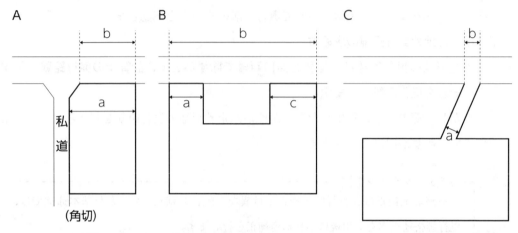

（注）「角切（隅切）」とは、道路の交差点で曲がり角を通りやすくするため、敷地の出隅を切り取ることです。位置指定道路など建築基準法による制限と都道府県や市区町村の条例で定められている角切に分かれます。

ハ　屈折路の間口距離

宅地が屈折路に面している場合の間口距離は、次のように求めます。

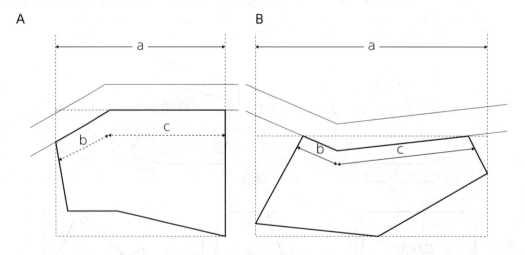

上図のように屈折路に面する不整形地の間口距離は、その不整形地に係る想定整形地の間口に相当する距離と、屈折路に実際に面している距離とのいずれか短い距離となります。上図でAの場合にはa（＜「b＋c」）が、Bの場合には「b＋c」（＜a）がそれぞれ間口距離となります。

○ 奥行価格補正率表（平成30年分以降用）

地区区分 奥行距離m	ビル街地区	高度商業地区	繁華街地区	普通商業・併用住宅地区	普通住宅地区	中小工場地区	大工場地区
4未満	0.80	0.90	0.90	0.90	0.90	0.85	0.85
4以上 6未満	0.80	0.92	0.92	0.92	0.92	0.90	0.90
6 〃 8 〃	0.84	0.94	0.95	0.95	0.95	0.93	0.93
8 〃 10 〃	0.88	0.96	0.97	0.97	0.97	0.95	0.95
10 〃 12 〃	0.90	0.98	0.99	0.99	1.00	0.96	0.96
12 〃 14 〃	0.91	0.99	1.00	1.00	1.00	0.97	0.97
14 〃 16 〃	0.92	1.00	1.00	1.00	1.00	0.98	0.98
16 〃 20 〃	0.93	1.00	1.00	1.00	1.00	0.99	0.99
20 〃 24 〃	0.94	1.00	1.00	1.00	1.00	1.00	1.00
24 〃 28 〃	0.95	1.00	1.00	1.00	0.97	1.00	1.00
28 〃 32 〃	0.96	1.00	0.98	1.00	0.95	1.00	1.00
32 〃 36 〃	0.97	1.00	0.96	0.97	0.93	1.00	1.00
36 〃 40 〃	0.98	1.00	0.94	0.95	0.92	1.00	1.00
40 〃 44 〃	0.99	1.00	0.92	0.93	0.91	1.00	1.00
44 〃 48 〃	1.00	1.00	0.90	0.91	0.90	1.00	1.00
48 〃 52 〃	1.00	0.99	0.88	0.89	0.89	1.00	1.00
52 〃 56 〃	1.00	0.98	0.87	0.88	0.88	1.00	1.00
56 〃 60 〃	1.00	0.97	0.86	0.87	0.87	1.00	1.00
60 〃 64 〃	1.00	0.96	0.85	0.86	0.86	0.99	1.00
64 〃 68 〃	1.00	0.95	0.84	0.85	0.85	0.98	1.00
68 〃 72 〃	1.00	0.94	0.83	0.84	0.84	0.97	1.00
72 〃 76 〃	1.00	0.93	0.82	0.83	0.83	0.96	1.00
76 〃 80 〃	1.00	0.92	0.81	0.82	0.83	0.96	1.00
80 〃 84 〃	1.00	0.90	0.80	0.81	0.82	0.93	1.00
84 〃 88 〃	1.00	0.88	0.80	0.80	0.82	0.93	1.00
88 〃 92 〃	1.00	0.86	0.80	0.80	0.81	0.90	1.00
92 〃 96 〃	0.99	0.84	0.80	0.80	0.81	0.90	1.00
96 〃 100 〃	0.97	0.82	0.80	0.80	0.81	0.90	1.00
100 〃	0.95	0.80	0.80	0.80	0.80	0.90	1.00

2 二路線に面する宅地

(1) 正面路線と側方路線に面する宅地

正面と側方に路線がある宅地（右図のような宅地で、それぞれ、「角地」、「準角地」と呼ばれています。）の価額は、一方のみが路線に面する宅地より利用価値が高いと考えられます。

そこで、①正面路線の路線価に基づいて計算した1㎡当たりの金額に、②側方路線の路線価を正面路線の路線価とみなして計算した1㎡当たりの金額に次ページ表の**側方路線影響加算率**を乗じて計算した金額を加えて1㎡当たりの金額を評価します（評基通16）。

(算式)

> ① 正面路線価 × 奥行価格補正率
> ② 側方路線価 × 奥行価格補正率 × 側方路線影響加算率(注)
> 評価額 ＝（①＋②）× 地積

(注) 側方路線影響加算率は、側方路線影響加算率表により求めます。

設例　角地の評価

次図の角地を評価します。

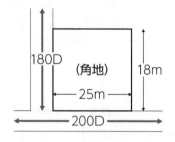

普通住宅地区
間口距離　25m
奥行距離　18m
地積　　　450㎡

(計算例)

1　奥行価格補正後の価額

　　(正面路線価)　　(奥行価格補正率)
　　200,000円　×　　1.00　　＝　200,000円

　(注) 奥行価格補正率は、奥行価格補正率表の地区区分「普通住宅地区」の正面路線からの奥行距離18mに対応した補正率（1.00）です。

2　側方路線影響加算額

　　(側方路線価)　　(奥行価格補正率)　　(側方路線影響加算率)
　　180,000円　×　　0.97(注1)　×　　0.03(注2)　＝　5,238円

(注) 1 奥行価格補正率は、奥行価格補正率表の地区区分「普通住宅地区」の側方路線からの奥行距離25mに対応した補正率（0.97）です。
2 側方路線影響加算率は、側方路線影響加算率表の地区区分「普通住宅地区」、「角地の場合」に対応した加算率（0.03）です。

3 評価額

（　200,000円　＋　5,238円　）　×　450㎡　＝　92,357,100円
　（奥行価格補正後の価額）　（側方路線影響加算額）　　（地積）

土地等の評価明細書（第1表）の記載例は、以下のとおりです。

（記載例 抜粋）

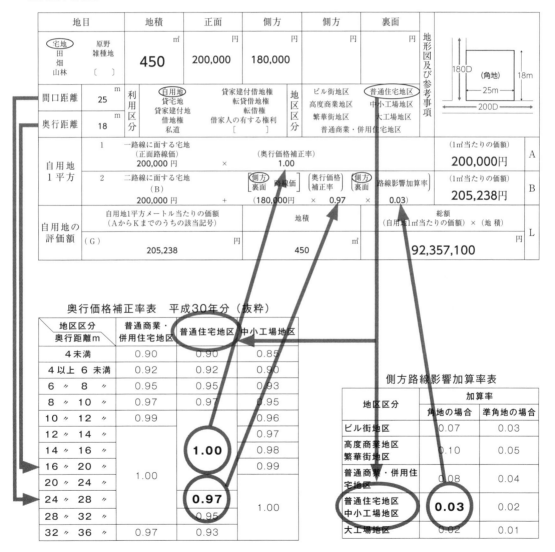

(2) 正面と裏面に路線がある宅地

正面と裏面に路線がある宅地の価額は、一方のみが路線に面する宅地より利用価値が高いと考えられますので、①正面路線の路線価に基づいて計算し1㎡当たりの価額に、②裏面路線の路線価を正面路線の路線価とみなして計算した1㎡当たりの価額に**二方路線影響加算率**を乗じて計算した価額を加えて評価します（評基通17）。

（算式）

> ① 正面路線価 × 奥行価格補正率
> ② 裏面路線価 × 奥行価格補正率 × 二方路線影響加算率（注）
> 　評価額 ＝（①＋②）× 地積

（注）二方路線影響加算率は、二方路線影響加算率表により求めます。

設例　正面と裏面とに路線がある宅地の評価

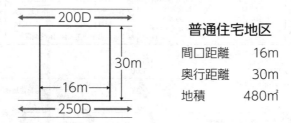

普通住宅地区
間口距離　16m
奥行距離　30m
地積　　　480㎡

（計算例）

1　奥行価格補正後の価額

　　（正面路線価）　（奥行価格補正率）
　　250,000円 × 0.95（注） ＝ 237,500円

（注）奥行価格補正率は、奥行価格補正率表の地区区分「普通住宅地区」の正面路線からの奥行距離30mに対応した補正率（0.95）です。

2　二方路線影響加算額

　　（裏面路線価）　（奥行価格補正率）　　（二方路線影響加算率）
　　200,000円 × 0.95（注1） × 0.02（注2） ＝ 3,800円

（注）1　奥行価格補正率は、奥行価格補正率表の地区区分「普通住宅地区」の裏路線からの奥行距離30mに対応した補正率（0.95）です。
　　　2　二方路線影響加算率は、「二方路線影響加算率表」の地区区分「普通住宅地区」の加算率（0.02）です。

3　評価額

　　　（奥行価格補正後の価額）　（二方路線影響加算額）　　（地積）
　　（　237,500円　＋　3,800円　）× 480㎡ ＝ 115,824,000円

土地等の評価明細書（第1表）の記載例は、次のとおりです。

第1節　路線価方式による評価

（記載例 抜粋）

地目		地積	正面	側方	側方	裏面	地形図及び参考事項
（宅地） 田 畑 山林	原野 雑種地 〔　〕	㎡ 480	円 250,000	円	円	円 200,000	200D ― 30m ― 16m ― 250D
間口距離	16 m	利用区分	（自用地） 貸宅地 貸家建付地 借地権 私道	貸家建付借地権 転貸借地権 転借権 借家人の有する権利〔　〕	地区区分	ビル街地区　（普通住宅地区） 高度商業地区　中小工場地区 繁華街地区　大工場地区 普通商業・併用住宅地区	
奥行距離	30 m						

自用地 1平方	1	一路線に面する宅地 （正面路線価） 250,000 円	×	（奥行価格補正率） 0.95				（1㎡当たりの価額） 237,500 円	A
	2	二路線に面する宅地 （B） 237,500 円	+	［側方 裏面］路線価 （200,000円	×	（奥行価格補正率） 0.95	×	［側方 裏面］路線影響加算率 0.02）	（1㎡当たりの価額） 241,300 円	B
自用地の評価額		自用地1平方メートル当たりの価額 （AからKまでのうちの該当記号） （G） 241,300 円		地積 480 ㎡				総額 （自用地1㎡当たりの価額）×（地積） 115,824,000 円	L

奥行価格補正率表　平成30年分（抜粋）

地区区分 奥行距離m	普通商業・ 併用住宅地区	普通住宅地区	中小工場地区
4未満	0.90	0.90	0.85
4以上　6未満	0.92	0.92	0.90
6 〃　8 〃	0.95	0.95	0.93
8 〃　10 〃	0.97	0.97	0.95
10 〃　12 〃	0.99		0.96
12 〃　14 〃			0.97
14 〃　16 〃		1.00	0.98
16 〃　20 〃			0.99
20 〃　24 〃	1.00		
24 〃　28 〃		0.97	1.00
28 〃　32 〃		**0.95**	

二方路線影響加算率表

地区区分	加算率
ビル街地区	0.03
高度商業地区 繁華街地区	0.07
普通商業・併用住宅地区	0.05
普通住宅地区 中小工場地区 大工場地区	**0.02**

【正面路線価と地区区分の判定】

複数の路線に面している場合、正面路線を判定しなければなりません。

この正面路線の判定は、実際に正面として利用している路線で判断するのではなく、次によります（評基通16）。

① 正面路線は、原則として、その宅地の接する路線価に奥行価格補正率を乗じて計算した価額の高い方の路線とします。

② 地区の異なる2以上の路線に接する宅地の正面路線は、それぞれの路線価に各路線の地区に適用される奥行価格補正率を乗じて計算した価額を基に判定します。

③ 路線価に奥行価格補正率を乗じて計算した価額が同額となる場合には、原則として、路線に接する距離の長い方の路線を正面路線とします。

Q2-3　正面路線価の判定

問　次の図1～3の場合、正面路線価はどのように判定しますか。

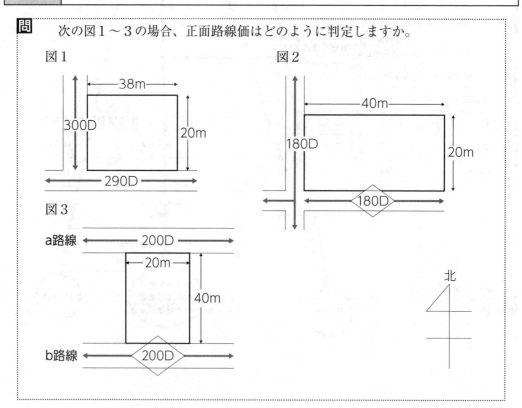

答　図1について

次の計算により、価額の高い方の路線の路線価を正面路線価とします。

・南北の路線　300,000円　×　0.92（奥行価格補正率）　＝　276,000円

・東西の路線　290,000円　×　1.00（奥行価格補正率）　＝　290,000円

この結果、東西の路線の価額が、南北の路線より高いことから、290,000円を正面路線価とします。

図2について

　地区の異なる2以上の路線に接する宅地の正面路線は、それぞれの路線価に各路線の地区に適用される奥行価格補正率を乗じて計算した金額を基に判定します。

　次のとおり、東西の路線の方が高くなりますので、東西の路線を正面とし、地区区分は、中小工場地区と判定され、各種調整率は、中小工場地区のものを使います。

南北の路線　180,000円　×　0.91（奥行価格補正率[※1]）　=　163,800円
東西の路線　180,000円　×　1.0（奥行価格補正率[※2]）　=　180,000円

　※1　普通住宅地区の40mに対応する奥行価格補正率
　※2　中小工場地区の20mに対応する奥行価格補正率

図3について

　a路線は普通住宅地区の奥行価格補正率、b路線は、中小工場地区の奥行価格補正率を各路線価に乗じます。

　次のとおり、b路線の方が高くなりますので、B路線を正面とし、地区区分は中小工場地区と判定され、各種調整率は、中小工場地区のものを使います。

a　路線　200,000円　×　0.91（奥行価格補正率[※1]）　=　182,000円
b　路線　200,000円　×　1.0（奥行価格補正率[※2]）　=　200,000円

　※1　普通住宅地区の40mに対応する奥行価格補正率
　※2　中小工場地区の40mに対応する奥行価格補正率

【チェックポイント】
　図2、図3の例の場合は、地区区分が中小工場地区となるため、この例では地積規模の大きな宅地の評価は使えません。

【側方又は二方の路線に2以上の路線価が付されている場合】

　側方又は二方の路線に2以上の路線価が付されている場合には、各路線価を評価対象土地がそれぞれの路線に接する距離により加重平均して路線価を調整し、その路線価を基に正面路線価の判定を行った上で、側方又は二方路線影響加算率の計算を行います。

　計算例は、「Q2-1 路線に2以上の路線価が付されている場合の宅地の評価」を参考にしてください。

3 | 三路線又は四路線に面する宅地

【三方路線の場合】

三路線に面する宅地の価額は、正面と側方が路線に面する宅地の評価方法と、正面と裏面が路線に面する宅地の評価方法を併用して計算した価額によって評価します（評基通18）。なお、この場合、側方路線と裏面路線の区別は、正面路線に対して側方又は裏面のいずれに位置するかにより行います。

（算式）

> ① 正面路線価 × 奥行価格補正率
> ② 側方路線価 × 奥行価格補正率 × 側方路線影響加算率
> ③ 裏面路線価 × 奥行価格補正率 × 二方路線影響加算率
> 評価額 ＝（①＋②＋③）× 地積

【四方路線の場合】

四路線に面する宅地の価額は、上記算式に側方路線影響加算額がもう一つ追加されます。

（算式）

> ① 正面路線価 × 奥行価格補正率
> ② 側方路線価 × 奥行価格補正率 × 側方路線影響加算率
> ③ 側方路線価 × 奥行価格補正率 × 側方路線影響加算率
> ④ 裏面路線価 × 奥行価格補正率 × 二方路線影響加算率
> 評価額 ＝（①＋②＋③＋④）× 地積

（例）

```
       600D              600D

←——————— 500D ———————————————→

  600D  (四方が路線に接する宅地)  600D  (三方が路線に接する宅地)

←——————— 450D ———————→
```

設例 三路線に面する宅地の評価

三路線に面する右図の宅地を評価します。

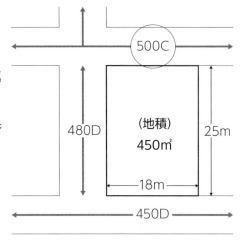

（正面路線価の判定）

三方の各路線価にそれぞれの路線価が属する地区区分の奥行価格補正率を乗じたところ、次のとおり、500,000円路線価が一番高いことから、これを正面とします。

500,000円　×　1.00 (注1)　＝　500,000円
480,000円　×　1.00 (注2)　＝　480,000円
450,000円　×　0.97 (注3)　＝　436,500円

（注）1　普通商業・併用住宅地区の25mに対応する奥行価格補正率です。
　　　2　普通住宅地区の18mに対応する奥行価格補正率です。
　　　3　普通住宅地区の25mに対応する奥行価格補正率です。

（計算例）

正面路線価を500,000円、地区区分は「普通商業・併用住宅地区」の調整率により評価します。

1　奥行価格補正後の価格

　　（正面路線価）　　（奥行価格補正率）
　　500,000円　×　　1.0　　＝　500,000円

2　側方路線影響加算額

　　（側方路線価）　（奥行価格補正率）　（側方路線影響加算率）
　　480,000円　×　　1.0　　×　　0.08　　＝　38,400円

3　二方路線影響加算額

　　（裏面路線価）　（奥行価格補正率）　（二方路線影響加算率）
　　450,000円　×　　1.0　　×　　0.05　　＝　22,500円

4　評価額

　　（奥行価格補正後の価格）（側方路線影響加算額）（二方路線影響加算額）　（地積）
　　（　500,000円　＋　38,400円　＋　22,500円　）　×　450㎡　＝　252,405,000円

土地等の評価明細書（第1表）を使用した記載例は次ページのとおりです。

102　第2章　宅地及び宅地に比準して評価する土地の評価

（記載例）

土地及び土地の上に存する権利の評価明細書（第1表）　平成三十年分以降用

所在地番	（住居表示）（　　）	所有者	住所（所在地）氏名（法人名）		使用者	住所（所在地）氏名（法人名）	同左 同左

地目		地積	路線価				地形図及び参考事項
㊧宅地 田 山林	原野 畑 雑種地 [　]	450 ㎡	正面 500,000 円	側方 480,000	側方	裏面 450,000	

間口距離	18 m	利用区分	㊧自用地　貸家建付借地権 貸宅地　　転貸借地権 貸家建付地　転借権 借地権　　借家人の有する権利 私道	地区区分	ビル街地区　普通住宅地区 高度商業地区　中小工場地区 繁華街地区　大工場地区 ㊧普通商業・併用住宅地区
奥行距離	25 m				

地形図: 500C / 480D / 地積450㎡ / 25m / 18m / 450D

自用地1平方メートル当たりの価額	1　一路線に面する宅地 　　　（正面路線価）　　　　　　（奥行価格補正率） 　　　500,000 円　×　　　　1.00	（1㎡当たりの価額）円 500,000	A	←① （手順）
	2　二路線に面する宅地 　　　　（A）　　　　［㊧側方 　　　　　　　　　　　　　裏面］路線価　（奥行価格補正率）　［㊧側方 　　　　　　　　　　　　　　　　　　　　　　　　　　　　　二方］路線影響加算率） 　　　500,000 円　＋（　480,000 円　×　1.00　×　　0.08　）	（1㎡当たりの価額）円 538,400	B	←②
	3　三路線に面する宅地 　　　　（B）　　　　［側方 　　　　　　　　　　　　㊧裏面］路線価　（奥行価格補正率）　［側方 　　　　　　　　　　　　　　　　　　　　　　　　　　　　　㊧二方］路線影響加算率） 　　　538,400 円　＋（　450,000 円　×　1.00　×　　0.05　）	（1㎡当たりの価額）円 560,900	C	←③
	4　四路線に面する宅地 　　　　（C）　　　　　［側方 　　　　　　　　　　　　　裏面］路線価　（奥行価格補正率）　［側方 　　　　　　　　　　　　　　　　　　　　　　　　　　　　　　二方］路線影響加算率） 　　　　　　円　＋（　　　　円　×　　　　×　　　0.　　）	（1㎡当たりの価額）円	D	
	5-1　間口が狭小な宅地等 　　（AからDまでのうち該当するもの）　（間口狭小補正率）　（奥行長大補正率） 　　　　　　円　×（　．　×　．　）	（1㎡当たりの価額）円	E	
	5-2　不整形地 　　（AからDまでのうち該当するもの）　　不整形地補正率※ 　　　　　　円　×　　　0. ※不整形地補正率の計算 　（想定整形地の間口距離）　（想定整形地の奥行距離）　（想定整形地の地積） 　　　　　　m　×　　　　　　m　＝　　　　　　㎡ 　（想定整形地の地積）（不整形地の地積）（想定整形地の地積）（かげ地割合） （　　　　㎡　－　　　　㎡）÷　　　　㎡　＝　　　　％ 　（不整形地補正率表の補正率）　（間口狭小補正率）　　　　　　　　　［不整形地補正率 　　　　　　　　　　　　　×　　　　　＝　0.　　①　　①、②のいずれか低い 　（奥行長大補正率）（間口狭小補正率）　　　　　　　　　　　　　　　率、0.6を限度とする。］ 　　　　　　×　　　　　　＝　0.　　②　　0.	（1㎡当たりの価額）円	F	
	6　地積規模の大きな宅地 　　（AからFまでのうち該当するもの）　　規模格差補正率※ 　　　　　　円　×　　　0. ※規模格差補正率の計算 　（地積（Ⓐ））（Ⓑ）　　　Ⓒ　（地積（Ⓐ）） ｛（　　　　㎡×　　　＋　　　）÷　　　　㎡｝×　0.8　＝　0.　（小数点以下2位未満切捨て）	（1㎡当たりの価額）円	G	
	7　無道路地 　　（F又はGのうち該当するもの）　　　　　　（※） 　　　　　　円　×（　1　－　0.　　） ※割合の計算（0.4を限度とする。） 　（正面路線価）（通路部分の地積）（F又はGのうち該当するもの）（評価対象地の地積） （　　　円×　　　㎡）÷（　　　円×　　　㎡）＝　0.	（1㎡当たりの価額）円	H	
	8　がけ地等を有する宅地　　　［南、東、西、北］ 　　（AからHまでのうち該当するもの）　（がけ地補正率） 　　　　　　円　×	（1㎡当たりの価額）円	I	
	9　容積率の異なる2以上の地域にわたる宅地 　　（AからIまでのうち該当するもの）　　（控除割合（小数点以下3位未満四捨五入）） 　　　　　　円　×（　1　－　0.　　）	（1㎡当たりの価額）円	J	
	10　私　道 　　（AからJまでのうち該当するもの） 　　　　　　円　×　　　0.3	（1㎡当たりの価額）円	K	

自用地の評価額	自用地1平方メートル当たりの価額 （AからKまでのうちの該当記号） （　G　）　560,900　円	地積 450　㎡	総額 （自用地1㎡当たりの価額）×（地積） 252,405,000　円	L	←④

（注）1　5-1の「間口が狭小な宅地等」と5-2の「不整形地」は重複して適用できません。
　　　2　5-2の「不整形地」の「AからDまでのうち該当するもの」欄の価額について、AからDまでの欄で計算できない場合には、（第2表）の「備考」欄等で計算してください。

（資4-25-1-A4統一）

4 | 側方・二方路線影響加算額の調整

側方や二方路線等の一部が接している宅地については、側方路線影響加算額や二方路線影響加算額を調整する必要があります。

Q2-4　側方路線等に宅地の一部が接している場合の調整

問　次図のように、評価する宅地の一部のみが側方路線に接している場合は、側方路線影響加算額はどのように調整しますか。

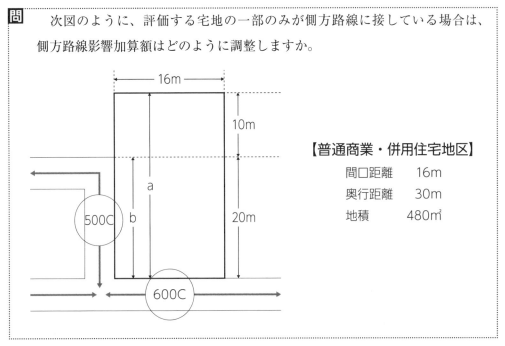

【普通商業・併用住宅地区】
間口距離　16m
奥行距離　30m
地積　480㎡

答　側方路線の影響を直接受けているのは、その側方路線に直接面しているbに対応する部分ですから、次のように側方路線影響加算額を調整します。

（側方路線影響加算額の調整式）

$$側方路線価 \times 奥行価格補正率 \times \frac{b}{a}$$

当該宅地の評価は、次のとおり計算します。

1　奥行価格補正後の価額

（正面路線価）　　（奥行価格補正率）
600,000円　×　1.00　＝　600,000円

2　側方路線影響加算額

（側方路線価）　（奥行価格補正率）　（側方路線影響加算率）
500,000円　×　1.00　×　0.08　×　$\dfrac{20m}{20m + 10m}$　＝　26,666円

3　評価額

（奥行価格補正後の価額）　（側方路線影響加算額）　　（地積）
（　600,000円　＋　26,666円　）　×　480㎡　＝　300,799,680円

Q2-5　二方路線影響加算額の調整

問　右図のような場合、二方路線影響加算額はどのように調整しますか。

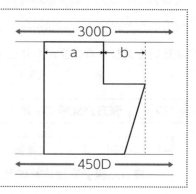

答　不整形地の二方路線影響加算額の調整は、裏面路線に接する部分（a）がその宅地に係る想定整形地の間口距離（a＋b）より短い場合には、裏面路線に接する部分（a）とその宅地に係る想定整形地の間口距離（a＋b）に占める割合により加算額を調整します。

（二方路線影響加算額の調整）

$$\overset{\text{（裏面路線価）}}{300{,}000\text{円}} \times 奥行価格補正率 \times 二方路線影響加算率 \times \frac{a}{a+b}$$

Q2-6　側方路線影響加算率ではなく二方路線影響加算率で計算する場合

問　右図A地のように側方路線に接していても、現実に角地としての効用を有しない場合には、どのように計算しますか。

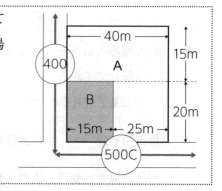

答　側方路線影響加算率ではなく、二方路線影響加算率を使って側方路線影響加算額の計算をします。

（側方路線影響加算額の計算）

$$\overset{\text{（側方路線価）}}{400{,}000\text{円}} \times 奥行価格補正率 \times \underline{二方路線影響加算率} \times \frac{15\text{m}}{20\text{m}+15\text{m}}$$

Q2-7　三方路線に面する宅地の場合の調整

問　次図のA、Bの土地の加算額については、それぞれどのように調整するのですか。

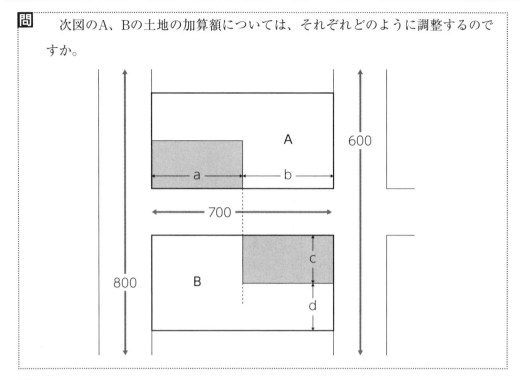

答　1　A土地について、800千円を正面路線価とすると、700千円の路線が側方、600千円が裏面路線ということになりますが、700千円の路線は、正面路線からみて角地としての効用を有していないことから、側方路線影響加算率ではなく二方路線影響加算率を適用して評価します。

この場合の側方路線影響加算額は、次のとおり計算します。

（側方路線影響加算額の計算）

700,000円　×　奥行価格補正率　×　二方路線影響加算率　×　$\dfrac{b}{a+b}$

なお、600千円の路線については、通常通り二方路線影響加算額を計算します。

2　B土地については、側方の一部、裏路線の一部が接していないことから、各加算率の計算では、次のとおり調整して評価します。

（側方路線影響加算額の計算）

700,000円　×　奥行価格補正率　×　側方路線影響加算率　×　$\dfrac{a}{a+b}$

（二方路線影響加算額の計算）

600,000円　×　奥行価格補正率　×　二方路線影響加算率　×　$\dfrac{d}{c+d}$

Q2-8　路線価の高い路線の影響を受ける度合いが著しく少ない場合の評価

問　次の図のように路線価の高い方の路線の影響を受ける度合いが著しく少ない場合であっても、その路線価の高い路線を正面路線として評価しなければならないのでしょうか。

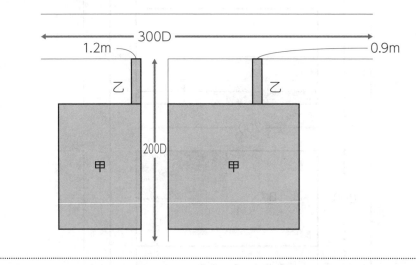

答　正面路線とは、原則として、路線価に奥行価格補正率を乗じて計算した金額の最も高い路線をいうこととされています。しかし、図のように間口が狭小で接道義務を満たさないなど正面路線の影響を受ける度合いが著しく低い立地条件にある宅地については、その宅地が影響を受ける度合いが最も高いと認められる路線を正面路線として差し支えありません。

なお、上記のような帯状部分を有する土地は、帯状部分（乙）とその他の部分（甲）に分けて評価した価額の合計額により評価し、不整形地としての評価は行いません。

5 | 間口が狭小な宅地等

間口（右図のa、a′）が狭小な画地は、通常の間口距離を有する宅地と比べて利用効率が低下していますから、路線価をその利用効率の低下に応じて減額する必要があります。**間口狭小補正率**は、このような利用効率の低下、すなわち、価額低下の度合いを計数化したものです。

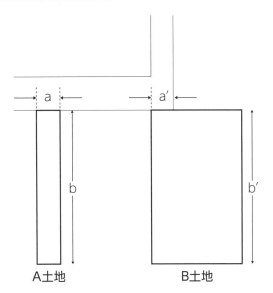

また、奥行（右図のb、b′）が長大で、奥行と間口（右図のa、a′）との均衡がとれていない画地は、宅地としての利用効率が低下します。このため、奥行価格補正を行った価額に、更に奥行長大補正率を乗じて評価することになります。**奥行長大補正率**は、間口距離に対する奥行距離の割合が大きくなるにつれて、価格の低下する割合を計数化したものです。

例えば、右図のような土地です。

該当するかどうかの基準と評価方法は次のとおりです。

【間口が狭小な宅地】

間口が狭小な宅地とは、次表「間口狭小補正率表」の間口距離を有する宅地をいい、補正率は、間口距離に応じて異なります。

間口狭小補正率表

地区区分 間口距離（m）	ビル街地区	高度商業地区	繁華街地区	普通商業・併用住宅地区	普通住宅地区	中小工場地区	大工場地区
4未満	－	0.85	0.90	0.90	0.90	0.80	0.80
4以上 6 未満	－	0.94		0.97	0.94	0.85	0.85
6 〃 8 〃	－	0.97			0.97	0.90	0.90
8 〃 10 〃	0.95		1.00	1.00		0.95	0.95
10 〃 16 〃	0.97					1.00	0.97
16 〃 22 〃	0.98	1.00					0.98
22 〃 28 〃	0.99						0.99
28 〃	1.00						1.00

【奥行が長大な宅地】

奥行が長大な宅地とは、奥行距離を間口距離で除して得た数値が次の表に掲げるものをいいます。

奥行長大補正率表

地区区分　奥行距離／間口距離	ビル街地区	高度商業地区 繁華街地区 普通商業・併用住宅地区	普通住宅地区	中小工場地区	大工場地区
2以上 3未満	1.00	1.00	0.98	1.00	1.00
3 〃 4 〃	1.00	0.99	0.96	0.99	1.00
4 〃 5 〃	1.00	0.98	0.94	0.98	1.00
5 〃 6 〃	1.00	0.96	0.92	0.96	1.00
6 〃 7 〃	1.00	0.94	0.90	0.94	1.00
7 〃 8 〃	1.00	0.92	0.90	0.92	1.00
8 〃	1.00	0.90	0.90	0.90	1.00

（算式）

① 路線価 × 奥行価格補正率
② ① × 間口狭小補正率 × 奥行長大補正率
③ ② × 地積 ＝ 評価額

【チェックポイント】

（他の補正との関係）

1　不整形地や無道路の補正との関係

　　重複適用不可、有利な方を選択適用します。

　　つまり間口が狭小な宅地等の評価は、不整形地や無道路の補正と重複して適用できません。

　　これは、不整形地や無道路地の補正率に、奥行と間口との関係が不均等であることの評価減が織り込まれているからです。

2　地積規模の大きな宅地の評価との関係

　　重複適用します。

　　地積規模の大きな宅地の評価の適用がある場合には、間口が狭小な宅地等又は不整形地の補正を行った後に地積規模の大きな宅地の評価を適用することとなります。

Q2-9 側方路線と間口が狭小な宅地等の評価

問 次のように間口が狭小な土地はどのように評価しますか。

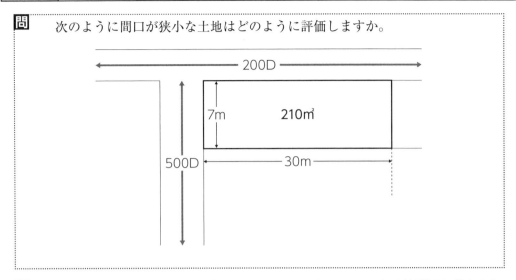

答 次のとおり、正面路線価を奥行価格補正後の金額に、側方路線影響加算額を加え、その価額に間口狭小・奥行長大補正を行い、得られた1㎡当たりの価額に地積を乗じて評価額を求めます。

(計算例)

1 奥行価格補正後の価額

　　(正面路線価)　　(奥行価格補正率)
　　500,000円　×　　0.95　　=　475,000円

2 側方路線影響加算後の価額

　　(奥行価格補正後の価額)　　(側方路線価)　　(奥行価格補正率)　　(側方路線影響加算率)
　　475,000円　+　200,000円　×　0.95　×　0.03　=　480,700円

3 間口が狭小な宅地等

　　(側方路線影響加算後の価額)　　(間口狭小補正率)　　(奥行長大補正率)
　　480,700円　×　0.97　×　0.94　=　438,302円

4 評価額

　　(間口狭小・奥行長大補正後の価額)　　(地積)
　　438,302円　×　210㎡　=　92,043,420円

110 第2章 宅地及び宅地に比準して評価する土地の評価

(記載例)

土地及び土地の上に存する権利の評価明細書（第1表）

局(所)	署
30 年分	ページ

(住居表示)	( )	所有者	住所(所在地)		使用者	住所(所在地)	
所在地番			氏名(法人名)			氏名(法人名)	

地目	地積	路線価				地形図及び参考事項
宅地 原野 田 雑種地 畑 山林 [ ]	210 ㎡	正面 500,000 円	側方 200,000 円	側方 円	裏面 円	←200D→ 7m 210㎡ 500D ←30m→

間口距離	7 m	利用区分	自用地 貸家建付借地権 貸宅地 転貸借地権 貸家建付地 転借権 借地権 借家人の有する権利 私道 ( )	地区区分	ビル街地区 普通住宅地区 高度商業地区 中小工場地区 繁華街地区 大工場地区 普通商業・併用住宅地区
奥行距離	30 m				

				(手順)
自用地1平方メートル当たりの価額	1 一路線に面する宅地 　(正面路線価)　　　　(奥行価格補正率) 　　500,000 円 × 　0.95	(1㎡当たりの価額) 円 475,000	A	←①
	2 二路線に面する宅地 　(A)　　[側方]路線価　(奥行価格補正率)　[側方二方]路線影響加算率 　475,000 円 + (200,000 円 × 0.95 × 0.03)	(1㎡当たりの価額) 円 480,700	B	←②
	3 三路線に面する宅地 　(B)　　[側方裏面]路線価　(奥行価格補正率)　[側方二方]路線影響加算率 　　　 円 + (円 × ×)	(1㎡当たりの価額) 円	C	
	4 四路線に面する宅地 　(C)　　[側方裏面]路線価　(奥行価格補正率)　[側方二方]路線影響加算率 　　　 円 + (円 × ×)	(1㎡当たりの価額) 円	D	
	5-1 間口が狭小な宅地等 　(AからDまでのうち該当するもの)　(間口狭小補正率)　(奥行長大補正率) 　　480,700 円 × (0.97 × 0.94)	(1㎡当たりの価額) 円 438,302	E	←③
	5-2 不整形地 　(AからDまでのうち該当するもの)　不整形地補正率※ 　　　 円 × 0. ※不整形地補正率の計算 (想定整形地の間口距離) (想定整形地の奥行距離) (想定整形地の地積) 　　 m × 　　 m = 　　 ㎡ (想定整形地の地積) (不整形地の地積) (想定整形地の地積) (かげ地割合) (　 ㎡ - 　 ㎡) ÷ 　 ㎡ = 　 % (不整形地補正率表の補正率) (間口狭小補正率) (小数点以下2位未満切捨て) [不整形地補正率 　　 × 　　 = 0. ①　　　　 ①、②のいずれか低い (奥行長大補正率) (間口狭小補正率)　　　　　　　　　 率、0.6を限度とする。] 　　 × 　　 = 0. ②	(1㎡当たりの価額) 円	F	
	6 地積規模の大きな宅地 　(AからFまでのうち該当するもの)　規模格差補正率※ 　　　 円 × 0. ※規模格差補正率の計算 (地積(Ⓐ))　(Ⓑ)　(Ⓒ)　(地積(Ⓐ)) (小数点以下2位未満切捨て) {(　㎡× 　 + 　) ÷ 　 ㎡}× 0.8 = 0.	(1㎡当たりの価額) 円	G	
	7 無道路地 　(F又はGのうち該当するもの)　　(※) 　　　 円 × (1 - 0.) ※割合の計算(0.4を限度とする。) (正面路線価) (通路部分の地積) (F又はGのうち該当するもの) (評価対象地の地積) (　 円 × 　 ㎡) ÷ (　 円 × 　 ㎡) = 0.	(1㎡当たりの価額) 円	H	
	8 がけ地等を有する宅地〔南、東、西、北〕 　(AからHまでのうち該当するもの)　　(がけ地補正率) 　　　 円 × 0.	(1㎡当たりの価額) 円	I	
	9 容積率の異なる2以上の地域にわたる宅地 　(AからIまでのうち該当するもの)　(控除割合(小数点以下3位未満四捨五入)) 　　　 円 × (1 - 0.)	(1㎡当たりの価額) 円	J	
	10 私道 　(AからJまでのうち該当するもの) 　　　 円 × 0.3	(1㎡当たりの価額) 円	K	

自用地の評価額	自用地1平方メートル当たりの価額 (AからKまでのうちの該当記号)	地積	総額 (自用地1㎡当たりの価額)×(地積)		
	(G) 438,302 円	210 ㎡	92,043,420 円	L	←④

(注) 1 5-1の「間口が狭小な宅地等」と5-2の「不整形地」は重複して適用できません。
　　 2 5-2の「不整形地」の「AからDまでのうち該当するもの」欄の価額について、AからDまでの欄で計算できない場合には、(第2表)の「備考」欄等で計算してください。

6 不整形地の評価

(1) 評価方法

　不整形地（三角地を含みます。）は、画地の形状が不整形であるため画地の全部が宅地としての機能を十分に発揮できないことから、標準的な整形地の価額である路線価に評価対象地の不整形の程度に応じ「**不整形地補正率**」を乗じて評価します（評基通20）。

　なお、この補正の趣旨について平成24年10月10日裁決では「評価対象地が不整形の場合はその画地全部を宅地として十分に機能させることができず、整形地に比して利用価値が減少することを考慮して、利用価値が減少していると認められる範囲で補正するというもの」としています。

　評価基本通達20では4つの評価方法を定め、いずれか有利な方法を選択します。

（算式）

> 1　評価対象地の正面路線価を基に
> ①　区分した整形地を基に評価する（設例1　P119参照）
> ②　計算上の奥行距離を基に評価する（設例2　P121参照）
> ③　近似整形地を基に評価する（設例3　P123参照）
> ④　差引計算により評価する（設例4　P125参照）
> のいずれかの方法で求めた価額（奥行価格補正率、側方路線、裏面路線影響加算率の計算をします。）
> 2　1 × 不整形地補正率 ^(注)
> 3　評価額 ＝ 2 × 地積

(注)　1　**不整形地補正率**は、その不整形の程度、位置及び地積の大小に応じ、「地積区分表」（付表4）に掲げる地区区分及び地積区分に応じた「不整形地補正率表」（付表5）に定める補正率（以下「不整形地補正率表の補正率」といいます。）です。

　　　2　対象宅地について間口狭小補正率の適用がある場合には、1で求めた不整形地補正率表の補正率に間口狭小補正率を乗じた値が「不整形地補正率」（以下「不整形地補正率」といいます。）となります（ただし、最小値は0.6を限度とされます。）（評基通　付表5「不整形地補正率表」脚注3）。

不整形地評価の概要

```
┌─────────────────┐
│  評価方法の選択  │
└─────────────────┘
         │
         │   **選択する評価方法**
         │   ① 区分した整形地を基に評価
         │   ② 「計算上の奥行距離」を基に評価
         │   ③ **「近似整形地」**を基に評価
         │   ④ 差引計算により評価
         ▼
┌─────────────────┐
│「想定整形地」の設定│
└─────────────────┘
         │
         │   「想定整形地」を設定し、かげ地割合を計算する。
         │
         │   かげ地割合＝(想定整形地の地積)－(評価対象地の地積)
         │              ─────────────────────────────────
         │                     (想定整形地の地積)
         ▼
┌─────────────────┐
│   地積区分の判定  │
└─────────────────┘
         │
         │   評価対象地(不整形地)の地区区分及び地積の別を「地積区分表」に当ては
         │   め、地積区分を判定する。
         ▼
┌─────────────────┐
│不整形地補正率を求める│
└─────────────────┘
         │
         │   ① 「かげ地割合」及び「地積区分」に応じた、不整形地補正率表の補正率求
         │      める。
         │   ② 不整形地補正率表の補正率に間口狭小補正率を乗じて不整形地補正
         │      率を求める。
         ▼
┌─────────────────┐
│    評価額の計算    │
└─────────────────┘
```

> 💡 **keyword 「想定整形地」と「近似整形地」**
>
> 　想定整形地は、不整形地を囲む、正面路線価に面するく形（長方形）又は正方形の土地で、P115にその取り方を示しています。
> 　近似整形地は、不整形地に近似する整形地（近似整形地からはみ出す不整形地の部分の地積と近似整形地に含まれる不整形地の部分の地積と近似整形地に含まれる不整形地以外の部分の地積がおおむね等しく、かつ、その合計地積ができるだけ小さくなるように求めた整形地）です。

（2）不整形地補正率と想定整形地

イ　不整形地補正率の求め方

以下の土地の不整形地補正率を求めましょう。

この事例では「**計算上の奥行距離を基に評価**」する方法により評価します。他の方法によった場合でも同様に不整形地補正率を算出することができます（後述（3）参照）。

手順は次のとおりです。

- ・地区区分　普通商業・併用住宅地区
- ・地積　2,400㎡
- ・間口距離　60m
- ・想定整形地の地積　3,000㎡

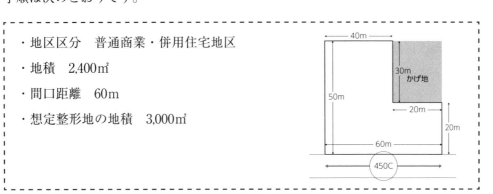

① 評価対象地の地区区分、地積を「**地積区分表**」に当てはめ、「A」、「B」、「C」のいずれの地積区分に該当するかを判定します。

　事例は、地区区分は、普通商業・併用住宅地区で、地積は2,400㎡（1,000㎡以上）ですから、地積区分はCと判定されます。

・不整形地補正率を算定する際の**地積区分表**

地区区分		A	B	C
地区区分	高度商業地区	1,000㎡未満	1,000㎡以上 1,500㎡未満	1,500㎡以上
	繁華街地区	450㎡未満	450㎡以上 700㎡未満	700㎡以上
	普通商業・併用住宅地区	650㎡未満	650㎡以上 1,000㎡未満	**1,000㎡以上**
	普通住宅地区	500㎡未満	500㎡以上 750㎡未満	750㎡以上
	中小工場地区	3,500㎡未満	3,500㎡以上 5,000㎡未満	5,000㎡以上

② 評価対象地の区画地全域を囲む、正面路線価に面する長方形又は正方形の土地（以下「**想定整形地**」といいます。想定整形地の取り方は、次の項で説明します。）の地積を算出して、次の算式でかげ地割合を計算します。

(算式)

$$かげ地割合 = \frac{(想定整形地の地積)-(評価対象地の地積)}{(想定整形地の地積)}$$

事例では、対象地の地積は2,400㎡、想定整形地の地積は3,000㎡ですから、かげ地割合は次のとおり計算されます。

　(3,000㎡－2,400㎡)　÷　3,000㎡　＝　20％

③　地区区分、地積区分及びかげ地割合を「不整形地補正率表」に当てはめ、不整形地補正率表の補正率を求めます。

「不整形補正率表」に、評価対象地の地区区分「普通商業・併用住宅地区」、地積区分C、かげ地割合20％を当てはめると不整形地補正率表の補正率は0.99となります。

・不整形地補正率表

地区区分	高度商業地区、繁華街地区、普通商業・併用住宅地区、中小工場地区			普通住宅地区		
地積区分	A	B	C	A	B	C
10％以上	0.99	0.99	1.00	0.98	0.99	0.99
15％〃	0.98	0.99	0.99	0.96	0.98	0.99
20％〃	0.97	0.98	**0.99**	0.94	0.97	0.98
25％〃	0.96	0.98	0.99	0.92	0.95	0.97
30％〃	0.94	0.97	0.98	0.90	0.93	0.96
35％〃	0.92	0.95	0.98	0.88	0.91	0.94
40％〃	0.90	0.93	0.97	0.85	0.88	0.92
45％〃	0.87	0.91	0.95	0.82	0.85	0.90
50％〃	0.84	0.89	0.93	0.79	0.82	0.87
55％〃	0.80	0.87	0.90	0.75	0.78	0.83
60％〃	0.76	0.84	0.86	0.70	0.73	0.78
65％〃	0.70	0.75	0.80	0.60	0.65	0.70

（かげ地割合）

④　間口狭小補正率がある場合は、この不整形地補正率表の補正率に間口狭小補正率を乗じた数値が不整形地補正率となります（ただし、0.6までが限度とされています。）。

事例の場合、間口距離は、60mですから、間口狭小補正率は、1.0ですので、0.99がこの評価対象地の不整形地補正率となります。

□ 想定整形地の取り方

　このように、不整形地補正率を求めるためには、「想定整形地」の取り方が大変重要となります。不整形地の定義「評価対象地の区画地全域を囲む、正面路線価に面する長方形又は正方形の土地」を念頭に置いて、具体例をご覧ください。

（具体例）

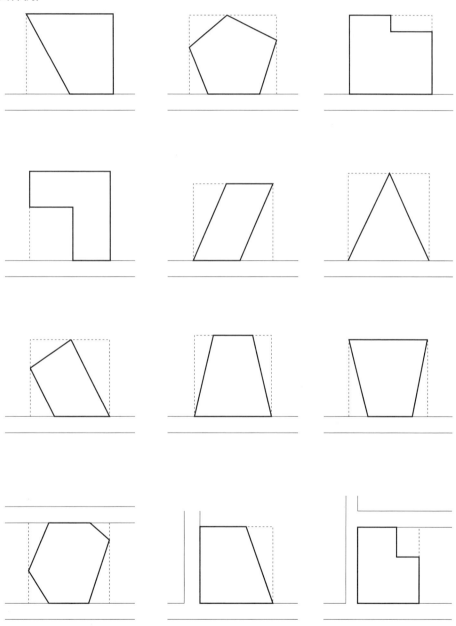

(取り方の正誤　正○　誤×)

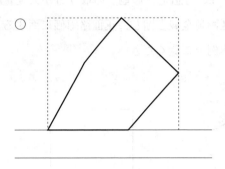 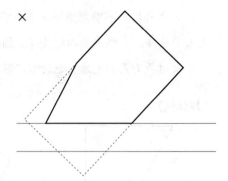

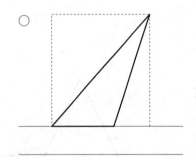 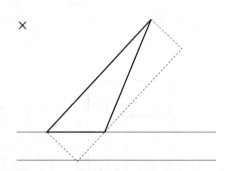

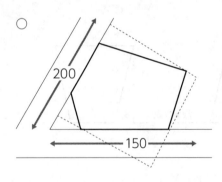 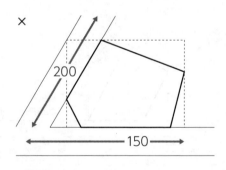

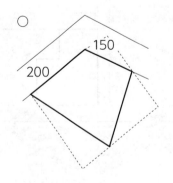 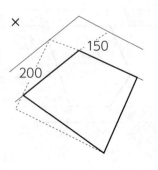

(屈折路の場合の不整形地の取り方)

　屈折路に面する不整形地に係る**想定整形地**は、いずれかの路線からの垂線によって又は路線に接する両端を結ぶ直線によって、評価しようとする宅地の全域の囲むく形又は正方形のうち最も面積の小さいものを想定整形地とします。次の場合には、AからCまでのく形のうち最も面積の小さいもの、すなわちAが想定整形地となります。

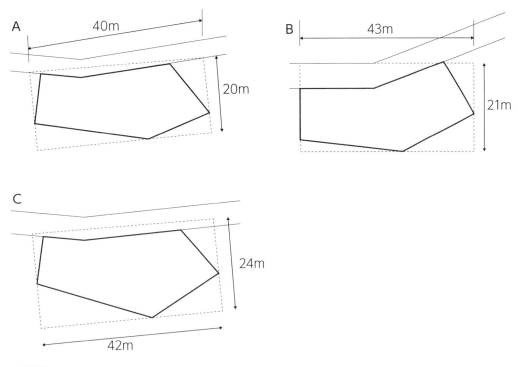

(参考)

屈折路に内接する土地の想定整形地の取り方に係る裁決（平成24年10月10日裁決）

　原処分庁の「屈折路に内接する本件土地について、財産評価基本通達20《不整形地の評価》（本件通達）に定める評価をするに当たって、整形地の想定方法として、本件土地の全域を含むく形のうち最も面積の小さいものとすべきである。」との主張に審判所は、「本件通達の趣旨は、評価対象地が不整形の場合はその画地全部を宅地として十分に機能させることができず、整形地に比して利用価値が減少することを考慮して、利用価値が減少していると認められる範囲で補正するというもの」であり、この趣旨からすれば、「整形地の想定方法が複数ある場合には、その想定方法自体が不合理なものでない限り、その想定されたもののうち、最も小さい面積のものを想定整形地として評価するのが合理的である。」とし、本件土地についてみると、「本件通達に定める想定整形地とは、評価対象地の画地全域を囲む正面路線に面する最小面積のく形となっているものをいう」ことからすると、請求人らの主張する想定整形地の取り方に不合理な点は認められないとして、原処分庁の主張を退けています。

　この審査請求で争われた土地の位置（本件D土地）及び想定整形地の取り方は次のと

おりです。

○ 争点となった土地（本件D土地の位置）

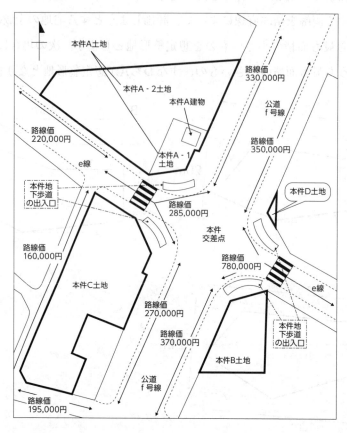

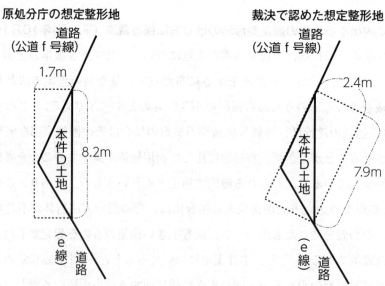

出典：国税不服審判所ホームページを基に作成。

(3) 不整形地の具体的な評価方法

評価基本通達20に定める4つの評価方法について設例により評価方法を説明します。

なお、これら評価方法のうち「計算上の奥行距離を基に評価する場合」（設例2）、「近似整形地を基に評価する場合」（設例3）は、土地等の評価明細書（第1表）は使用できますが、「区分した整形地を基に評価する場合」（設例1）、「差引計算により評価する場合」（設例4）はそのままでは使えません。また、市販の評価システムで単に入力するだけでは評価できない場合がありますのでご注意ください。

設例1　区分した整形地を基に評価する場合

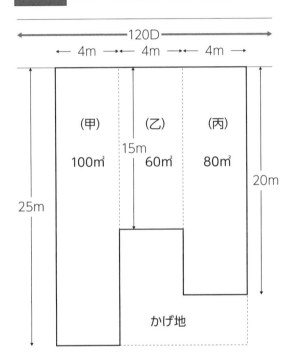

【普通住宅地区】
―――― 不整形地　240㎡
‥‥‥‥ 想定整形地　300㎡

（評価手順）

①　甲、乙、丙土地それぞれ整形地としての評価額を求め、それを合計する

②　①の価額に不整形地補正率を乗じる

③　②の価額に地積を乗じて評価額を求める

(計算例)

1 不整形地を整形地に区分して個々に奥行価格補正を行った価額の合計額

① 甲土地の価額

（路線価）　（奥行距離25mの場合の奥行価格補正率）　（地積）
120,000円 × 0.97 × 100㎡ ＝ 11,640,000円

② 乙土地の価額

（路線価）　（奥行距離15mの場合の奥行価格補正率）　（地積）
120,000円 × 1.00 × 60㎡ ＝ 7,200,000円

③ 丙土地の価額

（路線価）　（奥行距離20mの場合の奥行価格補正率）　（地積）
120,000円 × 1.00 × 80㎡ ＝ 9,600,000円

④ ①～③の合計額

（甲土地の価額）　（乙土地の価額）　（丙土地の価額）
11,640,000円 ＋ 7,200,000円 ＋ 9,600,000円 ＝ 28,440,000円

2 不整形地補正率

（不整形地補正率表の補正率）　（間口12mの間口狭小補正率）
0.94 × 1.00 ＝ 0.94

不整形地補正率表の補正率0.94（普通住宅地区、地積区分A、かげ地割合20％）

$$\text{かげ地割合} = \frac{300㎡ - 240㎡}{300㎡} = 20\%$$

想定整形地の地積 12m × 25m ＝ 300㎡

3 評価額

（甲＋乙＋丙）　（不整形地補正率）
28,440,000円 × 0.94 ＝ 26,733,600円

設例2 「計算上の奥行距離」を基に評価する場合

次のような不整形地の評価に用いる評価方法です。

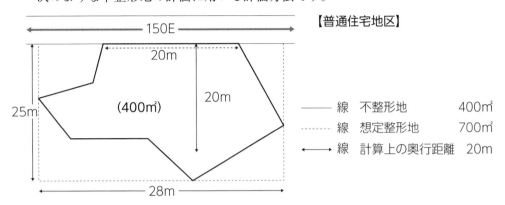

(評価手順)

① 地積を間口距離で除して計算上の奥行距離を求める(計算上の奥行距離は、想定整形地の奥行距離が限度)

② ①の奥行距離を基に奥行価格補正を行う

③ ②で求めた価額に不整形地補正率を乗じる

④ ③で求めた価額に地積を乗じて評価額を求める

(計算例)

1　不整形地の計算上の奥行距離による奥行価格補正後の価額

　(地積)　　(間口距離)　(計算上の奥行距離) (想定整形地の奥行距離)
　400㎡ ÷ 20m ＝ 20m （＜25m）

　(路線価)　　(奥行距離20mの場合の奥行価格補正率)　(1㎡当たりの価額)
　150,000円 × 1.00 ＝ 150,000円

2　不整形地補正率

　(不整形地補正率表の補正率)　(間口狭小補正率)
　　　0.85 × 1.00 ＝ 0.85

不整形地補正率表の補正率0.85（普通住宅地区　地積区分A　かげ地割合42.86％）

$$\text{かげ地割合} = \frac{\overset{\text{(想定整形地の地積)}}{700㎡} - \overset{\text{(不整形地の地積)}}{400㎡}}{\underset{\text{(想定整形地の地積)}}{700㎡}} ≒ 42.86\%$$

3　評価額

　(整形地とした場合の1㎡当たりの価額)　(不整形地補正率)　(地積)
　　　150,000円 × 0.85 × 400㎡ ＝ 51,000,000円

122　第2章　宅地及び宅地に比準して評価する土地の評価

（記載例）

土地及び土地の上に存する権利の評価明細書（第1表）

局(所)	署		
30 年分	ページ		

（平成三十年分以降用）

所在地番	(住居表示)　(　　　)	所有者	住所(所在地)　氏名(法人名)	使用者	住所(所在地)　氏名(法人名)

地目	地積	路線価				地形図及び参考事項
(宅地) 田 畑 山林 原野 雑種地 [ ]	400 m²	正面 150,000 円	側方 円	側方 円	裏面 円	

間口距離	20 m	利用区分	(自用地) 貸宅地 貸家建付地 借地権	貸家建付借地権 転貸借地権 転借権 借家人の有する権利	地区区分	ビル街地区　(普通住宅地区) 高度商業地区　中小工場地区 繁華街地区　大工場地区 普通商業・併用住宅地区
奥行距離	20 m		私道			

地形図：150E 面する、20m、20m、25m、(400㎡)、28m

				（手順）
自用地1平方メートル当たりの価額	1 一路線に面する宅地 　　(正面路線価)　　　　(奥行価格補正率) 　　150,000 円 × 　1.00	(1㎡当たりの価額) 円 150,000	A	←②
	2 二路線に面する宅地 (A)　　　[側方 　　　　　　裏面] 路線価　(奥行価格補正率) [側方 二方] 路線影響加算率 円 + (円 × . × 0.)	(1㎡当たりの価額) 円	B	
	3 三路線に面する宅地 (B)　　　[側方 　　　　　　裏面] 路線価　(奥行価格補正率) [側方 二方] 路線影響加算率 円 + (円 × . × 0.)	(1㎡当たりの価額) 円	C	
	4 四路線に面する宅地 (C)　　　[側方 　　　　　　裏面] 路線価　(奥行価格補正率) [側方 二方] 路線影響加算率 円 + (円 × . × 0.)	(1㎡当たりの価額) 円	D	
	5-1 間口が狭小な宅地等 （AからDまでのうち該当するもの）　(間口狭小補正率) (奥行長大補正率) 円 × . × .	(1㎡当たりの価額) 円	E	
	5-2 不整形地 （AからDまでのうち該当するもの）　不整形地補正率※ 150,000 円 × 0.85 ※不整形地補正率の計算 (想定整形地の間口距離) (想定整形地の奥行距離) (想定整形地の地積) 28 m × 25 m = 700 ㎡ (想定整形地の地積) (不整形地の地積) (想定整形地の地積) (かげ地割合) (700 ㎡ - 400 ㎡) ÷ 700 ㎡ = 42.86 ％ (不整形地補正率表の補正率) (間口狭小補正率)　　(小数点以下2位未満切捨て) 0.85 × 1.00 = 0.85 ① (奥行長大補正率) (間口狭小補正率) 1.00 × 1.00 = 1.00 ②　[不整形地補正率 ①、②のいずれか低い率、0.6を限度とする。] 0.85	(1㎡当たりの価額) 円 127,500	F	←③
	6 地積規模の大きな宅地 （AからFまでのうち該当するもの）　規模格差補正率※ 円 × 0. ※規模格差補正率の計算 (地積ⓐ)　　Ⓑ　　Ⓒ　　(地積ⓐ)　　　　(小数点以下2位未満切捨て) { (㎡ × +) ÷ ㎡ } × 0.8 = 0.	(1㎡当たりの価額) 円	G	
	7 無道路地 （F又はGのうち該当するもの）　　　　　　(※) 円 × (1 - 0.) ※割合の計算（0.4を限度とする。） (正面路線価) (通路部分の地積) (F又はGのうち該当するもの) (評価対象地の地積) (円 × ㎡) ÷ (円 × ㎡) = 0.	(1㎡当たりの価額) 円	H	
	8 がけ地等を有する宅地 （AからHまでのうち該当するもの）　〔南 、東 、西 、北 〕 　　　　　　　　　　　　　　　　　(がけ地補正率) 円 × 0.	(1㎡当たりの価額) 円	I	
	9 容積率の異なる2以上の地域にわたる宅地 （AからIまでのうち該当するもの）　(控除割合（小数点以下3位未満四捨五入）) 円 × (1 - 0.)	(1㎡当たりの価額) 円	J	
	10 私道 （AからJまでのうち該当するもの） 円 × 0.3	(1㎡当たりの価額) 円	K	

自用地の評価額	自用地1平方メートル当たりの価額 （AからKまでのうちの該当記号）	地積	総額 (自用地1㎡当たりの価額) × (地積)		
	(G)　127,500 円	400 ㎡	51,000,000 円	L	←④

（注）1　5-1の「間口が狭小な宅地等」と5-2の「不整形地」は重複して適用できません。
　　　2　5-2の「不整形地」の「AからDまでのうち該当するもの」欄の価額について、AからDまでの欄で計算できない場合には、（第2表）の「備考」欄等で計算してください。

(資4-25-1-A4統一)

設例3　「近似整形地」を基に評価する場合

次のような不整形地に用いる評価方法です。

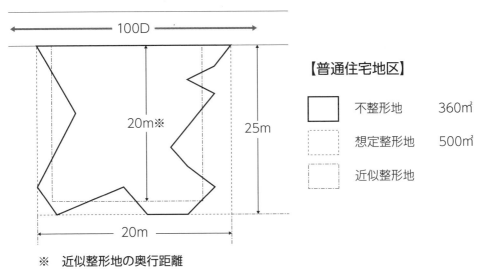

※　近似整形地の奥行距離

(評価手順)

① 近似整形地を求め、その奥行距離を基に奥行価格補正後の価額を求める

② ①で求めた価額に不整形地補正率を乗じる補正を行う

③ ②で求めた価額に地積を乗じて評価額を求める

(計算例)

1　近似整形地の奥行価格補正後の1㎡当たりの価額（不整形地の奥行価格補正後の1㎡当たりの価額）

$$\underset{\text{(正面路線価)}}{100,000円} \times \underset{\text{(奥行距離20mの場合の奥行価格補正率)}}{1.00} = 100,000円$$

2　不整形地補正率

$$\underset{\text{(不整形地補正率)}}{0.92} \times \underset{\text{(間口狭小補正率)}}{1.00} = 0.92$$

不整形地補正率表の補正率0.92（普通住宅地区　地積区分A　かげ地割合28％）

$$\left(\text{かげ地割合} = \frac{\underset{\text{(想定整形地の地積)}}{500㎡} - \underset{\text{(評価対象地の地積)}}{360㎡}}{\underset{\text{(想定整形地の地積)}}{500㎡}} = 28\% \right)$$

3　評価額

$$\underset{\text{(1の価額)}}{100,000円} \times \underset{\text{(不整形地補正率)}}{0.92} \times \underset{\text{(評価対象地の地積)}}{360㎡} = 33,120,000円$$

124　第2章　宅地及び宅地に比準して評価する土地の評価

(記載例)

土地及び土地の上に存する権利の評価明細書(第1表)

局(所)	署
30年分	ページ

平成三十年分以降用

(住居表示)	(　　　　)	所有者	住所(所在地)		使用者	住所(所在地)	
所在地番			氏名(法人名)			氏名(法人名)	

地目	地積	路線価				地形図及び参考事項
⦅宅地⦆ 田 山林	原野 雑種地 [　]	㎡ 360	正面 100,000 円	側方 円	側方 円	裏面 円

間口距離	20 m	利用区分	⦅自用地⦆ 貸宅地 貸家建付地 借地権 私道	貸家建付借地権 転貸借地権 借家人の有する権利	地区区分	ビル街地区　⦅普通住宅地区⦆ 高度商業地区　中小工場地区 繁華街地区　大工場地区 普通商業・併用住宅地区
奥行距離	20 m					

図: 近似整形地の奥行距離 100D, 20m※, 25m, 20m

				(手順)
自用地1平方メートル当たりの価額	1 一路線に面する宅地 (正面路線価) 　　　　(奥行価格補正率) 100,000 円 × 1.00	(1㎡当たりの価額) 100,000 円	A	←①
	2 二路線に面する宅地 (A) 　 [側方] 路線価 (奥行価格補正率) [側方] 路線影響加算率 [裏面] 　　　　補正率 　　　　二方 円 + (円 × . × 0.)	(1㎡当たりの価額) 円	B	
	3 三路線に面する宅地 (B) [側方/裏面]路線価 (奥行価格補正率) [側方/二方]路線影響加算率 円 + (円 × . × 0.)	(1㎡当たりの価額) 円	C	
	4 四路線に面する宅地 (C) [側方/裏面]路線価 (奥行価格補正率) [側方/二方]路線影響加算率 円 + (円 × . × 0.)	(1㎡当たりの価額) 円	D	
	5-1 間口が狭小な宅地等 (AからDまでのうち該当するもの) (間口狭小補正率) (奥行長大補正率) 円 × (. × .)	(1㎡当たりの価額) 円	E	
	5-2 不整形地 (AからDまでのうち該当するもの) 　不整形地補正率※ 100,000 円 × 0.92 ※不整形地補正率の計算 (想定整形地の間口距離) (想定整形地の奥行距離) (想定整形地の地積) 20 m × 25 m = 500 ㎡ (想定整形地の地積) (不整形地の地積) (想定整形地の地積) (かげ地割合) (500 ㎡ - 360 ㎡) ÷ 500 ㎡ = 28 % (不整形地補正率表の補正率) (間口狭小補正率) (小数点以下2位未満切捨て) 0.92 × 1.00 = 0.92 ① [不整形地補正率 (①、②のいずれか低い率、0.6を限度とする。)] (奥行長大補正率) (間口狭小補正率) 1.00 × 1.00 = 1.00 ② 0.92	(1㎡当たりの価額) 92,000 円	F	←②
	6 地積規模の大きな宅地 (AからFまでのうち該当するもの) 　規模格差補正率※ 円 × 0. ※規模格差補正率の計算 (地積(Ⓐ)) (Ⓑ) (Ⓒ) (地積(Ⓐ)) (小数点以下2位未満切捨て) { (㎡ × +) ÷ ㎡ } × 0.8 = 0.	(1㎡当たりの価額) 円	G	
	7 無道路地 (F又はGのうち該当するもの) (※) 円 × (1 - 0.) ※割合の計算(0.4を限度とする。) (正面路線価) (通路部分の地積) (F又はGのうち該当するもの) (評価対象地の地積) (円 × ㎡) ÷ (円 × ㎡) = 0.	(1㎡当たりの価額) 円	H	
	8 がけ地等を有する宅地 (AからHまでのうち該当するもの) 〔南、東、西、北〕 (がけ地補正率) 円 × 0.	(1㎡当たりの価額) 円	I	
	9 容積率の異なる2以上の地域にわたる宅地 (AからIまでのうち該当するもの) (控除割合(小数点以下3位未満四捨五入)) 円 × (1 - 0.)	(1㎡当たりの価額) 円	J	
	10 私道 (AからJまでのうち該当するもの) 円 × 0.3	(1㎡当たりの価額) 円	K	
自用地の評価額	自用地1平方メートル当たりの価額 (AからKまでのうちの該当記号) (G) 92,000 円	地積 360 ㎡	総額 (自用地1㎡当たりの価額) × (地積) 33,120,000 円	L	←③

(注) 1　5-1の「間口が狭小な宅地等」と5-2の「不整形地」は重複して適用できません。
　　 2　5-2の「不整形地」の「AからDまでのうち該当するもの」欄の価額について、AからDまでの欄で計算できない場合には、(第2表)の「備考」欄等で計算してください。

(資4-25-1-A4統一)

設例4 「差引計算」により評価する場合

次のような不整地を評価する場合です。

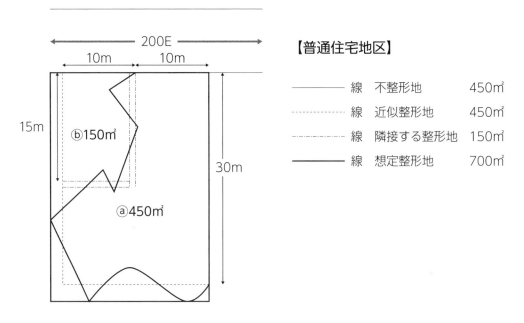

【普通住宅地区】

線	不整形地	450㎡
線	近似整形地	450㎡
線	隣接する整形地	150㎡
線	想定整形地	700㎡

(評価手順)

① 近似整形地を求め、隣接する整形地と併せて全体の整形地の評価額を求める
② 隣接する整形地の評価額を求める
③ ①から②を差し引いた価額を近似整形地の地積で除して単価を求める
④ ③で求めた価額に不整形地補正率を乗じる
⑤ ④で求めた価額に地積を乗じて評価額を求める

(計算例)

1　近似整形地（ⓐ）と隣接する整形地（ⓑ）を合わせた全体の整形地の奥行価格補正後の価額

$$\underset{\text{(路線価)}}{200{,}000\text{円}} \times \underset{\substack{\text{(奥行距離30mの場合)} \\ \text{の奥行価格補正率}}}{0.95} \times \underset{\text{(ⓐ+ⓑの地積)}}{600\text{㎡}} = 114{,}000{,}000\text{円}$$

2　隣接する整形地（ⓑ）の奥行価格補正後の価額

$$\underset{\text{(路線価)}}{200{,}000\text{円}} \times \underset{\substack{\text{(奥行距離15mの場合)} \\ \text{の奥行価格補正率}}}{1.00} \times \underset{\text{(②の地積)}}{150\text{㎡}} = 30{,}000{,}000\text{円}$$

3　近似整形地（ⓐ）の奥行価格補正後の価額

$$\underset{\text{(1で求めた価額)}}{114{,}000{,}000\text{円}} - \underset{\text{(2で求めた価額)}}{30{,}000{,}000\text{円}} = 84{,}000{,}000\text{円}$$

4　近似整形地の奥行価格補正後の1㎡当たりの価額（不整形地の奥行価格補正後の1㎡当たりの価額）

$$\underset{\text{(近似整形地(ⓐ)の評価額)}}{84{,}000{,}000\text{円}} \div \underset{\text{(ⓐの地積)}}{450\text{㎡}} = 186{,}666\text{円}$$

5　不整形地補正率

$$\underset{\text{(不整形地補正率表の補正率)}}{0.88} \times \underset{\text{(間口狭小補正率)}}{1.00} = 0.88$$

不整形地補正率表の補正率0.88（普通住宅地区　地積区分A　かげ地割合35.71％）

$$\left(\text{かげ地割合} = \frac{\overset{\text{(想定整形地の地積)}}{700\text{㎡}} - \overset{\text{(不整形地の地積)}}{450\text{㎡}}}{\underset{\text{(想定整形地の地積)}}{700\text{㎡}}} \fallingdotseq 35.71\% \right)$$

6　評価額

$$\underset{\text{(近似整形地の単価)}}{186{,}666\text{円}} \times \underset{\text{(不整形地補正率)}}{0.88} \times \underset{\text{(不整形地の地積)}}{450\text{㎡}} = 73{,}919{,}736\text{円}$$

【チェックポイント】

1　近似整形地を設定する場合、その屈折角は90度とします。

2　想定整形地の地積は、近似整形地の地積と隣接する整形地の地積との合計と必ずしも一致しません。

3　全体の整形地の価額から差し引く隣接する整形地の価額の計算に当たって、奥行距離が短いため奥行価格補正率が1.00未満となる場合においては、当該奥行価格補正率は1.00とします。

　　ただし、全体の整形地の奥行距離が短いため奥行価格補正率が1.00未満の数値となる場合には、隣接する整形地の奥行価格補正率もその数値とします。

Q2-10 河川を隔てて道路がある宅地の評価

問 河川に橋を設置して、道路に接している次の図のような土地はどのように評価しますか。

なお、橋は2mあり、評価対象地は接道義務を果たしています。

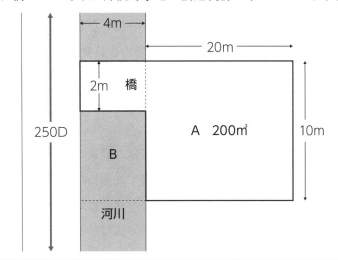

答 次の評価方法（前述設例4「差引計算により評価する場合」で）により評価します。

（計算例）

1 A、B及び橋を一体とした場合の価額

$$\underset{\text{(正面路線価)}}{250,000\text{円}} \times \underset{\text{(奥行価格補正率)}}{0.97} \times 240\text{㎡} = 58,200,000\text{円}$$

2 B及び橋の価額

$$\underset{\text{(正面路線価)}}{250,000\text{円}} \times \underset{\text{(奥行価格補正率)}}{1.00^{※}} \times 40\text{㎡} = 10,000,000\text{円}$$

※ 奥行4mの場合の奥行価格補正率は、0.92ですが、そのまま適用するとA、B及び橋を一体として評価した単価より、Aの部分の単価が高くなり不合理であることから、補正率を1.00としています。

3 A、B及び橋の部分を想定整形地、B及び橋の部分をかげ地とした場合の不整形地補正率

① 不整形地補正率

$$\underset{\text{(不整形地補正率表の補正率)}}{0.96} \times \underset{\text{(間口狭小補正率)}}{0.90} = 0.86$$

不整形地補正率表の補正率0.96（普通住宅地区　地積区分A　かげ地割合16.7%）

$$\left(\text{かげ地割合} = \frac{\underset{\text{(B及び橋の部分の地積)}}{40\text{㎡}}}{\underset{\text{(想定整形地の地積)}}{240\text{㎡}}} = 16.7\% \right)$$

② 橋の幅員をAの間口として間口狭小奥行長大を適用した場合

$$\underset{(間口狭小補正率)}{0.90} \times \underset{(奥行長大補正率)}{0.90} = \underset{(不整形地補正率)}{0.81} < 0.86$$

4 評価額

$$(\underset{(1で求めた価額)}{58,200,000円} - \underset{(2で求めた価額)}{10,000,000円}) \times \underset{(間口狭小奥行長大補正)}{0.81} = 39,042,000円$$

なお、上記質疑において、橋が架かっていなかった場合の評価額は、上記価額から、接道義務を果たす最低限の幅の橋の架設費用相当額（不整形地補正した後の価額の40％相当額が限度となります。）を控除した価額となります。

(4) 不整形地補正をしない場合

次のような帯状部分を有する土地については、形式的に不整形地補正を行うと**かげ地割合**が過大となり、帯状部分以外の部分を単独で評価した価額より低い不合理な評価額となる場合には、一体として評価した価額に不整形地としての評価は行いません。

それぞれ、帯状部分とその他部分に分けて評価した価額の合計額により評価します。

次のような設例が考えられます。

設例1　不整形地補正をしない場合①

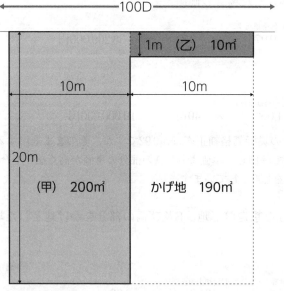

【普通住宅地区】

評価対象地　210㎡

想定整形地　400㎡

(計算例)

1 甲土地の評価額

 (1) 奥行価格補正後の価額

　　　　(路線価)　　　(奥行価格補正率)
　　　　100,000円　×　　1.00　　＝　100,000円

 (2) 間口狭小奥行長大補正後の価額

　　　(奥行価格補正後の価額)　　(間口狭小・奥行長大補正率)
　　　　100,000円　×　(1.0×0.98)　＝　98,000円

 (3) 評価額

　　　(間口狭小・奥行長大補正後の価額)　(地積)
　　　　　98,000円　　×　200㎡　＝　19,600,000円

2 乙土地の評価額

　　　(路線価)　　(奥行価格補正率)　　(地積)
　　　100,000円　×　0.90　×　10㎡　＝　900,000円

3 評価額

　　　(甲土地の評価額)　(乙土地の評価額)
　　　19,600,000円　＋　900,000円　＝　20,500,000円

(参考) 評価対象地を不整形地として評価するとした場合の評価額

　　((甲＋乙)土地の評価額)　(不整形地補正率)※　　　　　　(甲土地のみの評価額)
　　　20,900,000円　×　0.82　＝　17,138,000円　＜　19,600,000円

　　(不整形地補正率表の補正率)※　(間口狭小補正率)
　　　　0.82　×　1.00　＝　0.82

　※　不整形地補正率表の補正率0.82（普通住宅地区　地積区分A　かげ地割合47.5％）

$$\left(\text{かげ地割合} = \frac{\overset{\text{(想定整形地の地積)}}{400㎡} - \overset{\text{(不整形地の地積)}}{210㎡}}{\underset{\text{(想定整形地の地積)}}{400㎡}} = 47.5\% \right)$$

設例2　不整形地補正をしない場合②

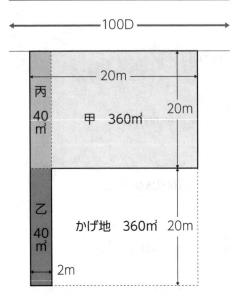

【普通住宅地区】

評価対象地　　440㎡
想定整形地　　800㎡

（計算例）

1　甲と丙の土地の評価

　　　（路線価）　　（奥行価格補正率）　（地積）　　（(甲＋丙)土地の評価額）
　　　100,000円　×　　1.00　　×　400㎡　＝　40,000,000円

2　乙の土地の評価

　　　（路線価）　　（奥行価格補正率）　（地積(乙＋丙)）
　　　100,000円　×　　0.91　　×　　80㎡　＝　7,280,000円……(1)　((乙＋丙)の評価)

　　　（路線価）　　（奥行価格補正率）　（地積(丙)）
　　　100,000円　×　　1.00　　×　　40㎡　＝　4,000,000円……(2)

　　　（(1)の価額）　（(2)の価額）　　（乙土地の奥行価格補正後の価額）
　　　7,280,000円　－　4,000,000円　＝　3,280,000円

　　　（乙土地の奥行価格補正後の価額）　（間口狭小補正率）　（奥行長大補正率）　（乙土地の評価額）
　　　3,280,000円　×　0.90　×　0.90　＝　2,656,800円

3　評価額

　　　（(甲＋丙)土地の評価額）　（乙土地の評価額）
　　　40,000,000円　＋　2,656,800円　＝　42,656,800円

（参考）評価対象地を不整形地として評価した場合の価額

　　　（路線価）　　（奥行価格補正率）　（地積）　（甲土地の評価）
1　100,000円　×　　1.00　　×　360㎡　＝　36,000,000円

　　　　　　　　　　　　　　　　　　　　（乙と丙の土地の評価）
2　乙と丙の土地（上記計算例より）……7,280,000円

　　　（(甲＋乙・丙)土地の評価）　（不整形地補正率）※　　　　　　　　（(甲＋丙)土地の評価）
3　43,280,000円　×　0.82　＝　35,489,600円　＜　40,000,000円

※ 不整形地補正率

　　(不整形地補正率表の補正率)　　(間口狭小補正率)
　　　　0.82　　　　×　　　1.00　　＝　0.82

不整形地補正率表の補正率0.82（普通住宅地区　地積区分A　かげ地割合45％）

$$
\text{かげ地割合} = \frac{\underset{\text{(想定整形地の地積)}}{800㎡} - \underset{\text{(不整形地の地積)}}{440㎡}}{\underset{\text{(想定整形地の地積)}}{800㎡}} = 45\%
$$

7 ｜ 地積規模の大きな宅地の評価

（1）評価方法

平成30年1月1日以降の課税時期分から適用になる評価方法です。

平成29年分まで適用された「広大地の評価」と異なり、地積規模の大きな宅地について「戸建住宅用地として分譲する場合に発生する減価」を評価に反映させるための調整（このために使用する補正率を「規模格差補正率」といいます。）として、評価基本通達では、不整形地補正などとともに路線価を調整する位置づけとなっています。

なお、補正の趣旨が「戸建住宅用地として分譲する場合に発生する減価」を評価に反映させるものですから、適用される**地積、地区区分**に制限があるほか、**都市計画区分、用途地域**、建築基準法上の**指定容積率**などに制約があります。

実務においては、後述のフローチャート及びチェックシートにより適用の可否を判定します。

適用がある場合の評価額の計算は、次のとおりです。

（算式）

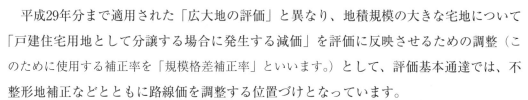

上の算式中の「Ⓑ」及び「Ⓒ」は、地積規模の大きな宅地が所在する地域に応じ、それぞれ次に掲げる表のとおりです。

イ 三大都市圏に所在する宅地

地区区分 記号 地積	普通商業・併用住宅地区、普通住宅地区	
	Ⓑ	Ⓒ
500㎡以上 1,000㎡未満	0.95	25
1,000㎡以上 3,000㎡未満	0.90	75
3,000㎡以上 5,000㎡未満	0.85	225
5,000㎡以上	0.80	475

ロ 三大都市圏以外に所在する宅地

地区区分 記号 地積	普通商業・併用住宅地区、普通住宅地区	
	Ⓑ	Ⓒ
1,000㎡以上 3,000㎡未満	0.9	100
3,000㎡以上 5,000㎡未満	0.85	250
5,000㎡以上	0.8	500

(注) 1　上記算式により計算した規模格差補正率は、小数点以下第2位未満を切り捨てます。

　　 2　「三大都市圏」とは、次の地域をいいます。

　　　イ　首都圏整備法（昭和31年法律第83号）2条（（定義））3項に規定する既成市街地又は同条4項に規定する近郊整備地帯

　　　ロ　近畿圏整備法（昭和38年法律第129号）2条（（定義））3項に規定する既成都市区域又は同条4項に規定する近郊整備区域

　　　ハ　中部圏開発整備法（昭和41年法律第102号）2条（（定義））3項に規定する都市整備区域

○「地積規模の大きな宅地の評価」適用可否判定のフローチャート

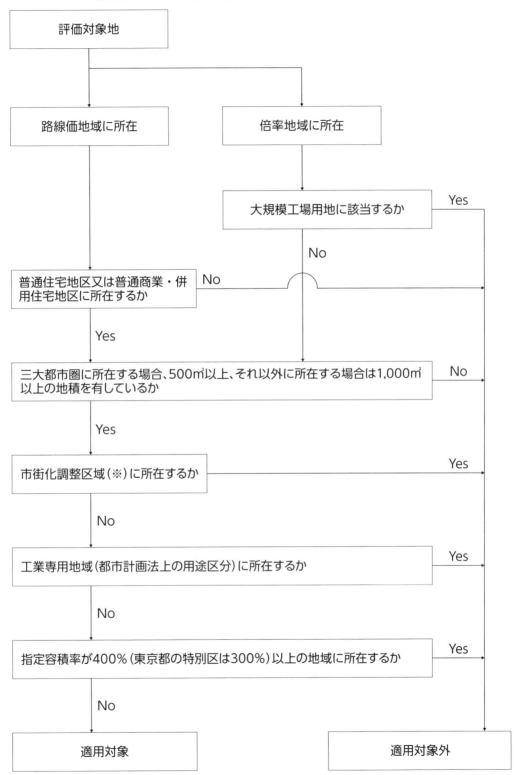

※ 都市計画法34条10号又は11号の規定に基づき宅地分譲に係る開発行為を行うことができる区域を除きます。

(2) 適用可否判定に当たっての留意点

イ 地積の判定

地積は、課税時期における実際の面積によりますが、実際には評価単位ごとの地積で判定します。

したがって、市街地農地等や一団の雑種地のように一団の土地として評価する場合は、一団の土地の地積によります。

【参考質疑】

Q1-24 共有地（マンション敷地）の地積（P40）

Q1-25 がけ地が含まれている宅地の地積（P40）

Q1-27 相続開始後の実測による面積の増加（減少）（P41）

------【チェックポイント】------
現にマンションが建築されている宅地の評価

地積規模の大きな宅地の評価は、戸建住宅用地として分譲する場合に発生する減価を評価に反映させるための調整ということで導入された調整率ですから、マンション用地であるか否かは問いません。マンション用地であっても要件に該当すれば適用ができます。

ロ 地区区分

戸建住宅用地として分譲する場合に発生する減価を評価に反映させるための調整率ですから、適用される地区区分は「**普通商業・併用住宅地区**」又は「**普通住宅地区**」に所在する土地に限定されています。

地区区分については、路線価図の表示を見誤らないようにすることはもちろんですが、次のような場合には、特にご注意ください。

Q2-2 路線に地区区分の異なる２つの路線価が付設されている場合（P90）

・二路線以上に接する宅地で接する路線の地区区分が異なっている場合

Q2-3 正面路線価の判定（地区区分が異なる場合図２）（P99）

Q2-3 正面路線価の判定（地区区分が異なる場合図３）（P99）

ハ 倍率地域及び宅地比準する農地等の適用

路線価地域だけでなく、倍率地域でも適用があります。

また、宅地比準する農地等についても適用があります。

なお、倍率方式で評価する場合の「地区区分」は普通住宅地区とします。

【参考質疑】

Q2-17 倍率地域における地積規模の大きな宅地の評価（P158）

Q2-21 路線価地域にある市街地農地の宅地比準による評価（P161）

Q2-22 倍率地域にある市街地農地の宅地比準による評価（P165）

二 都市計画法上の用途地域

都市計画法上の用途地域が「工業専用地域」に所在する場合、この調整率の適用はありませんが、路線価図にそのような用途地域の表示はありません。

また、用途地域が「工業専用地域」の場合、路線価の地区区分も「大工場地区」「中小工場地区」にあるとは限りません。

用途地域は、都市計画図（ネットなどでも公開）、ブルーマップで確認することができますが、評価に当たっては、市区町村の都市計画課（部署名は市区町村で異なります。）で必ず確認してください。なお、都道府県によって表記が異なる場合があります。

———	地域地区境界	-------	区境
·········	町丁目境	補106／15M	都市計画道路
■	第一種中高層住居専用地域	——	都市計画都市高速鉄道
▨	第二種中高層住居専用地域	▨	都市計画公園・緑地
▨	第一種住居地域	西日暮里自転車駐車場	その他の都市施設（主なもの）
▨	第二種住居地域	2高	第二種高度地区
■	商業地域	3高	第三種高度地区
▨	近隣商業地域	▨	最低限高度地区（最低限度7m）
▨	準工業地域	青：準防火地域 3高 60/300 建ぺい率(%)／容積率(%) 60/300	高度地区 建ぺい率(%)／容積率(%) ・高度地区指定なし	赤：防火地域 最低限 60/400 80/500
▨	準工業地域・特別工業地区		
■	工業地域		
■	工業専用地域	▨	第二種中高層階住居専用地区
▨	高度利用地区	▨	第三種中高層階住居専用地区
用途地域の路線型指定は表記のない限り幅員20m		▨	地区計画

（出典）荒川区ホームページ等を基に一部修正して作成

Q2-11 工業専用地域とそれ以外の用途地域にわたる場合の用途地域の判定

問 評価対象宅地が工業専用地域とそれ以外の用途地域にわたる場合には、その宅地の所在する用途地域はどのように判断するのでしょうか。

答 評価対象となる宅地が工業専用地域とそれ以外の用途地域にわたる場合に

は、その宅地の全部がその宅地の過半の属する用途地域※に所在するものと判定します。

したがって、例えば評価対象となる宅地が工業専用地域とそれ以外の地域にわたる場合において、その宅地の過半が工業専用地域に属しているときには、その宅地全体に工業専用地域に係る用途地域の制限が適用されるため、その宅地は工業専用地域に所在する宅地と判定します。そうすると、評価対象となる宅地は「地積規模の大きな宅地の評価」の適用ができないこととなります。

※ 建築基準法91条に「過半主義」の規定があります。

Q2-12 工業専用地域とそれ以外の地域がある場合の評価

問 次の図のような宅地（地積4,000㎡、三大都市圏以外の地域に所在）の価額はどのように評価するのでしょうか（用途地域以外の地積規模の大きな宅地の評価における要件は満たしています。）。

```
        ←――――――― 30F ―――――――→  【普通商業・併用住宅地区】
         ┌―――― 60m ――――┬― 20m ―┐
         │                │        │
    50m  │   3,000㎡      │1,000㎡ │
         │                │        │
         └――――――――――――――┴――――――┘
           （工業地域）   （工業専用地域）
```

答 次のとおり計算します。

1 用途地域の判定

評価対象となる宅地が2以上の用途地域にわたる場合には、その宅地の全部がその宅地の過半の属する用途地域に所在するものと判定します。

上図の宅地については、工業地域に属する部分の宅地の面積（3,000㎡）が敷地の過半に属していることから、その宅地の全部が工業地域内に所在するものと判定します。

したがって、上図の宅地は、その全部が「地積規模の大きな宅地の評価」の適用対象となります。

2　規模格差補正率の計算

$$\frac{\overset{(地積)}{4{,}000㎡} \times 0.85 + 250}{\underset{(地積)}{4{,}000㎡}} \times 0.8 = 0.73（小数点以下第2位未満切捨て）$$

3　評価額

$$\underset{(路線価)}{30{,}000円} \times \underset{(奥行価格補正率)}{0.89} \times \underset{(規模格差補正率)}{0.73} \times \underset{(地積)}{4{,}000㎡} = 77{,}964{,}000円$$

ホ　容積率

　この場合の容積率は「**指定容積率**」です。都市計画図などに用途地域とともに表記されている容積率です。

　前面道路の幅員により制限を受ける「容積率の異なる2以上の地域にわたる宅地の評価」（基準容積率）の容積率ではありません。

　なお、指定容積率は都市計画図に用途地域と併せて表記されますが、都道府県・市区町村によって表記方法が異なりますのでご注意ください。

Q2-13　異なる指定容積率の地域にわたる宅地の指定容積率の求め方

問　次図の場合は、どのように指定容積率を求めるのでしょうか。都市計画図の○記号の上部が指定容積率で、商業地域は容積率400％（40/10）、近隣商業地域300％（30/10）です。

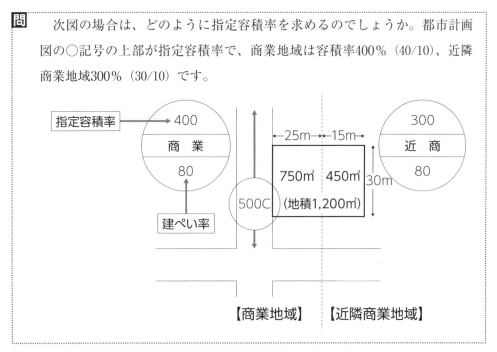

答　上記の土地の指定容積率は、異なる指定容積率の地域にわたっているので、各指定容積率が適用される面積を基に次のとおり加重平均した362.5％となります。

　　　（400％ × 750㎡ + 300％ × 450㎡）　÷　1,200㎡　＝　362.5％

Q2-14 基準容積率が400％以下となる場合の適用の可否

問 評価対象となる宅地（東京都特別区外に所在）は、指定容積率が400％以上の地域に所在しますが、前面道路の幅員に基づく容積率（基準容積率）は400％未満となります。この場合、地積規模の大きな宅地の適用は可能ですか。

答 「地積規模の大きな宅地の評価」の適用を判定する場合の容積率は、指定容積率（建築基準法52①）によります。

したがって、指定容積率が400％以上（東京都の特別区においては300％以上）である場合には、前面道路の幅員に基づく容積率（基準容積率（建築基準法52②））が400％未満（東京都の特別区においては300％未満）であったとしても、容積率の要件を満たしません。

ヘ 市街化調整区域にある宅地等への適用

市街化調整区域は、市街化を抑制すべき区域（都市計画法7③）であり、原則として宅地開発を行うことができない地域です（都市計画法29、33、34）。

したがって、市街化調整区域内に所在する宅地については、基本的に戸建住宅用地としての分割分譲に伴う減価が発生する余地がないため、原則として、「地積規模の大きな宅地の評価」の適用対象となりません。

ただし、都市計画法34条10号又は11号の規定に基づき宅地分譲に係る開発行為を行うことができる区域については適用が可能です。

《参考》都市計画区域

第1節　路線価方式による評価　139

（平成30年1月1日以降用）「地積規模の大きな宅地の評価」の適用要件チェックシート（1面）

（はじめにお読みください。）
1　このチェックシートは、財産評価基本通達20－2に定める「地積規模の大きな宅地」に該当するかを確認する際にご使用ください（宅地等の評価額を計算するに当たっては、「土地及び土地の上に存する権利の評価明細書」をご使用ください。）。
2　評価の対象となる宅地等が、路線価地域にある場合はA表を、倍率地域にある場合はA表及びB表をご使用ください。
3　「確認結果」欄の全てが「はい」の場合にのみ、「地積規模の大きな宅地の評価」を適用して評価することになります。
4　「地積規模の大きな宅地の評価」を適用して申告する場合、このチェックシートを「土地及び土地の上に存する権利の評価明細書」に添付してご提出ください。

宅地等の所在地番			地　積	㎡
所有者	住所（所在地）		評価方式	路線価・倍率
	氏名（法人名）			（A表で判定）（A表及びB表で判定）
被相続人	氏　名		相続開始日又は受贈日	

【A表】

項　目	確認内容（適用要件）	確認結果	
面　積	○　評価の対象となる宅地等（※2）は、次に掲げる面積を有していますか。 ①　三大都市圏（注1）に所在する宅地については、500㎡以上 ②　上記以外の地域に所在する宅地については、1,000㎡以上	はい	いいえ
地区区分	○　評価の対象となる宅地等は、路線価図上、次に掲げる地区のいずれかに所在しますか。 ①　普通住宅地区 ②　普通商業・併用住宅地区 ＊　評価の対象となる宅地等が倍率地域にある場合、普通住宅地区内に所在するものとしますので、確認結果は「はい」を選択してください。	はい	いいえ
都市計画（※1）	○　評価の対象となる宅地等は、市街化調整区域（注2）以外の地域に所在しますか。 ＊　評価の対象となる宅地等が都市計画法第34条第10号又は第11号の規定に基づき宅地分譲に係る開発行為（注3）ができる区域にある場合、確認結果は「はい」を選択してください。	はい	いいえ
	○　評価の対象となる宅地等は、都市計画の用途地域（注4）が「工業専用地域」（注5）に指定されている地域以外の地域に所在しますか。 ＊　評価の対象となる宅地等が用途地域の定められていない地域にある場合、「工業専用地域」に指定されている地域以外の地域に所在するものとなりますので、確認結果は「はい」を選択してください。	はい	いいえ
容積率（※1）	○　評価の対象となる宅地等は、次に掲げる容積率（注6）の地域に所在しますか。 ①　東京都の特別区（注7）に所在する宅地については、300%未満 ②　上記以外の地域に所在する宅地については、400%未満	はい	いいえ

【B表】

項　目	確認内容（適用要件）	確認結果	
大規模工場用地	○　評価の対象となる宅地等は、「大規模工場用地」（注8）に該当しない土地ですか。 ＊　該当しない場合は「はい」を、該当する場合は「いいえ」を選択してください。	はい	いいえ

※1　都市計画の用途地域や容積率等については、評価の対象となる宅地等の所在する市（区）町村のホームページ又は窓口でご確認ください。
　2　市街地農地、市街地周辺農地、市街地山林及び市街地原野についても、それらが宅地であるとした場合に上記の確認内容（適用要件）を満たせば、「地積規模の大きな宅地の評価」の適用があります（宅地への転用が見込めないと認められるものを除きます。）。
　3　注書については、2面を参照してください。

（平成30年1月1日以降用）「地積規模の大きな宅地の評価」の適用要件チェックシート（2面）

(注) 1 三大都市圏とは、次に掲げる区域等をいいます（具体的な市町村は下記の（表）をご参照ください。）。
① 首都圏整備法第2条第3項に規定する既成市街地又は同条第4項に規定する近郊整備地帯
② 近畿圏整備法第2条第3項に規定する既成都市区域又は同条第4項に規定する近郊整備区域
③ 中部圏開発整備法第2条第3項に規定する都市整備区域
2 市街化調整区域とは、都市計画法第7条第3項に規定する市街化調整区域をいいます。
3 開発行為とは、都市計画法第4条第12項に規定する開発行為をいいます。
4 用途地域とは、都市計画法第8条第1項第1号に規定する用途地域をいいます。
5 工業専用地域とは、都市計画法第8条第1項第1号に規定する工業専用地域をいいます。
6 容積率は、建築基準法第52条第1項の規定に基づく容積率（指定容積率）により判断します。
7 東京都の特別区とは、地方自治法第281条第1項に規定する特別区をいいます。
8 大規模工場用地とは、一団の工場用地の地積が5万㎡以上のものをいいます。

(表) 三大都市圏（平成28年4月1日現在）

圏名	都府県名		都市名
首都圏	東京都	全域	特別区、武蔵野市、八王子市、立川市、三鷹市、青梅市、府中市、昭島市、調布市、町田市、小金井市、小平市、日野市、東村山市、国分寺市、国立市、福生市、狛江市、東大和市、清瀬市、東久留米市、武蔵村山市、多摩市、稲城市、羽村市、あきる野市、西東京市、瑞穂町、日の出町
	埼玉県	全域	さいたま市、川越市、川口市、行田市、所沢市、加須市、東松山市、春日部市、狭山市、羽生市、鴻巣市、上尾市、草加市、越谷市、蕨市、戸田市、入間市、朝霞市、志木市、和光市、新座市、桶川市、久喜市、北本市、八潮市、富士見市、三郷市、蓮田市、坂戸市、幸手市、鶴ケ島市、日高市、吉川市、ふじみ野市、白岡市、伊奈町、三芳町、毛呂山町、越生町、滑川町、嵐山町、川島町、吉見町、鳩山町、宮代町、杉戸町、松伏町
		一部	熊谷市、飯能市
	千葉県	全域	千葉市、市川市、船橋市、松戸市、野田市、佐倉市、習志野市、柏市、流山市、八千代市、我孫子市、鎌ケ谷市、浦安市、四街道市、印西市、白井市、富里市、酒々井町、栄町
		一部	木更津市、成田市、市原市、君津市、富津市、袖ケ浦市
	神奈川県	全域	横浜市、川崎市、横須賀市、平塚市、鎌倉市、藤沢市、小田原市、茅ケ崎市、逗子市、三浦市、秦野市、厚木市、大和市、伊勢原市、海老名市、座間市、南足柄市、綾瀬市、葉山町、寒川町、大磯町、二宮町、中井町、大井町、松田町、開成町、愛川町
		一部	相模原市
	茨城県	全域	龍ケ崎市、取手市、牛久市、守谷市、坂東市、つくばみらい市、五霞町、境町、利根町
		一部	常総市
近畿圏	京都府	全域	亀岡市、向日市、八幡市、京田辺市、木津川市、久御山町、井手町、精華町
		一部	京都市、宇治市、城陽市、長岡京市、南丹市、大山崎町
	大阪府	全域	大阪市、堺市、豊中市、吹田市、泉大津市、守口市、富田林市、寝屋川市、松原市、門真市、摂津市、高石市、藤井寺市、大阪狭山市、忠岡町、田尻町
		一部	岸和田市、池田市、高槻市、貝塚市、枚方市、茨木市、八尾市、泉佐野市、河内長野市、大東市、和泉市、箕面市、柏原市、羽曳野市、東大阪市、泉南市、四條畷市、交野市、阪南市、島本町、豊能町、能勢町、熊取町、岬町、太子町、河南町、千早赤阪村
	兵庫県	全域	尼崎市、伊丹市
		一部	神戸市、西宮市、芦屋市、宝塚市、川西市、三田市、猪名川町
	奈良県	全域	大和高田市、安堵町、川西町、三宅町、田原本町、上牧町、王寺町、広陵町、河合町、大淀町
		一部	奈良市、大和郡山市、天理市、橿原市、桜井市、五條市、御所市、生駒市、香芝市、葛城市、宇陀市、平群町、三郷町、斑鳩町、高取町、明日香村、吉野町、下市町
中部圏	愛知県	全域	名古屋市、一宮市、瀬戸市、半田市、春日井市、津島市、碧南市、刈谷市、安城市、西尾市、犬山市、常滑市、江南市、小牧市、稲沢市、東海市、大府市、知多市、知立市、尾張旭市、高浜市、岩倉市、豊明市、日進市、愛西市、清須市、北名古屋市、弥富市、みよし市、あま市、長久手市、東郷町、豊山町、大口町、扶桑町、大治町、蟹江町、阿久比町、東浦町、南知多町、美浜町、武豊町、幸田町、飛島村
		一部	岡崎市、豊田市
	三重県	全域	四日市市、桑名市、木曽岬町、東員町、朝日町、川越町
		一部	いなべ市

(注) 「一部」の欄に表示されている市町村は、その行政区域の一部が区域指定されているものです。評価対象となる宅地等が指定された区域内に所在するか否かは、当該宅地等の所在する市町村又は府県の窓口でご確認ください。

8 | 無道路地

(1) 評価方法

　無道路地とは、一般に道路に接していない宅地をいいます。

　無道路地の価額は、実際に利用している路線の路線価に基づき不整形地の評価によって計算した価額から、その価額の**40％の範囲内**において相当と認める金額を控除して評価します（評基通20-2）。

　この場合の**40％の範囲内において相当と認める金額**は、無道路地について建築基準法その他の法令において規定されている建築物を建築するために必要な道路に接すべき最小限の間口距離の要件（以下「接道義務」といいます。）に基づいて最小限度の通路を開設する場合のその通路に相当する部分の価額とされています。

　この通路部分の価額は、実際に利用している路線の路線価に、通路に相当する部分の地積を乗じた価額とし、奥行価格補正等の画地調整は行いません。

　なお、他人の土地に囲まれていても、その他人の土地に通行の用に供する権利を設定している場合は、無道路地になりません。

（算式）

> ① 不整形地としての評価額
> ② 無道路地のしんしゃく
> 　接道義務に基づき最小限度の通路を開設する場合の
> 　通路開設費用相当額（① × 40％を限度）
> ③ 評価額 ＝ ① － ②

> 💡 **keyword「接道義務」**
>
> 　接道義務は、無道路地について建築基準法その他の法令において規定されている建築物を建築するために必要な道路に接すべき最小限の間口距離の要件です。
> 　この要件については、2ｍとしている地域が多いようです（本書の設例は2ｍで計算しています。）が、市区町村によって異なる場合があります。
> 　評価に当たって市区町村の担当部署にお問い合わせください。

Q2-15 無道路地の評価

問 次図の無道路地はどのように評価しますか。

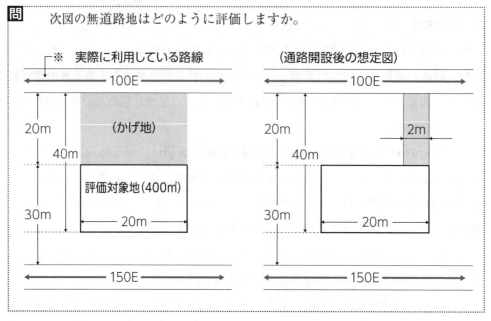

答 路線価は、実際に利用している路線の路線価に基づき評価します。

したがって、問の場合、路線価100千円、地区区分は普通住宅地区となります。

なお、実際に利用している通路に権利が設定されている場合は無道路地にはなりません（この質疑では権利は設定されていないものとします。）。

1 不整形地としての評価額

① 評価対象地と前面奥行40mの場合の宅地（かげ地部分）を併せた土地の奥行価格補正後の価額

　　　　(路線価)　　　(奥行価格補正率)
　　　100,000円 × 0.91 × 800㎡ ＝ 72,800,000円

② 前面宅地の奥行20mの場合の価格補正後の価額

　　　　(路線価)　　　(奥行価格補正率)
　　　100,000円 × 1.00 × 400㎡ ＝ 40,000,000円

③ 差引計算による価額

　　①－② ＝ 32,800,000円

④ 不整形地としての価額

　　(差引計算による価額)　　(不整形地補正率)
　　32,800,000 × 0.71 ＝ 23,288,000円

　ⓐ 不整形地補正率

　　(不整形地補正率表の補正率)　　(間口狭小補正率)
　　　　0.79 × 0.90 ＝ 0.71

不整形地補正率表の補正率　0.79　普通住宅地区　地積区分Ａ　かげ地割合50％※

※ $\left(\underset{50\%}{(かげ地割合)} = \dfrac{\underset{800㎡}{(想定整形地の地積)} - \underset{400㎡}{(評価対象地の地積)}}{\underset{800㎡}{(想定整形地の地積)}} \right)$

間口狭小奥行長大補正率

0.90 × 0.90 = 0.81 ＞ 0.71……不整形地補正率の方が低い

ⓑ 間口狭小補正率 0.90 （間口距離2m）

奥行長大補正率 0.90 （間口距離2m、奥行距離40m）

2 無道路地としてのしんしゃく

100,000円 × 40㎡ = 4,000,000円 ＜ 23,288,000円 × 0.4 $\overset{(40\%)}{}$ = 9,315,200円

3 評価額

(不整形地としての評価額) 23,288,000円 − (無道路地としてのしんしゃく) 4,000,000円 = 19,288,000円

（2）接道義務を果たしていない宅地

　道路に接していてもその接する間口距離が接道義務を満たしていない宅地については、建物の建築に著しい制限を受けるなどの点で、無道路地と同様にその利用価値が低くなることから、無道路地と同様に評価します。

　この場合の**無道路地としての控除額**は接道義務に基づいて最小限度の通路に拡幅する場合の、その拡幅する部分に相当する価額（正面路線価に通路拡幅部分の地積を乗じた価額）とされています。

　接道義務を果たしていない宅地は、通路部分を拡幅しなければ、建物の建築に対して著しい制限のあることから、無道路地に準じた評価を行います。

　なお、無道路地として評価する際に控除する通路に相当する部分の価額は、通路拡幅のための費用相当額（正面路線価に通路拡幅地積を乗じた価額）とします。

設例　接道義務を果していない宅地の評価

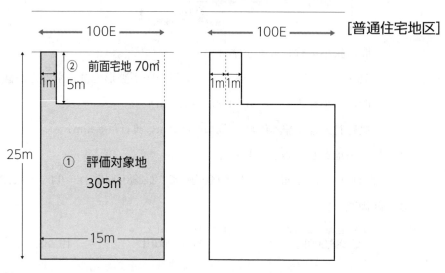

[普通住宅地区]

(計算例)

1　評価対象地（①）の奥行価格補正後の価額

(1) 評価対象地（①）と前面宅地（②）を合わせた土地の奥行価格補正後の価額

$$\underset{(路線価)}{100,000円} \times \underset{(奥行距離25\mathrm{m}の場合の奥行価格補正率)}{0.97} \times \underset{(①+②の地積)}{375\mathrm{m}^2} = 36,375,000円$$

(2) 前面宅地（②）の奥行価格補正後の価額

$$\underset{(路線価)}{100,000円} \times \underset{(奥行価格補正率※)}{1.00} \times \underset{(前面宅地(②)の地積)}{70\mathrm{m}^2} = 7,000,000円$$

> ※【チェックポイント】
> 　奥行距離が5mの場合の奥行価格補正率は「0.92」ですが、「0.92」とすると前記(1)の評価対象地（①）と前面宅地（②）を合わせた整形地の奥行価格補正後の単価より、道路に接する部分が欠落している不整形地の奥行価格補正後の単価が高くなり不合理ですので、このように前面宅地の奥行距離が短いため奥行価格補正率が1.00未満となる場合においては、当該奥行価格補正率は1.00とします。
> 　ただし、前記(1)の評価対象地（①）と前面宅地（②）を合わせて評価する場合において奥行距離が短いため奥行価格補正率が1.00未満の数値となる場合には、前面宅地の奥行価格補正率もその数値とします。

(3)　(1)の価額から(2)の価額を控除して求めた評価対象地（①）の奥行価格補正後の価額

$$\underset{(①+②の価額)}{36,375,000円} - \underset{(②の価額)}{7,000,000円} = \underset{(①の奥行価格補正後の価額)}{29,375,000円} \;(\mathrm{A})$$

2　不整形地補正（又は間口狭小・奥行長大補正）後の価額

$$\underset{\text{(奥行価格補正後の価額)}}{29,375,000\text{円}_{(A)}} \times \underset{\text{(間口狭小・奥行長大補正率)}}{0.81} = 23,793,750\text{円}_{(B)}$$

・不整形地補正率

$$\underset{\text{(不整形地補正率表の補正率)}}{0.96} \times \underset{\text{(間口狭小補正率)}}{0.90} = \underline{0.86}\text{（小数点第２位未満切り捨て）}$$

不整形地補正率表の補正率0.96（普通住宅地区　地積区分Ａ　かげ地割合18.67％）

$$\left\{ \text{かげ地割合} = \frac{\underset{\text{(想定整形地の地積)}}{375\text{㎡}} - \underset{\text{(評価対象地の地積)}}{305\text{㎡}}}{\underset{\text{(想定整形地の地積)}}{375\text{㎡}}} ≒ 18.67\% \right\}$$

・間口狭小奥行長大補正率

$$\underset{\text{(間口狭小補正率)}}{0.90} \times \underset{\text{(奥行長大補正率)}}{0.90} = \underline{0.81} \leftarrow \text{低い方の率採用}$$

間口狭小補正率0.90（通路拡幅後の間口距離２mに対するもの）

奥行長大補正率0.90（通路拡幅後の間口距離２m・奥行距離25mに対するもの）

3　通路拡幅部分の価額

$$\underset{\text{(路線価)}}{100,000\text{円}} \times \underset{\text{(通路部分の地積)}}{5\text{㎡}} = \underline{500,000\text{円}_{(C)}} < 23,793,750\text{円}_{(B)} \times 0.4 = \underset{\text{(限度額)}}{9,517,500\text{円}}$$

4　評価額

$$\underset{\text{(奥行長大等補正後の①の価額)}}{23,793,750\text{円}_{(B)}} - \underset{\text{(通路拡幅部分の価額)}}{500,000\text{円}_{(C)}} = \underset{\text{(評価対象地①の評価額)}}{23,293,750\text{円}}$$

9 ｜ がけ地

(1) 評価方法

　がけ地等を有する宅地とは、平たん部分とがけ地部分等が一体となっている宅地であり、例えば、ヒナ段式に造成された住宅団地に見られるような、擁壁部分（人工擁壁と自然擁壁とを問いません。）を有する宅地です。

　このような宅地のがけ部分等は、採光、通風等による平たん宅地部分への効用増に寄与すると認められるものの通常の用途に供することができないため、全体を通常の用途に供することができる宅地に比し減価があると認められますので、**がけ地補正率表**によるがけ地補正を行うものです。

　評価方法は、その宅地のうちに存するがけ地等が<u>がけ地等でない</u>とした場合の価額に、その宅地の総地積に対するがけ地部分等通常の用途に供することができないと認められる<u>部分の地積の割合</u>に応じて次の**がけ地補正率表**に定める補正率を乗じて計算した価額によって評価します。

(算式)

> 評価額 ＝ がけ地等がないとした場合の評価額 × がけ地補正率 × 地積

○ がけ地補正率表

がけ地地積／総地積 がけ地の方位	南	東	西	北
0.10以上	0.96	0.95	0.94	0.93
0.20 〃	0.92	0.91	0.90	0.88
0.30 〃	0.88	0.87	0.86	0.83
0.40 〃	0.85	0.84	0.82	0.78
0.50 〃	0.82	0.81	0.78	0.73
0.60 〃	0.79	0.77	0.74	0.68
0.70 〃	0.76	0.74	0.70	0.63
0.80 〃	0.73	0.70	0.66	0.58
0.90 〃	0.70	0.65	0.60	0.53

(2) 方位の判定

方位については、次により判定します。

① がけ地の方位は、斜面の向きによります。

② 二方位以上のがけ地がある場合は、次の算式により計算した割合をがけ地補正率とします。

$$\frac{\left(\begin{array}{c}\text{総地積に対するがけ}\\ \text{地部分の全地積の割}\\ \text{合に応ずるA方位の}\\ \text{がけ地補正率}\end{array}\right) \times \begin{array}{c}\text{A方位の}\\ \text{がけ地の}\\ \text{地積}\end{array} + \left(\begin{array}{c}\text{総地積に対するがけ}\\ \text{地部分の全地積の割}\\ \text{合に応ずるB方位の}\\ \text{がけ地補正率}\end{array}\right) \times \begin{array}{c}\text{B方位の}\\ \text{がけ地の}\\ \text{地積}\end{array} + \cdots\cdots}{\text{がけ地部分の全地積}}$$

③ この表に定められた方位に該当しない「東南斜面」などについては、がけ地の方位の東と南に応ずるがけ地補正率を平均して求めることとして差し支えありません。

設例　がけ地補正率適用の土地の評価

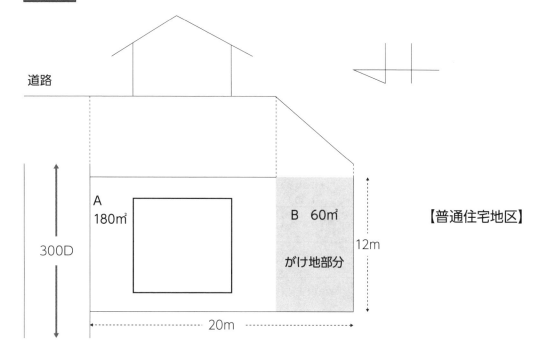

【普通住宅地区】

(計算例)

1　がけ地等がないとした場合の評価額

　　(正面路線価)　　(奥行価格補正率)
　　300,000円　×　　1.00　　＝　300,000円

2　がけ地補正後の評価額

　　(1の金額)　　(がけ地補正率)
　　300,000円　×　　0.92　　＝　276,000円

　　{ がけ地の割合　60㎡ ÷ (180㎡ + 60㎡) ＝ 0.25
　　{ がけ地補正率　南　0.92

3　評価額

　　(2の価額)　　(地積)
　　276,000円　×　240㎡　＝　66,240,000円

148　第2章　宅地及び宅地に比準して評価する土地の評価

（記載例）

土地及び土地の上に存する権利の評価明細書（第1表）

局(所)	署
30 年分	ページ

（平成三十年分以降用）

(住居表示)	(　　　　　)	所有者	住　所 (所在地)		使用者	住　所 (所在地)	
所在地番			氏　名 (法人名)			氏　名 (法人名)	

地　目	地　積	路　　線　　価				地形図及び参考事項
㊡宅地　原野 田　　雑種地 畑 山林　[　]	240 ㎡	正　面 300,000 円	側　方 円	側　方 円	裏　面 円	

間口距離	12 m	利用区分	㊡自用地　貸家建付借地権 貸宅地　転貸借地権 貸家建付地　転借権 借地権　借家人の有する権利	地区区分	ビル街地区　普通住宅地区 高度商業地区　中小工場地区 繁華街地区　大工場地区 普通商業・併用住宅地区	
奥行距離	20 m		私　　道			

図：道路に面するA 180㎡、B 60㎡、がけ地部分を含む土地の地形図（300D、20m×12m、[普通住宅地区]）

			(1㎡当たりの価額) 円	
自用地1平方メートル当たりの価額	1　一路線に面する宅地 　　(正面路線価)　　　　　　(奥行価格補正率) 　　300,000 円 × 　　1.00		300,000	A
	2　二路線に面する宅地 　　(A)　　　[側方 裏面路線価]　(奥行価格 補正率) [側方 二方] 路線影響加算率 　　　　　円 + (　　　　　円 × .　　× 0.　)		(1㎡当たりの価額) 円	B
	3　三路線に面する宅地 　　(B)　　　[側方 裏面路線価]　(奥行価格 補正率) [側方 二方] 路線影響加算率 　　　　　円 + (　　　　　円 × .　　× 0.　)		(1㎡当たりの価額) 円	C
	4　四路線に面する宅地 　　(C)　　　[側方 裏面路線価]　(奥行価格 補正率) [側方 二方] 路線影響加算率 　　　　　円 + (　　　　　円 × .　　× 0.　)		(1㎡当たりの価額) 円	D
	5-1　間口が狭小な宅地等 　(AからDまでのうち該当するもの)　(間口狭小 補正率) (奥行長大 補正率) 　　　　　円 × (　.　　× .　)		(1㎡当たりの価額) 円	E
	5-2　不整形地 　(AからDまでのうち該当するもの)　不整形地補正率※ 　　　　　円 × 0. ※不整形地補正率の計算 (想定整形地の間口距離)　(想定整形地の奥行距離)　(想定整形地の地積) 　　　　m ×　　　　m =　　　　㎡ (想定整形地の地積)　(不整形地の地積)　(想定整形地の地積)　(かげ地割合) (　　　㎡ －　　　　㎡) ÷　　　　㎡ =　　　　% (不整形地補正率表の補正率)　(間口狭小補正率)　(小数点以下2 位未満切捨て) 　　0.　　　　× 0.　　=　0.　　①　不整形地補正率 (奥行長大補正率)　(間口狭小補正率)　　　　　　　　　[①、②のいずれか低い 率、0.6を限度とする。] 　　0.　　× 0.　　=　0.　　②		(1㎡当たりの価額) 円	F
	6　地積規模の大きな宅地 　(AからFまでのうち該当するもの)　規模格差補正率※ 　　　　　円 × 0. ※規模格差補正率の計算 (地積Ⓐ)　　　(Ⓑ)　　　(Ⓒ)　　　(地積Ⓐ)　(小数点以下2 位未満切捨て) {(　　㎡×　　+　　) ÷　　㎡} × 0.8 = 0.		(1㎡当たりの価額) 円	G
	7　無　道　路　地 　(F又はGのうち該当するもの)　　(※) 　　　　　円 × (1 - 0.　) ※割合の計算 (0.4を限度とする。) (正面路線価)　(通路部分の地積)　(F又はGのうち 該当するもの)　(評価対象地の地積) (　　　円×　　　㎡) ÷ (　　　円×　　　㎡) = 0.		(1㎡当たりの価額) 円	H
	8　がけ地等を有する宅地　　〔南、東、西、北〕 　(AからHまでのうち該当するもの)　(がけ地補正率) 　　300,000 円 × 　　0.92		(1㎡当たりの価額) 円 276,000	I
	9　容積率の異なる2以上の地域にわたる宅地 　(AからIまでのうち該当するもの)　(控除割合 (小数点以下3位未満四捨五入)) 　　　　　円 × (1 - 0.　)		(1㎡当たりの価額) 円	J
	10　私　　　　　道 　(AからJまでのうち該当するもの) 　　　　　円 × 　　0.3		(1㎡当たりの価額) 円	K

自用地の評価額	自用地1平方メートル当たりの価額 (AからKまでのうちの該当記号) (I) 276,000 円	地　積 240 ㎡	総　　額 (自用地1㎡当たりの価額) × (地　積) 66,240,000 円	L

(注)　1　5-1の「間口が狭小な宅地等」と5-2の「不整形地」は重複して適用できません。
　　　2　5-2の「不整形地」の「AからDまでのうち該当するもの」欄の価額について、AからDまでの欄で計算できない場合には、（第2表）の「備考」欄等で計算してください。

(資4-25-1-A4統一)

(3) がけ地補正率の計算例

設例1 がけ地補正率の計算（1）

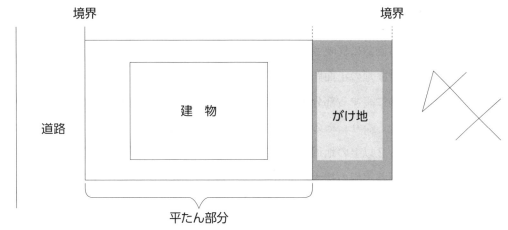

（総地積400㎡、がけ地の全地積100㎡、がけ地割合0.25）

南東　補正率　（0.92＋0.91）　÷　2　＝　0.91（小数点第2位未満切り捨て）

設例2 がけ地補正率の計算（2）（二方位以上のがけ地）

総地積	400㎡
がけ地の全地積	200㎡
がけ地割合	0.50

がけ地補正率

（0.82×100㎡＋0.78×100㎡）　÷　（100㎡＋100㎡）　＝　0.80

10 | 容積率の異なる２以上の地域にわたる宅地の評価

(1) 評価方法

　路線価は、その路線に接する標準的な価額ですから、その路線に接する部分の「容積率」は原則としてその価額に反映されています。

　しかし、評価対象地の正面路線価に接する部分と容積率が異なっている場合で、その容積率が正面路線価に接する部分より低い場合、評価対象地の容積率は、正面路線を基準とする容積率より低くなり、その分土地の利用効率が低下します。

　容積率の異なる２以上の地域にわたる宅地の評価は、この場合の**減額調整**です。

　このため、正面路線価の接する部分と異なる容積率がない場合や異なる容積率の方が大きい場合には適用がありません。

　また、二方路線に接する設例（後述「(3) 裏面路線を正面路線として評価する場合」）のように、正面路線の路線価に奥行価格補正率を乗じて求めた価額について容積率の格差による減額調整を行った価額が、正面路線以外の各路線の路線価に奥行価格補正率を乗じて求めた価額のいずれかを下回る場合には、正面路線価を変更してこの規定を適用せず評価することになります（評基通20-6）。

　この場合、正面路線価が変更されることで地区区分が変わることがありますのでご注意ください。

(算式)

$$評価額 = 路線価 \times 奥行価格補正率 \times \begin{pmatrix} 不整形地補正率、 \\ 規模格差補正率 \\ などの各種補正 \end{pmatrix} \times (1 - 割合^{(※)})$$

※　上記算式の割合（減額調整）は次によります。

$$\left(1 - \frac{容積率の異なる部分の各部分に適用される容積率にその各部分の地積を乗じて計算した数値の合計}{正面路線に接する部分の容積率 \times 宅地の総地積} \right) \times 容積率が価額に及ぼす影響度$$

○　容積率が価額に及ぼす影響度

地区区分	影響度
高度商業地区 繁華街地区	0.8
普通商業・ 併用住宅地区	0.5
普通住宅地区	0.1

（注）計算した割合は、小数点以下第３位未満を四捨五入して求めます。

設例　容積率の異なる２以上の地域にわたる宅地の評価

（計算例）

　この計算例は「地積規模の大きな宅地の評価」と重複適用するもので、それぞれ使用する「容積率」の違いを理解していただくためのものです。

所在地：三大都市圏内、指定容積率が400％未満であれば地積規模の大きな宅地の評価の適用要件をみたす。

地積：1,200㎡

地区区分：普通商業・併用住宅地区

前面道路の幅員：6ｍ

前面道路が12ｍ未満である場合の前面道路の幅員の数値に乗じる数値
　・第二種中高層住居専用地域　4/10
　・商業地域　6/10

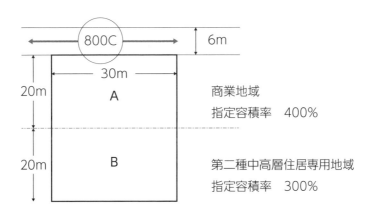

○　指定容積率

$$\frac{400\% \times 600㎡\,(A) + 300\% \times 600㎡\,(B)}{1,200㎡\,(全体)} = 350\% \cdots\cdots 400\%未満$$

○　容積率

　　Aの部分　6　×　(6/10)　=　360％（基準）　<　400％（指定）　容積率 360％…低い率

　　Bの部分　6　×　(4/10)　=　240％　<　300％　容積率 240％…低い率

（調整率の計算）

$$\left\{1 - \frac{360\%\,(Aの部分の容積率) \times 600㎡\,(Aの部分の地積) + 240\%\,(Bの部分の容積率) \times 600㎡\,(Bの部分の地積)}{360\%\,(Aの部分の容積率) \times 1,200㎡\,(地積)}\right\} \times 0.5\,(影響度) = 0.083\,(調整率)$$

(計算例)

1 奥行価格補正後の価額

$$800{,}000円 \underset{(正面路線)}{} \times \underset{(奥行価格補正率)}{0.93} = 744{,}000円$$

2 地積規模の大きな宅地の評価適用後の価額

$$744{,}000円 \underset{(奥行価格補正後の価額)}{} \times \underset{(規模格差補正率)※}{0.77} = 572{,}880円$$

※規模格差補正率

$$\left(\frac{\underset{(地積Ⓐ)}{1{,}200㎡} \times \underset{(Ⓑ)}{0.9} + \underset{(Ⓒ)}{75}}{\underset{(地積Ⓐ)}{1{,}200㎡}} \times 0.8 = 0.77 \right)$$

3 容積率の異なる2以上の地域にわたる宅地の評価適用後の価額

$$572{,}880円 \times (1 - \underset{(調整率)}{0.083}) = 525{,}330円$$

4 評価額

$$525{,}330円 \times \underset{(地積)}{1{,}200㎡} = 630{,}396{,}000円$$

第1節 路線価方式による評価 153

（記載例）

土地及び土地の上に存する権利の評価明細書（第1表）

項目	内容
（住居表示） 所在地番	
所有者 住所（所在地）／氏名（法人名）	
使用者 住所（所在地）／氏名（法人名）	
局（所）署	30 年分 ページ （平成三十年分以降用）

地目	地積	路線価				地形図及び参考事項
○宅地／田／畑／山林／原野／雑種地 [ ]	1,200 ㎡	正面 800,000 円	側方 円	側方 円	裏面 円	800C 6m／30m A 20m／B 20m

間口距離	30 m	利用区分	○自用地／貸宅地／貸家建付地／借地権／私道／貸家建付借地権／転貸借地権／転借権／借家人の有する権利（ ）	地区区分	ビル街地区／高度商業地区／繁華街地区／○普通商業・併用住宅地区／普通住宅地区／中小工場地区／大工場地区
奥行距離	40 m				

自用地1平方メートル当たりの価額

		（1㎡当たりの価額）	
1	一路線に面する宅地 （正面路線価） （奥行価格補正率） 800,000 円 × 0.93	744,000 円	A
2	二路線に面する宅地 (A) ［側方 裏面］路線価 （奥行価格補正率） ［側方 二方］路線影響加算率 円 + (円 × . × 0.)	円	B
3	三路線に面する宅地 (B) ［側方 裏面］路線価 （奥行価格補正率） ［側方 二方］路線影響加算率 円 + (円 × . × 0.)	円	C
4	四路線に面する宅地 (C) ［側方 裏面］路線価 （奥行価格補正率） ［側方 二方］路線影響加算率 円 + (円 × . × 0.)	円	D
5-1	間口が狭小な宅地等 （AからDまでのうち該当するもの） （間口狭小補正率）×（奥行長大補正率） 円 × (. × .)	円	E
5-2	不整形地 （AからDまでのうち該当するもの） 不整形地補正率※ 円 × 0. ※不整形地補正率の計算 （想定整形地の間口距離）（想定整形地の奥行距離）（想定整形地の地積） m × m = ㎡ （想定整形地の地積）（不整形地の地積）（想定整形地の地積）（かげ地割合） (㎡ − ㎡) ÷ ㎡ = % （不整形地補正率表の補正率）（間口狭小補正率） （小数点以下2位未満切捨て） 0. × . = 0. ① ［不整形地補正率 ①、②のいずれか低い率、0.6を限度とする。］ （奥行長大補正率） （間口狭小補正率） . × . = ②	円	F
6	地積規模の大きな宅地 （AからFまでのうち該当するもの） 規模格差補正率※ 744,000 円 × 0.77 ※規模格差補正率の計算 （地積Ⓐ）） Ⓑ Ⓒ （地積Ⓐ）） （小数点以下2位未満切捨て） {(1,200 ㎡ × 0.90 + 75) ÷ 1,200 ㎡ } × 0.8 = 0.77	572,880 円	G
7	無道路地 （F又はGのうち該当するもの） （※） 円 × (1 − 0.) ※割合の計算（0.4を限度とする。） （正面路線価）（通路部分の地積）（F又はGのうち該当するもの）（評価対象地の地積） (円 × ㎡) ÷ (円 × ㎡) = 0.	円	H
8	がけ地等を有する宅地 （AからHまでのうち該当するもの） ［南、東、西、北］（がけ地補正率） 円 × 0.	円	I
9	容積率の異なる2以上の地域にわたる宅地 （AからIまでのうち該当するもの） （控除割合（小数点以下3位未満四捨五入）） 572,880 円 × (1 − 0.083)	525,330 円	J
10	私道 （AからJまでのうち該当するもの） 円 × 0.3	円	K

自用地の評価額	自用地1平方メートル当たりの価額 （AからKまでのうちの該当記号） (G) 525,330 円	地積 1,200 ㎡	総額 （自用地1㎡当たりの価額）×（地積） 630,396,000 円	L

(注) 1 5-1の「間口が狭小な宅地等」と5-2の「不整形地」は重複して適用できません。
    2 5-2の「不整形地」の「AからDまでのうち該当するもの」欄の価額について、AからDまでの欄で計算できない場合には、（第2表）の「備考」欄等で計算してください。

（資4-25-1-A4統一）

💡 keyword「指定容積率と基準容積率」

容積率には、都市計画にあわせて指定されるもの（指定容積率）と前面道路の幅員による容積率（基準容積率）とがあり、評価の際実際に適用する容積率はどちらか低い方とされています。

「地積規模の大きな宅地の評価」（評基通20-2）で使用する容積率は、「指定容積率」で、これは都市計画図に記載されているそのままの容積率ですが、「容積率の異なる２以上の地域にわたる宅地の評価」（評基通22、23）、「都市計画道路予定地の区域内にある宅地の評価」（評基通24-7）で使う容積率は上記のうち低い方の容積率です。

なお、この容積率については、建築基準法において様々な特例がありますが、「この取扱いは減額調整方法としての統一基準を定めたものであることから、減額割合の計算上は、容積率の制限を緩和する特例を定めた建築基準法に規定する基準容積率（１特定道路との関係による容積率の制限の緩和、２都市計画道路がある場合の特例、３壁面線の指定がある場合の特例、４一定の条件を備えた建築物の場合の特例）は関係ありません。」（国税庁質疑応答事例）とされていますので、「前面道路の幅員」と「前面道路が12m未満である場合の前面道路の幅員の数値に乗じる数値」を確認することでこの評価に使用する容積率が計算できることになります。

(2) 容積率の異なる２以上の地域にわたる宅地の評価の適用の可否

設例 正面路線価に接する部分の容積率が２以上あるが、その正面に接する容積率と異なる容積率の部分がない場合（適用なし）

１画地の宅地の正面路線に接する部分の容積率が２以上であるが、その正面路線に接する部分の容積率と異なる容積率の部分がない場合には、評価基本通達20-5による容積率の格差による減額調整を行いません。

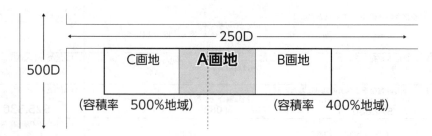

設例 容積率の異なる２以上の地域にわたる宅地（適用あり）

その宅地の正面路線に接する部分の容積率が２以上である場合で、その正面路線に接する部分の容積率と異なる容積率の部分がある場合には、異なる容積率の部分との違いによる減額調整を行います。

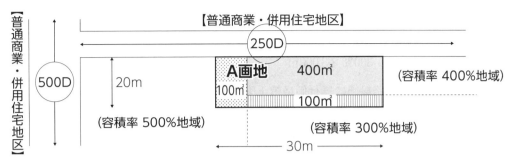

(注) この場合の調整計算に当たっては、容積率500％地域は容積率400％地域と一体であるものとして取扱い、容積率400％地域と容積率300％地域との格差の調整計算とします。

1　容積率の格差に基づく減額率

$$\left(1 - \frac{400\% \times 500㎡ + 300\% \times 100㎡}{400\% \times 600㎡}\right) \times 0.5 = 0.021（小数点3位未満は四捨五入）$$

2　減額調整後の価額

$$\underset{\text{(正面路線価)}}{250,000円} \times \underset{\text{(奥行価格補正率)}}{1.00} - \left(\underset{\text{(正面路線価)}}{250,000円} \times \underset{\text{(奥行価格補正率)}}{1.00} \times \underset{\text{(減額率)}}{0.021}\right) = 244,750円$$

(3) 裏路線価を正面路線価として評価する場合

1画地の宅地が2以上の路線に面する場合において、正面路線の路線価に奥行価格補正率を乗じて求めた価額について容積率の格差による減額調整を行った価額が、正面路線以外の各路線の路線価に奥行価格補正率を乗じて求めた価額のいずれかを下回る場合には、容積率の格差による減額調整を適用せず、正面路線以外の路線の路線価について、それぞれ奥行価格補正率を乗じて計算した価額のうち最も高い価額となる路線を当該画地の正面路線とみなして、評価を行います（評基通20-6注3）。

例えば、次の設例のような場合です。

設例　正面路線の判定

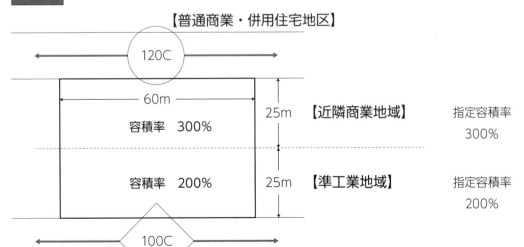

減額率

$$\left\{1 - \frac{300\% \times 1,500㎡ + 200\% \times 1,500㎡}{300\% \times 3,000㎡}\right\} \times 0.5 = 0.083（小数点3位未満は四捨五入）$$

1 正面路線の路線価に<u>奥行価格補正率</u>を乗じて求めた価額に容積率の格差による**減額調整**を行った価額

120,000円 × 0.89 －（120,000円×0.89×0.083）＝ 97,936円

2 裏面路線の路線価に<u>奥行価格補正率</u>を乗じて求めた価額

100,000円 × 1.00 ＝ 100,000円

3 正面路線の判定

1＜2となるので、容積率の格差による減額調整の適用はなく、<u>裏面路線を正面路線とみなして</u>、当該画地の評価額を求めます。

つまり、1㎡当たりの単価は、

$\begin{cases} 100,000 \times 1.00 = 100,000円 & ……① \\ 120,000 \times 1.00 \times 0.02（二方路線影響加算、中小工場地区）= 2,400円 \\ & ……② \end{cases}$

①＋②＝ 102,400円／㎡となります

なお、この場合、宅地の価額は最も高い効用を有する路線から影響を強く受けることから、正面路線とみなされた路線（裏面路線）の路線価の地区区分（中小工場地区）に応じた補正率を適用されるため、<u>「地積規模の大きな宅地の評価」の適用はありません</u>。

このように扱われるのは、「容積率」という宅地の価格形成の一要因による減額措置により求めた価額と土地の価額に影響を与える道路幅員、容積率等の種々価格形成要因を考慮して決定されている裏面路線の路線価により求めた価額を比較した場合に、容積率のみに着目して減額措置した価額が、裏面路線価により求めた価額を下回る状況になる場合にまで、この減額調整措置を適用することは不適切であるという理由によります。

第2節 倍率方式による評価

 倍率方式とは、その宅地の固定資産税評価額に、財産評価基準書の評価倍率表の宅地欄の倍率を乗じて計算した価額によって評価する方法です。

（算式）

$$\text{評価額} = \text{固定資産税評価額} \times \text{評価倍率}$$

 評価倍率は、財産評価基準書の評価倍率表により確認します。
 確認に当たっては、「1章4節の4　評価倍率表とその見方」を参考にしてください。
 なお、この評価倍率は、国税局長が、地価事情の類似する地域ごとに、その地域にある宅地の売買実例価額、公示価格、不動産鑑定士等による鑑定評価額、精通者意見価格等を基として定められています（評基通21-2）。

Q2-16　実際の面積と固定資産税課税台帳の面積と異なる場合

問　次のとおり、実際の面積が固定資産税の課税台帳の面積が異なっている場合、どのように評価すればよいでしょうか。
・固定資産税評価額　　　5,000,000円
・評価倍率　　　　　　　1.1
・土地課税台帳上の地積　250㎡
・実際の地積面積　　　　300㎡

答　次のとおり評価します。

$$\underset{\text{(固定資産税評価額)}}{5,000,000\text{円}} \times \underset{\text{(実際の地積に応ずる補正)}}{\frac{300\text{㎡}}{250\text{㎡}}} \times \underset{\text{(評価倍率)}}{1.1} = 6,600,000\text{円}$$

 ところで、倍率方式で評価する場合であっても、地積規模の大きな宅地に該当する場合があります。
 その場合の算式は次のとおりとなります（評基通21-2ただし書）。

(算式)

> ① 固定資産税評価額 × 評価倍率
> ② 標準単価(注1) × 画地調整(注2) × 規模格差補正率 × 地積
> ③ 評価額①又は②のいずれか低い方の価額

(注) 1 評価対象となる宅地の近傍の固定資産税評価にかかる標準宅地の1㎡当たりの価額（この算式では「標準単価」とします。）。
2 普通住宅地区に所在するものとして、奥行価格補正から不整形地補正までの画地調整を行います。

Q2-17 倍率地域における地積規模の大きな宅地の評価

問 倍率地域にある次図の宅地について、地積規模の大きな宅地の評価の適用がある場合、どのように評価しますか。

- 地積　2,000㎡
- 固定資産税評価額　42,000,000円
- 標準単価　30,000円
- 評価倍率　1.1倍
- 三大都市圏に所在し、地積規模の大きな宅地の要件を満たしています。

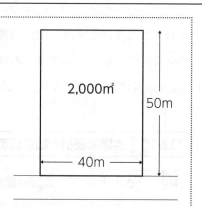

(計算例)

1　固定資産税評価額に評価倍率を乗じて計算した価額

　　(固定資産税評価額)　　(評価倍率)
　　42,000,000円　×　　1.1　＝　46,200,000円

2　標準単価を基に画地補正した価額

　　(標準単価)　(倍率)　(奥行価格補正率)　(規模格差補正率)　(地積)
　　30,000円 × 1.1 × 0.89(注1) × 0.75(注2) × 2,000㎡ ＝ 44,055,000円

(注) 1 「普通住宅地区」の奥行50mに対応した補正率です。
　　 2 {(2,000㎡×0.9＋75)÷2,000㎡}×0.8＝0.75（P131参照）

3　評価額

1の価額より2の価額が低いことから2の価額を評価額とします。

44,055,000円

第3節 市街地農地等の評価

1 | 評価方法等

市街地農地等(「市街地農地、市街地周辺農地、生産緑地、市街地山林、市街地原野及びこれに準じて評価する土地」をいいます。)は、農地、山林等としての価額よりむしろ、宅地の価額に類似して取引がされることから、付近にある宅地の価額を基として、その宅地と評価対象の市街地農地等の位置、形状等の条件の差を考慮して、その農地等が宅地であるとした場合の価額を求め、その農地等を宅地に転用する場合通常必要と認められる造成費を相当する金額を控除して評価します。

この評価方法を**宅地比準方式**といい、評価方法は次の②のとおりです。

なお、宅地比準方式に代えて倍率が定められているときは、当該市街地農地等の固定資産税評価額に倍率を乗じた価額で評価します(評基通40、49、57 (2))。

(算式)

① 倍率が定めのある地域

(評価倍率表に評価倍率が記載されています。)

　　　固定資産税評価額 × 倍率

② それ以外の地域

(評価倍率表に「比準」又は「周比準」と表記されています。)

$$\left\{\begin{array}{l}\text{宅地であるとした場合}\\\text{の1㎡当たりの価額}\end{array} - \begin{array}{l}\text{1㎡当たりの}\\\text{造成費}\end{array}\right\} \times 地積$$

(注) 宅地であるとした場合の1㎡当たりの価格は次によります。

・倍率地域…近傍宅地の固定資産税評価額(単価)を基に計算します。

・路線価地域…路線価方式により計算します。

宅地に比準して評価する土地は、次のとおりですが、**市街地周辺農地**の場合は、上記②で計算した価額に**0.8**を乗じた価額が評価額となります。

・市街地農地　　　　市街化区域内にある農地及び転用許可済農地
・生産緑地　　　　　市街化区域内にある農地のうち生産緑地に指定された農地
・市街地周辺農地　　第3種農地[注]

- 市街地山林　　　市街化区域内にある山林
- 市街地原野　　　市街化区域内にある原野
- 市街地池沼　　　市街化区域内にある池沼

(注) 第3種農地は、農地転用許可基準による分類で、転用許可が最も緩やかな分類に属する農地のことをいいます。

Q2-18　宅地比準する市街地農地等に該当するか否かの確認方法

問　宅地比準する市街地農地等かどうかはどのように確認するのですか。

答　財産評価基準書の評価倍率表の評価対象土地の所在する「適用地域名」欄に対応する「固定資産税評価額に乗ずる倍率」の該当地目欄に、**「比準」**、**「周比準」**と記載されている地目が対象となります。

　この場合、同適用地域の「固定資産税評価額に乗ずる倍率」の「宅地」欄に「路線」と記載されているものは、路線価図で路線価を確認します。

　ただし、宅地比準方式で評価する市街地農地のうち、転用許可を受けている農地（現況の地目）は評価基準書に記載されていませんので、転用許可申請に係る「受理通知書」（納税者が管理）又は農業委員会の「農地台帳」で確認します。

Q2-19　市街地周辺農地の評価

問　市街地周辺農地であるかどうかはどのように確認したらよいでしょうか。また、その評価方法はどのようにしますか。

答　財産評価基準書の評価倍率表の評価対象土地の所在する「適用地域名」欄に対応する「固定資産税評価額に乗ずる倍率」の該当地目欄に、**「周比準」**と記載されている地目が対象となります。

　なお、市街地周辺農地は宅地比準方式で評価した価額の**80％**の価額で評価します（評基通39）。

Q2-20　宅地転用が見込めない市街地山林や市街地農地の評価

問　市街化区域内にある山林ですが、宅地転用は見込めません。このような場合でも宅地比準方式で評価しますか。

答　その山林を宅地比準方式によって評価した場合の価額が近隣の純山林の価額に比準して評価した価額を下回る場合、又はその山林が急傾斜地等であるために宅

地造成ができないと認められる場合は、その山林の価額は、近隣の純山林の価額に比準して評価します（評基通49なお書き）。

また、宅地比準方式により評価する市街地農地、市街地周辺農地及び市街地原野等についても、市街地山林と同様、経済合理性の観点から宅地への転用が見込めない場合には、宅地への転用が見込めない市街地山林の評価方法に準じて、その価額は、純農地又は純原野の価額により評価することになります。

Q2-21　路線価地域にある市街地農地の宅地比準による評価

問　市街化区域内にある次の農地をどのように評価しますか。

所在地　三大都市圏内

- 地目　田
- 地積　1,500㎡
- 指定容積率　200％
- 普通住宅地区
- 道路との高低差は、1ｍ

土止め用の擁壁は、接道部分を除く3面必要です（擁壁面の長さ130ｍ）。

地積規模の大きな宅地の評価の要件を満たしています。

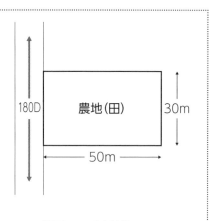

表1　平坦地の造成費

工事項目		造成区分	金額
整地費	整地費	整地を必要とする1平方メートル当たり	700円
	伐採・抜根費	伐採・抜根を必要とする面積1平方メートル当たり	900円
	地盤改良費	地盤改良を必要とする面積1平方メートル当たり	1,700円
土盛費		他から土砂を搬入して土盛りを必要とする場合の土盛り体積1立方メートル当たり	6,200円
土止費		土止めを必要とする場合の擁壁の面積1平方メートル当たり	64,900円

答　宅地であるとした場合の1㎡当たりの価額から宅地とするために必要な1㎡当たりの造成費を差し引いて、その金額に地積を乗じて評価額を求めます。

(計算)

1 奥行価格補正後の価額

$$\underset{(路線価)}{180,000円} \times \underset{(奥行価格補正率)}{0.89} = 160,200円$$

2 宅地であるとした場合の1㎡当たりの価額

$$\underset{(奥行価格補正後の価額)}{160,200円} \times \underset{(規模格差補正率)}{0.76} = 121,752円$$

規模格差補正率

$$\frac{\underset{(地積)}{1,500㎡} \times \underset{Ⓑ}{0.9} + \underset{Ⓒ}{75}}{\underset{(地積)}{1,500㎡}} \times 0.8 = 0.76$$

3 造成費の計算(1㎡当たり)

a 整地費 $\underset{(整地を要する面積)}{1,500㎡} \times \underset{(1㎡当たりの整地費)}{700円} = 1,050,000円$

b 土盛費 $\underset{(土盛りを要する面積)}{1,500㎡} \times \underset{(平均の高さ)}{1.00m} \times \underset{(1㎡当たりの土盛費)}{6,200円} = 9,300,000円$

c 土止費 $\underset{(擁壁面の長さ)}{130m} \times \underset{(平均の高さ)}{1.00m} \times \underset{(1㎡当たりの土止費)}{64,900円} = 8,437,000円$

d 1㎡当たりの造成費 $\underset{(a+b+cの合計額)}{18,787,000円} \div \underset{(地積)}{1,500㎡} = 12,525円$

4 評価額

$$(\underset{(宅地であるとした場合の1㎡当たりの価額)}{121,752円} - \underset{(1㎡当たりの造成費)}{12,525円}) \times \underset{(地積)}{1,500㎡} = 163,840,500円$$

土地等の評価明細書第1表、第2表は次ページのとおりです。

第3節 市街地農地等の評価 163

(記載例)

土地及び土地の上に存する権利の評価明細書（第1表）

（平成三十年分以降用）

局(所)	署
30 年分	ページ

(住居表示)	( )		所有者	住 所(所在地)		使用者	住 所(所在地)	
所在地番				氏 名(法人名)			氏 名(法人名)	

地 目	地 積	路　　線　　価				地形図及び参考事項
宅地　原野 （田）雑種地 畑　山林　［　］	1,500 m²	正面 180,000 円	側方 円	側方 円	裏面 円	

間口距離	30 m	利用区分	（自用地）　貸家建付借地権 貸宅地　　転貸借地権 貸家建付地　転借権 借地権　　借家人の有する権利 私道　　（　　　　）	地区区分	ビル街地区　（普通住宅地区） 高度商業地区　中小工場地区 繁華街地区　大工場地区 普通商業・併用住宅地区
奥行距離	50 m				

			(1m²当たりの価額) 円	
自用地1平方メートル当たりの価額	1　一路線に面する宅地 （正面路線価）　　　　　（奥行価格補正率） 180,000 円 × 0.89		160,200	A ←① (手順)
	2　二路線に面する宅地 （A）　［側方 　　　　裏面路線価］　（奥行価格補正率）　［側方 　　　　　　　　　　　　　　　　　　　　　二方 路線影響加算率］ 円 ＋ （ 円 × . × 0. ）		円	B
	3　三路線に面する宅地 （B）　［側方 　　　　裏面路線価］　（奥行価格補正率）　［側方 　　　　　　　　　　　　　　　　　　　　　二方 路線影響加算率］ 円 ＋ （ 円 × . × 0. ）		円	C
	4　四路線に面する宅地 （C）　［側方 　　　　裏面路線価］　（奥行価格補正率）　［側方 　　　　　　　　　　　　　　　　　　　　　二方 路線影響加算率］ 円 ＋ （ 円 × . × 0. ）		円	D
	5-1　間口が狭小な宅地等 （AからDまでのうち該当するもの）　（間口狭小補正率）　（奥行長大補正率） 円 × （ . × . ）		円	E
	5-2　不　整　形　地 （AからDまでのうち該当するもの）　不整形地補正率※ 円 × 0. ※不整形地補正率の計算 （想定整形地の間口距離）　（想定整形地の奥行距離）　（想定整形地の地積） 　　　m × 　　　m ＝ 　　　m² （想定整形地の地積）　（不整形地の地積）　（想定整形地の地積）　（かげ地割合） （ 　　m² － 　　m² ） ÷ 　　m² ＝ 　　% （不整形地補正率表の補正率）　（間口狭小補正率）　（小数点以下2位未満切捨て）　［不整形地補正率 0. 　　　　　 ×　　　　　 ＝ 0.　　　　①　　①、②のいずれか低い （奥行長大補正率）　（間口狭小補正率）　　　　　　　率、0.6を限度とする。］ 　　　　　 ×　　　　　 ＝ 0.　　　　②		円	F
	6　地積規模の大きな宅地 （AからFまでのうち該当するもの）　規模格差補正率※ 160,200 円 × 0.76 ※規模格差補正率の計算 （地積（Ⓐ））　　（Ⓑ）　（Ⓒ）　（地積（Ⓐ））　（小数点以下2位未満切捨て） {（ 1,500 m² × 0.90 ＋ 75 ） ÷ 1,500 m² } × 0.8 ＝ 0.76		121,752	G ←②
	7　無　道　路　地 （F又はGのうち該当するもの）　　　　　　　　　（※） 円 × （ 1 － 0. ） ※割合の計算（0.4を限度とする。） （正面路線価）　（通路部分の地積）　（F又はGのうち該当するもの）（評価対象地の地積） （ 円 × m² ） ÷ （ 円 × m² ） ＝ 0.		円	H
	8　がけ地等を有する宅地　　［ 南 ，東 ，西 ，北 ］ （AからHまでのうち該当するもの）　（がけ地補正率） 円 × 0.		円	I
	9　容積率の異なる2以上の地域にわたる宅地 （AからIまでのうち該当するもの）　（控除割合（小数点以下3位未満四捨五入）） 円 × （ 1 － 0. ）		円	J
	10　私　　　　　　道 （AからJまでのうち該当するもの） 円 × 0.3		円	K

自用地の評価額	自用地1平方メートル当たりの価額 （AからKまでのうちの該当記号） (G)	地　　積	総　　額 （自用地1m²当たりの価額）×（地　積）	
	121,752 円	1,500 m²	182,628,000 円	L

(注) 1　5-1の「間口が狭小な宅地等」と5-2の「不整形地」は重複して適用できません。
　　2　5-2の「不整形地」の「AからDまでのうち該当するもの」欄の価額について、AからDまでの欄で計算できない場合には、（第2表）の「備考」欄等で計算してください。

(資4-25-1-A4統一)

164　第2章　宅地及び宅地に比準して評価する土地の評価

市街地農地等の評価明細書

(市街地農地)　　市街地山林
市街地周辺農地　　市街地原野

（平成三〇年分以降用）

所在地番		○○県○○市・・・			
現況地目		田	① 地積	1,500	㎡
評価の基とした宅地の1平方メートル当たりの評価額	所在地番				
	② 評価額の計算内容			③（評価額） 121,752	円
評価する農地等が宅地であるとした場合の1平方メートル当たりの評価額	④ 評価上考慮したその農地等の道路からの距離、形状等の条件に基づく評価額の計算内容	（道路との段差　1m（平均） 　三方に擁壁面が必要　50×2＋30＝130m）		⑤（評価額） 121,752	円　←②

宅地造成費の計算	平坦地	整地費	整地費	（整地を要する面積）　　　（1㎡当たりの整地費） 　1,500　㎡ × 　700　円	⑥ 1,050,000	円
			伐採・抜根費	（伐採・抜根を要する面積）　（1㎡当たりの伐採・抜根費） 　　　㎡ × 　　円	⑦	円
			地盤改良費	（地盤改良を要する面積）　（1㎡当たりの地盤改良費） 　　　㎡ × 　　円	⑧	円
		土盛費		（土盛りを要する面積）（平均の高さ）（1㎡当たりの土盛費） 　1,500　㎡ × 1.00 m × 6,200　円	⑨ 9,300,000	円
		土止費		（擁壁面の長さ）　（平均の高さ）（1㎡当たりの土止費） 　130　m × 1.00 m × 64,900　円	⑩ 8,437,000	円
		合計額の計算		⑥＋⑦＋⑧＋⑨＋⑩	⑪ 18,787,000	円
		1㎡当たりの計算		⑪ ÷ ①	⑫ 12,525	円　←③
	傾斜地	傾斜度に係る造成費		（傾斜度）　　度	⑬	円
		伐採・抜根費		（伐採・抜根を要する面積）　（1㎡当たりの伐採・抜根費） 　　　㎡ × 　　円	⑭	円
		1㎡当たりの計算		⑬ ＋ （⑭ ÷ ①）	⑮	円
市街地農地等の評価額				（⑤ － ⑫（又は⑮））×① (注) 市街地周辺農地については、さらに0.8を乗ずる。	163,840,500	円　←④

(注) 1　「②評価額の計算内容」欄には、倍率地域内の市街地農地等については、評価の基とした宅地の固定資産税評価額及び倍率を記載し、路線価地域内の市街地農地等については、その市街地農地等が宅地である場合の画地計算の内容を記載してください。なお、画地計算が複雑な場合には、「土地及び土地の上に存する権利の評価明細書」を使用してください。
　　2　「④評価上考慮したその農地等の道路からの距離、形状等の条件に基づく評価額の計算内容」欄には、倍率地域内の市街地農地等について、「③評価額」欄の金額と「⑤評価額」欄の金額とが異なる場合に記載し、路線価地域内の市街地農地等については記載の必要はありません。
　　3　「傾斜地の宅地造成費」に加算する伐採・抜根費は、「平坦地の宅地造成費」の「伐採・抜根費」の金額を基に算出してください。

(資4-26-A4統一)

Q2-22 倍率地域にある市街地農地の宅地比準による評価

問 次のような倍率地域にある土地はどのように評価すればよいですか。

- 地目　田
- 地区区分　市街地農地
- 地積　1,200㎡
- 近傍宅地の固定資産税評価に係る標準的な宅地とした場合の1㎡当たりの価額　50,000円
- 宅地の評価倍率　1.1倍
- 三大都市圏外に所在し、地積規模の大きな宅地の要件を満たす。
- 造成費　接道との高低差はなく、整地費用（1㎡当たり700円）のみ。

答　普通住宅地区に所在するものとして画地補正を行い（評基通21-1ただし書）、次のとおり評価します。

1　奥行価格補正後の価額

$$50{,}000円 \times \underset{(倍率)}{1.1} \times \underset{(奥行価格補正率)}{0.91^{(※)}} = 50{,}050円$$

※　普通住宅地区の奥行40mの奥行価格補正率

2　宅地とした場合の価額

$$\underset{(奥行価格補正後の価額)}{50{,}050円} \times \underset{(規模格差補正率)}{0.78^{(※)}} \times \underset{(地積)}{1{,}200㎡} = 46{,}846{,}800円$$

※　規模格差補正率

$$\left(\frac{1{,}200㎡ \times 0.9 + 100}{1{,}200㎡} \times 0.8 = 0.78 \right)$$

3　造成費の計算

$$\underset{(整地を必要とする地積)}{1{,}200㎡} \times \underset{(1㎡当たりの整地費)}{700円} = 840{,}000円$$

$$\underset{(造成費の合計)}{840{,}000円} \div \underset{(地積)}{1{,}200㎡} = 700円……1㎡当たりの造成費$$

4　宅地とした場合の1㎡当たりの評価額

$$\underset{(宅地とした場合の価額)}{46{,}846{,}800} \div \underset{(地積)}{1{,}200㎡} = 39{,}039円$$

5　評価額

$$\left(\underset{(宅地とした場合の1㎡当たりの評価額)}{39{,}039円} - \underset{(1㎡当たりの造成費)}{700円} \right) \times \underset{(地積)}{1{,}200㎡} = 46{,}006{,}800円$$

166 第2章 宅地及び宅地に比準して評価する土地の評価

（記載例）

土地及び土地の上に存する権利の評価明細書（第1表）

局(所)	署
30 年分	ページ

（平成三十年分以降用）

（住居表示）	（　　　）		住　所			住　所	
所在地番		所有者	（所在地） 氏　名 （法人名）		使用者	（所在地） 氏　名 （法人名）	

地　目	地　積	路　　　線　　　価				地形図及び参考事項
宅地　原野 (田)　雑種地 畑　[　　] 山林	1,200 ㎡	正面 50,000×1.1＝円 55,000	側方 円	側方 円	裏面 円	1,200㎡ 40m 30m

間口距離	30 m	利用区分	自用地　貸家建付借地権 貸宅地　転貸借地権 貸家建付地　転借権 借地権　借家人の有する権利 私　道（　　　　　）	地区区分	ビル街地区　(普通住宅地区) 高度商業地区　中小工場地区 繁華街地区　大工場地区 普通商業・併用住宅地区
奥行距離	40 m				

（手順）
←①

	1 一路線に面する宅地 　　（正面路線価）　　　　　　　　　　（奥行価格補正率） 　　　55,000 円 ×　　　　　　　0.91	(1㎡当たりの価額) 円 50,050	A
自用地1平方メートル当たりの価額	2 二路線に面する宅地 　　　　(A)　　　　［側方 裏面］路線価　（奥行価格補正率）［側方 二方］路線影響加算率］ 　　　円　＋（　　円　×　．　×　0．　）	(1㎡当たりの価額) 円	B
	3 三路線に面する宅地 　　　　(B)　　　　［側方 裏面］路線価　（奥行価格補正率）［側方 二方］路線影響加算率］ 　　　円　＋（　　円　×　．　×　0．　）	(1㎡当たりの価額) 円	C
	4 四路線に面する宅地 　　　　(C)　　　　［側方 裏面］路線価　（奥行価格補正率）［側方 二方］路線影響加算率］ 　　　円　＋（　　円　×　．　×　0．　）	(1㎡当たりの価額) 円	D
	5-1 間口が狭小な宅地等 　　（AからDまでのうち該当するもの）（間口狭小補正率）（奥行長大補正率） 　　　　円　×（　．　×　．　）	(1㎡当たりの価額) 円	E
	5-2 不　整　形　地 　　（AからDまでのうち該当するもの）　不整形地補正率※ 　　　　円　×　0． ※不整形地補正率の計算 （想定整形地の間口距離）（想定整形地の奥行距離）（想定整形地の地積） 　　　　m ×　　　　m ＝　　　　㎡ （想定整形地の地積）（不整形地の地積）（想定整形地の地積）（かげ地割合） （　　㎡　－　　㎡）÷　　㎡　＝　　％ （不整形地補正率表の補正率）（間口狭小補正率）（小数点以下2位未満切捨て） 　　　　．　　×　　．　　＝　0．　　① （奥行長大補正率）（間口狭小補正率） 　　．　×　．　＝　0．　② 　不整形地補正率 ［①、②のいずれか低い率、0.6を限度とする。］ 0．	(1㎡当たりの価額) 円	F
	6 地積規模の大きな宅地 　　（AからFまでのうち該当するもの）　規模格差補正率※ 　　　50,050　円　×　　0.78 ※規模格差補正率の計算 （地積(Ⓐ)）　　　　　(Ⓑ)　　　(Ⓒ)　　（地積(Ⓐ)）　　（小数点以下2位未満切捨て） ｛(1,200 ㎡× 0.90 ＋ 100) ÷ 1,200 ㎡｝× 0.8 ＝ 0.78	(1㎡当たりの価額) 円 39,039	G	←②
	7 無　道　路　地 　　（F又はGのうち該当するもの）　　　　（※） 　　　　円　×（　1　－　0．　） ※割合の計算（0.4を限度とする。） （正面路線価）（通路部分の地積）（F又はGのうち該当するもの）（評価対象地の地積） （　円×　　㎡）÷（　円×　　㎡）＝ 0．	(1㎡当たりの価額) 円	H
	8 がけ地等を有する宅地　　　〔南、東、西、北〕 　　（AからHまでのうち該当するもの）（がけ地補正率） 　　　　円　×　0．	(1㎡当たりの価額) 円	I
	9 容積率の異なる2以上の地域にわたる宅地 　　（AからIまでのうち該当するもの）　　（控除割合（小数点以下3位未満四捨五入）） 　　　　円　×（　1　－　0．　）	(1㎡当たりの価額) 円	J
	10 私　　　道 　　（AからJまでのうち該当するもの） 　　　　円　×　0.3	(1㎡当たりの価額) 円	K

自用地の評価額	自用地1平方メートル当たりの価額 （AからKまでのうちの該当記号） （　G　） 39,039 円	地　積 1,200 ㎡	総　　額 （自用地1㎡当たりの価額）×（地　積） 46,846,800 円	L

(注) 1 5-1の「間口が狭小な宅地等」と5-2の「不整形地」は重複して適用できません。
　　2 5-2の「不整形地」の「AからDまでのうち該当するもの」欄の価額について、AからDまでの欄で計算できない場合には、（第2表）の「備考」欄等で計算してください。

(資4-25-1-A4統一)

第3節 市街地農地等の評価 167

市街地農地等の評価明細書

☑ 市街地農地　□ 市街地山林
□ 市街地周辺農地　□ 市街地原野

（平成十八年分以降用）

所　在　地　番						
現　況　地　目		田	① 地　積		1,200	㎡
評価の基とした宅地の1平方メートル当たりの評価額	所　在　地　番			③（評価額）		円
	② 評価額の計算内容					
評価する農地等が宅地であるとした場合の1平方メートル当たりの評価額	④ 評価上考慮したその農地等の道路からの距離、形状等の条件に基づく評価額の計算内容	46,846,800円÷1,200㎡　　　　　　　　　　　　　　　　39,039		⑤（評価額）		円

（手順）←④

宅地造成費の計算	平坦地	整地費	整　地　費	（整地を要する面積）　　　　（1㎡当たりの整地費） 　1,200　㎡ ×　　700　円	⑥	840,000	円
			伐採・抜根費	（伐採・抜根を要する面積）（1㎡当たりの伐採・抜根費） 　　　　　㎡ ×　　　　　円	⑦		円
			地盤改良費	（地盤改良を要する面積）（1㎡当たりの地盤改良費） 　　　　　㎡ ×　　　　　円	⑧		円
		土　盛　費		（土盛りを要する面積）（平均の高さ）（1㎡当たりの土盛費） 　　　㎡ ×　　　m ×　　　円	⑨		円
		土　止　費		（擁壁面の長さ）（平均の高さ）（1㎡当たりの土止費） 　　　m ×　　　m ×　　　円	⑩		円
		合計額の計算		⑥＋⑦＋⑧＋⑨＋⑩	⑪	840,000	円
		1㎡当たりの計算		⑪ ÷ ①	⑫	700	円
	傾斜地	傾斜度に係る造成費		（傾斜度）　　　度	⑬		円
		伐採・抜根費		（伐採・抜根を要する面積）（1㎡当たりの伐採・抜根費） 　　　　　㎡ ×　　　　　円	⑭		円
		1㎡当たりの計算		⑬ ＋ （⑭ ÷ ①）	⑮		円
市街地農地等の評価額				（⑤－⑫（又は⑮））×① （注）市街地周辺農地については、さらに0.8を乗ずる。		46,006,800	円

←③ （⑥行）
←⑤

(注) 1　「②評価額の計算内容」欄には、倍率地域内の市街地農地等については、評価の基とした宅地の固定資産税評価額及び倍率を記載し、路線価地域内の市街地農地等については、その市街地農地等が宅地である場合の画地計算の内容を記載してください。なお、画地計算が複雑な場合には、「土地及び土地の上に存する権利の評価明細書」を使用してください。
2　「④評価上考慮したその農地等の道路からの距離、形状等の条件に基づく評価額の計算内容」欄には、倍率地域内の市街地農地等について、「③評価額」欄の金額と「⑤評価額」欄の金額とが異なる場合に記載し、路線価地域内の市街地農地等については記載の必要はありません。
3　「傾斜地の宅地造成費」に加算する伐採・抜根費は、「平坦地の宅地造成費」の「伐採・抜根費」の金額を基に算出してください。

(資4－26－A4統一)

Q2-23 宅地比準方式で評価する一団の土地の評価

問 市街化区域にある右図のような自用の農地・山林を「一団の土地」として評価する場合どのように評価するのですか。

前面の道路には路線価があり、その金額は、120,000円、地区区分は「普通住宅地区」、農地と道路には、1mの高低差があります。

また、農地は、南北（図の上下）両面に土止めのための擁壁が必要です。地盤改良の必要はありません。

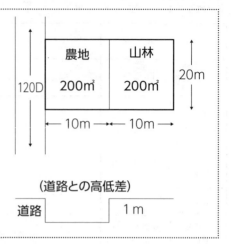

答 次のとおり計算します。なお、造成費の単価は、Q2-21と同様とします。

評価手順は、

① 宅地であるとした場合の1㎡当たりの評価額を計算します。

② 農地、山林それぞれの土地の造成費を計算し、その農地、山林の造成費を基に一団の土地の1㎡当たりの造成費を求めます。

③ 宅地であるとした場合の1㎡当たりの評価額から、一団の土地の1㎡当たりの造成費を控除した金額に、一団の土地の面積を乗じて、一団の土地の評価額を算出します。

（計算例）

1 宅地であるとした場合の1㎡当たりの評価額

　　（正面路線価）　　（奥行20mの場合の奥行価格補正率）
　　120,000円　×　　　1.00　　　＝　120,000円

2 農地部分の造成費

　　　　　　（整地を要する面積）　（1㎡当たりの整地費）
・整地費　　　200㎡　　×　　　700円　　＝　140,000円

　　　　　　（土盛を要する面積）（平均の高さ）（1㎡当たりの土盛費）
・土盛費　　　200㎡　　×　1.00　×　6,200円　＝　1,240,000円

　　　　　（擁壁の長さ）　　　　　（平均の高さ）　（1㎡当たりの土止費）
・土止費　　10m　×　2面　×　1.00m　×　64,900円　＝　1,298,000円

　（a）農地部分の造成費の合計　140,000円 ＋ 1,240,000円 ＋ 1,298,000円 ＝ 2,678,000円

・山林部分の造成費

　　　　　　（整地を要する面積）　（1㎡当たりの整地費）
　整地費　　　200㎡　　×　　　700円　　＝　140,000円

　　　　　　　（伐採・抜根を要する面積）　（1㎡当たりの伐採、抜根費）
　伐採・抜根費　　200㎡　　×　　　900円　　＝　180,000円

(b) 山林部分の造成費の合計　140,000円 ＋ 180,000円 ＝ 320,000円

・一団の土地の1㎡当たりの造成費

((a)＋(b))／ 400㎡ ＝ 7,495円
　　　　　　　(一団の土地の面積)

3　評価額

{ 120,000円 － 7,495円 } × 400㎡ ＝ 45,002,000円
(宅地であるとした場合の1㎡当たりの評価額)　(1㎡当たりの造成費)　(一団の土地の面積)

ロ　生産緑地の評価

生産緑地は、「農地等として管理しなければならない」という制約がありますから、「生産緑地」と「市街地農地」が隣接する場合でも、それぞれ別々に「利用の単位になっている一団の農地」を判定します（評基通7-2(2)ただし書）。

また、評価に当たっては、「農地等として管理しなければならない」という制約を考慮して、生産緑地でないものとして評価した価額から次のとおり、一定の割合が控除されます（評基通40-3）。

（算式）

> 生産緑地でないものとして評価した価額(①) － ① × 割合(注)

（注）上記算式の「割合」は各区分に応じて次のとおりです。

① 課税時期において市町村長に対し買取の申出ができない生産緑地

課税時期から買取りの申出をすることができることとなる日までの期間	割合
5年以下のもの	10/100
5年を超え10年以下のもの	15/100
10年を超え15年以下のもの	20/100
15年を超え20年以下のもの	25/100
20年を超え25年以下のもの	30/100
25年を超え30年以下のもの	35/100

② 課税時期において市町村長に対し買取りの申出が行われていた生産緑地又は買取りの申出をすることができる生産緑地　　5/100

> 【チェックポイント】
> 「生産緑地でないものとして評価した価額」とは、評価対象地を市街地農地として評価した価額をいいます（2章3節「宅地比準方式による評価」）。

Q2-24 生産緑地に係る主たる従事者が死亡した場合の生産緑地の価額

問 生産緑地に係る主たる従事者が死亡した場合の生産緑地の価額はどのように評価しますか。

答 生産緑地に指定されると告示の日から30年間は、原則として建築物の建築、宅地の造成等はできないといういわゆる行為制限が付されることになります（生産緑地法8）。このような生産緑地の価額は、行為制限の解除の前提となっている買取りの申出のできる日までの期間に応じて定めた一定の割合を減額して評価することとしています。

ところで、この買取りの申出は30年間経過した場合のほか、その生産緑地に係る農林漁業の主たる従事者が死亡した場合などにもできる（生産緑地法10）こととされていることから、主たる従事者が死亡した時の生産緑地の価額は、生産緑地でないものとして評価した価額の95％相当額で評価します。

（参考）

（生産緑地法の概要）

対象地区	① 市街化区域内の農地等であること
	② 公害等の防止、農林漁業と調和した都市環境の保全の効用を有し、公共施設等の用地に適したものであること
	③ 用排水等の営農継続可能条件を備えていること
地区面積	500㎡（市区町村の条例により300㎡以上）
建築等の制限	宅地造成・建物等の建築等には市町村長の許可が必要（農林漁業を営むために必要である一定の施設及び市民農園に係る施設等以外の場合は原則不許可）
買取り申出	指定から30年経過後又は生産緑地に係る主たる農林漁業従事者又はそれに準ずる者の死亡等のとき、市町村長へ時価での買取り申出が可能（不成立の場合は、3ヶ月後制限解除）

第3章

個別の宅地の評価

第1節　大規模工場用地

1　評価単位

　大規模工場用地とは、「一団の工場用地」の地積が**5万㎡以上**のものをいいます（評基通22-2）。

　ただし、路線価地域においては、地区区分が「大工場地区」と定められた地域に所在するものに限られています（評基通22-2ただし書）。

　このように、「一団の工場用地」が評価単位となりますが、「一団の工場用地」は、工場、研究開発施設等の敷地の用に供されている宅地及びこれらの宅地に隣接する駐車場、福利厚生施設等の用に供されている一団の土地をいいます。なお、その土地が、不特定多数の者の通行の用に供されている道路、河川等により物理的に分離されている場合には、その分離されている一団の工場用地ごとに評価します。

Q3-1　「一団の工場用地」の判定

問　次のような場合、大規模工場用地の単位となっている「一団の工場用地」は具体的にどのように判定しますか。

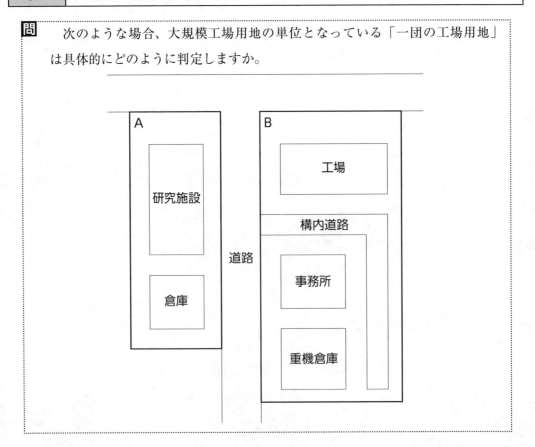

答 　工場用地が不特定多数の者の通行の用に供されている道路、河川等により物理的に分離されている場合には、その物理的に離されている一団の工場用地ごとに評価します。図の場合、工場用地は、中央を走る道路で物理的に分離されていることから、AとBを分離して評価します。

　この場合、Aにある研究施設と倉庫の敷地を一団として、Bにある構内道路、事務所、工場等の施設は「一団の工場用地」として評価します。

2 | 評価方法

大規模工場用地は、その所在に応じて、次のとおり評価します（評基通22）。

① 路線価地域に所在

評価額 ＝ 正面路線価 × 地積

※ 地積が20万㎡以上の場合は、95/100を乗じた価額

② 倍率地域に所在

評価額 ＝ 固定資産税評価額 × 倍率

倍率は、財産評価基準書の「評価倍率表（大規模工場用地用）」によります。

平成30年分
（兵庫県）

評価倍率表（大規模工場用地用）

　次表に掲げる倍率は、財産評価基本通達22（大規模工場用地の評価）の(2)の定めにより大規模工場用地を評価する場合に使用するものです。
　なお、複数の市区町村等にまたがって所在する大規模工場用地等の倍率については、その工場等の事務所、事業所等の所在地に掲載しています。

音順	市区町村名	所在地等		工場名等	固定資産税評価額に乗ずる倍率	借地権割合
		町名又は大字名	丁目又は字名等			％
あ	相生市	矢野町		大規模工場用地（全部）	1.0	30
		上記以外		大規模工場用地（全部）	1.1	40
	明石市			大規模工場用地（全部）	1.1	50

Q3-2 大規模工場用地の評価

問 前問の場合で、土地建物ともに自用、A区画の現況地目は宅地、B区画は宅地と雑種地です。路線価、地積等が次の場合、どのように評価しますか。

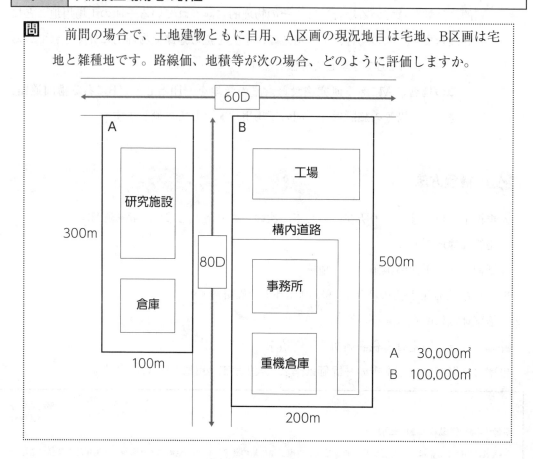

答 A区画、B区画は道路で物理的に分離されていますので、それぞれを別々に評価します。

A区画を、一団の工場用地（一画地の宅地）としますが、50,000㎡ありませんので、次のとおり評価します。

1　奥行価格補正後の価額

　　(正面路線価)　　　(奥行価格補正率)
　　80,000円　×　　1.0　　＝　80,000円

2　側方路線影響加算額

　　(側方路線価)　　(奥行価格補正率)　(側方路線影響加算率)
　　60,000円　×　　1.0　　×　　0.02　　＝　1,200円

3　評価額

　　(奥行価格補正後の価額)　(側方路線影響加算額)　　(地積)
　　(　80,000円　＋　1,200円　)　×　30,000㎡　＝　2,436,000,000円

B区画は、一団の工場用地として利用され、50,000㎡以上ですから、B区画を大規模工場用地として、次のとおり評価します。

$$\underset{\text{(正面路線価)}}{80,000\text{円}} \times \underset{\text{(地積)}}{100,000\text{㎡}} = 8,000,000,000\text{円}$$

【チェックポイント】

路線価地域で「大工場地区」にあっても、50,000㎡未満の工業用地は、通常どおり評価します。

○ 大工場地区にある工業用地の評価区分

一団の工場用地の地積	評価区分	算式
20万㎡以上	大規模工場用地	正面路線価×地積×0.95
5万㎡～20万㎡未満	大規模工場用地	正面路線価×地積
5万㎡未満	原則評価	通常の画地調整による計算

176　第3章　個別の宅地の評価

（記載例）（A区画（＋B区画））

土地及び土地の上に存する権利の評価明細書（第1表）

局(所)	署
年分	ページ

（平成三十年分以降用）

(住居表示)	( )	所有者	住所(所在地)		使用者	住所(所在地)		
所在地番			氏名(法人名)			氏名(法人名)		

地目	地積	路　線　価				地形図及び参考事項
		正面	側方	側方	裏面	
(宅地) 田 畑 山林	原野 雑種地 [ ]	m² 30,000 (A) 100,000 (B)	80,000 円	60,000 円	円	円

間口距離	300 m	利用区分	(自用地) 貸宅地 貸家建付地 借地権	貸家建付借地権 転貸借地権 転借権 借家人の有する権利 ( )	地区区分	ビル街地区 高度商業地区 繁華街地区 普通商業・併用住宅地区	普通住宅地区 中小工場地区 (大工場地区)
奥行距離	100 m		私道				

地形図：A 30,000㎡、B 100,000㎡（研究施設、工場、構内道路、事務所、倉庫／事務所、製品倉庫）300m、500m、100m、200m、60D

			（1㎡当たりの価額）円	
自用地1平方メートル当たりの価額	1 一路線に面する宅地 （正面路線価）　　　　　（奥行価格補正率） 80,000 円 × 1.00		80,000	A
	2 二路線に面する宅地 (A) 　　　　　[(側方) 路線価]　（奥行価格 　[(側方) 路線影響加算率] 　　　　　　裏面　　　　　　　補正率）　　二方 80,000 円 + (60,000 円 × 1.0 × 0.02)		81,200	B
	3 三路線に面する宅地 (B) 　　　　　[側方 路線価]　（奥行価格 　[側方 路線影響加算率] 　　　　　裏面　　　　　　　補正率）　二方 　　円 + (　　円 × . × 0.)			C
	4 四路線に面する宅地 (C) 　　　　　[側方 路線価]　（奥行価格 　[側方 路線影響加算率] 　　　　　裏面　　　　　　　補正率）　二方 　　円 + (　　円 × . × 0.)			D
	5-1 間口が狭小な宅地等 （AからDまでのうち該当するもの） 　（間口狭小　（奥行長大 　　補正率）　　補正率） 　　円 × (. × .)			E
	5-2 不整形地 （AからDまでのうち該当するもの）　不整形地補正率※ 　　円 × 0. ※不整形地補正率の計算 (想定整形地の間口距離)　(想定整形地の奥行距離)　(想定整形地の地積) 　　　m ×　　　m = 　　　㎡ (想定整形地の地積)　(不整形地の地積)　(想定整形地の地積)　(かげ地割合) (　　㎡ −　　㎡) ÷ 　　㎡ = 　　% (不整形地補正率表の補正率)　(間口狭小補正率) 　　0.　×　　　　= 0.　① [不整形地補正率 　(奥行長大補正率)　(間口狭小補正率) 　①、②のいずれか低い 　　　　×　　　　= 0.　② 　率、0.6を限度とする。]			F
	6 地積規模の大きな宅地 （AからFまでのうち該当するもの） 規模格差補正率※ 　　円 × 0. ※規模格差補正率の計算 (地積(Ⓐ))　Ⓑ　　Ⓒ　　(地積(Ⓐ))　(小数点以下2位未満切捨て) {(　　㎡×　　　+ 　　) ÷ 　　㎡} × 0.8 = 0.			G
	7 無道路地 （F又はGのうち該当するもの）　（※） 　　円 × (1 − 0.) ※割合の計算 (0.4を限度とする。) (正面路線価)　(通路部分の地積)　(F又はGのうち該当するもの)　(評価対象地の地積) (　　円 × 　　㎡) ÷ (　　円 × 　　㎡) = 0.			H
	8 がけ地等を有する宅地 〔 南 、 東 、 西 、 北 〕 （AからHまでのうち該当するもの）　（がけ地補正率） 　　円 × 0.			I
	9 容積率の異なる2以上の地域にわたる宅地 （AからIまでのうち該当するもの）　(控除割合(小数点以下3位未満四捨五入)) 　　円 × (1 − 0.)			J
	10 私道 （AからJまでのうち該当するもの） 　　円 × 0.3			K

自用地の評価額	自用地1平方メートル当たりの価額 （AからKまでのうちの該当記号）	地積	総額 （自用地1㎡当たりの価額）×（地積）	
	(B) 81,200 円	30,000 (A) ㎡	2,436,000,000 円	L

(注) 1　5-1の「間口が狭小な宅地等」と5-2の「不整形地」は重複して適用できません。
　　 2　5-2の「不整形地」の「AからDまでのうち該当するもの」欄の価額について、AからDまでの欄で計算できない場合には、（第2表）の「備考」欄等で計算してください。

(資4−25−1−A4統一)

（記載例）（B区画）

土地及び土地の上に存する権利の評価明細書（第2表）

（平成三十年分以降用）

	利用区分	算 式	総 額	記号
セットバックを必要とする宅地の評価額		(自用地の評価額)　　　(自用地の評価額)　　　(該当地積) 　　　　円　－（　　　　円　×　㎡／総地積㎡　×　0.7　）	(自用地の評価額) 　　　円	M
都市計画道路予定地の区域内にある宅地の評価額		(自用地の評価額)　　　(補正率) 　　　　円　×　0.	(自用地の評価額) 　　　円	N
大規模工場用地等の評価額	○ 大規模工場用地等 　(正面路線価)　　(地積)　　(地積が20万㎡以上の場合は0.95) 　80,000　円　×　100,000(B)　㎡　×		8,000,000,000 円	O
	○ ゴルフ場用地等 　(宅地とした場合の価額)(地積)　　　(1㎡当たりの造成費)　(地積) 　(　　円　×　㎡×0.6) － (　　円×　㎡)		円	P
総額計算による価額	貸宅地	(自用地の評価額)　　　(借地権割合) 　　　　円　×（1－　0.　）	円	Q
	貸家建付地	(自用地の評価額又はS)　(借地権割合)(借家権割合)(賃貸割合) 　　　　円　×（1－　0.　×0.　×　㎡／㎡　）	円	R
	(目的となっている土地)権利の	(自用地の評価額)　　　(　　割合) 　　　　円　×（1－　0.　）	円	S
	借地権	(自用地の評価額)　　　(借地権割合) 　　　　円　×　0.	円	T
	貸家建付借地権	(T, AAのうちの該当記号)　(借家権割合)　(賃貸割合) (　　) 　　　　円　×（1－　0.　×　㎡／㎡　）	円	U
	転貸借地権	(T, AAのうちの該当記号)　(借地権割合) (　　) 　　　　円　×（1－　0.　）	円	V
	転借権	(T, U, AAのうちの該当記号)　(借地権割合) (　　) 　　　　円　×　0.	円	W
	借家人の有する権利	(T, W, AAのうちの該当記号)　(借家権割合)　(賃借割合) (　　) 　　　　円　×　0.　×　㎡／㎡	円	X
	（　）権	(自用地の評価額)　　　(　　割合) 　　　　円　×　0.	円	Y
	権利が競合する場合の土地に関する権利	(Q, Sのうちの該当記号)　(　　割合) (　　) 　　　　円　×（1－　0.　）	円	Z
	他の権利と競合する場合の権利	(T, Yのうちの該当記号)　(　　割合) (　　) 　　　　円　×（1－　0.　）	円	AA
備考				

（注）　区分地上権と区分地上権に準ずる地役権とが競合する場合については、備考欄等で計算してください。

（資4－25－2－A4統一）

第2節 余剰容積率の移転と宅地の評価

　建築基準法による容積率を有効利用して高層の建物を建築するため、容積率が余っている宅地の容積率を隣接する別の宅地に移転して、高層の建物を建築するといった場合があります。この場合、余剰容積率を移転している宅地は、容積率について建築制限を受け、他方、余剰容積率の移転を受けている宅地は、通常の容積率に移転した容積率を加えた建物の建築が可能となります。

　この評価は、そのような宅地の価値の増減に伴う土地の評価方法を定めています（評基通23、23-2）。

1 │ 余剰容積率を移転している宅地の価額

　「余剰容積率を移転している宅地」とは、容積率の制限に満たない延べ面積の建築物が存する宅地（以下「余剰容積率を有する宅地」といいます。）で、その宅地以外の宅地に容積率の制限を超える延べ面積の建築物を建築することを目的とし、区分地上権、地役権、賃借権等の建築物の建築に関する制限が存する宅地をいいます。

　この宅地の評価は、自用地としての価額を基に、設定されている権利の内容、建築物の建築制限の内容等を勘案して評価します。

　ただし、次の算式により計算した金額によって評価することができるものとします。

（算式）

$$A \times \left[1 - \frac{B}{C} \right]$$

　　上の算式中の「A」、「B」及び「C」は、それぞれ次によります。

「A」＝余剰容積率を移転している宅地の自用地としての価額

「B」＝区分地上権の設定等に当たり収受した対価の額

「C」＝区分地上権の設定等の直前における余剰容積率を移転している宅地の通常の取引価額に相当する金額

2 | 余剰容積率の移転を受けている宅地の価額

「余剰容積率の移転を受けている宅地」とは、余剰容積率を有する宅地に区分地上権、地役権、賃借権の設定を行う等の方法により建築物の建築に関する制限をすることによって容積率の制限を超える延べ面積の建築物を建築している宅地をいいます。

この宅地の評価は、自用地としての価額を基に、容積率の制限を超える延べ面積の建築物を建築するために設定している権利の内容、建築物の建築状況等を勘案して評価します。

ただし、次の算式により計算した金額によって評価することができるものとします。

（算式）

$$D \times \left[1 + \frac{E}{F} \right]$$

上の算式中の「D」、「E」及び「F」は、それぞれ次によります。

「D」＝余剰容積率の移転を受けている宅地の自用地としての価額

「E」＝区分地上権の設定等に当たり支払った対価の額

「F」＝区分地上権の設定等の直前における余剰容積率の移転を受けている宅地の通常の取引価額に相当する金額

（注）余剰容積率を有する宅地に設定された区分地上権等は、独立した財産として評価しないこととし、余剰容積率の移転を受けている宅地の価額に含めて評価するものとされています。

Q3-3 余剰容積率の移転がある場合の評価額の計算

問 余剰容積率の移転のある次図の場合、どのように評価しますか。

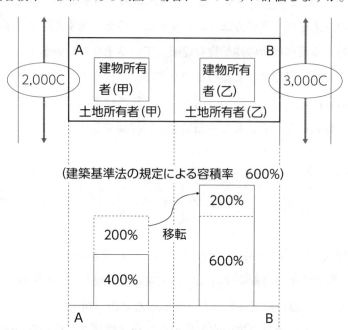

① A土地の課税時期の評価額　10億円
② B土地の課税時期の評価額　15億円
③ 区分地上権設定時における対価の額　2億円
④ 区分地上権設定直前のA土地の通常取引価額　14億円
⑤ 区分地上権設定直前のB土地の通常取引価額　20億円

答　それぞれ次のとおり評価します。

1　A土地（余剰容積率を移転している宅地）の評価

$$\underset{①}{1,000,000,000円} \times \left(1 - \frac{\underset{③}{200,000,000円}}{\underset{④}{1,400,000,000円}}\right) = 857,142,857円$$

2　B土地（余剰容積率の移転を受けている宅地）の評価

$$\underset{②}{1,500,000,000円} \times \left(1 + \frac{\underset{③}{200,000,000円}}{\underset{⑤}{2,000,000,000円}}\right) = 1,650,000,000円$$

第3節 私道の評価

　私道の用に供されている宅地の価額は、自用地として評価をした価額の**100分の30**に相当する価額によって評価します（評基通24前段）。

（算式）

> ① 奥行価格補正後の価額
>   正面路線価 × 奥行価格補正率
> ② 間口狭小・奥行長大補正後の価額
>   ① × 間口狭小補正率 × 奥行長大補正率
> ③ 私道としての評価額
>   ② × 30％（私道の評価割合）
> ④ 評価額
>   ③ × 地積

　この場合において、その私道が<u>不特定多数の者</u>の通行の用に供されているときは、その私道の価額は<u>評価しません</u>（評基通24後段）。

　判断に当たっては、次の表を参考にしてください。

〔私道の利用区分と評価方法〕

利用者	利用状況等	評価方法
特定の者	宅地の所有者、利用者（借地人、借家人）のみの利用	宅地と一体評価
	行き止まり通路などで隣接する所有者のみが通行	自用地の30％
不特定多数の者	通り抜け通路などで不特定多数の者が通行	評価しない

Q3-4　路地状敷地の私道としての評価

問　次のように宅地Aへの通路として専用利用している宅地Bを私道として評価してよいでしょうか。

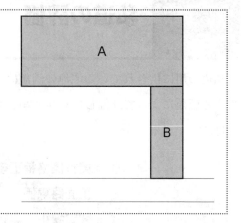

答　宅地Bは私道として評価せず、宅地Aに専用利用されている宅地Bは宅地Aと一体で評価します。

Q3-5　倍率地域における私道の評価

問　倍率地域においても私道評価はできますか。

答　専ら特定の者の通行の用に供されている宅地は、自用地としての価額の30％で評価します。

　このことは、倍率地域でも変わりありませんが、固定資産税評価額が私道であることを考慮している場合があり、その場合は、近傍宅地の標準的な固定資産税評価額を基に倍率方式で計算した価額に30％を乗じて評価します。

Q3-6　特定路線価が設定された私道の評価

問　甲所有のA土地を評価するに当たり特定路線価（200千円、普通住宅地区）が設定されています。

　私道の地積は、120㎡で間口距離4ｍ、奥行距離30ｍ、甲の共有持分が6分の1の場合、どのように評価しますか。

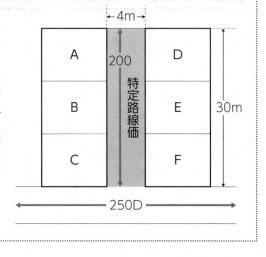

答 次のとおり計算します。

1 奥行価格補正後の価額

　　(正面路線価)　　(奥行価格補正率)
　　250,000円　×　0.95　＝　237,500円

2 間口狭小・奥行長大補正後の価額

　　(奥行価格補正後の価格)　(間口狭小補正率)　(奥行長大補正率)
　　237,500円　×　0.94　×　0.90　＝　200,925円

3 私道としての評価額

　　(自用地としての価額)　(評価割合)
　　200,925円　×　0.3　＝　60,277円

4 評価額

　　(私道としての評価額)　(地積)　(共有持分)
　　60,277円　×　120㎡　×　(1/6)　＝　1,205,540円

土地等の評価明細書（第1表）の記載例は、次ページのとおりです。

なお、この場合、私道に設定された特定路線価を基に評価しても差し支えないこととされており、これによりますと次のとおりとなります。

　　(特定路線価)　(評価割合)　(地積)　(共有持分)
　　200,000円　×　0.3　×　120㎡　×　(1/6)　＝　1,200,000円

【チェックポイント】

この図で例えばC、Fの土地を評価する場合、特定路線価を側方として側方路線影響加算をする必要はありませんのでご注意ください。

(記載例)

土地及び土地の上に存する権利の評価明細書（第1表）

項目	内容
局(所)署	
年分 ページ	(平成三十年分以降用)

(住居表示)	( )	所有者	住所(所在地)		使用者	住所(所在地)	
所在地番			氏名(法人名)			氏名(法人名)	

地 目	地 積	路 線 価				地形図及び参考事項
宅地 原野 田 山林 [雑種地]	120 ㎡	正面 200,000 円	側方 円	側方 円	裏面 円	

間口距離	4 m	利用区分	自用地・貸家建付借地権・貸宅地・転貸借地権・貸家建付地・転借権・借地権・借家人の有する権利・私道・( )	地区区分	ビル街地区・[普通住宅地区]・高度商業地区・中小工場地区・繁華街地区・大工場地区・普通商業・併用住宅地区
奥行距離	30 m				

地形図: 4m、200特定路線価、30m、250D、A B C D E F

		(1㎡当たりの価額) 円	
自用地1平方メートル当たりの価額	1 一路線に面する宅地 (正面路線価) (奥行価格補正率) 250,000 円 × 0.95	237,500	A
	2 二路線に面する宅地 (A) [側方/裏面]路線価 (奥行価格補正率) [側方/二方]路線影響加算率 円 + (円 × . × 0.)		B
	3 三路線に面する宅地 (B) [側方/裏面]路線価 (奥行価格補正率) [側方/二方]路線影響加算率 円 + (円 × . × 0.)		C
	4 四路線に面する宅地 (C) [側方/裏面]路線価 (奥行価格補正率) [側方/二方]路線影響加算率 円 + (円 × . × 0.)		D
	5-1 間口が狭小な宅地等 (AからDまでのうち該当するもの) (間口狭小補正率) (奥行長大補正率) 237,500 円 × (0.94 × 0.90)	200,925	E
	5-2 不整形地 (AからDまでのうち該当するもの) 不整形地補正率※ 円 × 0. ※不整形地補正率の計算 (想定整形地の間口距離) (想定整形地の奥行距離) (想定整形地の地積) m × m = ㎡ (想定整形地の地積) (不整形地の地積) (想定整形地の地積) (かげ地割合) (㎡ - ㎡) ÷ ㎡ = % (不整形地補正率表の補正率) (間口狭小補正率) 0. × . = 0. ① (奥行長大補正率) (間口狭小補正率) 0. × . = 0. ② (不整形地補正率) (①、②のいずれか低い率、0.6を限度とする。)		F
	6 地積規模の大きな宅地 (AからFまでのうち該当するもの) 規模格差補正率※ 円 × 0. ※規模格差補正率の計算 (地積Ⓐ) Ⓑ Ⓒ (地積Ⓐ) (小数点以下2位未満切捨て) { (㎡ × +) ÷ ㎡ } × 0.8 = 0.		G
	7 無 道 路 地 (F又はGのうち該当するもの) (※) 円 × (1 - 0.) ※割合の計算(0.4を限度とする。) (正面路線価) (通路部分の地積) (F又はGのうち該当するもの) (評価対象地の地積) (円× ㎡) ÷ (円 × ㎡) = 0.		H
	8 がけ地等を有する宅地 (AからHまでのうち該当するもの) [南、東、西、北] (がけ地補正率) 円 × 0.		I
	9 容積率の異なる2以上の地域にわたる宅地 (AからIまでのうち該当するもの) (控除割合(小数点以下3位未満四捨五入)) 円 × (1 - 0.)		J
	10 私 道 (AからJまでのうち該当するもの) 200,925 円 × 0.3	60,277	K

自用地の評価額	自用地1平方メートル当たりの価額 (AからKまでのうちの該当記号) (K) 60,277 円	地 積 共有持分(1/6) 120 ㎡	総 額 (自用地1㎡当たりの価額) × (地 積) 1,205,540 円	L

(注) 1 5-1の「間口が狭小な宅地等」と5-2の「不整形地」は重複して適用できません。
    2 5-2の「不整形地」の「AからDまでのうち該当するもの」欄の価額について、AからDまでの欄で計算できない場合には、（第2表）の「備考」欄等で計算してください。

(資4-25-1-A4統一)

Q3-7 歩道状空地の用に供されている宅地の評価

問 都市計画法所定の開発行為の許可を受けるため、地方公共団体の指導要綱等を踏まえた行政指導によって設置された、次のような「歩道状空地」の用に供されている宅地については、どのように評価するのでしょうか。

なお、この「歩道状空地」はインターロッキング舗装が施されたもので、居住者等以外の第三者による自由な通行の用に供されています。

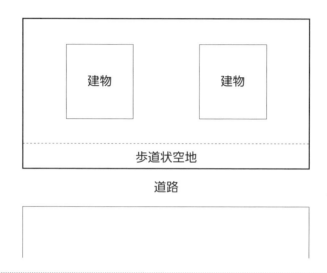

答 「歩道状空地」の用に供されている宅地が、法令上の制約の有無のみならず、その宅地の位置関係、形状等や道路としての利用状況、これらを踏まえた道路以外の用途への転用の難易等に照らし、客観的交換価値に低下が認められる場合には、その宅地を評価基本通達24に基づき評価します。

具体的には、①都市計画法所定の開発行為の許可を受けるために、地方公共団体の指導要綱等を踏まえた行政指導によって整備され、②道路に沿って、歩道としてインターロッキングなどの舗装が施されたものであり、③居住者等以外の第三者による自由な通行の用に供されている上図の「歩道状空地」は、評価基本通達24に基づき評価することとなります。

ただし「歩道状空地」が、不特定多数の者の通行の用に供されている場合には、その価額は評価しません。

（参考：平成29年2月28日最高裁判決）

Q3-8　公開空地のある宅地の評価

問　いわゆる総合設計制度により容積率の割増しを受け建物を建築する場合には、敷地内に一定の空地を設け、日常一般に公開することが許可の基準となっています。このようないわゆる公開空地として利用されている宅地については、どのように評価するのでしょうか。

答　建物の敷地として評価します。

建築基準法59条の2のいわゆる総合設計制度では、建物の敷地内に日常一般に公開する一定の空地を有するなどの基準に適合して許可を受けることにより、容積率や建物の高さに係る規制の緩和を受けることができます。この制度によって設けられたいわゆる公開空地は、建物を建てるために必要な敷地を構成するものです。

第4節 土地区画整理事業施行中の宅地の評価

　土地区画整理事業の施行地区内にある宅地について、仮換地が指定されている場合におけるその宅地の価額は、仮換地について、利用状況を確認し、評価単位を確定した上で、路線価地域にあるものは路線価方式により、倍率地域にあるものは固定資産税評価額に倍率を乗じて評価します。

　ただし、その仮換地の造成工事が施工中で、当該工事が完了するまでの期間が1年を超えると見込まれる場合の仮換地の価額に相当する価額は、その仮換地について造成工事が完了したものとして、上記により評価した価額の**100分の95**に相当する金額によって評価します（評基通24-2ただし書）。

　（注）仮換地が指定されている場合であっても、次の事項のいずれにも該当するときには、従前の宅地の価額により評価します。

　　① 土地区画整理法99条《仮換地の指定の効果》2項の規定により、仮換地について使用又は収益を開始する日を別に定めるとされているため、当該仮換地について使用又は収益を開始することができないこと。

　　② 仮換地の造成工事が行われていないこと。

　なお、土地区画整理事業施行地について、財産評価基準書（路線価図、評価倍率表）に「個別評価」とされている場合があります。その場合は、**「個別評価申出書」**（1章4節の6参照）により、評価を依頼することとなります。

第5節 造成中の宅地の評価

　造成中の宅地の価額は、その土地の造成工事着手直前の地目により評価した課税時期における価額に、その宅地の造成に係る費用現価（課税時期までに投下した費用の額を課税時期の価額に引き直した額の合計額をいいます。以下同じです。）の**100分の80**に相当する金額を加算した金額によって評価します（評基通24-3）。

　具体的には、以下の流れに沿って行います。

① その造成中の宅地の、造成工事着手直前の地目が何であったかを調べます。仮に農地であったとしますと、課税時期において、その造成中の宅地が農地であったとした場合の、その課税時期現在の評価額を求めます。この時、財産評価基準書等を参考に評価します。

② その造成中の宅地について、造成工事着手時から、課税時期までの間に支出したその宅地の造成のための費用（例えば、埋立て費、土盛り費、土止め費、地ならし費など）の額を調べ、その支出した費用の額をそれぞれ課税時期現在の価額（費用現価）に引き直します。

③ ②の価額の80％相当額と①の評価額の合計額を求めることになります。

　なお、費用現価の80％相当額としているのは、安全性の配慮からです。

第6節　農業用施設用地の評価

　農業振興地域の整備に関する法律8条2項1号に規定する農用地区域（以下「農用地区域」といいます。）内又は市街化調整区域内に存する農業用施設の用に供されている宅地の価額は、その宅地が農地であるとした場合の1㎡当たりの価額に、その農地を課税時期において当該農業用施設の用に供されている宅地とする場合に通常必要と認められる1㎡当たりの造成費に相当する金額として、整地、土盛り又は土止めに要する費用の額がおおむね同一と認められる地域ごとに国税局長の定める金額を加算した金額に、その宅地の地積を乗じて計算した金額によって評価します（評基通24-5）。

　ただし、その農業用施設用地（注）の位置、都市計画法の規定による建築物の建築に関する制限の内容等により、その付近にある宅地（農業用施設用地を除きます。）の価額に類似する価額で取引されると認められることから、上記の方法によって評価することが不適当であると認められる農業用施設用地（農用地区域内に存するものを除きます。）については、その付近にある宅地（農業用施設用地を除きます。）の価額に比準して評価します。

　(注)「農業用施設用地」とは、農業用施設（畜舎、蚕室、温室、農産物集出荷施設、農機具収納施設など、農業振興地域の整備に関する法律3条3号及び4号に規定する施設をいいます。）の用に供されている宅地をいいます。

（算式）

$$\text{農業用施設用地の価額} = \left(\text{農地であるとした場合の1㎡当たりの価額} + \text{1㎡当たりの造成費相当額} \right) \times \text{地積}$$

　（注）　1　その宅地が農地であるとした場合の1㎡当たりの価額は、その付近にある農地について評価基本通達37《純農地の評価》又は38《中間農地の評価》に定める方式によって評価した1㎡当たりの価額を基として評価するものとします。

　　　　2　農用地区域内又は市街化調整区域内に存する農業用施設の用に供されている雑種地の価額については、本項の定めに準じて評価することに留意してください。

第7節 セットバックを必要とする宅地の評価

　建築基準法42条《道路の定義》2項に規定する道路（いわゆる「2項道路」）に面する宅地は、その道路の中心線から2mずつ後退した線（道路の片側ががけ地、川、路線敷地等に沿う場合はがけ地の境界線から道の側に4mの線）が道路の境界線とみなされ、将来、建物の建替えを行う場合は、その後退線まで後退（セットバック）して、提供しなければならないこととなっています（評基通24-6）。

　このような宅地は、現在の利用には支障はなくても、セットバックを要しない土地と比較すると減価要素を含んでいます。

　このため、評価に当たっては、その宅地について道路敷きとして提供する必要がないものとした場合の価額（自用地の価額）から、その価額に次の算式により計算した割合を乗じて計算した金額を控除した価額によって評価することとされています。

（算式）

$$\text{自用地の価額} \times \frac{\substack{\text{（セットバック部分の地積）}\\ \text{将来、建物の建替え時等に道路敷きとして}\\ \text{提供しなければならない部分の地積}}}{\text{宅地の総地積}} \times 0.7$$

Q3-9　セットバックを要する宅地の評価

問　次の図のように、建築基準法42条2項に定める道路（いわゆる「2項道路」）に面する宅地の価額はどのように評価しますか。

- 接道の路線価　150,000円
- 地区区分　普通住宅地区
- 地積　300㎡

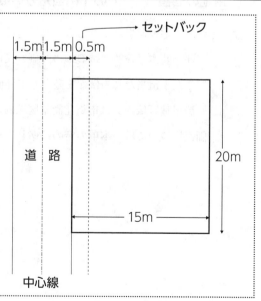

答

1 奥行価格補正後の金額

　　(正面路線価)　　(奥行15mの奥行価格補正率)
　　150,000円　×　　1.0　　＝　150,000円

2 自用地の価額

　　(奥行価格補正後の金額)　　(地積)
　　　　150,000円　×　300㎡　＝　45,000,000円

3 評価額

　(自用地の価額)　　(自用地の価額)　　　　　　　　　　　　　　(将来、建物の建替え時等に道路敷きとして提供しなければならない部分の地積)
　45,000,000円　－　45,000,000円　×　[10㎡ / 300m]　×　0.7　＝　43,950,000円
　　　　　　　　　　　　　　　　　　　　　(宅地の総地積)

【チェックポイント】

　セットバックの確認に「建築計画概要書」が便利

　前面道路が42条2項道路であることが確認できただけで、セットバックが必要な土地と判断することは不十分です。

　その場合でも評価対象地は既にセットバックをしていたり、セットバックをする必要がないことがあります。

　こういった情報を正確に確認できるのは「建築計画概要書」です。

　昭和46年以降に建物が建てられている場合、市区町村等で閲覧（複写）が可能です。

　仮に、評価対象地にない場合でも、隣や向かいの土地のものがある場合もあり、これも入手可能です。

　なお、評価対象地の一部について、分筆をしないで既にセットバックをしていて不特定多数の者が通行する前面道路の敷地として利用されている場合（この部分の評価は0円です。）もありますのでご注意ください。

192　第3章　個別の宅地の評価

（記載例）

土地及び土地の上に存する権利の評価明細書（第1表）

局(所)	署
30 年分	ページ

（平成三十年分以降用）

| (住居表示) | (|) | 所在地番 | | 所有者 | 住所(所在地) 氏名(法人名) | | 使用者 | 住所(所在地) 氏名(法人名) | |

地目	地積	路線価				地形図及び参考事項
㊉宅地 原野 田 雑種地 畑 山林 [ ]	㎡ **300**	正面 **150,000** 円	側方 円	側方 円	裏面 円	（地形図：間口15m、奥行20m、セットバック1.5m＋0.5m）

間口距離	**20** m	利用区分	㊉自用地　貸家建付借地権 貸宅地　　転貸借地権 貸家建付地　転借権 借地権　　借家人の有する権利 私道　（　　）	地区区分	ビル街地区　　　　㊉普通住宅地区 高度商業地区　　中小工場地区 繁華街地区　　　大工場地区 普通商業・併用住宅地区
奥行距離	**15** m				

自 用 地 1 平 方 メ ー ト ル 当 た り の 価 額	1　一路線に面する宅地 　　（正面路線価）　　　　　（奥行価格補正率） 　　　150,000 円 ×　　　1.00	(1㎡当たりの価額)　円 　　　150,000	A
	2　二路線に面する宅地 　　（A）　　　[側方/裏面]路線価　（奥行価格補正率）[側方/二方]路線影響加算率 　　　円 ＋ （　　円 ×　.　× 0.　　）	(1㎡当たりの価額)　円	B
	3　三路線に面する宅地 　　（B）　　　[側方/裏面]路線価　（奥行価格補正率）[側方/二方]路線影響加算率 　　　円 ＋ （　　円 ×　.　× 0.　　）	(1㎡当たりの価額)　円	C
	4　四路線に面する宅地 　　（C）　　　[側方/裏面]路線価　（奥行価格補正率）[側方/二方]路線影響加算率 　　　円 ＋ （　　円 ×　.　× 0.　　）	(1㎡当たりの価額)　円	D
	5-1　間口が狭小な宅地等 　　（AからDまでのうち該当するもの）（間口狭小補正率）（奥行長大補正率） 　　　円 × （　.　×　.　）	(1㎡当たりの価額)　円	E
	5-2　不　整　形　地 　　（AからDまでのうち該当するもの）　不整形地補正率※ 　　　円 ×　　0. ※不整形地補正率の計算 　（想定整形地の間口距離）　（想定整形地の奥行距離）　（想定整形地の地積） 　　　　m ×　　　m ＝　　　㎡ 　（想定整形地の地積）（不整形地の地積）（想定整形地の地積）（かげ地割合） 　（　　㎡ －　　㎡）÷　　㎡ ＝　　％ 　（不整形地補正率表の補正率）（間口狭小補正率）　　　　　　　　　　　［不整形地補正率 　　　　0.　　　×　　0.　　＝　　0.　①　　　　　①、②のいずれか低い 　（奥行長大補正率）（間口狭小補正率）　　　　　　　　　　　　　　　　率、0.6を限度とする。］ 　　　　0.　　　×　　0.　　＝　　0.　②	(1㎡当たりの価額)　円	F
	6　地積規模の大きな宅地 　　（AからFまでのうち該当するもの）　規模格差補正率※ 　　　円 ×　　0. ※規模格差補正率の計算 　（地積(Ⓐ)）　　　Ⓑ　　　Ⓒ　　（地積(Ⓐ)）　　　　（小数点以下2位未満切捨て） 　{（　　㎡ ×　　＋　　）÷　　㎡ } × 0.8 ＝ 0.	(1㎡当たりの価額)　円	G
	7　無　道　路　地 　　（F又はGのうち該当するもの）　　　　　　（※） 　　　円 × （ 1 －　0.　　） ※割合の計算（0.4を限度とする。） 　（正面路線価）　（通路部分の地積）（F又はGのうち該当するもの）（評価対象地の地積） 　（　　円 ×　　㎡）÷ （　　円 ×　　㎡）＝ 0.	(1㎡当たりの価額)　円	H
	8　がけ地等を有する宅地　〔南、東、西、北〕 　　（AからHまでのうち該当するもの）　（がけ地補正率） 　　　円 ×　　0.	(1㎡当たりの価額)　円	I
	9　容積率の異なる2以上の地域にわたる宅地 　　（AからIまでのうち該当するもの）　（控除割合（小数点以下3位未満四捨五入）） 　　　円 × （ 1 －　0.　　）	(1㎡当たりの価額)　円	J
	10　私　　　道 　　（AからJまでのうち該当するもの） 　　　円 ×　　0.3	(1㎡当たりの価額)　円	K

| 自用地の評価額 | 自用地1平方メートル当たりの価額
（AからKまでのうちの該当記号）
（ A ）　　**150,000** 円 | 地　積
300 ㎡ | 総　　　額
(自用地1㎡当たりの価額) × (地　積)
45,000,000 円 | L |

(注)　1　5-1の「間口が狭小な宅地等」と5-2の「不整形地」は重複して適用できません。
　　　2　5-2の「不整形地」の「AからDまでのうち該当するもの」欄の価額について、AからDまでの欄で計算できない場合には、（第2表）の「備考」欄等で計算してください。

(資4-25-1-A4統一)

第7節　セットバックを必要とする宅地の評価　193

（記載例）

土地及び土地の上に存する権利の評価明細書（第2表）

セットバックを必要とする宅地の評価	(自用地の評価額)　　　　　　(自用地の評価額)　　　　(該当地積) 45,000,000 円 － (45,000,000 円 × 10 ㎡ / (総地積) 300 ㎡ × 0.7)	(自用地の評価額) 43,950,000 円	M
都市計画道路予定地の区域内にある宅地の評価	(自用地の評価額)　　　　(補正率) 円 × 0.	(自用地の評価額) 円	N

大規模工場用地等の評価額	○ 大規模工場用地等 　(正面路線価)　　(地積)　　(地積が20万㎡以上の場合は0.95) 　　円 × 　㎡ ×	円	O
	○ ゴルフ場用地等 (宅地とした場合の価額)(地積)　(1㎡当たりの造成費)(地積) (　円 × 　㎡×0.6) － (　円 × 　㎡)	円	P

	利用区分	算　　　　式	総　　額	記号
総額計算による価額	貸宅地	(自用地の評価額)　　　　(借地権割合) 円 × (1－ 0.　)	円	Q
	貸家建付地	(自用地の評価額又はS)　(借地権割合)(借家権割合)(賃貸割合) 円 × (1－ 0.　×0.　× ㎡/㎡)	円	R
	（ているとなっ目的土地）の権	(自用地の評価額)　　　(割合) 円 × (1－ 0.　)	円	S
	借地権	(自用地の評価額)　　(借地権割合) 円 × 0.	円	T
	貸家建付借地権	(T,AAのうちの該当記号)　(借家権割合)　(賃貸割合) (　) 円 × (1－ 0.　× ㎡/㎡)	円	U
	転貸借地権	(T,AAのうちの該当記号)　(借地権割合) (　) 円 × (1－ 0.　)	円	V
	転借権	(T,U,AAのうちの該当記号)　(借地権割合) (　) 円 × 0.	円	W
	借家人の有する権利	(T,W,AAのうちの該当記号)　(借家権割合)　(賃借割合) (　) 円 × 0.　× ㎡/㎡	円	X
	（　）権	(自用地の評価額)　　　(割合) 円 × 0.	円	Y
	権利が競合する場合の土地に関する権利	(Q,Sのうちの該当記号)　　(割合) (　) 円 × (1－ 0.　)	円	Z
	他の権利と競合する場合の権利	(T,Yのうちの該当記号)　(割合) (　) 円 × (1－ 0.　)	円	AA

備考	

(注)　区分地上権と区分地上権に準ずる地役権とが競合する場合については、備考欄等で計算してください。

（平成三十年分以降用）

(資4-25-2-A4統一)

Q3-10 セットバックの有無の調査・確認

問 評価対象地の接道が建築基準法42条2項に該当し、セットバックが必要な土地かどうかはどのように調査・確認しますか。

答 市区町村の建築指導課（都道府県の土木事務所などが窓口のところもあります。）等で、「指定道路図」などを閲覧して確認することができます。

また、建物が建築されている土地については、その建物が昭和46年以降に建築されたものである場合は、建築指導課等で「建築計画概要書」を閲覧（写し交付も可能です。）して、セットバックの有無を確認することができます。

調査・確認の結果、評価対象地の一部がセットバックにより不特定多数の者が利用できる部分がある場合は、その部分は評価しません（評基通24、3節「私道の評価」参照）のでご注意ください。

【参考】道路の片側ががけ地、川、路線敷地等に沿う場合

片側ががけ地、川などの場合のセットバックは次のようになります。

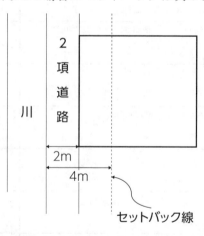

第8節 都市計画道路予定地の区域内にある宅地の評価

　都市計画道路予定地の区域内にある宅地は、建物を建築する場合、階数が２階以下であることやその構造等に制限があります。

　この評価は、そういった宅地の利用制限をしんしゃくするもので、**評価方法**は、その宅地のうちの都市計画道路予定地の区域内となる部分が、都市計画道路予定地の区域内となる部分でないものとした場合の価額（自用地の価額）に、次表の地区区分、容積率、地積割合の別に定める補正率を乗じて計算した価額によって評価します（評基通24-7）。

（算式）

> 評価額 ＝ 自用地としての評価額 × 補正率

（補正率表）

地区区分 容積率 地積割合	ビル街地区、高度商業地区			繁華街地区、普通商業・併用住宅地区			普通住宅地区、中小工場地区、大工場地区	
	600%未満	600%以上 700%未満	700%以上	300%未満	300%以上 400%未満	400%以上	200%未満	200%以上
30%未満	0.91	0.88	0.85	0.97	0.94	0.91	0.99	0.97
30%以上 60%未満	0.82	0.76	0.7	0.94	0.88	0.82	0.98	0.94
60%以上	0.7	0.6	0.5	0.9	0.8	0.7	0.97	0.9

（注）1　容積率は、建築基準法52条１項の容積率です。
　　　2　地積割合とは、その宅地の総地積に対する都市計画道路予定地の部分の地積の割合をいいます。

Q3-11 都市計画道路予定地の区域内にある宅地の評価

問 次のような宅地はどのように評価しますか。

なお、地積規模の大きな宅地の評価の要件は満たしています。

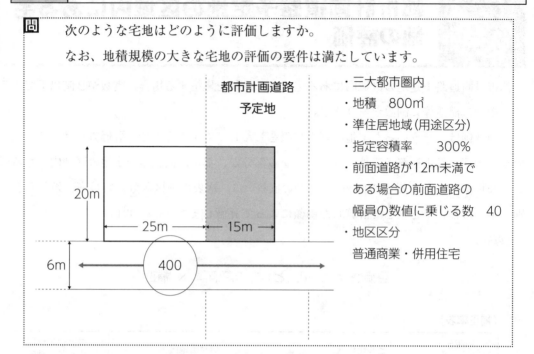

- 三大都市圏内
- 地積　800㎡
- 準住居地域（用途区分）
- 指定容積率　　300%
- 前面道路が12m未満である場合の前面道路の幅員の数値に乗じる数　40
- 地区区分
  普通商業・併用住宅

答 計算例は次のとおりです。

また、評価明細書の記載例はP198、P199のとおりです。

1　奥行価格補正後の金額

$$\underset{(正面路線価)}{400,000円} \times \underset{(奥行価格補正率)}{1.0} = 400,000円$$

2　規模格差補正率

$$\frac{\underset{(地積)}{800㎡} \times \underset{Ⓑ}{0.95} + \underset{Ⓒ}{25}}{\underset{(地積)}{800㎡}} \times 0.8 = 0.78$$

3　都市計画道路予定地の区域内となる部分で<u>ないもの</u>とした場合の1㎡当たりの価額

$$\underset{(1の価額)}{400,000円} \times \underset{(規模格差補正率)}{0.78} = 312,000円$$

4　都市計画道路予定地の区域内となる部分で<u>ないもの</u>とした場合の評価額

$$\underset{(3の価額)}{312,000円} \times \underset{(地積)}{800㎡} = 249,600,000円$$

5　補正率

条件に対応した補正率[注]　0.94

6　評価額

$$249{,}600{,}000 \text{円} \underset{\text{(4の金額)}}{} \times 0.94 = 234{,}624{,}000 \text{円}$$

（注）補正率

- 地区区分　普通商業・併用住宅地区
- 容積率
  $$\underset{\text{(前面道路の幅員)}}{6\text{m}} \times \underset{\text{(乗数)}}{40} = 240\% < \underset{\text{(指定容積率)}}{300\%}$$
  ∴　容積率　240%
- 都市計画道路予定地の地積割合
  $$300\text{㎡} \div 800\text{㎡} = 37.5\% \rightarrow 0.94$$

補正率表の該当箇所を参照（P195）

Q3-12　倍率地域や市街地農地等への適用等

問　都市計画道路予定地が倍率地域にある場合や市街地農地等にある場合も適用はありますか。

答　対象となる宅地が倍率地域にある場合でも、固定資産税評価額が都市計画道路予定地であることを考慮して定められ、また、評価倍率が評定されている場合を除いて、適用があります。

その場合の補正率表の地区区分は「普通住宅地区」となります。

また、評価対象地が宅地比準方式により評価する市街地農地等の場合にも適用されます。

なお、都市計画公園などの都市計画施設で都市計画決定後も長期にわたって事業決定の許可がされていない場合（都市計画道路予定地と同様の建築等の制限があります。）も、同様の扱いとなります。

198 第3章 個別の宅地の評価

(記載例)

土地及び土地の上に存する権利の評価明細書（第1表）

局(所) 署
30年分 ページ
（平成三十年分以降用）

(住居表示)	(	)				
所在地番		所有者	住所(所在地) 氏名(法人名)	使用者	住所(所在地) 氏名(法人名)	

地目	地積	路線価	地形図及び参考事項
㊥宅地 原野 田 雑種地 畑 山林 [ ]	800 m²	正面 400,000円 側方 円 側方 円 裏面 円	

間口距離	40 m	利用区分	㊥自用地 貸家建付借地権 貸宅地 転貸借地権 貸家建付地 転借権 借地権 借家人の有する権利 私道	地区区分	ビル街地区 普通住宅地区 高度商業地区 中小工場地区 繁華街地区 大工場地区 ㊥普通商業・併用住宅地区
奥行距離	20 m				

都市計画道路予定地
20m 25m 15m
6m 400

	1 一路線に面する宅地 (正面路線価)　　　　(奥行価格補正率) 400,000 円 × 1.00	(1m²当たりの価額) 円 400,000	A
自用地1平方メートル当たりの価額	2 二路線に面する宅地 (A)　　　[側方 路線価]　　(奥行価格補正率)　[側方 路線影響加算率] 　　　　　[裏面　　　] 　　円 + (　　円 × 　. 　 × 　0.　　)	(1m²当たりの価額) 円	B
	3 三路線に面する宅地 (B)　　　[側方 路線価]　　(奥行価格補正率)　[側方 路線影響加算率] 　　　　　[裏面　　　] 　　円 + (　　円 × 　. 　 × 　0.　　)	(1m²当たりの価額) 円	C
	4 四路線に面する宅地 (C)　　　[側方 路線価]　　(奥行価格補正率)　[側方 路線影響加算率] 　　　　　[裏面　　　] 　　円 + (　　円 × 　. 　 × 　0.　　)	(1m²当たりの価額) 円	D
	5-1 間口が狭小な宅地等 (AからDまでのうち該当するもの) (間口狭小補正率) (奥行長大補正率) 　　　　円 × (　.　 × 　.　)	(1m²当たりの価額) 円	E
	5-2 不整形地 (AからDまでのうち該当するもの) 不整形地補正率※ 　　　　円 × 0. ※不整形地補正率の計算 (想定整形地の間口距離)　(想定整形地の奥行距離)　　　　m² 　　　　m　×　　　　m　=　　　　m² (想定整形地の地積) (不整形地の地積) (想定整形地の地積) (かげ地割合) (　　m² − 　　m²) ÷ 　　m² = 　　% (不整形地補正率表の補正率) (間口狭小補正率)　(小数点以下2位未満切捨て)　[不整形地補正率 0.　　　× 　.　 = 0.　　① ①、②のいずれか低い (奥行長大補正率) (間口狭小補正率)　　　　　　　　率、0.6を限度とする。] 　　.　 × 　.　 = 0.　　② 0.	(1m²当たりの価額) 円	F
	6 地積規模の大きな宅地 (AからFまでのうち該当するもの) 規模格差補正率※ 400,000 円 × 0.78 ※規模格差補正率の計算 (地積Ⓐ) (Ⓑ) (Ⓒ) (地積Ⓐ)　(小数点以下2位未満切捨て) {(800 m² × 0.95 + 25) ÷ 800 m²} × 0.8 = 0.78	(1m²当たりの価額) 円 312,000	G
	7 無道路地 (F又はGのうち該当するもの)　　　　　　　(※) 　　　　円 × (1 − 0.　　) ※割合の計算 (0.4を限度とする。) (正面路線価) (通路部分の地積) (F又はGのうち該当するもの) (評価対象地の地積) (　　円× 　　m²) ÷ (　　円 × 　　m²) = 0.	(1m²当たりの価額) 円	H
	8 がけ地等を有する宅地　　　[南 、 東 、 西 、 北] (AからHまでのうち該当するもの)　　(がけ地補正率) 　　　　円 × 0.	(1m²当たりの価額) 円	I
	9 容積率の異なる2以上の地域にわたる宅地 (AからIまでのうち該当するもの)　　(控除割合 (小数点以下3位未満四捨五入)) 　　　　円 × (1 − 0.　　)	(1m²当たりの価額) 円	J
	10 私道 (AからJまでのうち該当するもの) 　　　　円 × 0.3	(1m²当たりの価額) 円	K

自用地の評価額	自用地1平方メートル当たりの価額 (AからKまでのうちの該当記号) (G) 312,000 円	地積 800 m²	総額 (自用地1m²当たりの価額)×(地積) 249,600,000 円	L

(注) 1 5-1の「間口が狭小な宅地等」と5-2の「不整形地」は重複して適用できません。
2 5-2の「不整形地」の「AからDまでのうち該当するもの」欄の価額について、AからDまでの欄で計算できない場合には、(第2表)の「備考」欄等で計算してください。

(資4-25-1-A4統一)

（記載例）

第8節 都市計画道路予定地の区域内にある宅地の評価　199

土地及び土地の上に存する権利の評価明細書（第2表）

セットバックを必要とする宅地の評価額	（自用地の評価額） 円 － （ （自用地の評価額） 円 × （該当地積） ㎡／（総地積）㎡ × 0.7 ）	（自用地の評価額） 円	M
都市計画道路予定地の区域内にある宅地の評価額	（自用地の評価額）　　（補正率） 249,600,000円 × 0.94	（自用地の評価額） 234,624,000円	N

（平成三十年分以降用）

大規模工場用地等の評価額	○ 大規模工場用地等 （正面路線価）　　（地積）　　（地積が20万㎡以上の場合は0.95） 円 × 　㎡ ×	円	O
	○ ゴルフ場用地等 （宅地とした場合の価額）（地積）　　（1㎡当たりの造成費）（地積） （ 円 × ㎡×0.6） －（ 円× ㎡）	円	P

	利用区分	算　式	総　額	記号
総額計算による価額	貸宅地	（自用地の評価額）　（借地権割合） 円 × （1－ 0.　）	円	Q
	貸家建付地	（自用地の評価額又はS）　（借地権割合）（借家権割合）（賃貸割合） 円 × （1－ 0.　×0.　× ㎡／㎡）	円	R
	目的となっている土地（借地権）	（自用地の評価額）　　（　割合） 円 × （1－ 0.　）	円	S
	借地権	（自用地の評価額）　（借地権割合） 円 × 0.	円	T
	貸家建付借地権	（T, AAのうちの該当記号）　（借家権割合）　（賃貸割合） （　） 円 × （1－ 0.　× ㎡／㎡）	円	U
	転貸借地権	（T, AAのうちの該当記号）　（借地権割合） （　） 円 × （1－ 0.　）	円	V
	転借権	（T, U, AAのうちの該当記号）　（借地権割合） （　） 円 × 0.	円	W
	借家人の有する権利	（T, W, AAのうちの該当記号）　（借家権割合）　（賃借割合） （　） 円 × 0.　× ㎡／㎡	円	X
	（　）権	（自用地の評価額）　　（　割合） 円 × 0.	円	Y
	権利が競合する場合の土地に関する権利	（Q, Sのうちの該当記号）　（　割合） （　） 円 × （1－ 0.　）	円	Z
	他の権利と競合する場合の権利	（T, Yのうちの該当記号）　（　割合） （　） 円 × （1－ 0.　）	円	AA

備考	

（注）　区分地上権と区分地上権に準ずる地役権とが競合する場合については、備考欄等で計算してください。

第9節 文化財建造物等である家屋の敷地等の評価

文化財建造物、景観重要建造物などの評価について、まとめて記述します。

1 | 文化財建造物である家屋の敷地の用に供されている宅地の評価

　文化財保護法（昭和25年法律214号）27条１項に規定する重要文化財に指定された建造物、同法58条１項に規定する登録有形文化財である建造物及び文化財保護法施行令（昭和50年政令267号）４条３項１号に規定する伝統的建造物（以下本項、評価基本通達83-3《文化財建造物である構築物の敷地の用に供されている土地の評価》、同通達89-2《文化財建造物である家屋の評価》及び97-2《文化財建造物である構築物の評価》において、これらを「文化財建造物」といいます。）である家屋の敷地の用に供されている宅地の価額は、それが文化財建造物である家屋の敷地でないものとした場合の価額（自用地の価額）から、その価額に次表の文化財建造物の種類に応じて定める割合を乗じて計算した金額を控除した金額によって評価します（評基通24-8）。

　なお、文化財建造物である家屋の敷地の用に供されている宅地に固定資産税評価額が付されていない場合には、文化財建造物である家屋の敷地でないものとした場合の価額は、その宅地と状況が類似する付近の宅地の固定資産税評価額を基とし、付近の宅地とその宅地との位置、形状等の条件差を考慮して、その宅地の固定資産税評価額に相当する額を算出し、その額に倍率を乗じて計算した金額とします（評基通24-8）。

（注）文化財建造物である家屋の敷地とともに、その文化財建造物である家屋と一体をなして価値を形成している土地がある場合には、その土地の価額は、評価基本通達24-8の定めを適用して評価することに留意します。

　したがって、例えば、その文化財建造物である家屋と一体をなして価値を形成している山林がある場合には、この通達の定めにより評価した山林の価額から、その価額に次表の文化財建造物の種類に応じて定める割合を乗じて計算した金額を控除した金額によって評価します。

文化財建造物の種類	控除割合
重要文化財	0.7
登録有形文化財	0.3
伝統的建造物	0.3

2 | 文化財建造物である構築物の敷地の用に供されている土地の評価

　文化財建造物である**構築物**の敷地の用に供されている土地の価額は、評価基本通達82《雑種地の評価》の定めにより評価した価額から、その価額に同通達24-8《文化財建造物である家屋の敷地の用に供されている宅地の評価》に定める割合を乗じて計算した金額を控除した金額によって評価します。

　なお、文化財建造物である**構築物**の敷地とともに、その文化財建造物である構築物と一体をなして価値を形成している土地がある場合には、その土地の価額は、同通達24-8の（注）に準じて評価します。

3 | 文化財建造物である家屋の評価

　文化財建造物である**家屋の価額**は、それが文化財建造物でないものとした場合の価額から、その価額に評価基本通達24-8《文化財建造物である家屋の敷地の用に供されている宅地の評価》に定める割合を乗じて計算した金額を控除した金額によって評価します。

　なお、文化財建造物でないものとした場合の価額は、次に掲げる場合の区分に応じ、それぞれ次に掲げる金額によって評価します（評基通89-2）。

(1) 文化財建造物である家屋に固定資産税評価額が付されている場合

　　その文化財建造物の固定資産税評価額を基として評価基本通達89《家屋の評価》の定めにより評価した金額

(2) 文化財建造物である家屋に固定資産税評価額が付されていない場合

　　その文化財建造物の再建築価額（課税時期においてその財産を新たに建築又は設備するために要する費用の額の合計額をいいます。以下同じです。）から、経過年数に応ずる減価の額（注）を控除した価額の**100分の70**に相当する金額

　（注）「経過年数に応ずる減価の額」は、再建築価額から当該価額に0.1を乗じて計算した金額を控除した価額に、その文化財建造物の残存年数（建築の時から朽廃の時までの期間に相当する年数）のうちに占める経過年数（建築の時から課税時期までの期間に相当する年数（その期間に1年未満の端数があるときは、その端数は1年とします。））の割合を乗じて計算します。

4 | 文化財建造物である構築物の評価

　文化財建造物である**構築物の価額**は、評価基本通達97《構築物の評価の方式》の定めにより評価した価額から、その価額に同通達24-8《文化財建造物である家屋の敷地の用に供されて

いる宅地の評価）に定める割合を乗じて計算した金額を控除した金額によって評価します（評基通97-2）。

5 | 景観重要建造物である家屋及び敷地等の評価

景観重要建造物、歴史的風致形成建造物である家屋及びその敷地の評価については、以下の質疑を参考にしてください。

Q3-13　景観重要建造物である家屋及びその敷地の評価

> **問**　景観法に基づき景観重要建造物に指定された建造物である家屋及びその敷地の用に供されている宅地は、どのように評価するのですか。

答　景観行政団体の長は、景観計画に定められた景観重要建造物の指定の方針に即し、地域の自然、歴史、文化等からみて、その外観が景観上の特徴を有し、景観計画区域内の良好な景観の形成に重要なものであるなど、一定の基準に該当する建造物（これと一体となって良好な景観を形成している土地その他の物件を含みます。）を、景観重要建造物として指定することができることとされています（景観法19）。

この景観重要建造物の指定を受けた建造物については、原則として、景観行政団体の長の許可を受けなければ、増築、改築、移転若しくは除却、外観を変更することとなる修繕若しくは模様替又は色彩の変更をしてはならないこととされている（景観法22）など、評価基本通達24-8《文化財建造物である家屋の敷地の用に供されている宅地の評価》及び89-2《文化財建造物である家屋の評価》に定める伝統的建造物と同程度の法的規制、利用制限を受けることとなります。

このことから、景観法に基づき景観重要建造物に指定された家屋及びその敷地の用に供されている宅地については、評価基本通達5《評価方法の定めのない財産の評価》の定めに基づき、同通達24-8及び89-2に定める伝統的建造物である家屋及びその敷地の用に供されている宅地の評価方法に準じて、それが景観重要建造物である家屋及びその敷地の用に供されている宅地でないものとした場合の価額から、その価額に**100分の30**を乗じて計算した価額を控除した金額によって評価します。

Q3-14 歴史的風致形成建造物である家屋及びその敷地の評価

問 地域における歴史的風致の維持及び向上に関する法律（以下、「歴史まちづくり法」といいます。）に基づき歴史的風致形成建造物に指定された建造物である家屋及びその敷地の用に供されている宅地は、どのように評価するのですか。

答 市町村長は、認定歴史的風致維持向上計画に記載された重点区域（以下「認定重点区域」といいます。）内の歴史上価値の高い重要無形文化財又は重要無形民俗文化財の用に供されることによりそれらの価値の形成に寄与している建造物その他の地域の歴史的な建造物であって、現に認定重点区域における歴史的風致を形成しており、かつ、その歴史的風致の維持及び向上のためにその保全を図る必要があると認められるもの（これと一体となって歴史的風致を形成している土地又は物件を含みます。）を、歴史的風致形成建造物として指定することができることとされています（歴史まちづくり法12）。

この歴史的風致形成建造物の指定を受けた建造物については、原則として増築、改築、移転又は除却（以下「増築等」といいます。）をしようとする者は、増築等に着手する日の30日前までに市町村長に届け出なければならないこととされている（歴史まちづくり法15）など、評価基本通達24-8《文化財建造物である家屋の敷地の用に供されている宅地の評価》及び89-2《文化財建造物である家屋の評価》に定める登録有形文化財と同程度の法的規制、利用制限を受けることとなります。

このことから、歴史まちづくり法に基づき歴史的風致形成建造物に指定された家屋及びその敷地の用に供されている宅地については、評価基本通達5《評価方法の定めのない財産の評価》の定めに基づき、同通達24-8及び89-2に定める登録有形文化財である家屋及びその敷地の用に供されている宅地の評価方法に準じて、それが歴史的風致形成建造物である家屋及びその敷地の用に供されている宅地でないものとした場合の価額からその価額に**100分の30**を乗じて計算した価額を控除した金額によって評価します。

第4章

農地・山林・原野等の評価

第1節 農地の評価（市街地農地等を除く）

市街地農地（生産緑地を含みます。）、市街地周辺農地以外の農地は、評価対象地の固定資産税評価額に、純農地、中間農地の分類に応じ財産評価基準書の評価倍率表に定められた**評価倍率**を乗じて評価します（評基通36、36-2、37、38）。

なお、純農地、中間農地の確認は、評価倍率表の「適用地域」により行います（Q4-1参照）。

（算式）

$$評価額 ＝ 固定資産税評価額 \times 評価倍率$$

評価倍率表の表記、農地の分類、それに対応する評価方法を整理すると次のとおりです。

○ 評価倍率表の表記、農地の分類及び評価方式

倍率表の表記	分　類	評価方法		
比準	市街地農地	宅地比準方式	2章3節	→P159参照
周比準	市街地周辺農地	宅地比準方式（80%）	2章3節	→P159参照
純○○	純農地	倍率方式	本章本節	
中○○	中間農地	倍率方式		

Q4-1 評価倍率表による農地の評価方法の判別と評価

問 ○○市上田町の評価倍率表は次のとおりですが、同町に所在する田はどのように評価しますか。

評価倍率表（例）

市区町村名　○○市

音順	町（丁目）又は大字名	適用地域名	借地権割合	固定資産税評価額に乗ずる倍率等						
				宅地	田	畑	山林	原野	牧場	池沼
う	上田町	農業振興地域内の農用地区域	％	倍	倍 純4.0	倍 純6.2				
		上記以外の市街化調整区域	50	1.1	中7.2	中13				
		市街化区域	－	路線	比準	比準	比準	比準		

答 評価対象農地（地目：田）が上田町のどの適用地域に所在するかにより、次のとおり評価します。

1　農業振興地域内の農用地区域にある場合

「純農地」に該当し、次のとおり評価します。

評価額＝固定資産税評価額×4.0

2 農業振興地域内の農用地区域以外の市街化調整区域にある場合

「中間農地」に該当し、次のとおり評価します。

評価額＝固定資産税評価額×7.2

3 市街化区域にある場合

「市街地農地」に該当し、宅地比準方式により評価します。

なお、既に転用許可済の農地については、その所在に関係なく「市街地農地」に分類され宅地比準方式により評価します。

【チェックポイント】
・評価対象農地が農業振興地域内の農用地区域にあるかどうかは、「全国農地ナビ」で容易に把握できますが、市区町村（農林課、産業振興課など）で再確認します。
・評価対象農地が市街化区域に所在するか、市街化調整区域に所在するかは、「都市計画図」（市区町村の都市計画課）や名寄帳兼固定資産税課税台帳（市区町村の固定資産税課）の記載で確認します。
・転用許可済の農地であるかどうかは、農業委員会で確認します。

（参考資料）

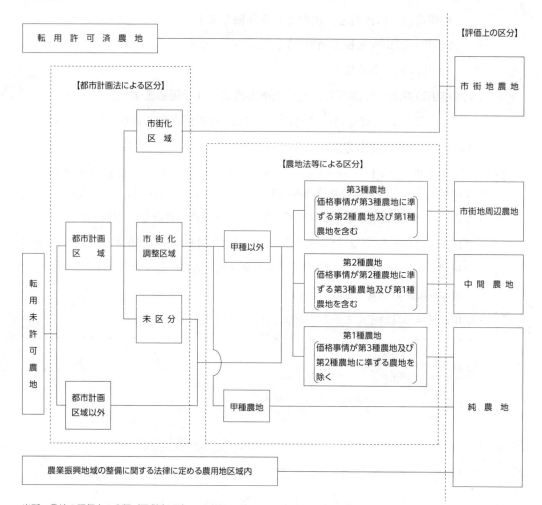

出所：農地の評価上の分類（国税庁HP）

> 【参考】
> 「農地法3条の許可を得る前に買主が死亡した場合の相続税の課税対象財産は、当該農地の所有権移転請求権等の債権的権利であり、その価額は当該農地の売買価額により評価すべきである」との判決があります。（参考：最高裁昭和61年12月5日判決、昭56（行ツ）89号。税務訴訟資料154号781頁。）

第2節 山林の評価（市街地山林を除く）

1 山林の評価

市街地山林（2章3節参照）を除く山林は、評価対象地の固定資産税評価額に、純山林、中間山林の分類に応じ財産評価基準書の評価倍率表に定められた評価倍率を乗じて評価します（評基通45、47、48）。

（算式）

> 評価額 ＝ 固定資産税評価額 × 評価倍率

評価倍率表の表記、山林の分類、それに対応する評価方法を整理すると次のとおりです。

○ 評価倍率表の表記、山林の分類及び評価方式

倍率表の表記	分類	評価方法	
比準	市街地山林	宅地比準方式	2章3節
純○○	純山林	倍率方式	4章本節
中○○	中間山林	倍率方式	

Q4-2 評価倍率表による山林の評価方法の判別と評価

問 ○○市山田町の評価倍率表は次表のとおりですが、同町に所在する山林はどのように評価しますか。

市区町村名　○○市

音順	町（丁目）又は大字名	適用地域名	借地権割合	固定資産税評価額に乗ずる倍率等					
				宅地	田	畑	山林	原野	牧場	池沼
や	山田町	市街化調整区域 市街化区域	40 —	1.1 路線	中17 比準	中28 比準	純13 比準	純13 比準		

答 評価対象山林が山田町のどの適用地域に所在するかにより、次のとおり評価します。

1. 市街化調整区域にある場合

    「純山林」に該当し、次のとおり評価します。

    評価額＝固定資産税評価額×13

2. 市街化区域にある場合

    「市街地山林」に該当し、宅地比準方式で評価します。

2 | 保安林等の評価

　森林法その他の法令の規定に基づき土地の利用又は立木の伐採について制限を受けている山林については、その山林が法令の規定により制限を受けていないものとした場合の価額から、その山林にある立木についての伐採制限の程度に応じて定められた次に掲げる割合を乗じて計算した金額を控除した金額で評価します（評基通50）。

（算式）

> **山林の評価額 ×（1－保安林等の立木の控除割合）**

（注）① 上記の「山林の評価額」は、その山林の制限を受けていないとして評価した場合の価額をいいます。

② ただし、山林における利用又は伐採について制限があることを考慮した上で倍率が定められているときは、控除できないことに留意する必要があります。

③ 保安林は、固定資産税は非課税であるため、固定資産税評価額が付されていません。このため、評価に当たり市区町村から固定資産税評価額の証明を請求する場合は近傍山林の標準単価の記載も含めて請求します。

（保安林の制限内容に応じた割合）

法令に基づき定められた伐採関係の区分	控除割合
一部皆伐	0.3
択伐	0.5
単木選伐	0.7
禁伐	0.8

Q4-3　固定資産税評価額が付されていない保安林の評価

問　評価対象地の地積は25,000㎡ありますが、保安林指定がされているため（法令による伐採区分は択伐）固定資産税は非課税で評価額は付されていません。
　この場合、どのように評価したらよいのでしょうか。
　なお、この地域の山林は純山林で、評価倍率は13倍です。

答　市区町村に評価対象山林の固定資産税評価額を請求する際に近傍山林の価額（近傍類似土地評価証明書という様式で交付される市区町村もあります。）の記載（付記）を請求し、様式などは市区町村によって異なりますが、次のような証明書の交付を受けます。

そこで、備考欄の単価43円に評価対象地の地積（25,000㎡）、評価倍率（13倍）を乗じて山林の評価額を求め、これを基に保安林等の評価を行います。

(計算例)　保安林（「択伐」の場合）

1　山林の評価額

　　　　（近傍山林の単価）　　（評価倍率）　　（地積）
　　　　　43円　　×　　13倍　　×　　25,000㎡　＝　13,975,000円

2　保安林の評価額

　　　　（山林の評価額）　　　　　　　　（保安林等の立木の控除割合）
　　　　13,975,000円　×　（1　－　0.5）　＝　6,987,500円

固定資産税　評価証明書						
所有者氏名	○○　○○					
資産区分	所在地	家屋番号	課税地目又は構造	課税床面積又は課税地積（㎡）	評価額（円）	備考
	地番	登記地目又は種類				
土地	山田町		保安林	25,000	0	近傍山林 43円/㎡
	8×××	保安林				
(以下省略)						

【チェックポイント】

保安林など非課税となり固定資産税評価額が付されていない場合は、近傍の類似地、この場合は「近傍山林の標準価格の記載」を固定資産税評価の証明願に付記すると、備考欄に上記証明書のように記載されたものが交付されます(請求方法や表示方法は、市区町村によって異なりますので問い合わせの上請求してください。)。

この方法は、保安林だけでなく、<u>倍率地域にある雑種地を評価する場合に頻繁に活用します。それは、雑種地は状況の類似する地目に比準して評価することとされているからで、この場合、雑種地の固定資産税評価額をそのまま使わないで、近傍のその雑種地が類似する地目（宅地に類似する揚合は宅地、山林に類似する場合は山林など）の標準価格を基準に評価します。</u>

3 | 特別緑地保全地区内にある山林の評価

特別緑地保全地区内にある山林の評価は次のとおりです（評基通50-2）。

(算式)

$$評価額 = \left[\begin{array}{c}路線価方式又は倍率方式\\で評価した山林の価額\end{array}\right] - \left[\begin{array}{c}路線価方式又は倍率方式\\で評価した山林の価額\end{array}\right] \times \frac{80}{100}$$

(注)　1　特別緑地保全区域とは都市緑地法12条に規定する特別緑地保全地区（首都圏近郊緑地保全法4条2項3号に規定する近郊緑地特別保全地区及び近畿圏の保全区域の整備に関

する法律6条2項に規定する近郊緑地特別保全地区を含みます。）内にある山林をいいます。

2　ただし、同区域内にあっても林業を営むために立木の伐採が認められる山林で、かつ、純山林に該当するものは除かれます。

特別緑地保全区域には、まれに市街地農地、市街地周辺農地が含まれることがあり、この場合の評価は、上記算式の「路線価方式又は倍率方式で評価した山林の価額」を「宅地比準方式で評価した価額」（市街地周辺農地について80％評価減しません）に置き換えて評価します。

第3節　原野等の評価（市街地原野を除く）

1 ｜ 原野の評価

市街地原野を除く原野は、評価対象地の固定資産税評価額に、純原野、中間原野の分類に応じ財産評価基準書の評価倍率表に定められた評価倍率を乗じて評価します（評基通57、58、58-2）。

（算式）

$$評価額 ＝ 固定資産税評価額 \times 評価倍率$$

評価倍率表の表記、原野の分類、それに対応する評価方法を整理すると次のとおりです。

○　評価倍率表の表記、原野の分類及評価方式

倍率表の表記	分　類	評価方法	
比準	市街地原野	宅地比準方式	2章3節
純○○	純原野	倍率方式	4章本節
中○○	中間原野	倍率方式	

2 ｜ 特別緑地保全地区内にある原野の評価

特別緑地保全地区内（定義は、2節と同じです。）にある原野の評価は次のとおりです（評基通58-5）。

（算式）

$$評価額 ＝ \left\{\begin{array}{l}路線価方式又は倍率方式\\で評価した原野の価額\end{array}\right\} － \left\{\begin{array}{l}路線価方式又は倍率方式\\で評価した原野の価額\end{array}\right\} \times \frac{80}{100}$$

3 ｜ 牧場・池沼の評価

原野に準じて評価します（評基通61、62）。

第4節 鉱泉地の評価

1 鉱泉地の評価

鉱泉地の評価は、次の区分によってそれぞれ評価します（評基通69）。

ただし、湯温、ゆう出量等に急激な変化が生じたこと等から、次の評価が適当でないと認められる鉱泉地については、その鉱泉地と状況の類似する鉱泉地の価額若しくは売買実例価額又は精通者意見価格等を参酌して求めた金額によって評価します。

(1) 状況が類似する温泉地又は地域ごとに、その温泉地又はその地域に存する鉱泉地の売買実例価額、精通者意見価格、その鉱泉地の鉱泉を利用する温泉地の地価事情、その鉱泉地と状況が類似する鉱泉地の価額等を基として国税局長が鉱泉地の固定資産税評価額に乗ずべき一定の倍率を定めている場合

（算式）

$$評価額 ＝ 鉱泉地の固定資産税評価額（A）× 倍率$$

(2) (1)以外の場合

（算式）

$$評価額 ＝ (1)の(A) × \frac{その鉱泉地の鉱泉を利用する宅地の課税時期における価額}{その鉱泉地の鉱泉を利用する宅地のその鉱泉地の固定資産税評価額の評定の基準となった日における価額}$$

（注）固定資産税評価額の評定の基準となった日とは、通常、各基準年度（地方税法341条《固定資産税に関する用語の意義》6号に規定する年度をいいます。）の初日の属する年の前年1月1日となります。

2 住宅、別荘等の鉱泉地の評価

鉱泉地からゆう出する温泉の利用者が、旅館、料理店等の営業者以外の者である場合におけるその鉱泉地の価額は、評価基本通達69（鉱泉地の評価）の定めによって求めた価額を基とし、その価額からその価額の**100分の30の範囲内**において相当と認める金額を控除した価額によって評価します（評基通75）。

3 | 温泉権が設定されている鉱泉地の評価

温泉権が設定されている鉱泉地の価額は、その鉱泉地について評価基本通達69《鉱泉地の評価》又は75《住宅、別荘等の鉱泉地の評価》の定めにより評価した価額から下記4で算出した温泉権の価額を控除した価額によって評価します（評基通77）。

4 | 温泉権の評価

温泉権の価額は、その温泉権の設定の条件に応じ、温泉権の売買実例価額、精通者意見価格等を参酌して評価します（評基通78）。

5 | 引湯権の設定されている鉱泉地及び温泉権の評価

引湯権（鉱泉地又は温泉権を有する者から分湯を受ける者のその引湯する権利をいいます。以下同じです。）の設定されている鉱泉地又は温泉権の価額は、評価基本通達69《鉱泉地の評価》又は75《住宅、別荘等の鉱泉地の評価》の定めにより評価した鉱泉地の価額又は上記4で算出した温泉権の価額から、下記6（ただし書を除きます。）で算出した引湯権の価額を控除した価額によって評価します（評基通79）。

6 | 引湯権の評価

引湯権の価額は、評価基本通達69《鉱泉地の評価》、75《住宅、別荘等の鉱泉地の評価》又は78《温泉権の評価》の定めにより評価した鉱泉地の価額又は温泉権の価額に、その鉱泉地のゆう出量に対するその引湯権に係る分湯量の割合を乗じて求めた価額を基とし、その価額から、引湯の条件に応じ、その価額の**100分の30の範囲内**において相当と認める金額を控除した価額によって評価します（評基通80）。

ただし、別荘、リゾートマンション等に係る引湯権で通常取引される価額が明らかなものについては、納税義務者の選択により課税時期におけるその価額に相当する金額によって評価することができます。

第5節 雑種地の評価

1 雑種地の評価

（1）評価方法

　雑種地の価額は、原則として、その雑種地と状況が類似する付近の土地についてこの通達の定めるところにより評価した1㎡当たりの価額を基とし、その土地とその雑種地との位置、形状等の条件の差を考慮して評定した価額に、その雑種地の地積を乗じて計算した金額によって評価します（評基通82）。

　ただし、評価倍率が定められている雑種地（財産評価基準書に別途記載があります。）については、固定資産税評価額にその倍率を乗じて計算した金額によって評価します。

　このように、雑種地の原則的な評価方法に**比準方式**を採用しているのは、状況の類似する雑種地が一定の地域を形成していることはほとんどないのが実情であり、しかも、雑種地の状況が駐車場、資材置場、グラウンド等のように宅地に類似するものもあれば、荒れ地、土砂を採取した跡地等のように原野に類似するものもあることから、その価額の評価に当たっては、状況の類似した同種の土地が一定の地域を形成している場合を前提とした倍率方式によるよりも、評価する雑種地の付近にあって、状況が類似する土地の価額から**比準**して評価する方が合理的だからです（参考：平12.12.21裁決、裁決事例集No.60　522頁）。

Q4-4　雑種地の具体的な評価方法

問　雑種地は具体的にどのように評価するのですか。

答　類似する地目に応じて次のとおり評価します。

1　宅地に類似する雑種地の場合

（評価手順）

① 宅地のルールに従って評価単位を確定します。

② 近傍宅地に係る標準的な1㎡当たりの単価を求めます。

　　路線価地域は、路線価、倍率地域は、近傍の類似地目に係る標準的な1㎡当たりの単価です。

③ 画地調整を行います。

　　倍率地域の場合は、地区区分を普通住宅地区として画地調整を行います。

④ 必要に応じて、造成費を差し引きます。

⑤ ④で求めた価額に地積を乗じて評価額を算出します。
2 市街化調整区域の倍率地域にある山林に類似する雑種地の場合
（評価方法）
① 1筆を評価単位とします。
② 近傍山林に係る標準的な1㎡当たりの単価を求めます。
③ 評価倍率表の適用地域の山林の評価倍率を②に乗じて評価額を求めます。

【チェックポイント】
1 宅地に類似する雑種地が市街化調整区域にある場合は、次の（2）市街化調整区域内にある雑種地の評価にご留意ください。
評価額が更に調整減されます。
2 近傍宅地等の標準的な1㎡当たりの価格は、市区町村の固定資産税課に当該雑種地の固定資産税評価証明を請求する際に当該価額の付記を請求する方法（市区町村によって異なります。）で行います（Q4-3「固定資産税評価額が付されていない保安林の評価」参照）。

(2) 市街化調整区域内にある雑種地の評価

市街化調整区域内にある雑種地を評価する場合に、状況が類似する土地（地目）の判定をするときには、評価対象地の周囲の状況に応じて、下表により判定することになります。

また、付近の宅地の価額を基として評価する場合（**宅地比準**）における法的規制等（開発行為の可否、建築制限、位置等）に係る<u>しんしゃく割合</u>（**減価率**）は、市街化の影響度と雑種地の利用状況によって個別に判定することになりますが、下表のしんしゃく割合によっても差し支えないものとされています。

周囲（地域）の状況	比準地目	しんしゃく割合
① 純農地、純山林、純原野	農地比準、山林比準、原野比準（注1）	
② ①と③の地域の中間（周囲の状況により判定）	宅地比準	しんしゃく割合50%
		しんしゃく割合30%
③ 店舗等の建築が可能な幹線道路沿いや市街化区域との境界付近（注2）	宅地価格と同等の取引実態が認められる地域（郊外型店舗が建ち並ぶ地域等）	しんしゃく割合0%

（市街化の影響度：弱→強）

(注) 1 農地等の価額を基として評価する場合で、評価対象地が資材置場、駐車場等として利用されているときは、その土地の価額は、原則として、評価基本通達24-5《農業用施設用地の評価》に準じて農地等の価額に造成費相当額を加算した価額により評価します（ただし、その価額は宅地の価額を基として評価した価額を上回らないことに留意してください。）。

2 ③の地域は、線引き後に沿道サービス施設が建設される可能性のある土地（都市計画法34条9号、43条2項）や、線引き後に日常生活に必要な物品の小売業等の店舗として開発又は建築される可能性のある土地（都市計画法34条1号、43条2項）の存する地域をいいます。

3 都市計画法34条11号に規定する区域内については、上記の表によらず、個別に判定します。

（出所：国税庁ホームページを基に作成）

2 ゴルフ場の用に供されている土地の評価

(1) 市街化区域及びそれに近接する地域にあるゴルフ場用地の価額

そのゴルフ場用地が宅地であるとした場合の1㎡当たりの価額にそのゴルフ場用地の地積を乗じて計算した金額の**100分の60**に相当する金額から、そのゴルフ場用地を宅地に造成する場合において通常必要と認められる1㎡当たりの造成費に相当する金額として国税局長の定める金額にそのゴルフ場用地の地積を乗じて計算した金額を控除した価額によって評価します（評基通83）。

（算式）

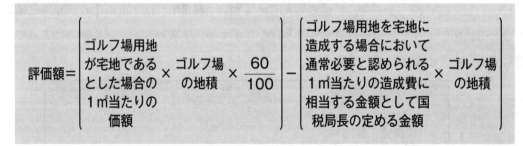

(注) 1 そのゴルフ場用地が宅地であるとした場合の1㎡当たりの価額は、そのゴルフ場用地が路線価地域にある場合には、そのゴルフ場用地の周囲に付されている路線価をそのゴルフ場用地に接する距離によって加重平均した金額によることができます。

2 また、倍率地域にある場合には、そのゴルフ場用地の1㎡当たりの固定資産税評価額（固定資産税評価額を土地課税台帳又は土地補充課税台帳に登録された地積で除して求めた額）にゴルフ場用地ごとに不動産鑑定士等による鑑定評価額、精通者意見価格等を基として国税局長の定める倍率を乗じて計算した金額によることができます（財産評価基準書で公表されます。）。

(2) (1)以外の地域にあるゴルフ場用地の価額

そのゴルフ場用地の固定資産税評価額に、一定の地域ごとに不動産鑑定士等による鑑定評価額、精通者意見価格等を基として国税局長の定める倍率を乗じて計算した金額によって評価します（**財産評価基準書**で公表されます。）（評基通83）。

(算式)

> 評価額 ＝ ゴルフ場の固定資産税評価額 × 評価倍率

設例 ゴルフ場用地が路線価地域にある場合の評価

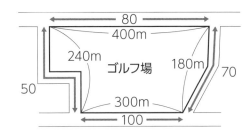

(計算例)

(1) 宅地であるとした場合の1㎡当たりの価額

$$\frac{\begin{pmatrix}100千円\\ \times 300m\end{pmatrix} + \begin{pmatrix}70千円\\ \times 180m\end{pmatrix} + \begin{pmatrix}80千円\\ \times 400m\end{pmatrix} + \begin{pmatrix}50千円\\ \times 240m\end{pmatrix}}{300m + 180m + 400m + 240m} = 77,321円$$

(2) 仮に、上記ゴルフ場が

　　ゴルフ場の面積：64,800㎡

　　造成費：1㎡当たり10,000円　　とした場合

　ゴルフ場の評価額は、

　　77,321円 × 64,800㎡ × 0.6 － 10,000円 × 64,800㎡ ＝ 2,358,240,480円

220　第4章　農地・山林・原野等の評価

(記載例)

土地及び土地の上に存する権利の評価明細書(第2表)

セットバックを必要とする宅地の評価額	(自用地の評価額)　　　　　(自用地の評価額)　　　　(該当地積) 　　円　－　(　　　円　×　$\frac{㎡}{(総地積)㎡}$　×　0.7　)	(自用地の評価額) 　　円	M
都市計画道路予定地の区域内にある宅地の評価額	(自用地の評価額)　　　　(補正率) 　　円　×　0.	(自用地の評価額) 　　円	N
大規模工場用地等の評価額	○ 大規模工場用地等 　(正面路線価)　　　(地積)　　　(地積が20万㎡以上の場合は0.95) 　　円　×　　㎡　×	円	O
	○ ゴルフ場用地等 　(宅地とした場合の価額)(地積)　$\binom{1㎡当たり}{の造成費}$　(地積) 　(　77,321円　×64,800㎡×0.6)　－　(　10,000円　×　64,800㎡)	2,358,240,480	P

	利用区分	算　　　式	総　　額	記号
総額計算による価額・額	貸宅地	(自用地の評価額)　　(借地権割合) 　　円　×　(1－ 0.　)	円	Q
	貸家建付地	(自用地の評価額又はS)　(借地権割合)(借家権割合)(賃貸割合) 　　円　×　(1－ 0.　×0.　×$\frac{㎡}{㎡}$)	円	R
	目的となっている土地(権利)	(自用地の評価額)　　　(割合) 　　円　×　(1－ 0.　)	円	S
	借地権	(自用地の評価額)　　(借地権割合) 　　円　×　0.	円	T
	貸家建付借地権	(T,AAのうちの該当記号)　(借家権割合)　(賃貸割合) (　) 　　円　×　(1－ 0.　×　$\frac{㎡}{㎡}$)	円	U
	転貸借地権	(T,AAのうちの該当記号)　(借地権割合) (　) 　　円　×　(1－ 0.　)	円	V
	転借権	(T,U,AAのうちの該当記号)　(借地権割合) (　) 　　円　×　0.	円	W
	借家人の有する権利	(T,W,AAのうちの該当記号)　(借家権割合)　(賃借割合) (　) 　　円　×　0.　×　$\frac{㎡}{㎡}$	円	X
	(　)権	(自用地の評価額)　　　(割合) 　　円　×　0.	円	Y
	権利が競合する場合の土地に関する権利	(Q,Sのうちの該当記号)　(割合) (　) 　　円　×　(1－ 0.　)	円	Z
	他の権利と競合する場合の権利	(T,Yのうちの該当記号)　(割合) (　) 　　円　×　(1－ 0.　)	円	AA
備考				

(注) 区分地上権と区分地上権に準ずる地役権とが競合する場合については、備考欄等で計算してください。

(資4－25－2－A4統一)

3 │ 遊園地等の用に供されている土地の評価

　遊園地、運動場、競馬場その他これらに類似する施設（以下「遊園地等」といいます。）の用に供されている土地の価額は、原則として、**雑種地**の評価の定めを準用して評価します（評基通83-2）。

　ただし、その規模等の状況から上記２のゴルフ場用地と同様に評価することが相当と認められる遊園地等の用に供されている土地の価額は、ゴルフ場の用に供されている土地の評価に準じて評価します。

　この場合の造成費に相当する金額は、財産評価基準書にある**市街地山林**の評価に使用する造成費の金額です。

4 │ 鉄軌道用地の評価

　鉄道又は軌道の用に供する土地（以下「鉄軌道用地」といいます。）の価額は、その鉄軌道用地に沿接する土地の価額の**３分の１**に相当する金額によって評価します（評基通84）。

　この場合における「その鉄軌道用地に沿接する土地の価額」は、その鉄軌道用地をその沿接する土地の地目、価額の相違等に基づいて区分し、その区分した鉄軌道用地に沿接するそれぞれの土地の価額を考慮して評定した価額の合計額によります。

Q4-5　都市公園の用地として貸し付けられている土地の評価

問　都市公園法に規定されている都市公園の用地として地方公共団体に貸し付けられている土地（雑種地）は、どのように評価しますか。

答　都市公園の用地として貸し付けられている土地の価額は、その土地が都市公園の用地として貸し付けられていないものとして評価した価額（評価基本通達の第２章（土地及び土地の上に存する権利）の定めにより評価した価額）から、その価額に**100分の40**を乗じて計算した金額を控除した金額によって評価します。

　つまり、一般的に公園は、雑種地に該当し、公園の用地として貸し付けられている土地は、原則として評価基本通達86《貸し付けられている雑種地の評価》(1)の定めにより評価することとなっています。

　しかしながら、都市公園を構成する土地については、都市公園法の規定により私権が行使できず、また、公園管理者に対する都市公園の保存義務規定も定められているために、都市公園の用地として貸し付けられている土地については、相当長期間にわたりその利用が制限されることから、都市公園の用地として貸し付

けられていないものとして評価した価額の**40％相当額**を控除することとされています。

なお、都市公園の用地として貸し付けられている土地とは、都市公園法2条《定義》1項1号に規定する公園又は緑地（堅固な公園施設が設置されているもので、面積が500㎡以上あるものに限ります。）の用に供されている土地として貸し付けられているもので、次の要件を備えるものです。

1　土地所有者と地方公共団体との土地貸借契約に次の事項の定めがあること
　(1)　貸付けの期間が20年以上であること
　(2)　正当な事由がない限り貸付けを更新すること
　(3)　土地所有者は、貸付けの期間の中途において正当な事由がない限り土地の返還を求めることはできないこと
2　相続税又は贈与税の申告期限までに、その土地についての権原を有することとなった相続人又は受贈者全員から当該土地を引き続き公園用地として貸し付けることに同意する旨の申出書が提出されていること

この取扱いの適用を受けるに当たっては、当該土地が都市公園の用地として貸し付けられている土地に該当する旨の地方公共団体の証明書（上記2の申出書の写しを添付）を税務署に提出する必要があります。

第5章

著しく利用価値の低い土地の評価等

第1節 利用価値が著しく低下している宅地の評価

　次のようにその利用価値が付近にある他の宅地の利用状況からみて、著しく低下していると認められるものの価額は、その宅地について利用価値が低下していないものとして評価した場合の価額から、利用価値が低下していると認められる部分の面積に対応する価額に**10%**を乗じて計算した金額を控除した価額によって評価することができます。

①　道路より高い位置にある宅地又は低い位置にある宅地で、その付近にある宅地に比べて著しく高低差のあるもの

②　地盤に甚だしい凹凸のある宅地

③　震動の甚だしい宅地

④　①から③までの宅地以外の宅地で、騒音、日照阻害（建築基準法56条の2に定める日影時間を超える時間の日照阻害のあるものとします。）、臭気、忌み等により、その取引金額に影響を受けると認められるもの

　また、**宅地比準方式**によって評価する農地又は山林について、その農地又は山林を宅地に転用する場合において、造成費用を投下してもなお宅地としての利用価値が付近にある他の宅地の利用状況からみて著しく低下していると認められる部分を有するものについても同様です。

　ただし、路線価又は固定資産税評価額又は倍率が、利用価値の著しく低下している状況を考慮して付されている場合にはしんしゃくしません。

【財産評価額から10%を減額して評価するのが相当とした裁決（平成29.4.7裁決、裁決事例集No.107）**】**

　「本件各土地はいずれも本件道路と比べて高い位置にあり、本件道路に接する他の宅地と比べても著しく高い位置にあることや、本件各土地の周囲にはがけ地になっている部分があることからすると、本件各土地と本件各土地の周辺の一連の土地の高低差を比較検討してもなお著しい高低差があり、本件各土地の全部について、その利用価値が付近にある他の土地の利用状況からみて著しく低下していると認められるから、本件取扱いを適用して、財産評価額から10%を減額するのが相当である。」

第2節 土壌汚染地の評価

　土壌汚染地の評価は、その土壌汚染がないものとして評価した価額から、浄化・改善費用に相当する金額等を控除した価額となります。

　評価方法として、国税庁が平成16年7月5日付けで「土壌汚染地の評価等の考え方について（情報）」を公表しており、そこに次の算式が掲げられています。

（算式）

| 評価額 | ＝ | 汚染がないものとした場合の評価額 | − | 浄化・改善費用に相当する金額
(注1) | − | 使用収益制限による減価に相当する金額
(注2) | − | 心理的要因による減価に相当する金額
(注3) |

（注）1　「浄化・改善費用」とは、土壌汚染対策として、土壌汚染の除去、遮水工封じ込め等の措置を実施するための費用をいいます。汚染がないものとした場合の評価額が地価公示価格レベルの80％相当額（相続税評価額）となることから、控除すべき浄化・改善費用についても**見積額の80％相当額**を浄化・改善費用とするのが相当であるとされています。

　　　2　「使用収益制限による減価」とは、上記1の措置のうち土壌汚染の除去以外の措置を実施した場合に、その措置の機能を維持するための利用制限に伴い生ずる減価をいいます。

　　　3　「心理的要因による減価（「スティグマ」ともいいます。）」とは、土壌汚染の存在（あるいは過去に存在した）に起因する心理的な嫌悪感から生ずる減価要因をいいます。

　　　4　汚染の浄化の措置等については、評価時期において最も合理的と認められる措置によることとします。なお、各控除額の合計額が汚染がないものとした場合の評価額を超えるときには、その価額（汚染がないものとした場合の評価額）を限度とするのが相当であると考えられます。

第3節 埋蔵文化財包蔵地の評価

　埋蔵文化財の発掘調査費用の負担について、路線価や評価倍率に反映されていない場合、その価額（時価）に重大な影響を及ぼす土地固有の客観的な事情に該当すると認められますから、このような場合、土地の評価上、各土地が埋蔵文化財包蔵地でないものとして評価した価額から、**発掘調査費用の額の80％相当額**を控除して評価することが相当とされています。

【埋蔵文化財包蔵地について評価減が相当とした裁決】（参考：平成20年9月25日裁決、裁決事例集№76）

　「宅地開発における埋蔵文化財の発掘調査費用の負担は、一般的利用が宅地であることを前提として評価される本件各土地において、その価額（時価）に重大な影響を及ぼす本件各土地固有の客観的な事情に該当すると認められる」ところ、「本件各土地に接面する路線に付されている路線価は、周知の埋蔵文化財包蔵地であることを考慮して評定されたものとは認められず、また、評価基本通達上に発掘調査費用の負担に係る補正方法の定めも認められない」ことから、「本件各土地の評価上、当該事情について、所要の検討をするのが相当」とした上で、「周知の埋蔵文化財包蔵地についての発掘調査費用の負担」は、土壌汚染地の評価方法に準じて「本件各土地が周知の埋蔵文化財包蔵地ではないものとして評価した価額から、埋蔵文化財の**発掘調査費用の見積額の80％**に相当する額を控除した価額により評価することが相当」としています。

Q5-1　埋蔵文化財包蔵地の確認

問　評価対象地が埋蔵文化財包蔵地に当たるかどうかはどのようにしたら分かりますか。

答　「埋蔵文化財」に関する事務は、評価対象地がある市区町村の教育員会が行っています。そこで作成されている「埋蔵文化財包蔵地・推定分布地図」やその詳細図、地名表などにより評価対象地が埋蔵文化財包蔵地等に当たるかどうかを確認した上で、「埋蔵文化財確認依頼書」より市区町村の教育委員会の窓口に書面で照会します。

　照会方法は、各市区町村で作成されている「埋蔵文化財取扱い手引き」などを参照してください。

第6章

宅地の上に存する権利及びこれらの権利の目的となっている宅地の評価

第1節 評価方法の概要

土地の上には、様々な権利を設定することができます。

そういった権利が設定されますと、所有者は、土地の利用について制約を受けることとなり、その制約を評価上考慮する必要があります。

他方、権利者は、その権利に基づいて、土地を使用することが可能となり、また、その権利が独立して取引される場合には、一定の評価をする必要があります。

そこで、相続税法23条は、地上権及び永小作権について残存期間に応じて、一定の割合を定め、その割合をその土地に権利が設定されていないとした場合の時価（自用地としての価額）に乗じた金額を「**地上権及び永小作権**」の評価額としています。

それ以外の権利及びその権利の目的となっている土地の評価は、評価基本通達の定めによることとなりますが、評価基本通達は、土地の上に存する権利を区分して（評基通9）、その権利の区分ごとに、自用地としての価額に一定の「権利の割合」等を乗じた金額を**利用権の評価額**としています。

他方、利用権の目的となっている土地の評価は、評価対象地を自用地として評価した価額から、利用権の評価額を差し引いた価額としています。

借地権、貸地、貸家建付地の評価方法は次表のとおりです。その他詳しくは次節以降をご覧ください。

区分	評価方法	評基通
借地権	自用地としての価額 × 借地権割合	27
貸宅地	自用地としての価額 ×（1 － 借地権割合）　又は 自用地としての価額 × 貸宅地割合※	25
貸家建付地	自用地としての価額 ×（1 － 借地権割合 × 借家権割合）	26

※「貸宅地割合」が定められている地域のみの計算式です。

Q6-1　抵当権が設定されている土地の評価

問　抵当権が設定されている土地は、そのことを考慮して評価されますか。

答　抵当権が設定されている土地については、原則として抵当権が設定されていることを考慮しません。自用地としての価額で評価します。

抵当権は、債務者又は物上保証人が債務の担保に供した不動産等を担保提供者

に使用収益をさせたままで、債務不履行の場合に目的物の価額から優先的に弁済を受けることを内容とし債務の弁済により消滅する物権であり、目的物の処分について何ら制限を加えるものではないから、抵当権が設定されていることによる価値の低下はないものと考えられています。

　また、相続税法上、被相続人が債務者であって自己の債務の担保のため所有する不動産に抵当権を設定させている場合において、債務は抵当権が設定された不動産の価額から控除するのではなく、別途債務控除として、課税価格の金額の計算上控除されることとなっており、また、第三者が他人の債務の担保のため所有する不動産に抵当権を設定させている場合には、抵当権が実行されるか否かが不確実であるほか、抵当権が実行されたとしても債務者に求償することが可能であることから、抵当権が設定されることをもって何らかの評価減をすべき理由はありません。

Q6-2　駐車場敷地の評価

問　土地の所有者が駐車場経営をするための駐車場として利用している土地について控除はありますか。

答　駐車場経営は、自動車の保管を目的としてする契約で、土地の利用そのものを目的とした賃貸借契約とはいえず、その利用権は土地自体に及ぶものではないと考えられますので、「自用地」としての価額により評価します（評基通87）。

　このように自用地としての価額により評価するのは、土地の所有者が、その土地をそのままの状態で（又は土地に設備を施して）貸駐車場を経営することは、その土地で一定の期間、自動車を保管することを引き受けることであり、このような自動車を保管することを目的とする契約は、土地の利用そのものを目的とした賃貸借契約とは本質的に異なる権利関係ですので、この場合の駐車場の利用権は、その契約期間に関係なく、その土地自体に及ぶものではないと考えられるためです。

　ただし、車庫などの建物の施設を駐車場の利用者の費用で造ることを認めるような契約の場合には、土地の賃貸借になると考えられますので、その土地の自用地としての価額から、賃借権の価額を控除した金額によって評価します。

第2節 借地権及び借地権の目的となっている宅地（貸宅地）の評価

1 借地権

（1）借地権の評価

借地権とは、借地借家法2条に規定する**建物の所有**を目的とする地上権及び賃借権（定期借地権に該当するものを除きます。）をいいます。

したがって、建物以外の構築物、工作物の所有を目的とする地上権や賃借権は、ここで扱う借地権に該当しません。

また、建物の所有を目的とするものであっても、土地を利用する権原が地上権や賃借権ではなく、使用貸借に基づくものであるときは、借地権に該当しません。

借地権の価額は、自用地としての価額に借地権割合を乗じて求めます。

なお、借地権設定に際し、通常権利金その他の一時金を支払うなどの借地権の取引慣行があると認められる地域以外の地域にある借地権の価額は評価しません（なお、その場合でも貸宅地の価額は、自用地としての価額の80％で評価することに留意してください。）。

（算式）

評価額 ＝ 自用地としての評価額 × 借地権割合

（注）「借地権割合」は、各国税局長が借地権の売買実例、精通者意見価格、地代等の額を基にして評定して、財産評価基準書に取りまとめ公開します。

評価に当たっては、財産評価基準書の「路線価図」又は「評価倍率表」に記載された記号又は数字を用いて評価します。

なお、借地権の取引慣行が認められない地域には、路線価図に記号の記載はありません。また、評価倍率表の借地権割合欄に数字の記載はありません。

Q6-3　所得税法・法人税法上の借地権と財産評価基本通達の借地権

問　構築物の所有を目的とする土地の賃借権は、所得税法や法人税法では借地権に含まれていますが、評価基本通達上の借地権には、構築物の所有を目的とする賃借権も含まれるのでしょうか。

答　評価基本通達上の借地権は、借地借家法２条に規定する借地権すなわち建物の所有を目的とする地上権又は土地の賃借権に限られることから構築物の所有を目的とする賃借権は含まれません。

　建物の所有を目的とする借地権は、地域的な格差はあるとしても、その権利の内容がおおむね一様であることから、その価額の評価の方法については、自用地としての価額にその地域における一定の借地権割合を乗じて算出するのに対し、構築物の所有を目的とする賃借権については、その構築物の種類が雑多であり、かつ、その構築物の所有を目的とする賃借権の権利の態様も一様ではないことから、建物の所有を目的とする借地権とは区別してその賃借権又は地上権の権利の内容に応じて個別に評価することを目的として、借地権の範囲には構築物の所有を目的とする賃借権又は地上権は含まない取扱いとしています。

　したがって、所得税法や法人税法で規定する借地権とは異なり、構築物の所有を目的とする賃借権は、評価基本通達上の借地権には該当しません。

　なお、借地権と賃借権では評価上のしんしゃくが大きく異なり、評価額も大きく異なることになりますのでご注意ください。

（注）構築物の所有を目的とする賃借権の価額は、評価基本通達87《賃借権の評価》の定めにより評価します。

Q6-4　被相続人の自宅とその敷地について建物と借地権を配偶者、底地を長男が相続する旨の遺産分割をした場合

問　父が亡くなり、相続財産のうち不動産は自宅とその敷地しかありませんでしたので、配偶者が自宅建物と借地権を相続し、底地は長男が相続する旨の遺産分割協議をしました。この場合、借地権を配偶者が相続し、底地を長男が相続するとして課税価格を計算することができますか。

答　そのような相続税の課税価格を計算することはできません。

　配偶者は建物を、長男は当該建物の敷地を自用地として相続により取得したものとして評価した価額を課税価格に算入します。

　ところで、相続税は、相続開始時に現に存在する財産を相続したものとして

課税されます（相法1の3、2、11、通則法15②三）。

これを問の借地権について考えますと、被相続人の相続開始時には存在していませんから、借地権を財産として相続することはできません。この借地権は、配偶者が取得することとなった遺産分割協議の日に成立するものであり、当該借地権は長男との契約によって発生することとなるので、配偶者が相続により借地権を取得することはありません。

したがって、このような遺産分割協議をして、配偶者と長男との間に賃貸借契約が成立したと認められる場合には、長男が土地を相続したのちに、遺産分割協議成立の日に配偶者に借地権を贈与したものと取り扱われることになると考えられます。

もっとも、通常親子では地代の支払いをするとは考えられません。その場合は使用貸借ですから、配偶者が使用貸借権を相続財産に計上する必要はありませんし、土地は自用地としての評価をされることなります。

Q6-5　自用地と借地を一体として利用している場合の評価

問　次のような場合、甲の所有するA土地及び借地権はどのように評価するのですか。A、B土地は、三大都市圏（東京都特別区外）に所在し、地積規模の大きな宅地の要件を満たしています。

```
        ←20m→←  30m  →
      ┌─────┬──────┐ ↑
      │ A   │ B    │ │
   ↑  │    建物所有者(甲)     │ │
  20m │                    │300D
   ↓  │ 土地所有者(甲) 借地権者(甲) │ │
      │              土地所有者(乙) │ │
      └─────────────┘ ↓
       ←────400D────→
```

A土地の地積　400㎡
B土地の地積　600㎡
指定容積率　300％（A、Bとも）
普通商業・併用住宅地区

答　甲は、A土地は所有権、B土地は借地権と、異なる権利を有していますが、同一の者が権利を有し、一体として利用していることから、A土地、B土地全体を1画地の宅地として評価し、各々の権利の価額は、それぞれの宅地の地積の割合に応じてあん分した価額を基に評価します。

したがって、A土地、B土地全体の地積は1,000㎡となり、地積規模の大きな宅地の評価を基準として計算します。

なお、乙所有のB土地の貸地としての評価は、B土地を一画地の宅地として評価します。

(計算例)

1　奥行価格補正後の価額

　　$\underset{(正面路線価)}{400,000円} \times \underset{(奥行価格補正率)}{1.00} = 400,000円$

2　側方路線影響加算額調整後の価額

　　$\underset{(奥行価格補正後の価額)}{400,000円} + (\underset{(側方路線価)}{300,000円} \times \underset{(奥行価格補正率)}{0.89} \times \underset{(側方路線影響加算率)}{0.08}) = 421,360円$

3　規模格差補正後の価額

　　$\underset{(側方路線影響加算額調整後の価額)}{421,360円} \times \underset{(規模格差補正率)}{0.78} = 328,660円$

　　$規模格差補正率 = \frac{1,000㎡ \times 0.9 + 75}{1,000㎡} \times 0.8 = 0.78$

4　A土地、B土地を1画地の宅地とした場合の評価額

　　$\underset{(規模格差補正後の価額)}{328,660円} \times \underset{(地積)}{1,000㎡} = 328,660,000円$

5　評価額

　　A土地の評価額 = $\underset{\substack{(A土地、B土地を1画地の\\宅地とした場合の評価額)}}{328,660,000円} \times \underset{(A、Bの土地の地積の合計)}{\frac{\overset{(A土地の地積)}{400㎡}}{1,000㎡}} = 131,464,000円$

　　B土地に係る借地権の評価額 = $\underset{\substack{(A土地、B土地を1画地の\\宅地とした場合の評価額)}}{328,660,000円} \times \underset{(A、Bの土地の地積の合計)}{\frac{\overset{(B土地の地積)}{600㎡}}{1,000㎡}} \times \underset{(借地権割合)}{60\%} = 118,317,600円$

(2) 相当の地代を支払うなどして設定された借地権の評価

　借地権の設定に際しその設定の対価として通常権利金その他の一時金を支払う取引上の慣行のある地域において、当該権利金等の支払いに代え、相当の地代（当該土地の借地権設定時の属する年の以前3年間の自用地としての価額の平均額に対しておおむね年6％程度の地代）を支払うなど特殊な賃貸借契約により借地権の設定が行われた借地権については、次により評価します（昭和60年6月5日課資2-58、直評9ほか）。

イ　相続又は贈与の時における相当の地代を支払っている場合

　相続又は贈与の時における相当の地代（当該土地の相続又は贈与時の属する年の以前3年間の自用地としての価額の平均額に対しておおむね年6％程度の地代）を支払っている場合は、借地権の価額は、**零**とします。

Q6-6 法人が相当の地代を支払って賃借した場合の借地権の評価

問 A社は、同社の同族関係者（被相続人）の所有する土地について借地権を設定するに当たり、権利金の支払いに代えて相当の地代を支払うこととし、法人税の取扱上は権利金に係る認定課税を受けていません。その借地権設定後に相続開始がありました。

この場合、A社の借地権の評価はどうなりますか。

答

1　相当の地代を支払っている借地権の評価の原則

　もともと、権利金の支払いに代えて相当の地代が支払われている場合の借地権の評価額は、原則として零とされます。すなわち、通常、権利金を支払う取引慣行のある地域において、権利金に代えて相当の地代を支払って土地を賃借している場合の借地権につき、相続又は遺贈あるいは贈与により取得した場合には、借地権の評価は零とされます（昭和60年直資2-58ほか「相当の地代を支払っている場合等の借地権等についての相続税及び贈与税の取扱いについて」通達3）。この場合の「相当の地代」とは、自用地としての価額の過去3年間の平均額の6％相当額とします（下記設例参照）。

2　同族会社株式の評価における相当の地代を支払っている場合の借地権の評価

　被相続人所有のA社の株式評価上、自用地としての価額の**20％相当額**を同社の純資産価額に算入することとされています（昭和42年直資3-13外「相当の地代を収受している貸宅地の評価について」通達）。

　これは、被相続人が土地とその土地上の借地権を有する法人の株式を保有している場合には、貸宅地と借地権の両方、すなわち土地に係る権利を100％保有している場合と同様であるにもかかわらず、一方が法人所有というだけで土地の20％相当額が被相続人の財産として評価されないということは相当ではないと考えられるからです。

　このことは、法人の株式を同族関係者に贈与する場合も同様と解されます。

設例

① 土地の自用地としての価額　5,000万円
② 土地の自用地としての価額の過去3年間における平均額　3,500万円
③ 借地権割合　70％
④ 相当の地代の年額（②×6％）＝210万円

⑤ 支払っている地代の年額300万円

（実際の地代の額⑤）　300万円　＞　210万円　（相当の地代の年額④）

したがって、原則として法人の借地権の価額は０円とされます。

しかしながら、法人の同族関係者に係る相続税又は贈与税の課税上は、自用地としての価額の20％相当額を評価会社の純資産価額に算入することになります。

ロ　相続又は贈与の時における相当の地代に満たない地代を支払っている場合

支払っている地代の額（年額）が相続又は贈与の時における相当の地代には満たないが、通常の地代の額（年額）を上回る場合の借地権の評価は、次の算式により計算した金額となります。

なお、その借地権の設定に際し、通常支払われる権利金に満たない金額を権利金として支払っていた場合又は特別の経済的利益等の供与があった場合も同様です。

（算式）

$$\text{自用地価額} \times \left\{ \text{借地権割合} \times \left(1 - \frac{\text{実際に支払っている地代の年額} - \text{通常の地代の年額}}{\text{相当の地代の年額} - \text{通常の地代の年額}} \right) \right\}$$

設例　借地権の価額

借地権の設定に際し特別の経済的利益を与えている場合において相当の地代に満たない地代を支払っている場合の借地権の評価

① 設定時に支払った権利金の額（注）　1.4億円
② 土地の自用地としての価額　4億円
③ 借地権割合　70％
④ 相当の地代の額（年額）　②×６％＝2,400万円
⑤ 実際に支払っている地代の額（年額）　1,560万円
⑥ 通常の地代の額（年額）　720万円
⑦ 特別の経済的利益を与えている場合の借地権の価額

$$4億円 \times 0.7 \times \left[1 - \frac{1,560万円 - 720万円}{2,400万円 - 720万円} \right] = 1.4億円 \cdots \text{①と同額のため贈与は生じません。}$$

（注）地価の変動があっても、原則として設定時に支払われた権利金の額とは関係なく当該算式で借地権の価額を算定します。

Q6-7 通常の地代（年額）の意味

問 相当の地代に満たない地代を支払っている場合において、借地権の評価をするために通常の地代（年額）が必要となりますが、この「通常の地代（年額）」について教えてください。

答 「通常の地代（年額）」は、その地域で通常支払われている地代を基にして年額を求めることとなります。

相当の地代通達（昭和60年直資2-58ほか「相当の地代を支払っている場合等の借地権等についての相続税及び贈与税の取扱いについて」通達3）は、その趣旨において、通常の地代について「その地域において通常の賃貸借契約に基づいて通常支払われる地代をいう。」としています。

したがって、その地域における通常の賃貸契約の状況を調査してその月額を調べ、それを基に通常の地代（年額）を算定することとなります。

なお、通常の地代が不明な場合には、実務上、過去3年間のその土地の自用地としての価額からその地域の通常の借地権価額を控除した金額の平均額に6％を乗じて算出した額を「通常の地代（年額）として計算しても差し支えない」とされています。

> 💡 **keyword** 「相当の地代（年額）」と「通常の地代（年額）」
>
>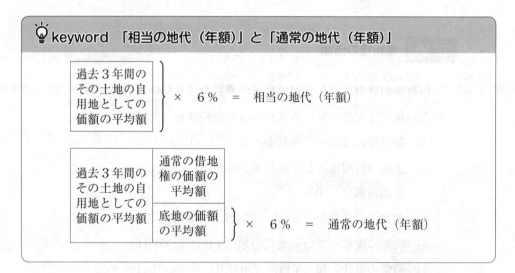

(3) 「土地の無償返還に関する届出書」が提出されている場合の借地権の評価

借地権が設定されている土地について、平成13年7月5日付課法3-57ほか11課共同「法人課税関係の申請、届出等の様式の制定について」（法令解釈通達）に定める「土地の無償返還に関する届出書」（以下「**無償返還届出書**」といいます。）が提出されている場合の当該土地に係る借地権の価額は、**零**となります。

土地の無償返還に関する届出書

※整理事項	1 土地所有者	整理簿	
		番　号	
	2 借地人等	確　認	

受付印

平成　　年　　月　　日

国 税 局 長
税 務 署 長　殿

　土地所有者　　　　　　　は、〔借地権の設定等／使用貸借契約〕により下記の土地を平成　　年　　月　　日から　　　　　に使用させることとしましたが、その契約に基づき将来借地人等から無償で土地の返還を受けることになっていますので、その旨を届け出ます。

　なお、下記の土地の所有又は使用に関する権利等に変動が生じた場合には、速やかにその旨を届け出ることとします。

記

土地の表示

　　所　在　地　_____

　　地目及び面積　_____　_____ ㎡

	（土地所有者）	（借地人等）
住所又は所在地	〒　　電話（　）―	〒　　電話（　）―
氏名又は名称	_____㊞	_____㊞
代表者氏名	_____㊞	_____㊞
	（土地所有者が連結申告法人の場合）	（借地人等が連結申告法人の場合）
連結親法人の納税地	〒　電話（　）―	〒　電話（　）―
連結親法人名等	_____	_____
連結親法人等の代表者氏名	_____	_____
	借地人等と土地所有者との関係	借地人等又はその連結親法人の所轄税務署又は所轄国税局

20.06改正

(契約の概要等)

1 契約の種類 _____

2 土地の使用目的 _____

3 契約期間　平成　　年　　月　～　平成　　年　　月

4 建物等の状況

　(1) 種　　　類 _____

　(2) 構造及び用途 _____

　(3) 建築面積等 _____

5 土地の価額等

　(1) 土地の価額 _____ 円　(財産評価額 _____ 円)

　(2) 地代の年額 _____ 円

6 特約事項 _____
　　　　　　_____
　　　　　　_____

7 土地の形状及び使用状況等を示す略図

8 添　付　書　類　(1) 契約書の写し　(2) _____

土地の無償返還に関する届出書の記載要領等

1 この届出書は、法人税基本通達13－1－7《権利金の認定見合せ》又は連結納税基本通達16－1－7《権利金の認定見合せ》に基づいて土地の無償返還の届出をする場合に使用してください。

2 この届出書は、土地所有者（借地権の転貸の場合における借地権者を含みます。以下同じ。）の納税地（土地所有者が連結申告法人である場合には連結親法人の納税地）の所轄税務署長（国税局の調査課所管法人にあっては、所轄国税局長）に2通提出してください。

　(注)1　借地権の転貸の場合には、この届出書の「土地所有者」を「借地権者」と訂正して使用してください。

　　　2　この届出書は、土地所有者が個人である場合であっても提出することができます。

3 この届出書の提出後において、その届出に係る土地の所有又は使用に関する権利等について次のような変動が生じた場合には、その旨を速やかに借地人等との連名の書面（2通とします。）により届け出てください。

　(1) 合併又は相続等により土地所有者又は借地人等に変更があった場合

　(2) 土地所有者又は借地人等の住所又は所在地（納税地がその住所又は所在地と異なる場合には、その納税地）に変更があった場合

　(3) 契約の更新又は更改があった場合

　(4) この届出書に係る契約に基づき土地の無償返還が行われた場合

4 各欄の記載は次によります。

　(1) 「$\begin{bmatrix}借地権の設定等\\使用貸借契約\end{bmatrix}$」は、契約の種類に応じ該当するものを○で囲んでください。

　(2) 「地目及び面積」は、その土地の登記簿上の地目又は面積が現況と異なる場合には、その現況により記載してください。

　(3) 「住所又は所在地」には、土地所有者及び借地人等の住所又は所在地を記載しますが、納税地がその住所又は所在地と異なる場合にはその納税地を記載してください。

　(4) 「借地人等の所轄税務署又は所轄国税局」には、借地人等の納税地（借地人等が連結申告法人である場合には、連結親法人の納税地）の所轄税務署（国税局の調査課所管法人にあっては、所轄国税局）を記載してください。

(5) 「(契約の概要等)」は次により記載してください。

イ 「1契約の種類」には、例えば「地上権の設定」、「土地の賃貸借」、「地役権の設定」、「借地権の転貸」、「土地の使用貸借」等のように、その契約の種類を記載してください。

ロ 「2土地の使用目的」には、例えば「鉄骨造工場用建物の敷地として使用する」、「鉄筋コンクリート造10階建マンションの建設のため」等のように、借地人等におけるその土地の使用目的を具体的に記載してください。

ハ 「4建物等の状況」の各欄は、借地人等がこの届出書に係る土地の上に有している建物等について、次により記載してください。

(イ) 「(1)種類」には、建物、構築物等の別を記載してください。

(ロ) 「(2)構造及び用途」には、その建物等の構造及び用途を、例えば「鉄筋コンクリート造、店舗用」等のように記載してください。

(ハ) 「(3)建築面積等」には、その建物等の建築面積、階数、延床面積等を記載してください。

ニ 「5土地の価額等」の各欄には、その借地権の設定又は使用貸借契約をした時における当該土地の更地価額(借地権の転貸の場合にあっては、その借地権の価額)及び収受することとした地代の年額をそれぞれ記載してください。

なお、「(1)土地の価額」の「(財産評価額　　円)」には、当該土地の財産評価額を記載してください。

ホ 「6特約事項」には、例えば建物の用途制限、契約の更新等について特約がある場合に、その内容を記載してください。

5 この届出書には、契約書の写しのほか、「(1)土地の価額」に記載した金額の計算の明細その他参考となる事項を記載した書類を添付してください。

6 留意事項

○ 法人課税信託の名称の併記

法人税法第2条第29号の2に規定する法人課税信託の受託者がその法人課税信託について、国税に関する法律に基づき税務署長等に申請書等を提出する場合には、申請書等の「氏名又は名称」及び「連結親法人名等」の欄には、受託者の法人名又は氏名のほか、その法人課税信託の名称を併せて記載してください。

（4）一時使用目的の借地権の評価

　一時的使用であることが明確である場合の借地権は、**雑種地の賃借権の評価**（10節参照）に準じて評価します（評基通86、87）。

（参考）この場合の賃借権の価額は、次の区分に応じたそれぞれの価額によります。

(1) 地上権に準ずる権利として評価することが相当と認められる賃借権（例えば、賃借権の登記がされているもの、設定の対価として権利金や一時金の支払いのあるもの、堅固な構築物の所有を目的とするものなどが該当します。）

　　自用地としての価額×賃借権の残存期間に応じその賃借権が地上権であるとした場合の法定地上権割合又は借地権であるとした場合の借地権割合のいずれか低い割合

（注）1　「法定地上権割合」は、相続税法23条に規定する割合です。
　　　2　自用地としての価額に乗ずる割合が、次の割合を下回る場合には、自用地としての価額に次の割合を乗じて計算した金額が賃借権の価額となります。

(1) の場合の自用地としての価額に乗じる割合の表

賃借権の残存期間	5年以下	5年超 10年以下	10年超 15年以下	15年超
割合	5%	10%	15%	20%

(2) (1) に掲げる賃借権<u>以外</u>の賃借権

　　自用地としての価額×賃借権の残存期間に応じその賃借権が地上権であるとした場合の法定地上権割合の2分の1に相当する割合

（注）1　「法定地上権割合」は、相続税法23条に規定する割合です。
　　　2　自用地としての価額に乗ずる割合が、次の割合を下回る場合には、自用地としての価額に次の割合を乗じて計算した金額が賃借権の価額となります。

(2) の場合の自用地としての価額に乗じる割合の表

賃借権の残存期間	5年以下	5年超 10年以下	10年超 15年以下	15年超
割合	2.5%	5%	7.5%	10%

| Q6-8 | 一時使用のための借地権の評価 |

問 建設現場に近接した土地について、工事事務所用の簡易建物の所有を目的とし、期間を2年とする土地の賃貸借契約を締結しています。この場合の借地権についても、その借地権の目的となっている土地の自用地としての価額に借地権割合を乗じて計算した金額により評価するのでしょうか。

答 建設現場、博覧会場、一時的興行場等、その性質上一時的な事業に必要とされる臨時的な設備を所有することを目的とするいわゆる一時使用のための借地権については、存続期間及びその更新、建物買取請求、借地条件の変更、増改築などについて、借地借家法の適用がなく、期間の満了とともに消滅することとされており、他の法定更新される借地権に比較しその権利は著しく弱いということがいえます。このような一時使用のための借地権の価額は、通常の借地権の価額と同様にその借地権の所在する地域について定められた借地権割合を自用地価額に乗じて評価することは適当でないので、「**雑種地の賃借権の評価方法**」に準じて評価します。

| Q6-9 | 臨時的な使用に係る賃借権の評価 |

問 イベントなどの資材置場として臨時的な使用に係る賃借権や賃貸借期間が1年以下の賃借権の価額については、どのように評価するのでしょうか。

答 臨時的な使用に係る賃借権及び賃貸借期間が1年以下の賃借権(賃借権の利用状況に照らして賃貸借契約の更新が見込まれるものを除きます。)については、その経済的価値が極めて小さいものと考えられることから、このような賃借権の価額は評価しません。また、この場合の賃借権の目的となっている雑種地の価額は、「**自用地価額**」で評価します。

2 | 貸宅地

(1) 貸宅地の評価

借地権の目的となっている宅地の価額は、「自用地としての価額」から借地権の価額を控除した金額によって評価します。

(算式)

> (借地権の価額)
> **自用地としての価額 －（自用地としての価額×借地権割合）**

ただし、貸宅地割合が定められている場合は以下の算式です。

(算式)

> **自用地としての価額 × 貸宅地割合**

なお、当該宅地が借地権の取引慣行があると認められる地域以外の地域にあるときは、借地権割合を100分の20として計算した価額を借地権の価額として控除します。

```
---【チェックポイント】---------------------------
 1 「貸宅地割合」が定められている場合は、評価倍率表の「借地権割合」の隣に「貸
   宅地割合」欄が設けられ、そこに割合が記載されます。
 2 借地権の取引慣行が認められる地域以外の地域には、路線価図に借地権割合を示
   す記号の記載はなく、また、評価倍率表の借地権割合欄に数字の記載はありません。
-------------------------------------------
```

(参考)

平成30年分 　倍　率　表　　　　　1頁

市区町村名：浦添市　　　　　　　　　　　　　　　　北那覇税務署

音順	町（丁目）又は大字名	適 用 地 域 名	借地権割合	貸宅地割合	固定資産税評価額に乗ずる倍率等					
					宅地	田	畑	山林	原野	牧場	池沼
			％	％	倍	倍	倍	倍	倍	倍	倍
あ	安波茶1丁目	路線価図に枠（三重線）で表示した地域（浦添ニュータウン）のうち転借権付住宅として分譲された地域	－	30	路線						
		上記以外の地域	－		路線		市比準		市比準		
ま	牧港3丁目	路線価図に枠（三重線）で表示した地域（牧港ハイツ）のうち転借権付住宅として分譲された地域	－	30	路線						
		上記以外の地域	－		路線		市比準		市比準		

Q6-10 借地権割合の異なる路線が接続している場合の貸宅地の評価

問 下図のように、借地権割合の異なる路線が接続している場合において、借地権割合が低い路線に面する貸宅地の1㎡当たりの価額が、借地権割合の高い路線に面する貸宅地の1㎡当たりの価額を上回る場合がありますが、この場合にも通常の貸宅地と同様に評価するのでしょうか。

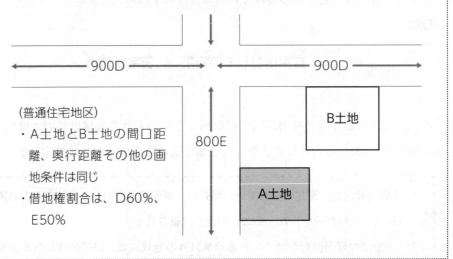

答 A土地の貸宅地としての1㎡当たりの価額と、B土地の貸宅地としての1㎡当たりの価額は、以下のとおり、路線価の低いA土地の貸宅地としての1㎡当たりの価額が、B土地の貸宅地としての1㎡当たりの価額を上回ることとなります。

1　A土地の貸宅地としての価額

　　(路線価)　　　　　(借地権割合)　　　(1㎡当たりの価額)
　800,000円 × (1 － 0.5) ＝ 400,000円

2　B土地の貸宅地としての価額

　　(路線価)　　　　　(借地権割合)　　　(1㎡当たりの価額)
　900,000円 × (1 － 0.6) ＝ 360,000円

　この場合、A土地の貸宅地としての価額は、正面路線の接続する他の貸宅地の正面路線価及び借地権割合（直近で上位の借地権割合を適用するものに限ります。）を基として計算した1㎡当たりの価額（360,000円）を基に評価して差し支えないとされています。

　この取扱いは地区区分が同一である場合に限られ、また路線が直接接続していない場合には適用がありません。

　なお、評価しようとするA貸宅地が奥行距離や間口距離などの画地調整が必要な場合は、画地調整後の自用地価額を基に計算します。

　　　　　　　　　　　　　　　　　　　　　(借地権割合)　　　360,000円
A貸宅地の価額 ＝ A画地の自用地価額 × (1 － 0.5) × ─────────
　　　　　　　　　　　　　　　　　　　　　　　　　　　　　　400,000円

Q6-11 複数の地目の土地を一体利用している貸宅地等の評価

問 甲は、次の図のように、宅地と雑種地を乙に貸し付けています。この場合の甲の所有する宅地及び雑種地の価額はどのように評価するのですか。

```
              ←―――25m―――→
         ┌─────────────────┐  ┐
         │ ┌─────────────┐ │  │ A土地(宅地) 200㎡
         │ │ 建物所有者(乙)│ │ ◁ │ 借地権者   (乙)
         │ └─────────────┘ │  │ 土地所有者  (甲)
    250D │                 │  ┘
         │ B土地(雑種地)250㎡│    18m 【普通住宅地区】
         │ 立体駐車場 賃借権者(乙)│
         │      土地所有者(甲)│
         └─────────────────┘
              ←――400D――→
                  借地権割合 60%
```

※ B土地には、乙が構築物を設置して駐車場として利用しています。
また、賃貸借契約の残存期間は5年です。

答 A、B土地を一団の土地として評価した価額を、各々の地積の割合に応じてあん分し、A土地については借地権の価額を、B土地については賃借権の価額をそれぞれ控除して評価します。

図の場合において、B土地の賃借権の割合を5%とすると、具体的にはそれぞれ次のように評価します。

1　A土地とB土地とを一体として評価した価額

$$\left(\underset{(正面路線価)}{400,000円} \times \underset{\substack{(奥行価格\\補正率)}}{1.00} + \underset{(側方路線価)}{250,000円} \times \underset{\substack{(奥行価格\\補正率)}}{0.97} \times \underset{\substack{(側方路線\\影響加算率)}}{0.03}\right) \times \underset{(地積)}{450㎡}$$

$= 183,273,750円$

2　A土地の評価額（貸宅地の評価額）

$$\underset{(A、B一体の価額)}{183,273,750円} \times \frac{200㎡}{250㎡ + 200㎡} \times (\underset{(借地権割合)}{1 - 0.6}) = 32,582,000円$$

3　B土地の評価額（貸し付けられている雑種地の評価額）

$$\underset{(A、B一体の価額)}{183,273,750円} \times \frac{250㎡}{250㎡ + 200㎡} \times (\underset{(賃借権割合)}{1 - 0.05}) = 96,727,812円$$

A、B土地に設定された権利は異なります（借地権及び賃借権）が、権利者が同一であり一体として利用していることから、その貸宅地（底地）等についても「1画地の宅地」として一体で評価します。

Q6-12 借地権の及ぶ範囲

問 地積1,200㎡の宅地を次図のように賃貸しています。

レストラン（建物）の敷地部分は300㎡、残りはレストランの駐車場として利用されています。

この場合、全体を貸宅地として評価して差し支えありませんか。

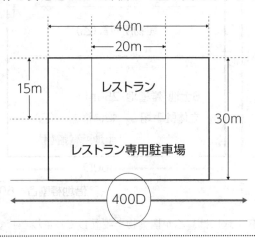

答 借地権の及ぶ範囲については、必ずしも建物敷地に限られるものではなく、一律に借地権の及ぶ範囲を定めることは実情に沿いません。借地権の及ぶ範囲は、借地契約の内容、例えば、権利金や地代の算定根拠、土地利用の制限等に基づいて判定することが合理的と考えられます。

事例の場合、敷地全体について、レストランの利用を目的に借地契約がされ、権利金の算定についても全体の敷地を基に計算されている場合は、借地権は全体に及ぶものと考えられ、レストランとその専用駐車場を併せて、宅地全体を一画地の宅地として、自用地として評価した上で、貸宅地として評価して差し支えありません。

なお、自用地として評価する際には、全体を一つの単位で評価しますから、地積は1,200㎡ということで、500㎡を超える宅地となり、「地積規模の大きな宅地の評価」の適用を検討することとなります。

下記の計算例は、所在地が三大都市圏外で、地積規模の大きな宅地の評価の適用要件を満たすものとして計算しています。

（計算例）

1　400,000円（路線価）　×　1.00（奥行価格補正率）　＝　400,000円

2　400,000円　×　0.78（規模格差補正率）　＝　312,000円

規模格差補正率の計算

$$\frac{1{,}200\text{㎡} \times 0.90 + 100}{1{,}200\text{㎡}} \times 0.8 = 0.78$$

3　312,000円　×　1200㎡（地積）　＝　374,400,000円（自用地としての価額）

4　評価額

374,400,000円（自用地としての価額）　×　（1 − 0.6）（借地権割合）　＝　149,760,000円

【チェックポイント】

「ゴルフ練習場」や「バッティングセンター」の敷地に借地権はあるのかがよく問題となります。

一般的に、<u>賃貸の主たる目的が建物の所有目的かどうか</u>により、借地借家法の適用があるかないかの違いが出てきます。

したがって、ゴルフ練習場やバッティングセンターに係る土地の賃貸借契約が専ら、施設の運営の目的で建物の所有を目的とするものでない場合には、借地借家法の適用がないと解せられ、借地権は存在しないことになる場合がありますので注意が必要です。（参考：平成12年6月27日裁決（裁決事例集No.59-332頁。）最高裁昭和42年12月5日判決昭42（オ）293号最高裁判所民事判例集21巻10号2545頁）

248　第6章　宅地の上に存する権利及びこれらの権利の目的となっている宅地の評価

(記載例)

土地及び土地の上に存する権利の評価明細書（第1表）

局(所)　署		
30 年分　ページ		

（平成三十年分以降用）

(住居表示)	(　　　　　)	所有者	住　所 (所在地)		使用者	住　所 (所在地)	
所在地番			氏　名 (法人名)			氏　名 (法人名)	

地　　目	地　積	路　　　線　　　価				地形図及び参考事項
㊵宅　地　原　野 田　　　雑種地 畑 山　林　[　　]	㎡ 1,200	正　面 400,000　円	側　方 円	側　方 円	裏　面 円	

間口距離	40 m	利 用 区 分	㊵自　用　地　　貸家建付借地権 貸　宅　地　　転貸借地権 貸家建付地　　転　借　権 借　地　権　　借家人の有する権利 私　　　　道　　（　　　　　　）	地 区 区 分	ビル街地区　　普通住宅地区 高度商業地区　中小工場地区 繁華街地区　　大工場地区 ㊵普通商業・併用住宅地区
奥行距離	30 m				

参考図: 40m / 20m、15m、30m、レストラン、レストラン専用駐車場、400D

自 用 地 1 平 方 メ ー ト ル 当 た り の 価 額	1　一路線に面する宅地 　　（正面路線価）　　　　（奥行価格補正率） 　　　400,000　円　×　　1.00	(1㎡当たりの価額)　円 **400,000**	A
	2　二路線に面する宅地 　（A）　　　　[側方]路線価　　（奥行価格　　[側方]路線影響加算率 　　　　　　　　[裏面]　　　　　補正率）　[二方] 　　　　　円　+　（　　　円　×　．　×　0．　）	(1㎡当たりの価額)　円	B
	3　三路線に面する宅地 　（B）　　　　[側方]路線価　　（奥行価格　　[側方]路線影響加算率 　　　　　　　　[裏面]　　　　　補正率）　[二方] 　　　　　円　+　（　　　円　×　．　×　0．　）	(1㎡当たりの価額)　円	C
	4　四路線に面する宅地 　（C）　　　　[側方]路線価　　（奥行価格　　[側方]路線影響加算率 　　　　　　　　[裏面]　　　　　補正率）　[二方] 　　　　　円　+　（　　　円　×　．　×　0．　）	(1㎡当たりの価額)　円	D
	5-1　間口が狭小な宅地等 　（AからDまでのうち該当するもの）（間口狭小）　（奥行長大） 　　　　　　　　　　　　　　　　補正率　　　補正率 　　　　　　円　×　（　．　　×　．　　）	(1㎡当たりの価額)　円	E
	5-2　不整形地 　（AからDまでのうち該当するもの）　　不整形地補正率※ 　　　　　　　　　円　×　　　　0． ※不整形地補正率の計算 （想定整形地の間口距離）　（想定整形地の奥行距離）　（想定整形地の地積） 　　　　　m　×　　　　m　=　　　　㎡ （想定整形地の地積）　（不整形地の地積）　（想定整形地の地積）　（かげ地割合） （　　　㎡　-　　　㎡）÷　　　㎡　=　　　％ （不整形地補正率表の補正率）　（間口狭小補正率）　　　（小数点以下2 　　　0．　　　　　　　×　．　　=　0．　①　位未満切捨て） （奥行長大補正率）　　（間口狭小補正率） 　　．　　×　．　　=　0．　②　［不整形地補正率 　　　　　　　　　　　　　　　　　　　①、②のいずれか低い 　　　　　　　　　　　　　　　　　　　率、0.6を限度とする。］	(1㎡当たりの価額)　円	F
	6　地積規模の大きな宅地 　（AからFまでのうち該当するもの）　　規模格差補正率※ 　　　400,000　円　×　　0.78 ※規模格差補正率の計算 （地積（Ⓐ））　　Ⓑ　　　Ⓒ　　　（地積（Ⓐ））　（小数点以下2 （　1,200 ㎡×　0.90　+　100　）÷　1,200 ㎡　}　×　0.8　=　0.78　位未満切捨て）	(1㎡当たりの価額)　円 **312,000**	G
	7　無　道　路　地 　（F又はGのうち該当するもの）　　　　　　（※） 　　　　　　　円　×　（　1　-　0．　　） ※割合の計算（0.4を限度とする。） （正面路線価）　（通路部分の地積）　（F又はGのうち 　　　　　　　　　　　　　　　　　該当するもの）　（評価対象地の地積） （　　　　円×　　　㎡）÷（　　　円×　　　㎡）=　0．	(1㎡当たりの価額)　円	H
	8　がけ地等を有する宅地　〔　南　、　東　、　西　、　北　〕 　（AからHまでのうち該当するもの）　（がけ地補正率） 　　　　　　　円　×	(1㎡当たりの価額)　円	I
	9　容積率の異なる2以上の地域にわたる宅地 　（AからIまでのうち該当するもの）　　（控除割合（小数点以下3位未満四捨五入）） 　　　　　　　円　×　（　1　-　　　　　　）	(1㎡当たりの価額)　円	J
	10　私　　　道 　（AからJまでのうち該当するもの） 　　　　　　　円　×　　0.3	(1㎡当たりの価額)　円	K

自用地評価額	自用地1平方メートル当たりの価額 （AからKまでのうちの該当記号） （　G　） **312,000** 円	地　積 **1,200** ㎡	総　　　　　　　額 (自用地1㎡当たりの価額)　×　（地　積） **374,400,000** 円	L

(注)　1　5-1の「間口が狭小な宅地等」と5-2の「不整形地」は重複して適用できません。
　　　2　5-2の「不整形地」の「AからDまでのうち該当するもの」欄の価額について、AからDまでの欄で計算できない場合には、（第2表）の「備考」欄等で計算してください。

(資4-25-1-A4統一)

第2節　借地権及び借地権の目的となっている宅地（貸宅地）の評価

（記載例）

土地及び土地の上に存する権利の評価明細書（第2表）

	利用区分	算　　式	総　　額	記号
セットバックを必要とする宅地の評価額		（自用地の評価額）　　　（自用地の評価額）　　　　（該当地積） 　　　円　－（　　　円　×　㎡／総地積　×　0.7　）	（自用地の評価額）　円	M
都市計画道路予定地の区域内にある宅地の評価額		（自用地の評価額）　（補正率） 　　円　×　0.	（自用地の評価額）　円	N
大規模工場用地等の評価額		○ 大規模工場用地等 （正面路線価）　　（地積）　　（地積が20万㎡以上の場合は0.95） 　円　×　　㎡　×	円	O
		○ ゴルフ場用地等 （宅地とした場合の価額）（地積）　　（1㎡当たりの造成費）　（地積） （　　　円　×　　　㎡×0.6）－（　　　円×　　　㎡）	円	P
総額計算による価額	貸宅地	（自用地の評価額）　　　（借地権割合） 374,400,000　円　×（1－　0.6　）	149,760,000 円	Q
	貸家建付地	（自用地の評価額又はS）（借地権割合）（借家権割合）（賃貸割合） 　　円　×（1－　0.　×　0.　×　㎡／㎡）	円	R
	（借地権の目的となっている土地）	（自用地の評価額）　　　（割合） 　　円　×（1－　　）	円	S
	借地権	（自用地の評価額）　　　（借地権割合） 　　円　×　0.	円	T
	貸家建付借地権	（T, AA のうちの該当記号）（借家権割合）（賃貸割合） （　） 　　円　×（1－　0.　×　㎡／㎡）	円	U
	転貸借地権	（T, AA のうちの該当記号）（借地権割合） （　） 　　円　×（1－　0.　）	円	V
	転借権	（T, U, AA のうちの該当記号）（借地権割合） （　） 　　円　×　0.	円	W
	借家人の有する権利	（T, W, AA のうちの該当記号）（借家権割合）（賃借割合） （　） 　　円　×　0.　×　㎡／㎡	円	X
	（　）権	（自用地の評価額）　（割合） 　　円　×　0.	円	Y
	権利が競合する場合の土地に関する権利	（Q, S のうちの該当記号）（割合） （　） 　　円　×（1－　0.　）	円	Z
	他の権利と競合する場合の権利	（T, Y のうちの該当記号）（割合） （　） 　　円　×（1－　0.　）	円	AA
備考				

（注）　区分地上権と区分地上権に準ずる地役権とが競合する場合については、備考欄等で計算してください。

（平成三十年分以降用）

（資4-25-2-A4統一）

(2) 相当の地代を支払うなどして設定された借地権の目的となっている貸宅地の評価

借地権の設定に際しその設定の対価として通常権利金その他の一時金を支払う取引上の慣行のある地域において、当該権利金等の支払いに代え、相当の地代（当該土地の借地権設定時の属する年の以前3年間の自用地としての価額の平均額に対しておおむね年6％程度の地代）を支払うなど特殊な賃貸借契約により借地権の設定が行われた借地権の目的となっている貸宅地の評価は、次により評価します。

イ 相続又は贈与の時における相当の地代を収受している場合の貸宅地の評価

借地権の設定に際し権利金を収受していなかった場合又は特別の経済的利益を受けていなかった場合の当該貸宅地の評価は、自用地としての価額の80％で評価します。

Q6-13 相当の地代が支払われている借地権の目的となっている貸宅地の評価

問 権利金の支払いに代えて、相当の地代を支払うこととして、建物の所有を目的とした土地の賃貸借をした場合の貸宅地の評価はどうなりますか。

答 権利金の支払いに代えて相当の地代が支払われている場合の借地権の評価額は零とされ、貸宅地については、自用地としての価額の80％に相当する金額で評価することとなります。

通常、権利金を支払う取引慣行のある地域において、権利金に代えて相当の地代を支払って土地を賃借している場合の借地権について、相続又は遺贈あるいは贈与により取得した場合には、借地権の評価は零とされます（昭和60年直資2-58ほか「相当の地代を支払っている場合等の借地権等についての相続税及び贈与税の取扱いについて」通達3）。

この場合の「相当の地代」とは、自用地としての価額の過去3年間の平均額の6％相当額とします。

しかし、その場合でも、相当の地代を収受している貸宅地については、自用地としての価額の80％に相当する金額で評価することとされています（昭和42年直資3-13外「相当の地代を収受している貸宅地の評価について」通達）。

これは借地権の取引慣行のない地域において、自用地の価額から20％相当の借地権価額を控除していることとの権衡上、20％相当額を控除することが適当であると考えられているためです。

ロ 相続又は贈与の時における相当の地代に満たない地代を収受している場合の貸宅地の評価

収受している地代の額（年額）が相続又は贈与の時における相当の地代には満たないが、通常の地代の額（年額）を上回る場合の貸宅地の評価は、次の算式により計算した金額となります。

なお、その借地権の設定に際し、通常支払われる権利金に満たない金額を権利金として収受していた場合又は特別の経済的利益等の供与を受けていた場合も同様です。

ただし、その計算した貸宅地の価額が、自用地としての価額の80％を超える場合には、80％に相当する金額を当該貸宅地の価額とします。

（算式）

$$評価額 = 自用地価額 - 自用地価額 \times \left\{ 借地権割合 \times \left(1 - \frac{実際地代の年額 - 通常地代の年額}{相当の地代の年額 - 通常の地代の年額} \right) \right\}$$

設例　貸宅地の計算例

特別の経済的利益を与えている場合において相当の地代に満たない地代を収受している場合の貸宅地の評価

① 設定時に支払った権利金の額　4,000万円
② 土地の自用地としての価額　4億円
③ 借地権割合　70％
④ 相当の地代の額（年額）　4億円×6％＝2,400万円
⑤ 実際に支払っている地代の額（年額）　2,280万円
⑥ 通常の地代の額（年額）　720万円（4億円×（1－0.7）×6％）

1　特別の経済的利益を与えている場合の借地権の価額

$$4億円 \times 0.7 \times \left[1 - \frac{2,280万円 - 720万円}{2,400万円 - 720万円} \right] = 2,000万円$$

2　貸宅地の価額

4億円　×　0.8　＝　3.2億円※　（　3.2億　＜　3.8億（　4億－2,000万円　）　）

※　自用地としての価額の80％相当額の3.2億円が3.8億円（自用地としての価額4億円から上記1の借地権価額を控除した金額）を下回るため。

Q6-14 地価の下落と相当の地代の金額について

問 いわゆるバブル崩壊前に、借地人の法人と権利金の授受をして通常の地代を支払う貸地契約を締結しました。その後長期にわたり地価が下落し、その間一度は地代の引下げをしましたが、現在でも、通常の地代と相当の地代の中間程度の地代を授受しています。このような場合の土地の評価はどのようになりますか。

答 普通借地権の目的となっている貸地として評価することになると考えます。

相当の地代を授受している借地権とは、借地権設定時において、権利金の授受に代えて相当の地代を支払うこととする借地契約を締結するものです。問の事実関係の場合は、権利金を授受していますから、普通借地権が設定されたものであり、相当の地代を支払っている借地権には該当しません。

権利金を支払って通常の地代を支払って設定した借地権につき、通常の地代まで地代を引き下げられていないからというだけで、相当の地代を支払っている借地権と判断されることはないと解されます。したがって、貸地評価も普通借地権が設定されているものとして評価することとなります。

(3) 「土地の無償返還に関する届出書」が提出されている場合の貸宅地の評価

イ 相当の地代を支払うなどして設定された借地権の目的となっている貸宅地について、無償返還届出書が提出されている場合

相当の地代が授受される借地権が設定されている土地について、無償返還届出書が提出されている場合の当該土地に係る貸宅地の価額は、当該土地の自用地としての価額の**100分の80**に相当する金額によって評価します。

相続税の課税がある場合において、相当の地代を支払うなどして設定された借地権の目的となっている貸宅地を自用地としての価額の80％相当額で評価する場合、当該土地が被相続人が同族株主等となっている同族会社に貸し付けられている場合は、その同族会社の株式の評価において、当該土地の自用地としての価額の**20％相当額**を借地権の価額として純資産価額に算入します。

また、その土地が同族会社に貸し付けられている場合で、土地所有者である当該同族会社の同族株主がその会社の株式を同族関係者等の親族に贈与する場合における同族会社の株式の評価において、上記と同様に、当該土地の自用地としての価額の**20％相当額**を借地権の価額として純資産価額に算入します。

ロ　使用貸借に係る土地について「土地の無償返還に関する届出書」が提出されている場合の貸宅地の評価

使用貸借に係る土地について無償返還届出書が提出されている場合の当該土地に係る貸宅地の価額は、当該土地の自用地としての価額によって評価することとなります。

（相当の地代を支払っている場合等の借地権等の取扱い）

実際の地代	贈与税の課税の有無	借地権の評価	貸宅地の評価		株式評価上の借地権の資産計上額
無償返還の届出がある場合	－	零	賃貸借	自用地価額×0.8	自用地価額×0.2
			使用貸借	自用地価額	零

(4) 一時使用目的の借地権の目的となっている貸宅地

一時使用目的の借地権の目的となっている宅地については、一時使用目的の借地権を雑種地の賃借権と同じように評価されることから、上記(1)の方法によらず、次の算式で求めた金額により評価します。

（算式）

$$\text{自用地としての価額} － \text{一時使用目的の借地権の価額}^{※}$$

※　「一時使用目的の借地権の評価」（P241以下参照）、「雑種地の賃借権の評価」（7章4節）（P327参照）

第3節 貸家建付地の評価

1 貸家建付地の評価方法

　貸家（評価基本通達94《借家権の評価》に定める借家権の目的となっている家屋をいいます。）の敷地の用に供されている宅地を「**貸家建付地**」といいます。

　このような「**貸家建付地**」は、借家人が家屋に対する権利を有するほか、その家屋の敷地についても貸家の賃借権に基づいて家屋の利用の範囲で、ある程度の支配権を有していると認められ、逆にその範囲において、土地所有者は借家人の利用を受忍する義務を負っています。

　そのため、こういった支配権の付着した土地を譲渡する場合、自用地と比べて低い価額でしか譲渡できないこととなります。

　そこで、貸家建付地は、このような借家人の支配権を考慮して、自用地としての価額から、自用地としての価額に借地権割合と借家権割合の相乗積を乗じて評価（＝支配権相当額）を控除した価額で評価します（平成22.11.24裁決、TAINSコードFO-3-268、評基通26）。

（算式）

| その宅地の自用地としての価額 | － | その宅地の自用地としての価額 | × | 借地権割合 | × | 94《借家権の評価》に定める借家権割合(0.3) | × | 賃貸割合 |

（注）この算式における「借地権割合」及び「賃貸割合」は、それぞれ次によります。

1　「借地権割合」は、評価基本通達27《借地権の評価》の定めによるその宅地に係る借地権割合（同項のただし書に定める地域にある宅地については100分の20とします。）によります。

2　「賃貸割合」は、その貸家に係る各独立部分（構造上区分された数個の部分の各部分をいいます。以下同じです。）がある場合に、その各独立部分の賃貸の状況に基づいて、次の算式により計算した割合によります。

$$\frac{Aのうち課税時期において賃貸されている各独立部分の床面積の合計}{当該家屋の各独立部分の床面積の合計（A）}$$

（注）1　上記算式の「各独立部分」とは、建物の構成部分である隔壁、扉、階層（天井及び床）等によって他の部分と完全に遮断されている部分で、独立した出入口を有するなど独立して賃貸その他の用に供することができるものをいいます。したがって、例えば、ふすま、障子又はベニヤ板等の堅固でないものによって

仕切られている部分及び階層で区分されていても、独立した出入口を有しない部分は「各独立部分」には該当しません。

なお、外部に接する出入口を有しない部分であっても、共同で使用すべき廊下、階段、エレベーター等の共用部分のみを通って外部と出入りすることができる構造となっているものは、上記の「独立した出入口を有するもの」に該当します。

2　上記算式の「賃貸されている各独立部分」には、継続的に賃貸されていた各独立部分で、課税時期において、一時的に賃貸されていなかったと認められるものを含むこととされています（以下2の取扱い参照）。

2　借家権の目的となっている家屋の敷地の範囲

(1) 貸借関係

貸家建付地は、上記のとおり、借家権の目的となっている敷地をいいますから、借家の賃貸があっても、借主に借家権がない場合には、当該家屋を借家として評価しないことはもちろん、その敷地は貸家建付地として評価しません。

なお、使用貸借に係る宅地に借家を建てている場合の評価については、P295以下を参照してください。

Q6-15　従業員社宅の敷地の評価

問　従業員社宅の敷地の用に供されている宅地の価額については、貸家建付地の価額で評価するのでしょうか。

答　貸家建付地評価をする宅地は、借家権の目的となっている家屋の敷地の用に供されている宅地をいいます。

社宅は、通常社員の福利厚生施設として設けられているものであり、一般の家屋の賃貸借と異なり賃料が極めて低廉であるなどその使用関係は従業員の身分を保有する期間に限られる特殊の契約関係であるとされています。このことから、社宅については、一般的に借地借家法の適用はないとされています。

したがって、社宅の敷地の用に供されている宅地については、貸家建付地の評価は行いません。

(2) 課税時期に一部が空室となっている場合

イ 取扱いの原則

課税時期の賃貸割合（計算上の借家人の支配権の割合）により調整します。

この場合の賃貸割合は、上記1のとおりです。

ロ 課税時期においても賃貸されていたものと取り扱われる場合

継続的に賃貸されていたアパート等の独立部分で、例えば次のような事実関係から、アパート等の各独立部分の一部が課税時期において一時的に空室となっていたに過ぎないと認められる場合のものについては、課税時期においても賃貸されていたものとして取り扱ってよいものとされています。

① 各独立部分が課税時期前に継続的に賃貸されていたこと

② 賃借人の退去後速やかに新たな賃借人の応募が行われ、空室の期間中、他の用途に供されてないこと

③ 賃貸されない期間が、課税時期の前後、例えば1カ月程度であるなど一時的な期間であること

④ 課税時期後の賃貸が一時的でないこと

Q6-16 サブリース契約で一括借上げされているアパートに空室がある場合

問 サブリース契約で一括借上げされているアパートを保有していますが、空室が数室があります。この場合どのように評価するのでしょうか。

答 サブリース契約は、一括借上げであってサブリース会社の借家権が成立するとの考え方と実体は家賃収入の保証契約であってサブリース会社の借家権は成立せず実際の借家人の借家権の目的となるとの考え方があるようですが、評価時点において一時的に空室があったとしても上記2（2）のロの①ないし④の事実関係に基づいて総合的に判断して賃貸されていたものと取り扱われるところ、これに評価時点におけるサブリース契約の内容を当てはめるとその目的となっている建物は賃貸されていたものと取り扱われると考えられ、いずれの見解にたったとしてもその敷地全体が貸家建付地となると考えます。

Q6-17 貸家が空き家となっている場合の貸家建付地の評価

問 借家人が立ち退いた後、空き家となっている家屋（独立家屋）の敷地についても、貸家建付地として評価することができますか。

答 貸家建付地の評価をする宅地は、借家権の目的となっている家屋の敷地の用

に供されているものに限られます。したがって、以前は貸家であっても空き家となっている家屋の敷地の用に供されている宅地は、自用地価額で評価します。また、その家屋が専ら賃貸用として新築されたものであっても、課税時期において現実に貸し付けられていない家屋の敷地については、自用地としての価額で評価します。

(3) 貸家に併設された駐車場と貸家建付地の評価

駐車場付きの借家（1軒屋）の場合、建物の敷地、駐車場を含めて貸家建付地として評価することに疑問はありませんが、併設されている駐車場には様々な形態があり、判断に迷うところですが、裁決例（平成22.11.24裁決）では、次のような指針が示されています。
① 借家の敷地内に併設された駐車場であり、かつ
② 駐車場の契約者及び利用者がすべて賃貸人であることに加え
③ 駐車場が借家入居者専用の駐車場とされていること

以上のように、「駐車場の貸付の状況が家屋の賃貸借と一体となっている」と認められる場合には、駐車場も併せて貸家建付地として評価されます。

Q6-18 賃貸ビルの敷地の一部を賃貸ビル以外の者に駐車場として利用させている場合の評価

問 賃貸ビルの敷地の一部を次図のように賃貸アパート（○○荘）に隣接する土地で月極め駐車場（「○○月極め駐車場」と看板を出している。）を経営している場合において、月極め駐車場の一部に「○○荘」と表示して、賃貸アパートの居住者専用の駐車場としています。この場合「○○荘」と表示した部分について貸家建付地評価をすることとなるのでしょうか。

答 評価の単位は、原則として、①現況の地目ごとに、②利用の単位となっている1区画の宅地ごとに評価します。

ところで、月極め駐車場の現況地目は、「雑種地」となり、自用の宅地に比準して評価をすることとなります。

貸家建付地は貸家の建物の敷地である「宅地」であることから、「雑種地」である駐車場とは利用の単位も異なります。

したがって、貸家建付地部分と駐車場部分を区分して、それぞれを別々に評価します。

Q6-19 賃貸ビルの敷地の一部を駐車場としている場合で、専ら賃貸ビルの借家人が利用するものである場合の評価

問 賃貸ビルの敷地の一部を駐車場にしていますが、①駐車場利用者は全員貸しビルの入居者です。②駐車場契約は個別に契約しています。③駐車場使用料は一般的な月極め駐車場と同程度の額で、家賃とは別に支払います。

この場合、駐車場は貸家建付地評価をすることとなるのでしょうか。

```
┌─────────────────────────────────────────┐
│  ┌──────────────┐  ┊  ┊  ┊  ┊          │
│  │  賃貸ビル     │  ┊  ┊  ┊  ┊          │
│  │  (○○荘)     │  ┊  ┊  ┊  ┊          │
│  └──────────────┘     看板(○○荘)        │
└─────────────────────────────────────────┘
```

答 評価の単位は、原則として、現況の地目ごとに、利用の単位となっている1区画の土地ごとに評価します。駐車場の現況地目は「雑種地」であることから、原則として建物の敷地としての宅地とは別に「1区画の土地（雑種地）」として評価することとなります。

しかし、駐車場が、専ら借家人専用の駐車場である場合で、賃貸ビルの敷地と一体利用されている場合は、駐車場部分も合わせて1区画の「貸家建付地」として評価することとなります。このことは、駐車場契約が部屋の賃貸契約と別であっても同様と解されます。

なお、仮にビルの賃借人以外の者に貸し付けている駐車場部分が明確に区分されているような場合は、原則に戻り別個に評価（自用地評価）する場合がありますので注意が必要です。

第3節　貸家建付地の評価　259

【参考裁決】
　貸駐車場は、通常、家屋を利用する範囲内で使用することが必要な部分とは認められないから、原則として、自用地として評価すべきである。ただし、貸家の敷地内に併設された駐車場であって、かつ、駐車場の契約者及び利用者がすべて貸家の賃借人であり、駐車場が貸家入居者専用の駐車場として利用されるなど、駐車場の貸付けの状況が貸家の賃貸借と一体となっていると認められるような場合には、当該駐車場は、家屋と一体として利用されているものと認められるから、全体を貸家建付地として評価することができるものと解するのが相当である。（平成22.11.24裁決）

Q6-20　賃貸アパートの敷地内に、コインパーキングを設置している場合

問　賃貸アパートの敷地内に駐車場があり、賃貸アパートの賃借人専用の部分（乙駐車場部分）について月極めで駐車場使用料を徴収しています。また、敷地内にコインパーキングの設備をしている部分（甲駐車場部分）があり第三者が利用できます。
　この場合の、乙駐車場及び甲駐車場部分は、どのように評価すべきでしょうか。

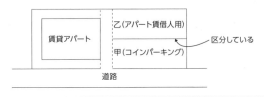

答　まず、上記乙部分の貸駐車場はアパートに隣接していることや駐車場の利用者がアパートの入居者とされており駐車場の貸付けの状況は、事実上はアパートの賃貸借と一体のものであると考えられますので、この場合はアパート及び乙駐車場の全体で一利用単位と考えて、その敷地全体を「貸家建付地」として評価することができるものと思われます。
　また、甲部分のコインパーキングとしての駐車場部分は、通常1区画の自用地として評価することとなりますが、形態によって評価が異なりますので以下のとおり注意が必要です。

① 土地所有者が舗装などを行い、機械設備を設置してパーキングを経営している場合
　土地の所有者が土地にアスファルト舗装を施し機械設備を設置して駐車場経営をしている場合の当該駐車場の用に供されている土地は、「自用地」として評価します。

② 第三者に貸付けし、その第三者が舗装し機械設備を設けてコインパーキングとして利用している場合

賃貸借契約の内容にもよりますが、通常「土地の賃貸借」になると考えられます。

この場合には、その土地の自用地としての価額から、賃借権の価額を控除した金額によって財産評価することができます。

自用地の価額から控除する**賃借権の価額**は、自用地としての価額に下記の割合を掛けることにより求めることができます（評基通86(1)ロ）。

    賃借権の残存期間が5年以下の場合…2.5%
    賃借権の残存期間が5年超10年以下の場合…5％
    賃借権の残存期間が10年超15年以下の場合…7.5％
    賃借権の残存期間が15年超の場合…10％

【チェックポイント】

「貸駐車場は、通常、家屋を利用する範囲内で使用することが必要な部分とは認められないから、原則として、自用地として評価します。ただし、①貸家の敷地内に併設された駐車場であって、かつ、②駐車場の契約者及び利用者がすべて貸家の賃借人であり、③駐車場が貸家入居者専用の駐車場として利用されるなど、駐車場の貸付けの状況が貸家の賃貸借と一体となっていると認められるような場合には、当該駐車場は、家屋と一体として利用されているものと認められるから、全体を貸家建付地として評価することができるものと解するのが相当である。」とされています。

「建物の賃貸借については、一般的に、当該建物が賃借人に対しその賃貸借契約に基づいて引き渡されるまでは、賃貸人と賃借人との間の権利関係はなお流動的であるということができるから、建物が現実に貸し付けられて初めて敷地の利用に対する制約が確定的に生じ、その結果としてその敷地の価額が低下するのが通常であるが、本件については、相続開始当時、建物は建築中であり、現実に貸し付けられていなかったが、所有者である被相続人の相続財産である土地の利用は、土地付建物賃貸契約の存在及びこれに基づく諸手続の履践により、賃借人が専用利用する建物の敷地の用に供されることが確定した土地として、経済的及び法律的に一定の制約を受ける状態にあったと認められ、家屋が現実に貸し付けられた貸家建付地と同視すべき状態にあったというべきであるから、建物が現実に貸し付けられていないとして、当該土地を自用地として評価することは著しく不適当である」とする判決があります。

（参考：大阪地裁平成18年9月13日判決、平15（行ウ）76。税務訴訟資料256号順号10499）

Q6-21 賃貸建物が敷地の建ぺい率、容積率を使い切って建築されている場合の貸家建付地の範囲

問 次図のように、賃貸マンションを建築しています。

当該土地の建ぺい率、容積率は賃貸マンションで使い切っていますので、空きスペースは建物を建てることができないことから、そこを利用して駐車場を経営しています。この場合どのように評価するのでしょうか。

なお、駐車場は、賃貸マンションの入居者専用ではありません。

答 土地利用の現況は、駐車場（雑種地）と賃貸マンション敷地（宅地）ですが、賃貸マンションの建築確認が駐車場も含めてその土地全体で建築許可がされ、容積率、建ぺい率が使い切られている場合、仮に駐車場部分を切り売りすると、貸マンションは建築基準法違反となり、他方、購入者が建物を建てる場合、敷地の二重使用となり建築確認が極めて困難な土地を購入することとなります。

そうすると、このような制限のある駐車場部分を自用地として評価することは相当ではありません。

評価に当たっては、駐車場部分を家屋の建築ができない土地として相当の評価減をすることも考えられますが、A土地は全体として貸マンションの効用を果たすための土地ですから、そこに設定された借家権の制約も土地全体に及ぶと考えられますので、駐車場部分も含めて全体を貸家建付地として評価する方法にも合理性があるのではないかと考えます。

つまり、個々の事例によって制約状況が異なることがありますので同じような利用状況の場合でもよく調査する必要がありますので留意してください。

第4節 貸家建付借地権、転借権などの評価

借地権が設定されている土地についても、様々な利用形態があります。

ここでは、宅地を賃借して建物を建て、それを貸家としている場合、借地上の建物が売買などで所有権移転し、その際、借地権のいわゆる「また貸し」（転貸）している場合などについて、どのように評価するのかについて説明します。

1 貸家建付借地権

これは、右図のような権利関係にある宅地の借地権者乙の借地権の評価です。

この場合、乙の借地権は「貸家建付借地権」として、丙の借家権を考慮して次のとおり評価します。

つまり、貸家の敷地の用に供されている借地権の価額は、その借地権の価額から、その価額に貸家に係る借家権割合を乗じて計算した金額を控除した金額によって評価します（評基通28）。

（算式）

$$（自用地としての価額 \times 借地権割合）－\left[\begin{array}{c}自用地としての価額 \times 借地権割合 \times \\ 家屋の借家権割合 \times 家屋の賃貸割合\end{array}\right]$$

(0.3)

又は

$$（自用地としての価額 \times 借地権割合）\times \left[1－家屋の借家権割合 \times 家屋の賃貸割合\right]$$

(0.3)

2 転借権・転貸借地権

右図のように、乙が甲から土地を賃貸し建てていた建物を丙に譲渡し、甲乙間の借地権を転貸（また貸し）している場合の、丙の当該土地に係る利用権を「転借権」といいます。

また、借地権を転貸している乙の利用権を「転貸借地権」といいます。

これらの利用権は、次のとおり評価します。

(1) 転借権

イ　転借権の評価（丙）

借地権の目的となっている宅地の転借権（以下「転借権」といいます。）の価額は、その借地権の価額に、その借地権の評価に係る借地権割合を乗じた金額により評価します（評基通30）。

（算式）

> 宅地の自用地としての価額 × 借地権割合 × 借地権割合

ロ　転借権が貸家の敷地の用に供されている場合（丙）

上記図で、丙が建物を他人に賃貸している場合の丙の転借権の評価です。

つまり、貸家の用に供されている場合の転借権の価額は、次の算式により計算した価額によって評価します。

（算式）

> （宅地の自用地としての価額 × 借地権割合 × 借地権割合）×（1 － 借家権割合(0.3) × 家屋の賃貸割合）

(2) 転貸借地権の評価（乙）

つまり、転貸されている借地権の価額は、その借地権が転貸されていないものとして評価したその借地権の価額から<u>その借地権に係る転借権の価額</u>を控除した価額によって評価します（評基通29）。

（算式）

> （借地権の価額）－（借地権の価額）× 借地権割合
> 又は
> （借地権の価額）×（1－借地権割合）

3　借家人の有する宅地等に関する権利

借家人がその借家の敷地である宅地等に対して有する権利の価額は、原則として、次に掲げる場合の区分に応じ、それぞれ次に掲げる算式により計算した価額によって評価します。

ただし、これらの権利が権利金等の名称をもって取引される慣行のない地域にあるものについては、評価しないこととされています（評基通31）。

（1）権利が借家の敷地である宅地又はその宅地に係る借地権に対するものである場合

（算式）

> その宅地の借地権の価額 × 借家権割合(0.3) × 借家に係る賃貸割合

（2）権利がその借家の敷地である宅地に係る転借権に対するものである場合

（算式）

> その宅地に係る転借権の価額 × 借家権割合(0.3) × 借家に係る賃貸割合

Q6-22 借地権等の評価額の算定方法の概要

問 借地権等の評価額の算式を整理するとどうなりますか。

答 次の表のとおりとなります。

借地権	宅地の自用地としての価額 × 借地権割合
貸宅地(注)	宅地の自用地としての価額 ×（1－ 借地権割合 ）
貸家建付地	宅地の自用地としての価額 ×（1－ 借地権割合 × 借家権割合(0.3) × 賃貸割合 ）
貸家建付借地権	宅地の自用地としての価額 × 借地権割合 ×（1－ 借家権割合(0.3) × 賃貸割合 ）
転貸借地権	宅地の自用地としての価額 × 借地権割合 ×（1－ 借地権割合 ）
転借権	宅地の自用地としての価額 × 借地権割合 × 借地権割合
借家人の有する権利	宅地の自用地としての価額 × 借地権割合 × 借家権割合（0.3）

（注）国税庁が貸宅地割合を定める地域においては、宅地の自用地としての価額にその貸宅地割合を乗じて計算した金額によって評価します。

第4節 貸家建付借地権、転借権などの評価

（貸家建付地割合等の一覧表）

借地権割合(%)	借家権割合	貸家建付地割合	貸家建付借地権割合	転貸借地権割合	転借権割合	借家人の有する権利の割合
90	0.3	73% 1−90%×0.3	63% 90%×(1−0.3)	9% 90%×(1−90%)	81% 90%×90%	27% 90%×0.3
80		76% 1−80%×0.3	56% 80%×(1−0.3)	16% 80%×(1−80%)	64% 80%×80%	24% 80%×0.3
70		79% 1−70%×0.3	49% 70%×(1−0.3)	21% 70%×(1−70%)	49% 70%×70%	21% 70%×0.3
60		82% 1−60%×0.3	42% 60%×(1−0.3)	24% 60%×(1−60%)	36% 60%×60%	18% 60%×0.3
50		85% 1−50%×0.3	35% 50%×(1−0.3)	25% 50%×(1−50%)	25% 50%×50%	15% 50%×0.3
40		88% 1−40%×0.3	28% 40%×(1−0.3)	24% 40%×(1−40%)	16% 40%×40%	12% 40%×0.3
30		91% 1−30%×0.3	21% 30%×(1−0.3)	21% 30%×(1−30%)	9% 30%×30%	9% 30%×0.3

（注） 空室はないものとします。

【借地権等の権利関係】

（借地権割合70％、借家権割合30％、貸家の賃貸割合を100％とします。）

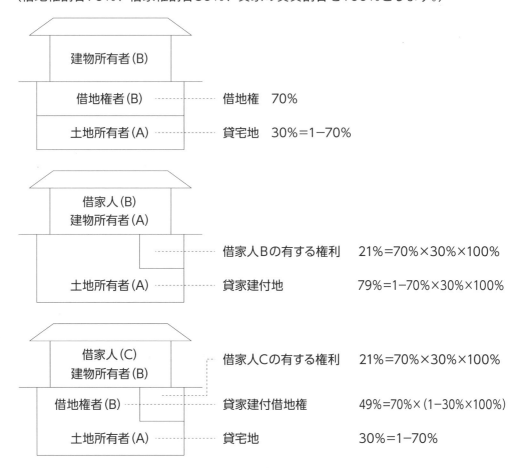

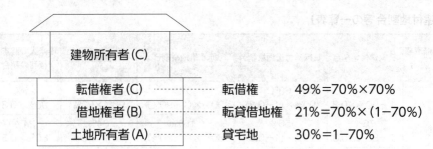

第5節 定期借地権等及び定期借地権等の目的となっている宅地の評価

1 定期借地権等の意義

定期借地権等とは、一般定期借地権（借地借家法22）、事業用定期借地権等（借地借家法23）及び建物譲渡特約付借地権（借地借家法24）のことをいいます（評基通9(5)）。

区分	一般定期借地権	事業用定期借地権等	建物譲渡特約付借地権
存続期間	50年以上	10年以上50年未満	30年以上
建物の利用目的	限定なし	専ら事業用の用に供する	限定なし
法定更新	なし	なし	なし
終了事由	期間満了	期間満了	建物の譲渡
契約方式	公正証書等の書面	公正証書	制限なし

借地権（普通借地権）か、定期借地権かで評価額は大きく異なります。

通常の借地権の場合、必ずしも「契約書」が存在しないこともありますが、定期借地権の場合、その設定に当たって契約書の作成が要件となっています。

事業用定期借地権は、「公正証書」により、一般定期借地権は、「公正証書等の書面」により作成されます。

評価に当たっては、まず、契約書の確認から始めましょう。

> **💡 keyword　「借地権」と「定期借地権等」と「公正証書」**
>
> 借地権は、法定更新の制度等に関する規定があり借地期間の延長が可能であることから存続期間に応じて評価額が変わることはありません。
>
> それに対し定期借地権等は借地期間の満了とともに借地権が消滅することから課税時期からの存続期間に応じて評価額が変わることとなります。
>
> また、契約方式についても、借地権の契約方式には特段の制約はありませんが、専ら事業の用に供する建物の所有を目的と「事業用定期借地権等」に係る設定契約は公正証書によらなければならないとされています（借地借家法23）。一般定期借地権等の設定契約も公正証書等の書面でしなければなりません（借地借家法22）。
>
> したがって、相続税の申告に当たって定期借地権等の設定がある場合には、事業用定期借地権等の場合は公正証書による契約書を、一般定期借地権等の場合は、公正証書等の書面を確認することが必要となります。

2 | 定期借地権等の評価

定期借地権等の評価方法は、次の表のとおりです。

種類	一般定期借地権（借地借家法22）	事業用定期借地権等（借地借家法23）	建物譲渡特約付借地権（借地借家法25）
定期借地権等の評価	評価基本通達27-2に定める原則的な評価法方法によります。		
貸宅地の評価	個別通達に定める評価方法によります。（注）	評価基本通達25(2)に定める原則的な評価方法によります。	

（注）　A地域（借地権割合90％の地域）、B地域（借地権割合80％の地域）及び借地権の取引慣行の無い地域については、評価基本通達25(2)に定める原則的な評価方法によることとなります。

(1) 定期借地権等の価額

　定期借地権等の価額は、原則として、課税時期（相続の場合は被相続人の死亡の日、贈与の場合は贈与により財産を取得した日）において借地人に帰属する経済的利益及びその存続期間を基として評定した価額によって評価します。

　ただし、定期借地権等の設定時と課税時期とで、借地人に帰属する経済的利益に変化がないような場合等、課税上弊害がない場合に限り、その定期借地権等の目的となっている宅地が自用地としての価額に、次の算式により計算した数値を乗じて計算することができます（評基通27-2）。

（自用地としての価額に乗ずる割合）

$$\frac{\text{定期借地権等の設定の時における借地権者に帰属する経済的利益の総額}}{\text{定期借地権等の設定の時におけるその宅地の通常の取引価額}} \times \frac{\text{課税時期におけるその定期借地権等の残存期間年数に応ずる基準年利率による複利年金現価率}}{\text{定期借地権等の設定期間年数に応ずる基準年利率による複利年金現価率}}$$

　定期借地権の価額は、「**定期借地権等の評価明細書**」を使用して評価することができます。この場合の「定期借地権等の設定の時における借地権者に帰属する経済的利益の総額」は、次に掲げる金額の合計額とされています。

① 定期借地権等の設定に際し、借地権者から借地権設定者に対し、権利金、協力金、礼金などその名称のいかんを問わず借地契約の終了の時に返還を要しないものとされる金銭の支払い又は財産の供与がある場合

　課税時期において支払われるべき金額又は供与すべき財産の価額に相当する金額

② 定期借地権等の設定に際し、借地権者から借地権設定者に対し、保証金、敷金などその名称のいかんを問わず借地契約の終了の時に返還を要するものとされる金銭等（以下「保証金等」といいます。）の預託があった場合において、その保証金等につき基準年利率未満の約定利率による利息の支払いがあるとき又は無利息のとき（評基通27-3）。

　次の算式により計算した金額

$$\text{保証金等の額に相当する金額} - \begin{bmatrix} \text{保証金等の額に相当する金額} \times \text{定期借地権等の設定期間年数に応じる基準年利率による複利現価率} \end{bmatrix}$$

$$- \begin{bmatrix} \text{保証金等の額に相当する金額} \times \text{基準年利率未満の約定利率} \times \text{定期借地権等の設定期間年数に応じる基準年利率による複利年金現価率} \end{bmatrix}$$

③ 定期借地権等の設定に際し、実質的に贈与を受けたと認められる差額地代の額がある場合

次の算式により計算した金額

$$\text{差額地代の額} \times \text{定期借地権等の設定期間年数に応じる基準年利率による複利年金現価率}$$

(注) 1 実質的に贈与を受けたと認められる差額地代の額がある場合に該当するかどうかは、個々の取引において取引の事情、取引当事者間の関係等を総合勘案して判定することとされていますので留意してください。

2 「差額地代の額」とは、同種同等の他の定期借地権等における地代の額とその定期借地権等の設定契約において定められた地代の額（上記①又は②に掲げる金額がある場合には、その金額に定期借地権等の設定期間年数に応ずる基準年利率による年賦償還率を乗じて得た額を地代の前払いに相当する金額として毎年の地代の額に加算した後の額）との差額をいうこととされています。

Q6-23 保証金の授受がある場合の経済的利益の総額について

問 次の内容の定期借地権設定の時における借地人に帰属する経済的利益の総額はどのように計算するのでしょうか。

　定期借地権等の種類　定期借地権（設定期間50年）
　自用地としての価額…相続税評価額8,000万円（A）
　　　　　　　　　　　（通常の取引価額1億円）（B）
　授受される一時金等…保証金　1,600万円
　支払い地代…月額12万円（年間144万円）

答 定期借地権等設定の時における借地人に帰属する経済的利益の総額は、次のとおりです。

① 保証金返済の原資に相当する金額

　16,000,000円×0.883（期間50年の0.25％の複利現価率）＝14,128,000円

② 定期借地権等設定の時における借地人に帰属する経済的利益の総額

　16,000,000円－14,128,000円＝1,872,000円

定期借地権設定の時における借地人に帰属する経済的利益の総額は、次に掲げる金額の合計額となります。

(イ) 権利金の授受がある場合…権利金の額
(ロ) 保証金の授受がある場合…保証金の授受に伴う経済的利益の額
(ハ) 地代が低額で設定されている場合…毎年教授すべき差額地代の現在価値

問の場合の(ロ)の保証金の授受がある場合の定期借地権等設定の時における借地人に帰属する経済的利益の総額は、保証金等の額に相当する金額から、保証金等返済の原資に相当する金額(上記①)及び毎年の支払利息の総額を控除した金額となります。

なお、保証金は無利息ですので、毎年の支払利息の総額は零となります。

(2) 一時使用目的の借地権

なお、一時使用を目的とする借地権(借地借家法25)も法定更新がないことから定期借地権等に含めていますが(評基通9(5))、雑種地の賃借権の評価方法に準じて評価します。

Q6-24　定期借地権の評価

問　次の内容の定期借地権を相続した場合、この定期借地権の価額はどのように評価しますか。

　定期借地権等の種類…定期借地権(設定期間50年)
　自用地としての価額…相続税評価額8,000万円(A)
　　　　　　　　　　　(通常の取引価額1億円)(B)
　定期借地権設定時に借地人に帰属する経済的利益の総額　1,600万円
　支払い地代…月額12万円(年間144万円)
　課税時期…平成30年3月(設定後10年経過：残存期間40年)
　課税時期における自用地としての価額…相続税評価額　1億2,800万円
　　　　　　　　　　　　　　　　　　　(通常の取引価額　1億6,000万円)

答　定期借地権の評価額は、次のとおりとなります。

$$1億2,800万円 \times \frac{1,600万円}{1億円} \times \frac{38.020}{46.946} = 16,586,069円$$

上記、算式の1億円は、定期借地権設定時における時価(通常の取引価額)ですが、この価額が設定契約等において明確でなく、かつ、地価変動が著しくないときは、その年における自用地としての価額価額(評価基本通達に基づく

評価額）を0.8で割り戻した額を定期借地権設定時における時価（通常の取引金額）としても差し支えないとされています。

　当該計算に係る「定期借地権等の計算明細書」の記載例は次頁のとおりです。

　平成30年１月から９月における残存期間７年以上の基準年利率は、0.25％です。基準年利率は月ごとに定められていますので、「平成30年分の基準年利率について（法令解釈通達）」で確認してください。

（注）上記期間における複利年金現価率は国税庁がホームページで公表している「複利表」で確認します。

272　第6章　宅地の上に存する権利及びこれらの権利の目的となっている宅地の評価

(表)

定期借地権等の評価明細書

（平成二十年分以降用）

(住居表示) 所在地番	A市			(地積) m²		設定年月日	平成20年4月1日	設定期間年数	⑦	50	年
				課税時期		平成30年3月1日	残存期間年数	⑧	40	年

定期借地権等の種類	一般定期借地権　・　建物譲渡特約付借地権　・ 事業用定期借地権等					設定期間年数に応ずる基準年利率による	複利現価率	④	0.883
定期借地権等の設定時	自用地としての価額	①	(1m²当たりの価額　　　円) 80,000,000　円				複利年金現価率	⑤	46.946
	通常取引価額	②	(通常の取引価額又は①／0.8) 100,000,000　円						
課税時期	自用地としての価額	③	(1m²当たりの価額　　　円) 128,000,000　円			残存期間年数に応ずる基準年利率による複利年金現価率		⑥	38.020

(注)　④及び⑤に係る設定期間年数又は⑥に係る残存期間年数について、その年数に1年未満の端数があるときは6ヶ月以上を切り上げ、6ヶ月未満を切り捨てます。

〇定期借地権等の評価

経済的利益の額の計算	権利金等の授受がある場合	(権利金等の金額) (A) 16,000,000　円　= ⑨	権利金・協力金・礼金等の名称のいかんを問わず、借地契約の終了のときに返還を要しないとされる金銭等の額の合計を記載します。	(権利金等の授受による経済的利益の金額) ⑨　16,000,000　円
	保証金等の授受がある場合	(保証金等の額に相当する金額) (B) 　　　円	保証金・敷金等の名称のいかんを問わず、借地契約の終了のときに返還を要するものとされる金銭等（保証金等）の預託があった場合において、その保証金等につき基準年利率未満の約定利率の支払いがあるとき又は無利息のときに、その保証金等の金額を記載します。	(保証金等の授受による経済的利益の金額) ⑩　　　円
		(保証金等の授受による経済的利益の金額の計算) (④の複利現価率)　　　　　　　(基準年利率未満の約定利率)　(⑤の複利年金現価率) (B)　−　[(B)　×　　　　　]　−　[(B)　×　　　　　×　　　　　] ＝ ⑩			
	(権利金等の授受による経済的利益の金額)　(保証金等の授受による経済的利益の金額)　(贈与を受けたと認められる差額地代の額がある場合の経済的利益の金額)　(経済的利益の総額) ⑨　16,000,000　円　+　⑩　　　円　+　⑪　　　円　=　⑫　16,000,000　円				
	(注)　⑪欄は、個々の取引の事情・当事者間の関係等を総合勘案し、実質的に贈与を受けたと認められる差額地代の額がある場合に記載します(計算方法は、裏面2参照。)。				
評価額の計算	(課税時期における自用地としての価額)　(経済的利益の総額)　(⑥の複利年金現価率)　(定期借地権等の評価額) ③ 128,000,000　円　×　⑫　16,000,000　円　×　38.020　=　⑬　16,586,069　円 (設定時の通常取引価額)　(⑤の複利年金現価率) ②　100,000,000　円　46.946				

(注)　保証金等の返還の時期が、借地契約の終了のとき以外の場合の⑩欄の計算方法は、税務署にお尋ねください。

〇定期借地権等の目的となっている宅地の評価

一般定期借地権の目的となっている宅地 (裏面1のⒶに該当するもの)	(課税時期における自用地としての価額) ③ 　　　円	−　(課税時期における自用地としての価額) ③ 　　　円	×　(底地割合 (裏面3参照))	×　(1−　(⑥の複利年金現価率) (⑤の複利年金現価率))	=	(一般定期借地権の目的となっている宅地の評価額) ⑭　　　円
上記以外の定期借地権等の目的となっている宅地 (裏面1のⒷに該当するもの)	(課税時期における自用地としての価額) ③ 　　　円	−　(定期借地権等の評価額) ⑬ 　　　円	= ⑮　　　円			上記以外の定期借地権等の目的となっている宅地の評価額 (⑮と⑯のいずれか低い金額) ⑰　　　円
	(課税時期における自用地としての価額) ③ 　　　円	×　(1−　(残存期間年数に応じた割合(裏面4参照)))	= ⑯　　　円			

(資4-80-1-A4統一)

平成30年分の基準年利率について（法令解釈通達）

平成30年中に相続、遺贈又は贈与により取得した財産を評価する場合における財産評価基本通達（昭和39年4月25日付直資56ほか1課共同）4-4に定める「基準年利率」を下記のとおり定めたから、これによられたい。

なお、平成30年4月分以降については、基準年利率を定めた都度通達する。

記

○基準年利率 (単位：%)

区分	年数又は期間	平成30年1月	2月	3月	4月	5月	6月	7月	8月	9月	10月	11月	12月
短期	1年	0.01	0.01	0.01	0.01	0.01	0.01	0.01	0.01	0.01			
	2年												
中期	3年	0.01	0.01	0.01	0.01	0.01	0.01	0.01	0.01	0.01			
	4年												
	5年												
	6年												
長期	7年以上	0.25	0.25	0.25	0.25	0.25	0.25	0.25	0.25	0.25			

（注）　課税時期の属する月の年数又は期間に応ずる基準年利率を用いることに留意する。

〔参考〕

複利表（平成30年1～9月分）

残存期間40年
設定期間50年

区分	年数	年0.01%の複利年金現価率	年0.01%の複利現価率	年0.01%の年賦償還率	年1.5%の複利終価率	区分	年数	年0.25%の複利年金現価率	年0.25%の複利現価率	年0.25%の年賦償還率	年1.5%の複利終価率
短期	1	1.000	1.000	1.000	1.015		36	34.386	0.914	0.028	1.709
	2	2.000	1.000	0.500	1.030		37	35.298	0.912	0.028	1.734
区分	年数	年0.01%の複利年金現価率	年0.01%の複利現価率	年0.01%の年賦償還率	年1.5%の複利終価率		38	36.208	0.909	0.028	1.760
							39	37.115	0.907	0.027	1.787
中期	3	2.999	1.000	0.333	1.045		40	38.020	0.905	0.026	1.814
	4	3.999	1.000	0.250	1.061						
	5	4.999	1.000	0.200	1.077		41	38.923	0.903	0.026	1.841
	6	5.998	0.999	0.167	1.093		42	39.823	0.900	0.025	1.868
区分	年数	年0.25%の複利年金現価率	年0.25%の複利現価率	年0.25%の年賦償還率	年1.5%の複利終価率		43	40.721	0.898	0.025	1.896
							44	41.617	0.896	0.024	1.925
	7	6.931	0.983	0.144	1.109		45	42.511	0.894	0.024	1.954
	8	7.911	0.980	0.126	1.126						
	9	8.889	0.978	0.113	1.143		46	43.402	0.891	0.023	1.983
	10	9.864	0.975	0.101	1.160		47	44.292	0.889	0.023	2.013
							48	45.179	0.887	0.022	2.043
	11	10.837	0.973	0.092	1.177		49	46.064	0.885	0.022	2.074
	12	11.807	0.970	0.085	1.195		50	46.946	0.883	0.021	2.105
	13	12.775	0.968	0.078	1.213						
	14	13.741	0.966	0.073	1.231		51	47.827	0.880	0.021	2.136
	15	14.704	0.963	0.068	1.250	長	52	48.705	0.878	0.021	2.168
							53	49.581	0.876	0.020	2.201
	16	15.665	0.961	0.064	1.268		54	50.455	0.874	0.020	2.234
	17	16.623	0.958	0.060	1.288		55	51.326	0.872	0.019	2.267
	18	17.580	0.956	0.057	1.307	期					
長	19	18.533	0.954	0.054	1.326		56	52.196	0.870	0.019	2.301
	20	19.484	0.951	0.051	1.346		57	53.063	0.867	0.019	2.336
							58	53.928	0.865	0.019	2.371
	21	20.433	0.949	0.049	1.367		59	54.791	0.863	0.018	2.407
	22	21.380	0.947	0.047	1.387		60	55.652	0.861	0.018	2.443
期	23	22.324	0.944	0.045	1.408						
	24	23.266	0.942	0.043	1.429		61	56.511	0.859	0.018	2.479
	25	24.205	0.939	0.041	1.450		62	57.368	0.857	0.017	2.517
							63	58.222	0.854	0.017	2.554
	26	25.143	0.937	0.040	1.472		64	59.074	0.852	0.017	2.593
	27	26.077	0.935	0.038	1.494		65	59.925	0.850	0.017	2.632
	28	27.010	0.932	0.037	1.517						
	29	27.940	0.930	0.036	1.539		66	60.773	0.848	0.016	2.671
	30	28.868	0.928	0.035	1.563		67	61.619	0.846	0.016	2.711
							68	62.462	0.844	0.016	2.752
	31	29.793	0.926	0.034	1.586		69	63.304	0.842	0.016	2.793
	32	30.717	0.923	0.033	1.610		70	64.144	0.840	0.016	2.835
	33	31.638	0.921	0.032	1.634						
	34	32.556	0.919	0.031	1.658						
	35	33.472	0.916	0.030	1.683						

（注）1 複利年金現価率、複利現価率及び年賦償還率は小数点以下第4位を四捨五入により、複利終価率は小数点以下第4位を切捨てにより作成している。
2 複利年金現価率は、定期借地権等、著作権、営業権、鉱業権等の評価に使用する。
3 複利現価率は、定期借地権等の評価における経済的利益（保証金等によるもの）の計算並びに特許権、信託受益権、清算中の会社の株式及び無利息債務等の評価に使用する。
4 年賦償還率は、定期借地権等の評価における経済的利益（差額地代）の計算に使用する。
5 複利終価率は、標準伐期齢を超える立木の評価に使用する。

第5節　定期借地権等及び定期借地権等の目的となっている宅地の評価　275

〔参考〕

(表)
定 期 借 地 権 等 の 評 価 明 細 書

（平成二十年分以降用）

(住居表示) 所在地番			(地 積) ㎡		設定年月日	平成　年　月　日	設定期間年数	⑦	年
					課税時期	平成　年　月　日	残存期間年数	⑧	年
定期借地権 等の種類		一般定期借地権　・　建物譲渡特約付借地権　・ 事業用定期借地権等			設定期間年数に応ずる基準年利率による	複利現価率	④	
定期借地権等の設定時	自用地としての価額	①	(1㎡当たりの価額　　　円) 円			複利年金現価率	⑤	
	通常取引価額	②	(通常の取引価額又は①／0.8) 円					
課税時期	自用地としての価額	③	(1㎡当たりの価額　　　円) 円		残存期間年数に応ずる基準年利率による複利年金現価率		⑥	

(注)　④及び⑤に係る設定期間年数又は⑥に係る残存期間年数について、その年数に1年未満の端数があるときは6ヶ月以上を切り上げ、6ヶ月未満を切り捨てます。

○定期借地権等の評価

経済的利益の額の計算	権利金等の授受がある場合	(権利金等の金額) (A)　　　　　円　= ⑨	〔権利金・協力金・礼金等の名称のいかんを問わず、借地契約の終了のときに返還を要しないとされる金銭等の額の合計を記載します。〕	(権利金等の授受による経済的利益の金額) ⑨　　　　円
	保証金等の授受がある場合	(保証金等の額に相当する金額) (B)	〔保証金・敷金等の名称のいかんを問わず、借地契約の終了のときに返還を要するものとされる金銭等(保証金等)の預託があった場合において、その保証金等につき基準年利率未満の約定利率の支払いがあるとき又は無利息のときに、その保証金等の金額を記載します。〕	(保証金等の授受による経済的利益の金額) ⑩　　　　円
		(保証金等の授受による経済的利益の金額の計算) 　　　　(④の複利現価率)　　　　　　　(基準年利率未満の約定利率)　(⑤の複利年金現価率) (B) － [(B) ×　　　　　] － (B) ×　　　　　×　　　　　＝ ⑩		
	(権利金等の授受による経済的利益の金額) ⑨　　　　円 ＋ (保証金等の授受による経済的利益の金額) ⑩　　　　円 ＋ 〔贈与を受けたと認められる差額地代の額がある場合の経済的利益の金額〕 ⑪　　　　円 ＝			(経済的利益の総額) ⑫　　　　円
	(注)　⑪欄は、個々の取引の事情・当事者間の関係等を総合勘案し、実質的に贈与を受けたと認められる差額地代の額がある場合に記載します(計算方法は、裏面2参照。)。			
評価額の計算	(課税時期における自用地としての価額) ③　　　　円	× (経済的利益の総額) ⑫　　　　円　　　　　　(⑥の複利年金現価率) ──────────────　×　────────────── (設定時の通常取引価額)　　　　　　(⑤の複利年金現価率) ②　　　　円	＝	(定期借地権等の評価額) ⑬　　　　円

(注)　保証金等の返還の時期が、借地契約の終了のとき以外の場合の⑩欄の計算方法は、税務署にお尋ねください。

○定期借地権等の目的となっている宅地の評価

一般定期借地権の目的となっている宅地 [裏面1の Ⓐに該当 するもの]	(課税時期における自用地としての価額) ③　　　　円 － (課税時期における自用地としての価額) ③　　　　円 × 〔底地割合 (裏面3参照)〕 × [1 － (⑥の複利年金現価率) ────────── (⑤の複利年金現価率)] ＝	⑭	(一般定期借地権の目的となっている宅地の評価額) 円
上記以外の定期借地権等の目的となっている宅地	(課税時期における自用地としての価額) ③　　　　円 － (定期借地権等の評価額) ⑬　　　　円 ＝ ⑮　　　　円	⑰	(上記以外の定期借地権等の目的となっている宅地の評価額) (⑮と⑯のいずれか低い金額)
[裏面1の Ⓑに該当 するもの]	(課税時期における自用地としての価額) ③　　　　円 × [1 － (残存期間年数に応じた割合(裏面4参照))] ＝ ⑯　　　　円		円

(資4－80－1－A4統一)

(裏)

1 定期借地権等の種類と評価方法の一覧

定期借地権の種類	定期借地権等の評価方法	定期借地権等の目的となっている宅地の評価方法	
一般定期借地権 （借地借家法第22条）	財産評価基本通達27-2に定める評価方法による	平成10年8月25日付課評2-8・課資1-13「一般定期借地権の目的となっている宅地の評価に関する取扱いについて」に定める評価方法による	Ⓐ
		※	
事業用定期借地権等 （借地借家法第23条）		財産評価基本通達25(2)に定める評価方法による	Ⓑ
建物譲渡特約付借地権 （借地借家法第24条）			

（注）※印部分は、一般定期借地権の目的となっている宅地のうち、普通借地権の借地権割合の地域区分A・B地域及び普通借地権の取引慣行が認められない地域に存するものが該当します。

2 実質的に贈与を受けたと認められる差額地代の額がある場合の経済的利益の金額の計算

差額地代（設定時）

| 同種同等地代の年額(C) | 円 | 実際地代の年額(D) | 円 | 設定期間年数に応ずる基準年率による年賦償還率 | ⑱ |

（前払地代に相当する金額）　　　　　　　　　（実際地代の年額(D)）（実質地代の年額(E)）

（権利金等⑨）（⑱の年賦償還率）（保証金等⑩）（⑱の年賦償還率）

_____ 円 × _____ + _____ 円 × _____ + _____ 円 = _____ 円

（差額地代の額）
（同種同等地代の年額(C)）（実質地代の年額(E)）　（⑤の複利年金現価率）　　⑪　贈与を受けたと認められる差額地代の額がある場合の経済的利益の金額

（_____ 円 − _____ 円）× _____ = _____ 円

（注）「同種同等地代の年額」とは、同種同等の他の定期借地権等における地代の年額をいいます。

3 一般定期借地権の目的となっている宅地を評価する場合の底地割合

借地権割合		底地割合
路線価図	評価倍率表	

地域区分	路線価図	評価倍率表	底地割合
	C	70%	55%
	D	60%	60%
	E	50%	65%
	F	40%	70%
	G	30%	75%

4 定期借地権等の目的となっている宅地を評価する場合の残存期間年数に応じた割合

残存期間年数	割合
5年以下の場合	5%
5年を超え10年以下の場合	10%
10年を超え15年以下の場合	15%
15年を超える場合	20%

（注）残存期間年数の端数処理は行いません。

（資4−80−2−A4統一）

3 | 定期借地権等の目的となっている宅地の価額

(1) 定期借地権等の目的となっている宅地の価額

定期借地権等の目的となっている宅地の価額は、原則として、その宅地の自用地としての価額から、前記2の定期借地権等の評価（評基通27-2）により評価したその定期借地権等の価額を控除した金額によって評価します。

（算式）

> 評価額＝その宅地の自用地としての価額 － 定期借地権等の価額

ただし、評価基本通達の定めにより評価した定期借地権等の価額が、その宅地の自用地としての価額に次に掲げる定期借地権等の残存期間に応じる割合を乗じて計算した金額を下回る場合には、その宅地の自用地としての価額からその価額に次に掲げる割合を乗じて計算した金額を控除した金額によって評価します（評基通25（2））。

イ	残存期間が5年以下のもの	5％
ロ	残存期間が5年を超え10年以下のもの	10％
ハ	残存期間が10年を超え15年以下のもの	15％
ニ	残存期間が15年を超えるもの	20％

（注）定期借地権等のうちの一時使用目的の借地権の目的となっている宅地については、一時使用目的の借地権が雑種地の賃借権と同じように評価されることから（P241参照）、上記(1)の方法によらず、次の算式で求めた金額により評価します。

（算式）

> 評価額 ＝ 自用地としての価額 － 一時使用目的の借地権の価額

Q6-25 定期借地権等の目的となっている宅地の評価

問 次の内容の定期借地権を設定した土地を相続した場合、この貸宅地の価額はどのように評価しますか。

定期借地権等の種類…定期借地権（設定期間50年）

自用地としての価額…相続税評価額8,000万円（A）

（通常の取引価額1億円）（B）

定期借地権設定時に借地人に帰属する経済的利益の総額…1,600万円

支払い地代…月額12万円（年間144万円）

課税時期…平成30年3月（設定後10年経過：残存期間40年）

課税時期における自用地としての価額…相続税評価額1億2,800万円

（通常の取引価額1億6,000万円）

答 定期借地権等の目的となっている宅地の価額は、原則として<u>その宅地の自用地としての価額から定期借地権等の価額を控除して評価する</u>こととされています。

ただし、これにより評価した価額より、自用地としての価額から自用地としての価額に次に掲げる定期借地権等の残存期間に応ずる割合を乗じて計算した金額を控除した金額の方が<u>低い場合</u>には、<u>その金額</u>によって評価することとなります。

① 残存期間5年以下　　　　　0.05
② 残存期間5年超10年以下　　 0.1
③ 残存期間10年超15年以下　　0.15
④ 残存期間15年超　　　　　　0.2

1　問の場合の定期借地権の価額は次のとおりとなります。

$$1億2,800万円 \times \frac{1,600万円}{1億円} \times \frac{38.020}{46.946} = 16,586,069円$$

（40年の年0.25％の複利年金現価率）
（50年の年0.25％の複利年金現価率）
（定期借地権の価額）

2　[貸宅地の価額]

自用地価額（1億2800万円）− 定期借地権の価額（16,586,069円）＝ 111,413,931円

111,413,931円 ＞ 102,400,000円 ＝ 1億2800万円 × （1−0.2）

したがって、定期借地権の目的となっている貸宅地の評価額は、次のとおりとなります。

（自用地としての価額）　　（定期借地権等の残存期間に応ずる割合）
1億2,800万円　×　（ 1 − 0.2 ）　＝ 102,400,000円

(2) 課税上弊害がない場合の一般定期借地権の目的となっている宅地の価額

定期借地権等のうちの一般定期借地権の目的となっている宅地については、課税上弊害がない限り、上記(1)の方法によらず、以下の方法により評価します。

（注）一般定期借地権とは、公正証書等の書面により借地期間を50年以上とし、借地期間満了により借地権が確定的に終了するものをいいます（借地借家法22）。

（算式）

> 課税時期における自用地としての価額 － 一般定期借地権に相当する価額 (注1)

（注）1　一般定期借地権に相当する価額 ＝ 課税時期における自用地としての価額 × （1－底地割合 (注2)） × $\dfrac{\text{課税時期におけるその一般定期借地権の残存期間年数に応ずる基準年利率による複利年金現価率}}{\text{一般定期借地権の設定期間年数に応ずる基準年利率による複利年金現価率}}$

2　一般定期借地権が設定された時点の底地割合

一般定期借地権が設定された時点の底地割合の表

借地権割合	路線価図	C地域	D地域	E地域	F地域	G地域
	評価倍率表（％）	70	60	50	40	30
底地割合（％）		55	60	65	70	75

※　A地域（借地権割合90％の地域）、B地域（借地権割合80％の地域）及び借地権の取引慣行の無い地域については、上記(1)の評価方法によります。なお、「A～G」地域は、路線価図により確認できます。

Q6-26　個別通達の適用に当たり課税上弊害がある場合について

問　個別通達「一般定期借地権の目的となっている宅地の評価に関する取扱いについて」（平成10年8月25日付課評2-8外）に定める、「課税上弊害がある」ものとされている親族等の範囲は具体的にはどのような範囲ですか。

答　「課税上弊害がある」ものとされている親族等の範囲は、具体的には次のとおりです。

通達該当番号	範囲
(1)	「親族」～民法第725条参照　1　6親等内の血族 　　　　　　　　　　　　　　2　配偶者 　　　　　　　　　　　　　　3　3親等内の姻族
(2)	1　借地権設定者と婚姻の届出をしていないが事実上婚姻関係と同様の事情にある者 2　1の親族でその者と生計を一にしているもの
(3)	1　借地権設定者の使用人 2　使用人以外の者で借地権設定者から受ける金銭その他の財産によって生計を維持しているもの 3　1又は2の親族でその者と生計を一にしているもの
(4)	借地権設定者が会社役員となっている場合の当該会社。この場合の会社役員とは、次の1又は2の者をいいます。 1　法人の取締役、執行役、会計参与、監査役、理事、監事及び清算人 2　1以外の者で法人の経営に従事している者のうち、次に掲げる者（法令7） 　イ　法人の使用人以外の者でその法人の経営に従事しているもの（法基通9-2-1参照） 　　⇒　相談役、顧問その他これに類する者で、その法人内における地位、職務等からみて他の役員と同様に実質的に法人の経営に従事している者 　　⇒　使用人としての職制上の地位のみを有する営業所長、支配人、主任等は含まれません。 　ロ　同族会社の使用人のうち、特定株主に該当する場合 （注）上記法人は、2ロ以外、同族、非同族を問いません。
(5)	借地権設定者、その親族、上記(2)及び(3)に掲げる者並びにこれらの者と特殊の関係にある法人を判定の基礎とした場合に「同族会社」に該当する法人（法人税法施行令第4条第2項）
(6)	上記(4)又は(5)に掲げる法人の役員又は使用人
(7)	1　借地権設定者が、他人とともに借地人となる場合に限り、自己を借地人として借地権を設定する場合 2　借地権設定者が、他にも土地所有者以外の借地権者が存する場合で、後発的に借地権者となった場合（中古定期借地権を取得した場合）

第6節 地上権等及び地上権等の目的となっている宅地の評価

1 地上権等の評価等

(1) 地上権の評価（相法23条）

　地上権とは、工作物又は竹木を所有するために他人の土地を使用する権利とされています。なお、建物の所有を目的とする地上権は借地権に含まれますので、ここでの地上権からは除かれます。

　地上権（借地借家法（平成３年法律第90号）に規定する借地権又は民法269条の２第１項《地下又は空間を目的とする地上権》の地上権に該当するものを除きます。以下同じです。）及び永小作権の価額は、その残存期間に応じ、その目的となっている土地のこれらの権利を取得した時におけるこれらの権利が設定されていない場合の時価（自用地としての価額）に、次に定める割合を乗じて算出した金額により評価します（相法23、相基通23-1）。

（算式）

$$評価額 ＝ 自用地としての価額 \times 残存期間に応じた割合^{(注)}$$

　　（注）　残存期間に応じた割合

残存期間	地上権の割合
残存期間が10年以下のもの	100分の5
残存期間が10年を超え15年以下のもの	100分の10
残存期間が15年を超え20年以下のもの	100分の20
残存期間が20年を超え25年以下のもの	100分の30
残存期間が25年を超え30年以下のもの	100分の40
残存期間が30年を超え35年以下のもの	100分の50
残存期間が35年を超え40年以下のもの	100分の60
残存期間が40年を超え45年以下のもの	100分の70
残存期間が45年を超え50年以下のもの	100分の80
残存期間が50年を超えるもの	100分の90
地上権で存続期間の定めのないもの	100分の40

設例　**残存期間が15年10か月ある場合の地上権の評価額**

　　1　自用地としての価額　5,000万円

　　2　地上権の価額

　　　　（自用地としての価額）　　（残存期間が15年超20年以下の地上権割合）
　　　　　　5,000万円　　　　×　　　　　　0.2　　　　　　＝　1,000万円

(2) 地上権の目的となっている宅地の価額

地上権の目的となっている宅地の価額は、その宅地の自用地としての価額から上記(1)で求めた地上権の価額を控除した金額によって評価します（評基通25(3)）。

（算式）

> 評価額 ＝ 自用地としての評価額 － 地上権の価額^(注)

（注）　地上権の価額＝自用地としての評価額×残存期間に応じた割合

2 ｜ 区分地上権等の評価等

(1) 区分地上権の価額

区分地上権は、地下にトンネルを所有するなど土地の上下の一定層のみを目的として設定された地上権をいい、土地の上下のすべてについて効力が及ぶ地上権とは別のものとして評価されます。

区分地上権の価額は、その区分地上権の目的となっている宅地の自用地としての価額に、その区分地上権の設定契約の内容に応じた土地利用制限率を基とした割合（以下「区分地上権の割合」といいます。）を乗じて計算した金額によって評価します。

この場合において、地下鉄等のトンネルの所有を目的として設定した区分地上権を評価するときにおける区分地上権の割合は、**100分の30**とすることができます（評基通27-4）。

（注）1　「土地利用制限率」とは、公共用地の取得に伴う損失補償基準細則（昭和38年3月7日用地対策連絡協議会理事会決定）別記2《土地利用制限率算定要領》に定める土地利用制限率をいいます。

　　　2　区分地上権が1画地の宅地の一部分に設定されているときは、「その区分地上権の目的となっている宅地の自用地としての価額」は、1画地の宅地の自用地としての価額のうち、その区分地上権が設定されている部分の地積に対応する価額となります。

（算式）

> 評価額 ＝ $\begin{Bmatrix} 区分地上権の目的となってい \\ る土地の自用地としての価額 \end{Bmatrix}$ × 区分地上権の割合

(2) 区分地上権の目的となっている宅地の価額

区分地上権の目的となっている宅地の価額は、その宅地の自用地としての価額から上記(1)の区分地上権の価額（評基通27-4の定めにより評価したその区分地上権の価額）を控除した金額によって評価します（評基通25(4)）。

（算式）

> 評価額 ＝ 自用地としての価額 － 区分地上権の価額

Q6-27　区分地上権の目的となっている宅地の評価

問　本来地上8階地下2階のビルが建築できるのですが、地下鉄のトンネルの所有を目的とする区分地上権が設定されていることにより、地上5階地下1階の建物しか建築できない土地（自用地価額100億円）があります。このような土地の価額は、どのように評価するのでしょうか。

答　区分地上権の目的となっている宅地の価額は、その宅地の自用地としての価額から評価基本通達27-4《区分地上権の評価》の定めにより評価したその区分地上権の価額を控除した金額によって評価します。

この場合、区分地上権の価額は、その区分地上権の目的となっている宅地の自用地としての価額に、その区分地上権の設定契約の内容に応じた土地利用制限率を基とした割合（区分地上権の割合）を乗じて計算した金額によって評価します。

仮に、この土地の階層別利用率が次の図のようであるとした場合には、次のように評価します。

（階層別利用率）

階	利用率
8 F	32.9
7 F	33.0
6 F	36.9
5 F	40.1
4 F	42.8
3 F	44.1
2 F	61.5
1 F	100.0
B 1	55.7
B 2 （地下鉄のトンネル）	33.1

（自用地価額）　　　　　　　　　（区分地上権の割合）
100億円　－　100億円　×　0.283※　＝　71億7,000万円

※　区分地上権の割合（土地利用制限率）の計算

$$\frac{32.9+33.0+36.9+33.1}{32.9+33.0+36.9+40.1+42.8+44.1+61.5+100.0+55.7+33.1} \fallingdotseq 0.283$$

なお、地下鉄等のトンネルの所有を目的として設定した区分地上権を評価するときにおける区分地上権の割合は、100分の30とすることができます。

$$\underset{\text{(自用地価額)}}{100\text{億円}} - \underset{}{100\text{億円}} \times \underset{\text{(区分地上権の割合)}}{\frac{30}{100}} = 70\text{億円}$$

Q6-28　区分地上権が宅地の一部に設定されている場合の評価

問　次の図のように1区画の宅地の一部に地下鉄のトンネルの所有を目的とする区分地上権が設定されている宅地があります。このような宅地は、どのように評価するのですか。

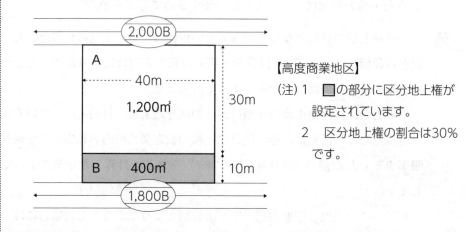

【高度商業地区】
(注)1　▨の部分に区分地上権が設定されています。
　　2　区分地上権の割合は30％です。

答　区分地上権が設定されている宅地の価額は、区分地上権の目的となっている部分も含め全体を1画地の宅地として評価した価額から、区分地上権の価額を削除した金額により評価します。

なお、問のように区分地上権が1画地の宅地の一部分に設定されているときは、「その区分地上権の目的となっている自用地としての価額」は、1画地の宅地としての価額のうち、その区分地上権が設定されている部分の地積に対応する価額とあります。

図の場合は、次のように評価します。

1　A、B土地全体を1画地として評価した価額

$$(\underset{\text{(正面路線価)}}{2{,}000\text{千円}} \times \underset{\text{(奥行価格補正率)}}{1.00} + \underset{\text{(裏面路線価)}}{1{,}800\text{千円}} \times \underset{\text{(奥行価格補正率)}}{1.00} \times \underset{\text{(二方路線影響加算率)}}{0.07})$$

$$\times \underset{\text{(地積)}}{1{,}600\text{㎡}} = 34\text{億}160\text{万円}$$

2　区分地上権の価額

$$34億160万円 \times \frac{400㎡}{1,600㎡} \times 30\% = 2億5,512万円$$

3　区分地上権の目的となっている土地の価額

$$\underset{(1で求めた価額)}{34億160万円} - \underset{(2で求めた価額)}{2億5,512万円} = 31億4,648万円$$

Q6-29　倍率地域にある区分地上権の目的となっている宅地の評価

問　倍率地域にある区分地上権の目的となっている宅地の価額は、どのように評価すればよいのでしょうか。

答　その宅地の固定資産税評価額に倍率を乗じて計算した自用地価額から区分地上権の価額を控除した価額によって評価します。

この場合、区分地上権の目的となっている宅地の固定資産税評価額が、地下鉄のトンネルが設置されていること等による利用価値の低下を考慮して評定されているときには、その利用価値の低下がないものとした場合の固定資産税評価額を基にその宅地の自用地価額を求めることに注意してください。

【参考通達】

財産評価基本通達25-2《倍率方式により評価する宅地の自用地としての価額》

「倍率地域にある区分地上権の目的となっている宅地又は区分地上権に準ずる地役権の目的となっている承役地である宅地の自用地としての価額は、その宅地の固定資産税評価額が地下鉄のずい道の設置、特別高圧架空電線の架設がされていること等に基づく利用価値の低下を考慮したものである場合には、その宅地の利用価値の低下がないものとして評価した価額とする。

なお、宅地以外の土地を倍率方式により評価する場合の各節に定める土地の自用地としての価額についても、同様とする。」

3 | 区分地上権に準ずる地役権の評価等

(1) 区分地上権に準ずる地役権の価額

区分地上権に準ずる地役権の価額は、その区分地上権に準ずる地役権の目的となっている承役地である宅地の自用地としての価額に、その区分地上権に準ずる地役権の設定契約の内容に応じた土地利用制限率を基とした割合（以下「区分地上権に準ずる地役権の割合」といいます。）を乗じて計算した金額によって評価します（評基通27-5）。

（算式）

> 評価額 ＝ 自用地としての価額 × 区分地上権に準ずる地役権の割合

なお、この場合において、区分地上権に準ずる地役権の割合は、次に掲げるその承役地に係る制限の内容の区分に従い、それぞれ次に掲げる割合とすることができるものとされています。

① 家屋の建築が全くできない場合　100分の50又はその区分地上権に準ずる地役権が借地権であるとした場合にその承役地に適用される借地権割合のいずれか高い割合
② 家屋の構造、用途等に制限を受ける場合　100分の30

(2) 区分地上権に準ずる地役権の目的となっている承役地である宅地の価額

区分地上権に準ずる地役権の目的となっている承役地である宅地の価額は、その宅地の自用地としての価額から評価基本通達27-5《区分地上権に準ずる地役権の評価》の定めにより評価したその区分地上権に準ずる地役権の価額を控除した金額によって評価します（評基通25(5)）。

（算式）

> 評価額 ＝ 自用地 － 区分地上権に準ずる地役権の価額

Q6-30　区分地上権に準ずる地役権の意義

問　財産評価基本通達上の区分地上権に準ずる地役権とは、どのようなものをいうのでしょうか。

答　評価基本通達上の区分地上権に準ずる地役権とは、特別高圧架空電線の架設、高圧のガスを通ずる導管の敷設、飛行場の設置、建築物の建築その他の目的のため地下又は空間について上下の範囲を定めて設定された地役権で、建造物の設置を制限するものをいい、登記の有無は問いません。

Q6-31 一部が区分地上権に準ずる地役権の目的となっている宅地の評価

問 特別高圧架空電線の架設を目的とする地役権が設定されている宅地の価額はどのように評価するのでしょうか。

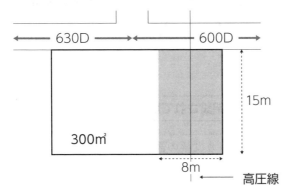

【普通住宅地区】

① ▨部分は、地役権の設定により家屋の構造、用途等に制限を受けます。
② 宅地は、600千円及び630千円の路線価が付された路線にそれぞれ10mずつ接しています。
③ 総地積は、300㎡、▨部分の地積は120㎡です。

答 地役権が設定されている宅地の価額は、承役地である部分も含め全体を1画地の宅地として評価した価額から、その承役地である部分を1画地として計算した自用地価額を基に、土地利用制限率を基に評価した区分地上権に準ずる地役権の価額を控除して評価します。この場合、区分地上権に準ずる地役権の価額は、その承役地である宅地についての建築制限の内容により、自用地価額に次の割合を乗じた金額によって評価することができます。

(1) 家屋の建築が全くできない場合…………50％と承役地に適用される借地権割合とのいずれか高い割合

(2) 家屋の構造、用途等に制限を受ける場合…30％

図の場合において、区分地上権に準ずる地役権の割合を30％とすると、次のように評価します。

1 宅地全体を1画地として評価した価額（自用地価額）

$$\frac{\underset{\text{(加重平均による路線価)}}{630{,}000円 \times 10m + 600{,}000円 \times 10m}}{20m} \times \underset{\substack{\text{(奥行価格)}\\\text{補正率}}}{1.00} \times \underset{\text{(地積)}}{300㎡} = 184{,}500{,}000円$$

2　区分地上権に準ずる地役権の価額

$$\underset{(路線価)}{600,000円} \times \underset{\substack{(奥行価格\\補正率)}}{1.00} \times \underset{(地積)}{120㎡} \times \underset{\substack{(区分地上権に準ず\\る地役権の割合)}}{30\%} = 21,600,000円$$

3　区分地上権に準ずる地役権の目的となっている宅地の価額

$$\underset{(自用地価額)}{184,500,000円} - \underset{(区分地上権に準ずる地役権の価額)}{21,600,000円} = 162,900,000円$$

Q6-32　債権契約により高圧線が架設されている土地の評価

問　特別高圧架空電線の架設が地役権の設定契約によらず、送電線架設保持に関する契約等のいわゆる債権契約によっている場合も、区分地上権に準ずる地役権が設定されている土地と同様に評価することができますか。

答　特別高圧架空電線を架設する場合には、電気事業者は、「電気設備に関する技術基準を定める省令」（電気設備技術基準）により、構造物又は工作物から一定の離間距離を保つことを義務付けられています。電気事業者は、この電気設備技術基準に適合するように地役権の設定契約を行っているところであり、このことは債権契約による場合も同様です。

　したがって、特別高圧架空電線の架設が債権契約によって行われている土地についても、区分地上権に準ずる地役権が設定されている土地と同様に評価することができると解されます。

　ところで、評価基本通達25(5)は、区分地上権に準ずる地役権の目的となっている承役地である宅地の評価について定めていますが、債権契約によるものについては定めていません。このような場合には、同通達5により評価基本通達に定めのないものについては、評価基本通達の定めに準じて評価することとされていることから、建築制限がされているという実体があることを踏まえて同通達25(5)に準じて評価することとなります。

4　土地の上に存する権利が競合する場合の宅地等

(1) 土地の上に存する権利が競合する場合の借地権、定期借地権等又は地上権の価額

次に掲げる区分に従い、それぞれ次の算式により計算した金額によって評価します（評基通27-6）。

イ 借地権、定期借地権等又は地上権及び区分地上権が設定されている場合の借地権、定期借地権等又は地上権の価額（評基通27-6(1)）

（算式）

（区分地上権が設定されている場合の借地権）

$$\left(\begin{array}{l}\text{区分地上権の設定がないとした場合の}\\ \text{借地権の価額（評基通27）}\end{array}\right) \times \left(1 - \begin{array}{l}\text{区分地上}\\ \text{権の割合}\end{array}\right)$$

（区分地上権が設定されている場合の定期借地権等）

$$\left(\begin{array}{l}\text{区分地上権の設定がないとした場合の}\\ \text{定期借地権等の価額（評基通27-2）}\end{array}\right) \times \left(1 - \begin{array}{l}\text{区分地上}\\ \text{権の割合}\end{array}\right)$$

（区分地上権が設定されている場合の地上権）

$$\left(\begin{array}{l}\text{区分地上権の設定がないとした場合の}\\ \text{地上権の価額（相法23）}\end{array}\right) \times \left(1 - \begin{array}{l}\text{区分地上}\\ \text{権の割合}\end{array}\right)$$

ロ 区分地上権に準ずる地役権が設定されている承役地に借地権、定期借地権等又は地上権が設定されている場合の借地権、定期借地権等又は地上権の価額（評基通27-6(2)）

（算式）

（区分地上権に準ずる地役権が設定されている承役地に係る借地権）

$$\left(\begin{array}{l}\text{区分地上権に準ずる地役権の}\\ \text{設定がないとした場合の借地}\\ \text{権の価額（評基通27）}\end{array}\right) \times \left(1 - \begin{array}{l}\text{区分地上権}\\ \text{に準ずる地}\\ \text{役権の割合}\end{array}\right)$$

（区分地上権に準ずる地役権が設定されている承役地に係る定期借地権等）

$$\left(\begin{array}{l}\text{区分地上権に準ずる地役権の}\\ \text{設定がないとした場合の定期}\\ \text{借地権等の価額（評基通27-2）}\end{array}\right) \times \left(1 - \begin{array}{l}\text{区分地上権}\\ \text{に準ずる地}\\ \text{役権の割合}\end{array}\right)$$

（区分地上権に準ずる地役権が設定されている承役地に係る地上権）

$$\left(\begin{array}{l}\text{区分地上権に準ずる地役権の}\\ \text{設定がないとした場合の地上}\\ \text{権の価額（相法23）}\end{array}\right) \times \left(1 - \begin{array}{l}\text{区分地上権}\\ \text{に準ずる地}\\ \text{役権の割合}\end{array}\right)$$

(2) 土地の上に存する権利が競合する場合の宅地の価額

次に掲げる区分に従い、それぞれ次の算式により計算した金額によって評価します（評基通25-3）。

イ　借地権、定期借地権等又は地上権及び区分地上権の目的となっている宅地の価額（評基通25-3(1)）

（算式）

> その宅地の自用地としての価額 － { 2の区分地上権の価額 ＋ (1)のイの区分地上権が設定されている場合の借地権、定期借地権等又は地上権の価額 }

Q6-33　借地権等と区分地上権とが競合する場合

問　借地権等と区分地上権とが競合して設定されている土地の価額は、どのように評価しますか。

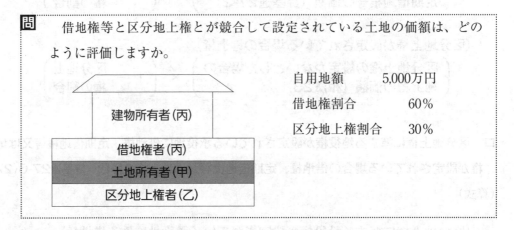

自用地額　　　　　5,000万円
借地権割合　　　　60％
区分地上権割合　　30％

答　土地の自用地価額から区分地上権の価額と区分地上権が設定されている場合の借地権の価額を控除した金額によって評価します。

（計算例）

1　区分地上権の価額

　（自用地価額）　　（区分地上権の割合）
　5,000万円　×　　0.3　　＝　1,500万円

2　区分地上権が設定されている場合の借地権の価額

　（自用地価額）　（借地権割合）　（区分地上権の割合）
　5,000万円　×　0.6　×　(1－0.3)　＝　2,100万円

3　借地権と区分地上権とが競合する場合の宅地の評価

　（自用地価額）　（区分地上権の価額）　（区分地上権が設定されている場合の借地権の価額）
　5,000万円　－　1,500万円　－　2,100万円　＝　1,400万円

ロ　区分地上権及び区分地上権に準ずる地役権の目的となっている承役地である宅地の価額（評基通25-3（2））

（算式）

$$\text{その宅地の自用地としての価額} - \left\{ \begin{array}{l} \text{2の区分地上権の価額} + \text{3の区分地上権に準ずる地役権の価額} \end{array} \right\}$$

ハ　借地権、定期借地権等又は地上権及び区分地上権に準ずる地役権の目的となっている承役地である宅地の価額（評基通25-3（3））

（算式）

$$\text{その宅地の自用地としての価額} - \left\{ \begin{array}{l} \text{3の区分地上権に準ずる地役権の価額} + \text{（1）のロの区分地上権に準ずる地役権が設定されている借地権、定期借地権等又は地上権の価額} \end{array} \right\}$$

（注）国税局長が貸宅地割合を定めている地域に存する借地権の目的となっている宅地の価額を評価する場合には、評価基本通達25《貸宅地の評価》(1)のただし書の定めにより評価した価額から、当該価額に同通達27-4《区分地上権の評価》の区分地上権の割合又は27-5《区分地上権に準ずる地役権の評価》の区分地上権に準ずる地役権の割合を乗じて計算した金額を控除した金額によって評価します。

Q6-34　借地権と区分地上権に準ずる地役権とが競合する場合の宅地の評価

問　借地権と高圧架空電線の架設を目的とする区分地上権に準ずる地役権とが設定されている宅地の価額はどのように評価するのですか。

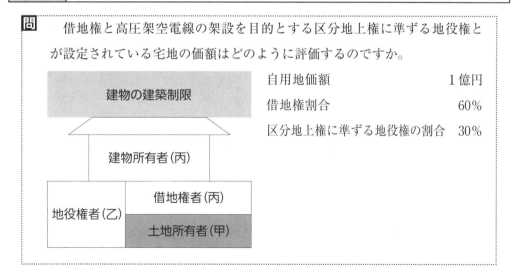

自用地価額　　　　　　　　　　　1億円
借地権割合　　　　　　　　　　　60%
区分地上権に準ずる地役権の割合　30%

答　借地権と区分地上権に準ずる地役権とが競合して設定されている承役地である宅地の価額は、その宅地の自用地価額から区分地上権に準ずる地役権の価額とその宅地に区分地上権に準ずる地役権が設定されていることに伴う調整をした後の借地権の価額を控除した価額によって評価します。

(計算例)

1　区分地上権に準ずる地役権の価額

$$\underset{(自用地価額)}{1億円} \times \underset{(区分地上権に準ずる地役権の割合)}{0.3} = 3,000万円$$

2　区分地上権に準ずる地役権が設定されている場合の借地権の価額

$$\underset{(自用地価額)}{1億円} \times \underset{(借地権割合)}{0.6} \times (1 - \underset{\substack{(区分地上権に準ずる \\ 地役権の割合)}}{0.3}) = 4,200万円$$

3　借地権と区分地上権に準ずる地役権とが競合する場合の宅地の価額

$$\underset{(自用地価額)}{1億円} - \underset{(区分地上権に準ずる地役権の価額)}{3,000万円} - \underset{(借地権の価額)}{4,200万円} = 2,800万円$$

Q6-35　区分地上権と区分地上権に準ずる地役権とが競合する場合の宅地の評価

問　地下鉄のトンネルの所有を目的とする区分地上権と高圧架空電線の架設を目的とする区分地上権に準ずる地役権とが設定されている承役地の価額はどのように評価するのでしょうか。

（建物の建築不可）	
地役権者（C）	
区分地上権者（B）	
土地所有者（A）	

自用地価額	1億円
区分地上権の割合	30%
区分地地上権に準ずる地役権の割合	50%

答　区分地上権と区分地上権に準ずる地役権とが競合して設定されている宅地の価額は、その宅地の自用地価額から、区分地上権の価額と区分地上権に準ずる地役権の価額を控除した金額によって評価します。

(計算例)

1　区分地上権の価額

$$\underset{(自用地価額)}{1億円} \times \underset{(区分地上権の割合)}{0.3} = 3,000万円$$

2　区分地上権に準ずる地役権の価額

$$\underset{(自用地価額)}{1億円} \times \underset{(区分地上権に準ずる地役権の割合)}{0.5} = 5,000万円$$

3　区分地上権と区分地上権に準ずる地役権とが競合する場合の宅地の価額

$$\underset{(自用地価額)}{1億円} - \underset{(区分地上権の価額)}{3,000万円} - \underset{(区分地上権に準ずる地役権の価額)}{5,000万円} = 2,000万円$$

5 | 区分地上権の目的となっている貸家建付地の評価

区分地上権の目的となっている貸家建付地の価額は、次の算式により計算した価額によって評価します（評基通26-2）。

（算式）

評価額 ＝ [区分地上権の目的となっている宅地の価額] ×（1－借地権割合×借家権割合×賃貸割合）

Q6-36　区分地上権の目的となっている貸家建付地の評価

問　区分地上権の目的となっている貸家建付地の価額は、どのように評価しますか。

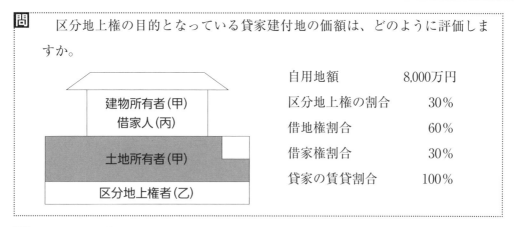

自用地額	8,000万円
区分地上権の割合	30％
借地権割合	60％
借家権割合	30％
貸家の賃貸割合	100％

答　区分地上権の目的となっている宅地の価額から、その価額にその宅地に係る借地権割合、借家権割合及び家屋の賃貸割合を連乗して計算した金額を控除した価額により評価します（評基通26-2）。

（計算例）

1　区分地上権の目的となっている宅地の価額

　　（自用地価額）　　（区分地上権の割合）
　　8,000万円　×　（1－0.3）　＝　5,600万円

2　区分地上権の目的となっている貸家建付地の価額

　　　　　　　　　　（借地権割合）（借家権割合）（貸家の賃貸割合）
　　5,600万円　×（1－　0.6　×　0.3　×　1.0　）＝　4,592万円

6 | 区分地上権に準ずる地役権の目的となっている貸家建付地の評価

　区分地上権に準ずる地役権の目的となっている貸家建付地の価額は、次の算式により評価します（評基通26-2）。

（算式）

$$評価額 = \begin{bmatrix} 区分地上権に準ずる地役権の \\ 目的となっている宅地の価額 \end{bmatrix} \times (1 - 1 \times 借地権割合 \times 借家権割合 \times 賃貸割合)$$

第7節 使用貸借に係る土地の使用権及びその目的となっている土地の評価

使用貸借に係る土地の使用権、土地の評価については、個人間の貸借関係の実情を踏まえて、使用貸借についての相続税及び贈与税の取扱いが示されていますので、以下、その取扱いを確認します（昭和48年11月1日　直資2-189（例規）「使用貸借に係る土地についての相続税及び贈与税の取扱いについて」5（資料編参照））。

1 | 使用貸借に係る使用権の評価

建物又は構築物の所有を目的として使用貸借により土地を借り受けている場合、当該土地の使用貸借に係る使用権の価額は、**零**とします。

（注）この場合において、**使用貸借**とは、民法593条に規定する契約をいいます。したがって、例えば、土地の借受者と所有者との間に当該借受けに係る土地の公租公課に相当する金額以下の金額の授受があるにすぎないものはこれに該当し、当該土地の借受けについて地代の授受がないものであっても権利金その他地代に代わるべき経済的利益の授受のあるものはこれに該当しません。

2 | 使用貸借に係る使用権の設定されている土地の評価

上記1により、使用貸借に係る使用権の価額は、零とされますから、個人間における使用貸借により貸し付けられている土地は、これらの土地の上にある建物が自用であるか貸付けにあるものであるかの区分に関係なく、全て自用のものであるとした価額で評価されます。

Q6-37 | 使用貸借に係る土地の評価（使用貸借後に賃貸建物を建築した場合）

問　父より土地を使用貸借により借り受けた子が、その土地の上に建物を建て、その建物を他人に賃貸しました。
　その後、土地の所有者の父が死亡した場合、相続税の課税価格に算入されるべきその土地の価額は、貸家建付地として評価してもよいでしょうか。

答　貸家建付地として評価せず、自用地として評価します。
　一般に、使用貸借により借り受けた土地の上に建物が建築され、その建物が賃貸借により貸し付けられている場合、その建物賃借人の敷地利用権は、建物所

者（土地使用借権者）の敷地利用権から独立したものではなく、建物所有者の敷地利用権に従属するもので、その範囲内において行使されるにすぎないものであると解されます。

したがって、土地の使用借権者である建物所有者の敷地利用権の価額を零として取り扱う以上、その建物賃借人の有する敷地利用権の価額についても零として取り扱うこととなり、また、その土地自体の価額も自用であるとした場合の価額によって評価します。

Q6-38 使用貸借に係る土地の評価（土地の無償返還に関する届出書の提出がない場合）

問 個人が所有する土地を、土地に隣接する学校法人の運動場にする目的で使用貸借契約を締結して貸し付けています。当該学校法人は、土地の無償返還に関する届出書を提出していませんが、借地権の認定課税はされていません。

この場合において、土地の評価は、通常の借地権の目的となっている貸宅地となるのでしょうか。

答 契約当事者間において締結した**使用貸借契約**があるのですから、自用地として評価されることになります。

土地の無償返還に関する届出書は、あくまでも当事者間において無償返還する旨の契約が締結された場合において、その事実を税務署に対して届け出るものであって、その届出によって、若しくは届出がなかったことによって、法的な効果が生じるものではありません。

したがって、使用貸借契約により土地の貸借がされた場合には、民法の規定により当然に無償でいつでも返還しなければならないこととなります。

このことは、土地の無償返還に関する届出書が提出されているかどうかによって異なることはありません。

3 使用貸借の開始以前に貸家の敷地の用に供されていた土地の評価

上記1及び2にかかわらず、使用貸借が開始される以前に、既に、貸家の敷地の用に供されていた土地（貸家のみを贈与して、その敷地に係る賃料の授受をせず使用貸借としていた場合）を、相続又は贈与により取得した場合の当該土地の評価については、借家人の有する宅地等に対する権利は、貸家の贈与により使用貸借が開始され、家主が変更されたとしても消滅しないものと考えられるので、貸家建付地として評価します。

Q6-39 使用貸借が設定されている土地の評価単位

問 次の図のように、相続人甲は、被相続人所有の土地のうちA部分を無償で借りて、貸家を建てアパート経営をしています。

この場合、当該アパート部分は、居宅敷地部分（B部分）と区分して別途評価するのでしょうか。

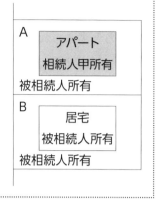

答 土地所有者が第三者に無償で使用収益をさせる使用貸借（民法593）は、契約に定められた時期に返還しなければならず、契約に定めがなければいつでも返還が請求できる（民法597）とされており、借主の権利は弱く使用借権は権利として評価せず、使用貸借が設定されている土地は「自用地」として評価します。

したがって、仮に、A部分を甲、Bを他の相続人が取得した場合は、A部分、B部分をそれぞれ**自用地**として評価し、甲がA部分、B部分を取得した場合は、全体を1評価単位（一画地の宅地）として自用地として評価をします。

なお、甲がA部分、B部分を取得した場合で全体の地積が500㎡以上となる場合は「地積規模の大きな宅地の評価」の要否を検討することとなります。

Q6-40 賃貸用不動産の建物のみの贈与後の土地の評価

問 私の父は自己所有の土地建物で賃貸アパートを経営しています。このたび、私は建物のみ贈与を受け、土地は使用貸借により借り受けています。私は、地代を支払っていないのですが、父の所有する土地の評価は自用地としての評価となるのでしょうか。

答 贈与を受けた時の借家人がいる限り**貸家建付地**として評価します。

旧所有者が建物も貸し付けていた場合、土地所有者は借家人との貸家契約を基にした土地の使用権を与えていることになりますが、この使用権は、建物を子に贈与して貸家契約の家主としての地位が子に移転したからといって消滅するものではないと解されています。したがって、贈与時において貸家建付地であった場合、建物だけの贈与を受けることによって自用地に戻ることはありません。そのため、地主との家屋の賃貸契約を締結していた借家人がいる限り貸家建付地であると取り扱われます。

ただし、贈与後、相続開始までに借家人が代わっていた場合は、新たな賃借人は、直接地主に対して土地の使用権を主張することができないことから、地主と建物所有者の関係が使用貸借である場合、地主の土地は自用地としての評価となると考えられます。賃貸人（家主）が課税時期の建物所有者である場合は、土地は自用地としての評価になりますので借家人の賃貸借契約の時期を確認する必要があります。

Q6-41　夫が所有する土地上に夫婦共有の貸家がある場合

問　夫Aの所有する土地上に、夫Aと妻B共有のアパートを建築し、その全室を賃貸しています。持分は夫Aが3/4、妻Bが1/4です。なお、妻Bは夫Aに地代を支払っていません。全室貸し付けているのですから、敷地は全体が貸家建付地の評価になるのでしょうか。

（家屋）
A（夫）　B（妻）
3/4　　　1/4

[土地]　A（夫）　4/4

答　夫Aの所有する土地の1/4は、妻Bに対して無償で貸し付けている（使用貸借）こととなるので、貸家建付地評価となるのは、全体の3/4に相当する部分のみで、1/4は自用地としての評価となります。

使用貸借により借り受けている土地上の権利については、使用貸借により貸し付けている土地は自用地としての評価となるので、土地のうち、貸家の夫Aの持分3/4に相当する部分は<u>貸家建付地</u>として評価しますが、貸家の妻Bの持分は1/4に対応する土地の部分は<u>自用地</u>として評価することとなります。

Q6-42　共有の貸家の持分が共有の土地の持分を上回る場合の土地の貸家建付地評価

問　土地が夫Aと妻Bの持分がそれぞれ2分の1の共有となっている場合で、同地上の貸家の持分が、夫A3/4、妻B1/4であるとき、夫A及び妻Bのそれぞれの持分の評価はどのようになりますか。なお、地代の授受は一切ありません。

（家屋）
A（夫）　B（妻）
3/4　　　1/4

（土地）A（夫）1/2　B（妻）1/2

答　夫Aの土地の持分1/2は貸家建付地となります。妻Bの土地の持分1/2のうち1/4は貸家建付地となりますが、1/4は自用地としての評価となります。

夫A及び妻Bは、土地に係る自己の所有部分（共有持分）の上に、それぞれの建物の所有部分（共有持分）が建築されているものと取り扱われるところ、建物の共有持分割合が、土地の共有持分割合を上回る場合には、その上回る部分に相当する部分について、権利が設定されているものとされます。この場合、地代の授受がないことから使用貸借による権利が設定されているものとされます。

そうすると、妻Bの持分1/4の上にある夫Aの建物の共有持分1/4に相当する土地は使用貸借により妻Bから借りているものということになります。

したがって、妻Bの土地に係る共有持分1/2のうち1/4に相当する部分は自用地としての評価となり1/4のみが貸家建付地評価となります。

Q6-43 親の借地権付居宅の敷地を子が所有することとなる場合の借地権の取扱い

問 第三者から土地を借りて自宅を建てて居住している父に対し地主から土地を買い取ってほしいという要望があり、父には買取る資金がないので、借地人の長男である私が買い取ることとなりました。私が買い取ったあとは地代の授受はしないこととなりますが、この場合の、父の借地権はどうなるのでしょうか。また、父に相続が開始した場合の取扱いはどうなるのでしょうか。

答 原則として、建物所有者であるお父さんからあなたへ借地権を贈与されたものと取り扱われます。したがって、借地権相当額につき贈与税が課され、それ以降土地は自用地としての評価とされることになり、建物所有者に借地権はないこととなります。

ただし、無償使用となる建物所有者が、土地（底地）を取得する者に対して、借地権を贈与する意思がない場合は、「借地権者の地位に変更がない旨の申出書」（昭和48年11月1日　直資2-189（例規）「使用貸借に係る土地についての相続税及び贈与税の取扱いについて」通達（以下「使用貸借通達」といいます。）の別紙様式2）を提出することにより、借地権は建物所有者が継続して保有していることとされます。

この場合、建物所有者に相続が開始した場合の相続財産には借地権が含まれることとなりますのでご注意ください。

借地権者の地位に変更がない旨の申出書

平成　年　月　日

_____税務署長　殿

(土地の所有者)
_____は、平成　年　月　日に借地権の目的となっている
　　　　　　　　　　　　　　　　　　　　　　　　　　　　　　(借地権者)
下記の土地の所有権を取得し、以後その土地を_____に無償で貸し

付けることになりましたが、借地権者は従前の土地の所有者との間の土地の賃貸借契約に

基づく借地権者の地位を放棄しておらず、借地権者としての地位には何らの変更をきたす

ものでないことを申し出ます。

記

土地の所在_____

地　　積_____ ㎡

土地の所有者(住所)_____ (氏名)_____㊞

借 地 権 者(住所)_____ (氏名)_____㊞

(タックスアンサー・ホームページ)

Q6-44　親の借地に子供が家を建てたときの借地権の取扱い

問　父が土地を借りて建てていた建物が、老朽化したため、子供が建物を建て替えることになりました。この場合は、どのように取扱われるのでしょうか。

答　土地を借りる場合に、一般的に権利金などが授受される地域において、借地人から土地を又借りして家を建てるときには、又借りをする人は借地人に権利金や地代を支払うのが通例です。

　しかし、親の借地に子供が家を建てたときに親に権利金や地代を支払うことは通常ありません。

　このように、親の借地権を子供が権利金や地代を支払うことなく無償で使用した場合には、借地権の使用貸借となりますが、借地権の使用貸借による借地を使用する権利の価額は零として取り扱われていますので、子供に贈与税が課税されることはありません。

　この場合、「借地権の使用貸借に関する確認書」を使用貸借で借り受けている者の住所地の所轄税務署長に提出することが必要となります。

　この確認書は、借地権を使用する子供と借地人である親と地主の3人が、その借地権を使用貸借で又借りしていることを連名で確認するものです。

　なお、借地権の貸借が使用貸借に当たらない場合には、実態に応じ借地権又は転借権の贈与として贈与税がかかる場合があります。

　次に、この使用貸借されている借地権は、将来親から子供が相続する時に相続税の対象となります。相続税の計算の時のこの借地権の価額は、他の人に賃貸している借地権の評価額ではなく、自分で使っている借地権の評価額となります。

借地権の使用貸借に関する確認書

① （借地権者）　　　　　　（借受者）

　　＿＿＿＿＿＿＿＿＿＿は、＿＿＿＿＿＿＿＿＿＿に対し、平成＿＿年＿＿月＿＿日にその借地している下記の土地 { に建物を建築させることになりました。／の上に建築されている建物を贈与（譲渡）しました。} しかし、その土地の使用

（借地権者）

関係は使用貸借によるものであり、＿＿＿＿＿＿＿＿＿＿の借地権者としての従前の地位には、何ら変更はありません。

記

土地の所在＿＿＿＿＿＿＿＿＿＿＿＿＿＿＿＿＿＿＿＿＿＿＿＿＿＿

地　　積＿＿＿＿＿＿＿＿＿＿＿＿㎡

② 上記①の事実に相違ありません。したがって、今後相続税等の課税に当たりましては、建物の所有者はこの土地について何らの権利を有さず、借地権者が借地権を有するものとして取り扱われることを確認します。

　　平成　　年　　月　　日

　　借地権者（住所）＿＿＿＿＿＿＿＿＿＿＿＿＿＿（氏名）＿＿＿＿＿＿＿＿㊞

　　建物の所有者（住所）＿＿＿＿＿＿＿＿＿＿＿＿（氏名）＿＿＿＿＿＿＿＿㊞

③ 上記①の事実に相違ありません

　　平成　　年　　月　　日

　　土地の所有者（住所）＿＿＿＿＿＿＿＿＿＿＿＿（氏名）＿＿＿＿＿＿＿＿㊞

※

　　上記①の事実を確認した。

　　平成　　年　　月　　日

　　　　（確認者）＿＿＿＿＿＿税務署　＿＿＿＿＿＿部門　　担当者㊞

（注）　※印欄は記入しないでください。　　　　　　　　　　（タックスアンサー・ホームページ）

第7章

宅地以外の土地の上に存する権利及びこれらの権利の目的となっている土地の評価

第1節 農地の上に存する権利及びその目的となっている農地の評価

1 耕作権及び耕作権の目的となっている農地の評価

(1) 耕作権の価額

耕作権の評価は、次に掲げる区分に従い、それぞれ次のとおり評価します（評基通42）。

イ **純農地及び中間農地に係る耕作権の価額**は、評価基本通達37《純農地の評価》及び38《中間農地の評価》に定める方式により評価したその農地の価額に、別表1に定める**耕作権割合**（耕作権が設定されていないとした場合の農地の価額に対するその農地に係る耕作権の価額の割合をいいます。以下同じです。）を乗じて計算した金額によって評価します。

（算式）

$$評価額 = \left\{\begin{array}{c} 耕作権が設定されていないとした純農地\\ 又は\\ 中間農地の価額 \end{array}\right\} \times \underset{\text{(耕作権割合)}}{0.5}$$

評価基本通達別表1（抜粋）

内容	割合等
耕作権割合	100分の50

ロ **市街地周辺農地、市街地農地に係る耕作権の価額**は、その農地が転用される場合に通常支払われるべき離作料の額、その農地の付近にある宅地に係る借地権の価額等を参酌して求めた金額によって評価します。

（算式）

$$評価額 = \left\{\begin{array}{c} 耕作権が設定されていないとした場合の\\ 市街地周辺農地又は市街地農地の価額 \end{array}\right\} \times \underset{\substack{\text{(耕作権割合)}\\ \text{(東京国税局管内)}}}{0.35}$$

又は

評価額 ＝ その農地が転用される場合に通常支払われるべき離作料の額、その農地の付近にある宅地に係る借地権の価額等を参酌して評価した金額

平成30年分の耕作権割合表（東京国税局 財産評価基準書）

農地の区分	耕作権割合
市街地周辺農地	市街地周辺農地及び市街地農地の耕作権の価額は、その農地が転用される場合に通常支払われるべき離作料の額、その農地の付近にある宅地に係る借地権の価額等を参酌して評価しますが、**100分の35**を乗じて計算した価額により評価しても差し支えありません。
市街地農地	

※ 各地域（国税局）によって割合が異なる場合がありますのでご確認ください。

（2）耕作権の目的となっている農地の価額

耕作権の目的となっている農地の価額は、耕作権が設定されていないとした場合の農地の額（「自用地としての価額」といいます。）から、上記(1)の耕作権の価額を控除した金額によって評価します（評基通41(1)）。

（算式）

（純農地又は中間農地の場合）
評価額 ＝ 純農地又は中間農地の自用地としての価額 ×（1 － 0.5（耕作権割合））

（市街地周辺農地又は市街地農地の場合）
評価額 ＝ 市街地周辺農地又は市街地農地の自用地としての価額 ×（1 － 0.35（耕作権割合）（東京国税局管内））

又は

評価額 ＝ 市街地周辺農地又は市街地農地の自用地としての価額 － その農地が転用される場合に通常支払われるべき離作料の額、その農地の付近にある宅地に係る借地権の価額等を参酌して評価した金額

2 | 永小作権及び永小作権の目的となっている農地の評価

（1）永小作権の価額

永小作権の価額は、その残存期間に応じ、その目的となっている土地のこれらの権利を取得した時におけるこれらの権利が設定されていないとした場合の時価（自用地としての価額）に、次に定める割合を乗じて算出した金額により評価します（相法23）。

なお、存続期間の定めのない永小作権の価額は、存続期間を30年（別段の慣習があるときは、それによります。）とみなし、相続税法23条（地上権及び永小作権の評価）の規定によって評価します（評基通43）。

（算式）

評価額 ＝ 農地の自用地としての価額 × 残存期間に応じた割合

○ 残存期間に応じた割合

残存期間	永小作権の割合
残存期間が10年以下のもの	100分の5
残存期間が10年を超え15年以下のもの	100分の10
残存期間が15年を超え20年以下のもの	100分の20
残存期間が20年を超え25年以下のもの	100分の30
残存期間が25年を超え30年以下のもの	100分の40
残存期間が30年を超え35年以下のもの	100分の50
残存期間が35年を超え40年以下のもの	100分の60
残存期間が40年を超え45年以下のもの	100分の70
残存期間が45年を超え50年以下のもの	100分の80
残存期間が50年を超えるもの	100分の90
永小作権で存続期間の定めのないもの	100分の40

(2) 永小作権の目的となっている農地の価額

永小作権の目的となっている農地の価額は、その農地の自用地としての価額から、上記(1)の永小作権の価額（相続税法23条の規定により評価した金額）を控除した金額によって評価します（評基通41(2)）。

（算式）

> 評価額 ＝ その農地の自用地としての価額 －（1）の永小作権の評価額

3 | 農地に係る区分地上権及び区分地上権の目的となっている農地の評価

(1) 農地に係る区分地上権の価額

農地に係る区分地上権の価額は、6章6節2(1)の区分地上権の評価（評基通27-4）の定めを準用して、その区分地上権の設定契約の内容に応じた土地利用制限率を基とした区分地上権の割合を乗じた評価します（評基通43-2）。

（算式）

> 評価額 ＝ 区分地上権の目的となっている農地の自用地としての価額 × 区分地上権の割合

（注）区分地上権の割合については、6章6節2(1)の（注）を参照してください。

(2) 区分地上権の目的となっている農地の価額

区分地上権の目的となっている農地の価額は、その農地の自用地としての価額から、上記(1)の区分地上権の価額（評基通43-2《区分地上権の評価》の定めにより評価した金額）を

控除した金額によって評価します（評基通41(3)）。
（算式）

> 評価額 ＝ 農地の自用地としての価額 － (1)の区分地上権の価額

4 ｜ 区分地上権に準ずる地役権及びその目的となっている農地の評価

(1) 区分地上権に準ずる地役権の価額

農地に係る区分地上権に準ずる地役権の価額は、その区分地上権に準ずる地役権の目的となっている承役地である農地の自用地としての価額を基とし、6章6節3(1)の区分地上権に準ずる地役権の評価の定め（評基通27-5）を準用して評価します（評基通43-3）。
（算式）

> 評価額 ＝ 農地の自用地としての価額 × 区分地上権に準ずる地役権の割合

この算式の「区分地上権に準ずる地役権の割合」とは、その区分地上権に準ずる地役権の設定契約の内容に応じた土地利用制限率を基とした割合のことをいいます。詳しくは6章6節3(1)を参照してください。

なお、評価基本通達27-5第2段落は、承役地に係る家屋の建築制限の内容により簡便な区分地上権に準ずる地役権の割合を定めていますが（6章6節3(1)のなお書参照）、それは家屋の建築制限の強弱に着目したものであり、原則として家屋の建築ができない純農地及び中間農地に係る区分地上権に準ずる地役権の価額を評価する場合には適用がないことに留意してください。

(2) 区分地上権に準ずる地役権の目的となっている農地の価額

区分地上権に準ずる地役権の目的となっている農地の価額は、その農地の自用地としての価額から、上記(1)の区分地上権に準ずる地役権の価額（評基通43-2《区分地上権の評価》の定めにより評価した金額）を控除した金額によって評価します（評基通41(4)）。
（算式）

> 評価額 ＝ その農地の自用地としての価額 － (1)の区分地上権に準ずる地役権の価額

5 | 土地の上に存する権利が競合する場合の耕作権又は永小作権の評価

　土地の上に存する権利が競合する場合の耕作権又は永小作権の価額は、次の区分に従い、それぞれ次の算式により計算した金額によって評価します（評基通43-4）。

（1）耕作権又は永小作権及び区分地上権が設定されている場合の耕作権又は永小作権の価額

（算式）

$$\left\{\begin{array}{c}1(1)の耕作権の価額\\ 又は\\ 2(1)の永小作権の価額\end{array}\right\} \times \left\{1 - \frac{3(1)の区分地上権の価額}{農地の自用地としての価額}\right\}$$

（2）区分地上権に準ずる地役権が設定されている承役地に耕作権又は永小作権が設定されている場合の耕作権又は永小作権の価額

（算式）

$$\left\{\begin{array}{c}1(1)の耕作権の価額\\ 又は\\ 2(1)の永小作権の価額\end{array}\right\} \times \left\{1 - \frac{4(1)の区分地上権に準ずる地役権の価額}{農地の自用地としての価額}\right\}$$

6 | 土地の上に存する権利が競合する場合の農地の評価

　土地の上に存する権利が競合する場合の農地の価額は、次に掲げる区分に従い、それぞれ次の算式により計算した金額によって評価します（評基通41-2）。

（1）耕作権又は永小作権及び区分地上権の目的となっている農地の価額

（算式）

$$農地の自用地としての価額 - \left\{3(1)の区分地上権の価額 + \left\{\begin{array}{c}5(1)の区分地上権が設定されている場合の耕作権の価額又は永小作権の価額\end{array}\right\}\right\}$$

(2) 区分地上権及び区分地上権に準ずる地役権の目的となっている承役地である農地の価額

（算式）

農地の自用地としての価額 − { 3(1)の区分地上権の価額 + 4(1)の区分地上権に準ずる地役権の価額 }

(3) 耕作権又は永小作権及び区分地上権に準ずる地役権の目的となっている承役地である農地の価額

（算式）

農地の自用地としての価額 − { 4(1)の区分地上権に準じる地役権の価額 + 5(2)の区分地上権に準ずる地役権が設定されている場合の耕作権の価額又は永小作権の価額 }

Q7-1　農地法の許可を受けないで他人に耕作させている農地の評価

問　農地法の許可を受けないで、長期間にわたり他人に耕作させていた農地は小作地として評価してよろしいですか。

答　農地に賃借権等の権利を設定するためには農地法3条の定めるところにより都道府県知事（現行原則として農業委員会）の許可を受けなければならないため、いわゆるやみ小作については耕作権を認めることはできません。
　　したがって、その農地は自用地として評価します。

Q7-2　市民農園として貸し付けている農地の評価

問　生産緑地地区内の農地を、いわゆる「特定農地貸付けに関する農地法等の特例に関する法律」の定めるところにより地方公共団体に市民農園として貸し付けていますが、このような農地はどのように評価するのでしょうか。

答　借地方式による市民農園は、「特定農地貸付けに関する農地法等の特例に関する法律」に規定する特定農地貸付けの用に供するためのものであり、農地所有者と農地の借手である地方公共団体との間で行われる賃貸借及び当該地方公共団体と市民農園の借手である住民との間で行われる賃貸借については、農地法18条に定める賃貸借の解約制限の規定の適用はないものとされています。したがって、当該市民農園の用に供されている農地は耕作権の目的となっている農地には該当

しません。このため、当該市民農園は、生産緑地としての利用制限に係るしんしゃくと賃貸借契約の期間制限に係るしんしゃくとを行うことになります。

この場合、賃貸借契約の期間制限に係るしんしゃくは、原則として、評価基本通達87《賃借権の評価》(2)の定めに準じて、賃借権の残存期間に応じ、その賃借権が地上権であるとした場合に適用される法定地上権割合の2分の1に相当する割合とされます。

ただし、次の要件の全てを満たす市民農園の用に供されている農地については、残存期間が20年以下の法定地上権割合に相当する20%のしんしゃくをすることとして差し支えありません。

(1) 地方自治法244条の2の規定により条例で設置される市民農園であること
(2) 土地の賃貸借契約に次の事項が定められ、かつ、相続税及び贈与税の課税時期後において引き続き市民農園として貸し付けられること
  ① 貸付期間が20年以上であること
  ② 正当な理由がない限り貸付けを更新すること
  ③ 農地所有者は、貸付けの期間の中途において正当な事由がない限り土地の返還を求めることはできないこと
    (注) この適用を受けるためには、相続税又は贈与税の申告書に一定の書類を添付する必要があります。

Q7-3 農業経営基盤強化促進法に基づく農用地利用集積計画の公告により賃借権が設定されている農地の評価

問 農業経営基盤強化促進法に基づく農用地利用集積計画の公告により賃借権が設定されている農地はどのように評価するのでしょうか。

答 農業経営基盤強化促進法に基づく農用地利用集積計画の公告により賃借権が設定されている農地の価額は、その農地の自用地としての価額からその価額に**100分の5**を乗じて計算した金額を控除した価額によって評価します。

農業経営基盤強化促進法に基づく農用地利用集積計画の公告により設定されている賃借権に係る農地の賃貸借については、農地法17条《農地又は採草放牧地の賃貸借の更新》本文の賃貸借の法定更新などの適用が除外されており、いわゆる耕作権としての価格が生じるような強い権利ではありません。

そのため、この農用地利用集積計画の公告により賃借権が設定されている農地の価額は、その農地の自用地としての価額から、その価額に**100分の5**を乗じて計算した金額を控除した価額によって評価します。

(注) なお、その賃貸借に基づく賃借権の価額（その農地の自用地としての価額の100

分の5相当額）については、相続税又は贈与税の課税価格に算入する必要はありません。

Q7-4　農地中間管理機構に賃貸借により貸し付けられている農地の評価

問　農地中間管理機構に賃貸借により貸し付けられている農地はどのように評価するのでしょうか。

答　農地中間管理事業の推進に関する法律2条4項に規定する農地中間管理機構に賃貸借により貸し付けられている農地の価額は、その農地の自用地としての価額からその価額に100分の5を乗じて計算した金額を控除した価額によって評価します。

（注）農地法3条1項14号の2の規定に基づき貸し付けられている農地のうち、賃貸借期間が10年未満のものを除きます。

　農地中間管理機構に貸し付けられている農地の賃貸借については、農地法17条《農地又は採草放牧地の賃貸借の更新》本文の賃貸借の法定更新の規定の適用が除外され、また、同法18条《農地又は採草放牧地の賃貸借の解約等の制限》1項本文の規定の適用が除外されるなど、いわゆる耕作権としての価格が生じるような強い権利ではありません。

　このため、農地中間管理機構に賃貸借により貸し付けられている農地の価額は、その農地の自用地としての価額から、その価額に100分の5を乗じて計算した金額を控除した価額によって評価します。

　なお、農地法3条1項14号の2の規定に基づき農地中間管理機構に貸し付けられている農地のうち、賃貸借期間が10年未満のものについては、農地法17条本文及び同法18条1項本文の規定が適用されますので、耕作権の目的となっている農地として評価します。

（注）農地中間管理事業の推進に関する法律に基づく農用地利用配分計画の認可の公告により設定された賃借権の価額については、相続税又は贈与税の課税価格に算入する必要はありません。

Q7-5　10年以上の期間の定めのある賃貸借により貸し付けられている農地の評価

問　10年以上の期間の定めのある賃貸借により貸し付けられている農地はどのように評価するのですか。

答　10年以上の期間の定めのある賃貸借により貸し付けられている農地の価額は、その農地の自用地としての価額から、その価額に100分の5を乗じて計算した

金額を控除した価額によって評価します。

　農地について10年以上の期間の定めのある賃貸借については、農地法18条《農地又は採草放牧地の賃貸借の解約等の制限》1項本文の適用が除外されており、いわゆる耕作権としての価格が生じるような強い権利ではありません。

　そのため、10年以上の期間の定めのある賃貸借により貸し付けられている農地の価額は、その農地の自用地としての価額から、その価額の**100分の5**を乗じて計算した金額を控除した価額によって評価します。

（注）　なお、その賃貸借に基づく賃借権の価額（その農地の自用地としての価額の100分の5相当額）については、相続税又は贈与税の課税価格に算入する必要はありません。

第2節 山林の上に存する権利及びその目的となっている山林の評価

1 | 山林に係る賃借権の評価

山林に係る賃借権の評価は、次に掲げる区分に従い、それぞれ次に掲げるところによって評価します（評基通54）。

(1) 純山林に係る賃借権の価額

純山林に係る賃借権の価額は、その賃借権の残存期間に応じ、6章6節1の地上権の評価（相法23）の規定を準用して評価します。

この場合において、契約に係る賃借権の残存期間が、その権利の目的となっている山林の上に存する立木の現況に照らし更新されることが明らかであると認められる場合においては、その契約に係る賃借権の残存期間に更新によって延長されると認められる期間を加算した期間をもってその賃借権の残存期間とします。

(2) 中間山林に係る賃借権の価額

中間山林に係る賃借権の価額は、賃貸借契約の内容、利用状況等に応じて、上記(1)又は次の(3)の定めにより求めた価額によって評価します。

(3) 市街地山林に係る賃借権の価額

市街地山林に係る賃借権の価額は、その山林の付近にある宅地に係る借地権の価額等を参酌して求めた価額によって評価します。

2 | 賃借権の目的となっている山林の評価

賃借権の目的となっている山林の価額は、**純山林**（評基通47）、**中間山林**（評基通48）、**市街地山林**（評基通49）、**保安林等**（評基通50）及び**特別緑地保全区域内にある山林**（評基通50-2）の価額（以下この節において「自用地としての価額」といいます。）から、上記1の山林に係る賃借権（評基通54の定めにより評価したその賃借権）の価額を控除した金額によって評価します（評基通51(1)）。

(算式)

> 評価額 ＝ 山林の自用地としての価額 － 山林に係る賃借権の価額

3 山林に係る地上権及び地上権の目的となっている山林の評価

(1) 山林に係る地上権の価額

山林に係る地上権の価額は、その残存期間に応じ、その目的となっている土地のこれらの権利を取得した時におけるこれらの権利が設定されていない場合の時価（自用地としての価額）に、次に定める割合を乗じて算出した金額により評価します（相法23、評基通51）。

(算式)

> 評価額 ＝ 山林の自用地としての価額 × 残存期間に応じた割合

○ 残存期間に応じた割合

残存期間	地上権の割合
残存期間が10年以下のもの	100分の5
残存期間が10年を超え15年以下のもの	100分の10
残存期間が15年を超え20年以下のもの	100分の20
残存期間が20年を超え25年以下のもの	100分の30
残存期間が25年を超え30年以下のもの	100分の40
残存期間が30年を超え35年以下のもの	100分の50
残存期間が35年を超え40年以下のもの	100分の60
残存期間が40年を超え45年以下のもの	100分の70
残存期間が45年を超え50年以下のもの	100分の80
残存期間が50年を超えるもの	100分の90
地上権で存続期間の定めのないもの	100分の40

なお、立木一代限りとして設定された地上権などのように残存期間の不確定な地上権の価額は、課税時期の現況により、立木の伐採に至るまでの期間をその残存期間として相続税法23条の規定によって評価します（評基通53）。

(2) 地上権の目的となっている山林の価額

地上権の目的となっている山林の価額は、その山林の自用地としての価額から上記(1)のその山林に係る地上権の価額（相続税法23条の規定により評価した金額）を控除した金額によって評価します（評基通51(2)）。

(算式)

> 評価額 ＝ 山林の自用地としての価額 － 山林に係る地上権の価額

4 ｜ 山林に係る区分地上権とその目的となっている山林の評価

(1) 山林に係る区分地上権の価額

山林に係る区分地上権の価額は、6章6節2(1)の区分地上権の評価の定め（評基通27-4）を準用して、その区分地上権の設定契約の内容に応じた土地利用制限率を基とした区分地上権の割合を乗じて評価します（評基通53-2）。

(算式)

> 評価額 ＝ 区分地上権の目的となっている山林の自用地としての価額 × 区分地上権の割合

(注) 区分地上権の割合については、6章6節2(1)の（注）を参照してください。

(2) 区分地上権の目的となっている山林の価額

区分地上権の目的となっている山林の価額は、その山林の自用地としての価額から上記(1)の区分地上権の価額（評基通53-2の定めにより評価した金額）を控除した金額によって評価します（評基通51(3)）。

(算式)

> 評価額 ＝ 山林の自用地としての価額 － (1)の区分地上権の価額

5 ｜ 区分地上権に準ずる地役権とその目的となっている承役地である山林の評価

(1) 山林に係る区分地上権に準ずる地役権の価額

山林に係る区分地上権に準ずる地役権の価額は、その区分地上権に準ずる地役権の目的となっている承役地である山林の自用地としての価額を基とし、6章6節3(1)の区分地上権に準ずる地役権の評価の定め（評基通27-5）を準用して評価します（評基通53-3）。

(算式)

> 評価額 ＝ 山林の自用地としての価額 × 区分地上権に準ずる地役権の割合

この算式の「区分地上権に準ずる地役権の割合」とは、その区分地上権に準ずる地役権

の設定契約の内容に応じた土地利用制限率を基とした割合のことをいいます。詳しくは6章6節3(1)を参照してください。

(2) 区分地上権に準ずる地役権の目的となっている承役地である山林の価額

区分地上権に準ずる地役権の目的となっている承役地である山林の価額は、その山林の自用地としての価額から上記(1)の区分地上権に準ずる地役権の価額（評基通53-3）を控除した金額によって評価します（評基通51(4)）。

(算式)

> 評価額 ＝ 山林の自用地としての価額 － (1)の区分地上権に準ずる地役権の価額

なお、市街地山林以外の山林の評価に当たっては、1節4(1)のなお書きに注意してください。

6 | 山林に係る土地の上に存する権利が競合する場合の賃借権又は地上権の評価

土地の上に存する権利が競合する場合の賃借権又は地上権の価額は、次に掲げる区分に従い、それぞれ次の算式により計算した金額によって評価します（評基通54-2）。

(1) 賃借権又は地上権及び区分地上権が設定されている場合の賃借権又は地上権の価額

(算式)

$$\left\{\begin{array}{c}1の山林の賃借権の価額\\ 又は\\ 3(1)の地上権の価額\end{array}\right\} \times \left\{1 - \frac{4(1)の区分地上権の価額}{その山林の自用地としての価額}\right\}$$

(2) 区分地上権に準ずる地役権が設定されている承役地に賃借権又は地上権が設定されている場合の賃借権又は地上権の価額

(算式)

$$\left\{\begin{array}{c}1の山林の賃借権の価額\\ 又は\\ 3(1)の地上権の価額\end{array}\right\} \times \left\{1 - \frac{5(1)の区分地上権に準ずる地役権の価額}{その山林の自用地としての価額}\right\}$$

7 | 土地の上に存する権利が競合する場合の山林の評価

　土地の上に存する権利が競合する場合の山林の価額は、次に掲げる区分に従い、それぞれ次の算式により計算した金額によって評価します（評基通51-2）。

(1) 賃借権又は地上権及び区分地上権の目的となっている山林の価額
　（算式）

$$\text{山林の自用地としての価額} - \left\{ \text{4(1)の区分地上権の価額} + \text{6(1)の区分地上権が設定されている場合の賃借権の価額又は地上権の価額} \right\}$$

(2) 区分地上権及び区分地上権に準ずる地役権の目的となっている承役地である山林の価額
　（算式）

$$\text{山林の自用地としての価額} - \left\{ \text{4(1)の区分地上権の価額} + \text{5(1)の区分地上権に準ずる地役権の価額} \right\}$$

(3) 賃借権又は地上権及び区分地上権に準ずる地役権の目的となっている承役地である山林の価額
　（算式）

$$\text{山林の自用地としての価額} - \left\{ \text{5(1)の区分地上権に準ずる地役権の価額} + \text{6(2)の区分地上権に準ずる地役権が設定されている場合の賃借権の価額又は地上権の価額} \right\}$$

8 | 分収林契約に基づいて設定された地上権等及びその目的となっている山林の評価

(1) 分収林契約に基づき設定された地上権等の価額

　　分収林契約に基づき設定された地上権又は賃借権の価額は、これらの定めにより評価したその上記3(1)の地上権（相法23、評基通53）又は上記1若しくは6の賃借権（評基通54）の価額にその分収林契約に基づき定められた造林又は育林を行う者に係る**分収割合**を乗じて計算した価額によって評価します（評基通55）。

(2) 分収林契約に基づいて貸し付けられている山林の価額

立木の伐採又は譲渡による収益を一定の割合により分収することを目的として締結された分収林契約（所得税法施行令78条《用語の意義》に規定する「分収造林契約」又は「分収育林契約」をいいます。以下同じです。）に基づいて設定された地上権又は賃借権の目的となっている山林の価額は、その分収林契約により定められた山林の所有者に係る**分収割合**に相当する部分の山林の自用地としての価額と、その他の部分の上記2、3(2)、4(2)及び5(2)の山林についての貸し付けられている山林の評価額（評基通51）又は上記7により評価した価額（評基通51-2）との**合計額**によって評価します（評基通52）。

(注) 1　上記の「分収林契約」には、旧公有林野等官行造林法（大正9年法律7号）1条《趣旨》の規定に基づく契約も含まれるのであるから留意してください。

2　上記の定めを**算式**によって示せば、次のとおりです。

（その山林の自用地としての価額（A）×山林所有者の分収割合（B））＋（（A）－地上権又は賃借権の価額）×（1－（B））＝分収林契約に係る山林の価額

Q7-6　特別緑地保全地区内で管理協定が締結されている山林の評価

問　特別緑地保全地区内にあり、管理協定が締結されている山林はどのように評価するのですか。

答　管理協定制度は、地方公共団体又は緑地管理機構が、緑地保全地域内又は特別緑地保全地区内の緑地について土地所有者等による管理が不十分と認められる場合に、土地所有者等との間で緑地の管理のための協定（管理協定）を締結し、その土地所有者等に代わり緑地の保全及び管理を行う制度です。

特別緑地保全地域内にあり、次の要件の全てを満たす管理協定が締結されている山林については、評価基本通達50-2に定める特別緑地保全地区内にある土地として評価した価額から、その価額に**100分の20**を乗じて計算した金額を控除して評価します。

1　都市緑地法24条1項に規定する管理協定区域内の土地であること
2　管理協定に次の事項が定められていること
　(1)　貸付けの期間が20年であること
　(2)　正当な事由がない限り貸付けを更新すること
　(3)　土地所有者は、貸付けの期間の中途において正当な事由がない限り土地の返還を求めることはできないこと
　　(注)　この適用を受けるためには、相続税又は贈与税の申告書に一定の書類を添付する必要があります。

Q7-7　市民緑地契約が締結されている土地の評価

問　都市計画区域内又は準都市計画区域内にある市民緑地契約が締結されている土地は、どのように評価するのですか。

答　市民緑地制度は、主として土地等の所有者からの申出に基づき、地方公共団体又は緑地管理機構が当該土地等の所有者と契約（市民緑地契約）を締結し、当該土地等に住民の利用に供する緑地又は緑化施設（市民緑地）を設置し、これを管理することにより、土地等の所有者が自らの土地を住民の利用に供する緑地又は緑化施設として提供することを支援・促進し、緑の創出と保全を推進することを目的とした制度です。

次の要件の全てを満たす市民緑地契約が締結されている土地については、市民緑地契約が締結されていないものとして評価基本通達の定めにより評価した価額から、その価額に**100分の20**を乗じて計算した金額を控除して評価します。

1　都市緑地法55条1項に規定する市民緑地であること
2　土地所有者と地方公共団体又は緑地管理機構との市民緑地契約に次の事項が定められていること
　(1)　貸付けの期間が20年以上であること
　(2)　正当な事由がない限り貸付けを更新すること
　(3)　土地所有者は、貸付けの期間の中途において正当な事由がない限り土地の返還を求めることはできないこと
　　（注）この適用を受けるためには、相続税又は贈与税の申告書に一定の書類を添付する必要があります。

Q7-8　風景地保護協定が締結されている土地の評価

問　風景地保護協定が締結されている土地は、どのように評価するのですか。

答　風景地保護協定制度とは、環境大臣若しくは地方公共団体又は自然公園法49条の規定に基づく公園管理団体が、国立・国定公園内の自然の風景地について、土地所有者等による管理が不十分であると認められる場合等に、土地所有者等との間で風景地の保護のための管理に関する協定（風景地保護協定）を締結し、当該土地所有者等に代わり風景地の管理を行う制度です。

なお、都道府県立自然公園においても、同法74条により風景地保護協定を締結することができる旨を条例に定めることができることとされています。

次の要件の全てを満たす風景地保護協定が締結されている土地については、

風景地保護協定区域内の土地でないものとして財産評価基本通達の定めにより評価した価額から、その価額に**100分の20**を乗じて計算した金額を控除して評価します。

1　自然公園法43条１項に規定する風景地保護協定区域内の土地であること
2　風景地保護協定に次の事項が定められていること
　(1)　貸付けの期間が20年であること
　(2)　正当な事由がない限り貸付けを更新すること
　(3)　土地所有者は、貸付けの期間の中途において正当な事由がない限り土地の返還を求めることはできないこと
　　（注）この適用を受けるためには、相続税又は贈与税の申告書に一定の書類を添付する必要があります。

第3節 原野、牧場、池沼及び鉱泉地の上に存する権利及びその目的となっている土地の評価

1 | 賃借権及びその目的となっている原野の評価

(1) 原野の賃借権の価額

原野に係る賃借権の価額は、第1節1(1)の耕作権の評価（評基通42）を準用して評価します（評基通60）。

(2) 賃借権の目的となっている原野の価額

賃借権の目的となっている原野の価額は、**純原野**（評基通58）、**中間原野**（評基通58-2）、**市街地原野**（評基通58-3）の自用地としての価額から、上記(1)の原野の賃借権の価額（評基通60）を控除した金額によって評価します（評基通59(1)）。

2 | 原野に係る地上権と地上権の目的となっている原野の評価

(1) 原野に係る地上権の価額

原野に係る地上権の価額は、その残存期間に応じ、その目的となっている土地のこれらの権利を取得した時におけるこれらの権利が設定されていない場合の時価（自用地としての価額）に、次に定める割合を乗じて算出した金額により評価します（相法23）。

(算式)

> 評価額 ＝ その原野の自用地としての価額 × 残存期間に応じた割合

○ 残存期間に応じた割合

残存期間	地上権の割合
残存期間が10年以下のもの	100分の5
残存期間が10年を超え15年以下のもの	100分の10
残存期間が15年を超え20年以下のもの	100分の20
残存期間が20年を超え25年以下のもの	100分の30
残存期間が25年を超え30年以下のもの	100分の40
残存期間が30年を超え35年以下のもの	100分の50
残存期間が35年を超え40年以下のもの	100分の60
残存期間が40年を超え45年以下のもの	100分の70
残存期間が45年を超え50年以下のもの	100分の80
残存期間が50年を超えるもの	100分の90
地上権で存続期間の定めのないもの	100分の40

(2) 地上権の目的となっている原野の価額

地上権の目的となっている原野の価額は、その原野の自用地としての価額から上記(1)の地上権の評価（相法23）により評価したその地上権の価額を控除した金額によって評価します（評基通59(2)）。

（算式）

> 評価額 ＝ 自用地としての評価額 －（1）の地上権の価額

3 ｜ 区分地上権及びその目的となっている原野の評価

(1) 原野に係る区分地上権の価額

原野に係る区分地上権の価額は、6章6節2(1)の区分地上権の評価（評基通27-4）を準用して、その区分地上権の設定契約の内容に応じた土地利用制限率を基とした区分地上権の割合を乗じて評価します（評基通60-2）。

（算式）

> 評価額 ＝ 区分地上権の目的となっている原野の自用地としての価額 × 区分地上権の割合[注]

（注）区分地上権の割合については、6章6節2(1)の（注）を参照してください。

(2) 区分地上権の目的となっている原野の価額

区分地上権の目的となっている原野の価額は、その原野の自用地としての価額から上記(1)の区分地上権の評価（評基通60-2）により評価したその区分地上権の価額を控除した金額によって評価します（評基通59(3)）。

（算式）

> 評価額 ＝ 原野の自用地としての価額 －（1）の区分地上権の価額

4 | 区分地上権に準ずる地役権及びその目的となっている承役地である原野の評価

(1) 原野に係る区分地上権に準ずる地役権の価額

原野に係る区分地上権に準ずる地役権の価額は、その区分地上権に準ずる地役権の目的となっている承役地である原野の自用地としての価額を基とし、6章6節3(1)の区分地上権に準ずる地役権の評価（評基通27-5）を準用して評価します（評基通60-3）。

（算式）

> 評価額 ＝ 原野の自用地としての価額 × 区分地上権に準ずる地役権の割合

この算式の「区分地上権に準ずる地役権の割合」とは、その区分地上権に準ずる地役権の設定契約の内容に応じた土地利用制限率を基とした割合のことをいいます。詳しくは6章6節3(1)を参照してください。

(2) 区分地上権に準ずる地役権の目的となっている承役地である原野の価額

区分地上権に準ずる地役権の目的となっている承役地である原野の価額は、その原野の自用地としての価額から上記(1)の区分地上権に準ずる地役権の評価（評基通60-3）により評価したその区分地上権に準ずる地役権の価額を控除した金額によって評価します（評基通59-2(2)）。

（算式）

> 評価額 ＝ 原野の自用地としての価額 －（1）の区分地上権に準ずる地役権の価額

なお、評価に当たっては、1節4(1)のなお書きに注意してください。

5 | 原野に係る土地の上に存する権利が競合する場合の賃借権又は地上権の評価

土地の上に存する権利が競合する場合の賃借権又は地上権の価額は、次に掲げる区分に従い、それぞれ次の算式により計算した金額によって評価します（評基通60-4）。

(1) 賃借権又は地上権及び区分地上権が設定されている場合の賃借権又は地上権の価額

（算式）

$$\left\{\begin{array}{c}\text{1の原野の賃借権の価額}\\ \text{又は}\\ \text{2(1)の地上権の価額}\end{array}\right\} \times \left\{1 - \frac{\text{3(1)の区分地上権の価額}}{\text{その原野の自用地としての価額}}\right\}$$

(2) 区分地上権に準ずる地役権が設定されている承役地である原野に賃借権又は地上権が設定されている場合の賃借権又は地上権の価額

（算式）

$$\left\{\begin{array}{c}1\text{の原野の賃借権の価額}\\ \text{又は}\\ 2(1)\text{の地上権の価額}\end{array}\right\} \times \left\{1 - \frac{4(1)\text{の区分地上権に準ずる地役権の価額}}{\text{その原野の自用地としての価額}}\right\}$$

6 ｜ 土地の上に存する権利が競合する場合の原野の評価

土地の上に存する権利が競合する場合の原野の価額は、次に掲げる区分に従い、それぞれ次の算式により計算した金額によって評価します（評基通59-2）。

(1) 賃借権又は地上権及び区分地上権の目的となっている原野の価額

（算式）

$$\text{原野の自用地としての価額} - \left\{3(1)\text{の区分地上権の価額} + \begin{array}{c}5(1)\text{の区分地上権が設定されている場合の賃借権の価額又は}\\ \text{地上権の価額}\end{array}\right\}$$

(2) 区分地上権及び区分地上権に準ずる地役権の目的となっている承役地である原野の価額

（算式）

$$\text{原野の自用地としての価額} - \left\{3(1)\text{の区分地上権の価額} + 4(1)\text{の区分地上権に準ずる地役権の価額}\right\}$$

(3) 賃借権又は地上権及び区分地上権に準ずる地役権の目的となっている承役地である原野の価額

（算式）

$$\text{原野の自用地としての価額} - \left\{4(1)\text{の区分地上権に準ずる地役権の価額} + \begin{array}{c}5(2)\text{の区分地上権に準ずる地役権が設定されている場合の賃借権の価額又は地上権の価額}\end{array}\right\}$$

7 | 牧場及び牧場の上に存する権利の評価

牧場及び牧場の上に存する権利の価額は、上記１から６までの原野及び原野の上に存する権利の評価に準じて評価します（評基通61）。

8 | 池沼及び池沼の上に存する権利の評価

池沼及び池沼の上に存する権利の価額は、上記１から６までの原野及び原野の上に存する権利の評価に準じて評価します（評基通62）。

9 | 権利の設定された鉱泉地及び鉱泉地の上に存する権利の評価

(1) 温泉権の価額

温泉権の価額は、その温泉権の設定の条件に応じ、温泉権の売買実例価額、精通者意見価格等を参酌して評価することとされています（評基通78）。

(2) 温泉権が設定されている鉱泉地の価額

温泉権が設定されている鉱泉地の価額は、その鉱泉地について４章４節１の鉱泉地の評価又は４章４節２の住宅、別荘等の鉱泉地の評価により評価した価額から、上記(1)の温泉権の評価（評基通78）により評価した温泉権の価額を控除した価額によって評価します（評基通77）。

（算式）

$$\left\{ \begin{array}{c} ４章４節１の鉱泉地の価額 \\ 又は \\ ４章４節２の住宅、別荘等の鉱泉地の価額 \end{array} \right\} － (1)の温泉権の価額$$

(3) 引湯権の価額

引湯権（鉱泉地又は温泉権を有する者から分湯を受ける者のその引湯する権利をいいます。以下同じです。）の価額は、４章４節１の鉱泉地の評価、４章４節２の住宅、別荘等の鉱泉地の評価又は(1)の温泉権の評価により評価した鉱泉地の価額又は温泉権の価額に、その鉱泉地のゆう出量に対するその引湯権に係る分湯量の割合を乗じて求めた価額を基とし、その価額から、引湯の条件に応じ、その価額の**100分の30の範囲内**において相当と認める金額を控除した価額によって評価します（評基通80）。

ただし、別荘、リゾートマンション等に係る引湯権で通常取引される価額が明らかなも

のについては、納税義務者の選択により課税時期における当該価額に相当する金額によって評価することができます（評基通80）。

（算式）

$$\left\{\begin{array}{c}4章4節1の鉱泉地の価額\\又は\\4章4節2の住宅、別荘等の鉱泉地の価額\\又は\\(1)の温泉権の価額\end{array}\right\} \times \begin{array}{c}その鉱泉地のゆ\\う出量に対する\\その引湯権に係\\る分湯量の割合\end{array} \times (1-0.3^{(注)})$$

（注）30％の範囲内で湯元からの距離など引湯の条件に応じて相当と認める数値によります。

(4) 引湯権の設定されている鉱泉地及び温泉権の価額

引湯権の設定されている鉱泉地又は温泉権の価額は、4章3節1の鉱泉地の評価（評基通69）により評価した鉱泉地の価額又は4章3節2の住宅、別荘等の鉱泉地の評価（評基通75）より評価した鉱泉地の価額又は(1)の温泉権の価額から、(3)の引湯権の評価（評基通80）本文の定めにより評価した引湯権の価額を控除した価額によって評価します（評基通79）。

（算式）

$$\left\{\begin{array}{c}4章4節1の鉱泉地の価額\\又は\\4章4節2の住宅、別荘等の鉱泉地の価額\\又は\\(1)の温泉権の価額\end{array}\right\} - (3)の引湯権の価額$$

第4節 雑種地の上に存する権利及びその目的となっている雑種地の評価

1 雑種地に係る賃借権の評価

雑種地に係る賃借権の価額は、原則として、その賃貸借契約の内容、利用の状況等を勘案して評定した価額によって評価します。

ただし、次により評価することができます（評基通87）。

（1）地上権に準ずる権利として評価することが相当と認められる賃借権の価額

地上権に準ずる権利として評価することが相当と認められる賃借権は、①賃借権の登記がされているもの、②設定の対価として権利金その他の一時金の授受のあるもの、③堅固な構築物の所有を目的とするものなどがこれに該当し、次により評価します（評基通87）。
（算式）

$$\text{雑種地の自用地としての価額} \times \text{法定地上権割合と借地権割合といずれか低い割合}$$

（2）（1）に掲げる賃借権以外の賃借権の価額
（算式）

$$\text{雑種地の自用地としての価額} \times \text{法定地上権割合と借地権割合といずれか低い割合} \times \frac{1}{2}$$

（注）法定地上権割合については、相続税法23条を参照してください。

2 賃借権の目的となっている雑種地の評価

賃借権の目的となっている雑種地の価額は、原則として、次により評価します（評基通86）。
（算式）

$$\text{雑種地の自用地としての価額} - \text{賃借権の価額}^{(注)}$$

（注）なお、算式の「賃借権の価額」は上記1で求めた価額ですが、この賃借権の価額が、下記

の賃借権の区分に応じて算出した金額（以下「**雑種地に係る調整賃借権**」といいます。）を下回る場合は、それぞれの区分に応じて算出した金額を上記算式の「賃借権の価額」に置き換えます。

イ　地上権に準ずる権利として評価することが相当と認められる賃借権（上記1(1)の賃借権と同じです。）

　　雑種地の自用地としての価額×賃借権の残存期間に応じた次表の割合

ロ　**イ以外の賃借権**（上記1(2)の賃借権と同じです。）

　　雑種地の自用地としての価額×賃借権の残存期間に応じた次表の割合×(1/2)

	残存期間	割合
（イ）	残存期間が5年以下のもの	100分の5
（ロ）	残存期間が5年を超え10年以下のもの	100分の10
（ハ）	残存期間が10年を超え15年以下のもの	100分の15
（ニ）	残存期間が15年を超えるもの	100分の20

（注）法定地上権割合とは異なりますので留意してください。

Q7-9　堅固な構築物の敷地となっている雑種地の評価

問　立体駐車場の敷地として賃貸している次の雑種地についてどのように評価すればいいのでしょうか。

賃借権の残存期間は12年、立体駐車場は堅固な構築物とします。

また、この雑種地の自用地としての価額は90,000,000円です。

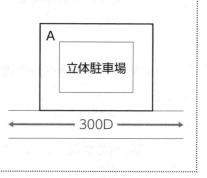

答

1　雑種地に係る賃借権の価額

　　（雑種地の自用地としての価額）　（賃借権の残存期間に応じた法定地上権の割合）
　　　90,000,000円　　×　　　10/100（注）　　=　9,000,000円

　（注）A：残存期間に応じた法定地上権の割合　12年→10%（相続税法23条参照）
　　　　B：借地権割合　D……………………………60%
　　　　A＜B

2　雑種地に係る調整賃借権の価額

　　（雑種地の自用地としての価額）　（賃借権の残存期間に応じて適用する割合）
　　　90,000,000円　　×　　　15/100　　=　13,500,000円

3　1＜2（9,000,000円＜13,500,000円）となる。

4　賃借している雑種地の価額
　　90,000,000円　－　13,500,000円（2の価額）　＝　76,500,000円

Q7-10　借地権の取引慣行があると認められる地域以外の地域にある賃借権の評価

問　借地権の取引慣行があると認められる地域以外の地域にある土地2,000㎡を従業員及び来客者の駐車場用地として賃借し、アスファルト舗装を行いました。

賃借期間は10年、課税時期の残存期間は8年で、賃借権の登記や権利金の支払いはありません。

このような賃借権についても、借地権と同様に評価しないこととしてよろしいですか。

答　賃借権は借地借家法により保護されている借地権に比べその経済的価値は乏しいことから、借地権の取引慣行のあると認められる地域以外の地域にある賃借権は、その登記がされているもの、設定の対価として権利金その他の一時金の授受があるもの、堅固な構築物の所有を目的とするものなどでその経済的価値が認められるものを除いて評価しません。

また、このような評価しない賃借権の目的となっている雑種地の価額は、その雑種地の自用地価額から、評価通達の定めにより評価したその賃借権の価額（自用地価額の20％相当額を限度とします。）を控除した金額によって評価します。

問の賃借権は、借地権の取引慣行があると認められる地域以外の地域にあって、その登記や権利金等の一時金の授受がなく、また、アスファルト舗装敷の駐車場用地として10年間賃借するものですから、その経済的価値は乏しいと認められますので評価しません。

なお、この雑種地の自用地価額を8,000万円としますと、その賃借権の目的となっている雑種地の価額（残存期間5年以上10年未満）は、次のとおりとなります。

$$8{,}000万円\text{（自用地価額）} － (8{,}000万円 \times 0.10 \times \frac{1}{2})\text{（※評価通達の定めによる評価額）} ＝ 7{,}600万円$$

※ $(8{,}000万円 \times 0.05^{(注1)} \times \frac{1}{2} ＜ 8{,}000万円 \times 0.10^{(注2)} \times \frac{1}{2})$

(注) 1　残存期間5年以上10年未満に対応する地上権割合……0.05
　　　2　評価通達86(1)の定めによる賃借権の残存期間5年以上10年未満に対応する割合……0.10

アスファルト舗装は、堅固な構築物とは認められません。

Q7-11 相当の地代の授受がある賃借権の評価

問 ガソリンスタンドの設置を目的として、権利金の支払いに代え年6％相当の地代を支払って土地を借りている場合には、その賃借権はどのように評価しますか。

相当の地代を支払っている借地権と同様に評価してよろしいですか。

答 相当の地代を支払っている場合の建物の所有を目的とする借地権等は、「相当の地代を支払っている場合等の借地権等についての相続税及び贈与税の取扱いについて」（昭60直資2-58ほか）通達により、「零」として評価します。一方、その借地権の目的となっている土地の価額は、自用地価額の80％相当額で評価します。

ところで、構築物の所有を目的とする賃借権の価額は、一般的には評価通達87《賃借権の評価》により評価しますが、法人税の取扱いでは、借地権のみならず構築物の設置を目的とする賃借権についても、いわゆる相当の地代通達の適用対象として取り扱われています。このため、法人税におけるこの取扱いとの整合性を図る必要がありますので、権利金の支払いに代えて相当の地代を支払っている賃借権についても、上記相当地代通達に準じて「零」評価とします。

なお、この場合において、当該賃借権の目的となっている雑種地の価額は、その雑種地の自用地価額から、評価基本通達87の定めにより評価したその賃借権の価額（自用地価額の20％相当額を限度とします。）を控除した金額によって評価することとなります。

また、「土地の無償返還に関する届出書」が提出されている場合の構築物の所有を目的とする賃借権の価額は「零」とし、その賃借権の目的となっている雑種地の価額は、その雑種地の自用地価額から、評価基本通達87により評価したその賃借権の価額（自用地価額の20％相当額を限度とします。）を控除した金額によって評価します。

Q7-12 臨時的な使用のための賃借権の評価

問 臨時的な使用に係る賃借権や賃貸借期間が1年以下の賃借権の価額については、どのように評価するのでしょうか。

答 臨時的な使用に係る賃借権及び賃貸借期間が1年以下の賃借権（賃借権の利用状況に照らして賃貸借契約の更新が見込まれるものを除きます。）について

は、その経済的価値が極めて小さいものと考えられることから、このような賃借権の価額は評価しません。また、この場合の賃借権の目的となっている雑種地の価額は、自用地価額で評価します。

3 | 賃借人がその雑種地の造成を行っている場合の雑種地の評価

賃借人がその雑種地の造成を行っている場合には、その造成が行われていないものとして雑種地の評価（評基通82）により評価した価額から、その価額を基として上記1の賃借権の評価（評基通87）に準じて評価したその賃借権の価額を控除した金額によって評価します（評基通86（注））。

Q7-13 | ゴルフ場用地を貸し付けている場合の雑種地の評価

問 山林をゴルフ場用地として貸し付け、賃借人がゴルフ場としての造成をしている場合、造成後の雑種地の自用地としての価額を基にして評価することとなるのでしょうか。

答 山間部にあるゴルフ場用地については、山林について、賃借人がゴルフ場としての造成工事をして、ゴルフ場の用に供しているのが通常です。

このような場合に、ゴルフ場として造成された現況を基に貸し付けられている雑種地の評価をすると、造成費に相当する金額を含む雑種地の価額から賃借権の価額を控除して計算することとなり合理性がありません。

そこで、このような場合には、雑種地の自用地価額を、造成工事が行われていない近傍の土地の価額から比準して評価し、その価額を基として賃借権等の価額を計算し、先に求めた自用地価額から、賃借権等の価額を控除して評価することとなります（評基通86（注））。

なお、このことは、賃借契約に解約時には造成後の現況で返還する旨の特約があったとしても同様に取り扱われるものと考えられます。

民法上、賃借人は有益費の返還請求権がありますが、その有益費の返還請求権の放棄の効果は、返還時に発生すると解されることから、賃貸契約継続中においては、賃貸人に有益費に係る経済的利益は発生していないと解されるからです。

Q7-14 中古車展示場の一部に簡易な建物がある場合

問 A所有の郊外にある1,000㎡の土地につき、自動車販売業を営むB社に中古車展示場用地として賃貸する旨の契約を締結しています。

当該契約には、土地の一部につき、建物の所有を目的とする賃貸借部分が含まれることが記載されており、Bは、鉄骨プレハブ平屋建て建物20㎡を建築しています。この場合、建物敷地部分については借地権が設定されているものとして評価するのでしょうか。

なお、特に建物部分について異なる賃料を設定しておらず、また、コンクリート舗装はBが敷設しています。

```
┌─────┐ ←平屋建物（20㎡）
│     │  （鉄骨プレハブ）
└─────┘
              中古車展示場（土地1,000㎡）
```

答 建物の敷地部分を含む土地全体を、貸し付けられている雑種地として評価します。

土地は、地目の別に評価することとされていますが、一体として利用されている一団の土地が2以上の地目からなる場合には、その一団の土地は、そのうちの主たる地目からなるものとして評価することとされています（評基通7、86）。

当該賃貸借契約の主たる目的は、中古車展示場として、来店した客に展示中の中古車を見せて販売することにあり、建物を所有するのは、その主たる目的に付随する目的にすぎないと認められます。このことは建物部分につき特別な賃料を設定していないことからも明らかといえます。そうすると、建物の敷地部分を含めて全てを一団の土地として、主たる地目である雑種地の評価をすることとなります。

なお、賃借人が堅固な構築物（コンクリート舗装を敷設している。）を所有していることから、地上権に準ずる権利として評価することが相当と認められる賃借権として評価します。

Q7-15 第三者が貸駐車場を営業するために砂利を敷いている場合の貸雑種地の評価

問 第三者がコンクリート敷の舗装をするなどして貸駐車場を経営するために、雑種地を賃貸した場合は、堅固な構築物の所有を目的とする賃借権として、地上権に準ずる権利として評価することが相当と認められる賃借権が設定された宅地として評価されますが、第三者が砂利を敷いて貸駐車場を経営する場合は、どうでしょうか。

答 砂利を敷いたとしても、通常は、水たまりを避けるなど土地の地盤の補強にすぎず、一般的には堅固な構築物の所有を目的とした賃貸借とは認められません。

擁壁を作り、底の部分にコンクリートを敷設したうえに相当の深さで砂利を敷設するなど、実体として構築物が存在するものであれば、堅固な構築物の所有を目的とした賃貸借と認められる場合もあると考えられます。

数年で土地に埋まってしまう程度の砂利を敷いても、堅固な構築物ということはできないと考えられます。

Q7-16 貸駐車場として利用している土地の評価

問 月極め駐車場の用に供している土地の価額は、どのように評価するのでしょうか。

答 土地の所有者が、自らその土地を月極め等の貸駐車場として利用している場合は、その土地の自用地としての価額により評価します。

土地の所有者が貸駐車場を経営することは、その土地で一定の期間、自動車を保管することを引き受けることであり、このような自動車の保管を目的とする契約は、土地の利用そのものを目的とした賃貸借契約とは本質的に異なる契約関係ですから、その駐車場の利用権は契約期間に関係なく、その土地自体に及ぶものではないと考えられるためです。

4 | 雑種地に係る地上権及び地上権の目的となっている雑種地の評価

(1) 雑種地に係る地上権の価額

雑種地に係る地上権の価額は、その残存期間に応じ、その目的となっている土地のこれらの権利を取得した時におけるこれらの権利が設定されていない場合の時価(自用地としての価額)に、次に定める割合を乗じて算出した金額により評価します(相法23)。

(算式)

> 評価額 ＝ その雑種地の自用地としての価額 × 残存期間に応じた割合

○ 残存期間に応じた割合

残存期間	地上権の割合
残存期間が10年以下のもの	100分の5
残存期間が10年を超え15年以下のもの	100分の10
残存期間が15年を超え20年以下のもの	100分の20
残存期間が20年を超え25年以下のもの	100分の30
残存期間が25年を超え30年以下のもの	100分の40
残存期間が30年を超え35年以下のもの	100分の50
残存期間が35年を超え40年以下のもの	100分の60
残存期間が40年を超え45年以下のもの	100分の70
残存期間が45年を超え50年以下のもの	100分の80
残存期間が50年を超えるもの	100分の90
地上権で存続期間の定めのないもの	100分の40

(2) 地上権の目的となっている雑種地の価額

　地上権の目的となっている雑種地の価額は、その雑種地の自用地としての価額から上記(1)の地上権の評価（相法23）により評価したその地上権の価額を控除した金額によって評価します（評基通86(2)）。

(算式)

> 評価額 ＝ 雑種地の自用地としての評価額 － (1)の地上権の価額

（注）この場合において、地上権者がその雑種地の造成を行っている場合には、その造成が行われていないものとして上記(1)の地上権の評価（相法23）により評価した地上権の価額を控除した金額によって評価します。

5｜区分地上権及びその目的となっている雑種地の評価

(1) 雑種地に係る区分地上権の価額

　雑種地に係る区分地上権の価額は、6章6節2(1)の区分地上権の評価（評基通27-4）を準用して、その区分地上権の設定契約の内容に応じた土地利用制限率を基とした区分地上権の割合を乗じて評価します（評基通87-2）。

(算式)

> 評価額 ＝ 雑種地の自用地としての価額 × 区分地上権の割合

（注）区分地上権の割合については、6章6節の2(1)の（注）を参照してください。

(2) 区分地上権の目的となっている雑種地の価額

区分地上権の目的となっている雑種地の価額は、その雑種地の自用地としての価額から上記(1)の区分地上権の評価（評基通87-2）により評価したその区分地上権の価額を控除した金額によって評価します（評基通86(3)）。

（算式）

> 評価額 ＝ 雑種地の自用地としての価額 － (1)の区分地上権の価額

6 ｜ 区分地上権に準ずる地役権及びその目的となっている雑種地の評価

(1) 雑種地に係る区分地上権に準ずる地役権の価額

雑種地に係る区分地上権に準ずる地役権の価額は、その区分地上権に準ずる地役権の目的となっている承役地である雑種地の自用地としての価額を基とし、6章6節3(1)の区分地上権に準ずる地役権の評価（評基通27-5）を準用して評価します（評基通87-3）。

（算式）

> 評価額 ＝ 雑種地の自用地としての価額 × 区分地上権に準ずる地役権の割合

この算式の「区分地上権に準ずる地役権の割合」とは、その区分地上権に準ずる地役権の設定契約の内容に応じた土地利用制限率を基とした割合のことをいいます。詳しくは6章6節3(1)を参照してください。

(2) 区分地上権に準ずる地役権の目的となっている承役地である雑種地の価額

区分地上権に準ずる地役権の目的となっている承役地である雑種地の価額は、その雑種地の自用地としての価額から上記(1)の区分地上権に準ずる地役権の評価（評基通87-3）により評価したその区分地上権に準ずる地役権の価額を控除した金額によって評価します（評基通86(4)）。

（算式）

> 評価額 ＝ 雑種地の自用地としての価額 － (1)の区分地上権に準ずる地役権の価額

なお、評価に当たっては、第1節4(1)のなお書きに注意してください。

7 ｜ 雑種地の上に存する権利が競合する場合の賃借権又は地上権の評価

雑種地の上に存する権利が競合する場合の賃借権又は地上権の価額は、次に掲げる区分に

従い、それぞれ次の算式により計算した金額によって評価します（評基通87-4）。

（1）賃借権又は地上権及び区分地上権が設定されている場合の賃借権又は地上権の価額

（算式）

$$\left\{\begin{array}{c}1\text{の雑種地の賃借権の価額}\\ \text{又は}\\ 4(1)\text{の地上権の価額}\end{array}\right\} \times \left\{1 - \frac{5(1)\text{の区分地上権の価額}}{\text{その雑種地の自用地としての価額}}\right\}$$

（2）区分地上権に準ずる地役権が設定されている承役地に賃借権又は地上権が設定されている場合の賃借権又は地上権の価額

（算式）

$$\left\{\begin{array}{c}1\text{の雑種地の賃借権の価額}\\ \text{又は}\\ 4(1)\text{の地上権の価額}\end{array}\right\} \times \left\{1 - \frac{6(1)\text{の区分地上権に準ずる地役権の価額}}{\text{その原野の自用地としての価額}}\right\}$$

Q7-17　鉄道の高架下の賃借権の評価

問　鉄道の高架下の土地を賃借し、建物を建築しています。
　　　このような賃借権の価額は、どのように評価すればよいですか。

答　建物の所有を目的とする鉄道の高架下の土地の賃借権の価額は、その賃借権の目的となっている宅地の自用地価額に借地権割合を乗じて評価します。
　この場合の宅地の自用地価額は、その宅地の利用が鉄道の高架下のみに限定されることを考慮して、その賃借権の目的となっている宅地を路線価方式等により評価した価額に立体利用率に基づく割合を乗じた金額によって評価します。

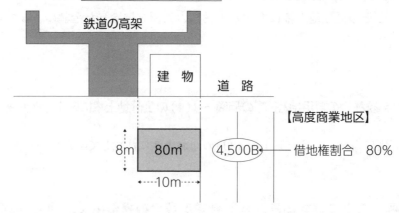

(計算例)

$$\left(\underset{\text{(路線価)}}{4,500\text{千円}} \times \underset{\substack{\text{(奥行価格)}\\\text{補正率}}}{0.98} \times \underset{\substack{\text{(間口狭小)}\\\text{補正率}}}{1.00} \times \underset{\substack{\text{(立体利用率に)}\\\text{基づく割合}^{※}}}{\frac{1}{3}}\right) \times \underset{\substack{\text{(借地権)}\\\text{割合}}}{80\%} \times \underset{\text{(地積)}}{80㎡} = 94,080,000\text{円}$$

※ 立体利用率に基づく割合は、計算上1／3と仮定しています。

8 │ 土地の上に存する権利が競合する場合の雑種地の評価

土地の上に存する権利が競合する場合の雑種地の価額は、次に掲げる区分に従い、それぞれ次の算式により計算した金額によって評価します（評基通86-2）。

(1) 賃借権又は地上権及び区分地上権の目的となっている雑種地の価額

（算式）

雑種地の自用地としての価額 － ｛5(1)の区分地上権の価額 ＋ 7(1)の区分地上権が設定されている場合の賃借権の価額又は地上権の価額｝

(2) 区分地上権及び区分地上権に準ずる地役権の目的となっている承役地である雑種地の価額

（算式）

雑種地の自用地としての価額 － ｛5(1)の区分地上権の価額 ＋ 6(1)の区分地上権に準ずる地役権の価額｝

(3) 賃借権又は地上権及び区分地上権に準ずる地役権の目的となっている承役地である雑種地の価額

（算式）

雑種地の自用地としての価額 － ｛6(1)の区分地上権に準ずる地役権の価額 ＋ 7(2)の区分地上権に準ずる地役権が設定されている場合の賃借権の価額又は地上権の価額｝

9 │ 占用権の評価

占用権の価額は、次項の定めにより評価したその**占用権の目的となっている土地の価額**（後記10）に、次に掲げる区分に従い、それぞれ次に掲げる割合を乗じて計算した金額によって評価します（評基通87-5）。

(1) 取引事例のある占用権の評価

売買実例価額、精通者意見価格等を基として占用権の目的となっている土地の価額に対する割合として国税局長が定める割合によることとされています。

(算式)

$$\text{取引事例のある占用権の価額} = \text{占用権の目的となっている土地の価額} \times \text{国税局長が定める割合}$$

(2) (1)以外の占用権で、地下街又は家屋の所有を目的とする占用権の評価

その占用権が借地権であるとした場合に適用される借地権割合の3分の1に相当する割合によることとされています。

(算式)

$$\text{当該区分の占用権の価額} = \text{占用権の目的となっている土地の価額} \times \left\{ \text{借地権割合} \times \frac{1}{3} \right\}$$

(3) (1)及び(2)以外の占用権の評価

その占用権の残存期間に応じその占用権が地上権であるとした場合に適用される法定地上権割合の3分の1に相当する割合によることとされています。

すなわち、上記(1)及び(2)以外の占用権の価額は、その占用権の目的となっている土地の価額に、その占用権の残存期間に応じ、その占用権が地上権であるとした場合に適用される法定地上権割合の3分の1に相当する割合を乗じて計算した金額によって評価します。

(算式)

$$\text{当該区分の占用権の価額} = \text{占用権の目的となっている土地の価額} \times \left\{ \text{法定地上権割合} \times \frac{1}{3} \right\}$$

(注)「占用権の残存期間」は、占用の許可に係る占用の期間が、占用の許可に基づき所有する工作物、過去における占用の許可の状況、河川等の工事予定の有無等に照らし実質的に更新されることが明らかであると認められる場合には、その占用の許可に係る占用権の残存期間に実質的な更新によって延長されると認められる期間を加算した期間をもってその占用権の残存期間とします(評基通87-5(注))。

Q7-18 占用権の性格

問 財産評価基本通達上の占用権とは、どのようなものをいうのでしょうか。

答 評価基本通達上の占用権とは、①河川法24条の規定による河川区域内の土地の占用の許可に基づく権利で、ゴルフ場、自動車練習所、運動場その他の工作物（対価を得て他人の利用に供するもの又は専ら特定の者の用に供するものに限ります。）の設置を目的とするもの、②道路法32条１項の規定による道路の占用の許可又は都市公園法６条１項の規定による都市公園の占用の許可に基づく経済的利益を生ずる権利で駐車場、建物その他の工作物（対価を得て他人の利用に供するもの又は専ら特定の者の用に供するものに限ります。）の設置を目的とするものをいいます。

①の代表的な例として河川敷ゴルフ場、②の代表的な例として地下街が挙げられます。

なお、占用権の価額は、上記のような施設の完成後評価することとしていますので、占用許可を得ていても施設の建築中である場合には評価しないこととして差し支えありません。

10 占用権の目的となっている土地の評価

占用権の目的となっている土地の価額は、その占用権の目的となっている土地の付近にある土地について、宅地であるとした場合の１㎡当たりの価額を基とし、その土地とその占用権の目的となっている土地との位置、形状等の条件差及び占用の許可の内容を勘案した価額に、その占用の許可に係る土地の面積を乗じて計算した金額によって評価します（評基通87-6）。

（算式）

$$\text{宅地であるとした場合の１㎡当たりの価額} \times \text{土地利用制限率}^{(注)} \times \text{水平投影面積}$$

（注）「土地利用制限率」については、６章６節２の「区分地上権等の評価等」を参照してください。

11 占用の許可に基づき所有する家屋を貸家とした場合の占用権の評価

占用の許可に基づき所有する家屋が貸家に該当する場合の占用権の価額は、次の算式により計算した価額によって評価します（評基通87-7）。

(算式)

$$評価額 = 9の占用権の価額(A) - A \times \underset{0.3}{\overset{(借家権割合)}{}} \times 6章3節のその家屋に係る賃貸割合$$

Q7-19 構築物の賃借人の土地に対する権利の評価

問 野球場、ゴルフ練習場、プール等の構築物を賃借している場合には、建物の賃借人がその建物の敷地に対して有する権利と同様に、構築物の敷地に対して有する権利を考慮する必要があるのでしょうか。

答 建物の賃貸借については、借地借家法の適用があり、評価基本通達では借家人がその借家の敷地である宅地等に有する権利の評価方法を定めています（ただし、その権利が権利金等の名称をもって取引される慣行のない地域にあるものについては、評価しないこととしています。）。

しかし、構築物の賃貸借については法律上の特別の保護を与えられたものでないこと等から、原則として、構築物の賃借人の構築物の敷地に対する権利は評価しません。

また、構築物の賃借人の構築物に対する権利についても同様とします。

なお、貸し付けられている構築物の敷地の価額は、自用地価額で評価します。

12 取引事例のある占用権（船場センタービルの道路占用権）

船場センタービルの道路占用権（大阪市中央区船場中央一丁目2番から同四丁目10番における船場センタービルの東棟（1号館から3号館まで）、中央棟（4号館から9号館まで）及び西棟（10号館）の所有を目的とする大阪市道築港深江線及び大阪府道高速大阪東大阪線に係る道路の占用の許可に基づく権利をいいます。以下同じです。）の価額は、次に掲げるところにより評価します。

(1) 評価単位

船場センタービルの道路占用権の価額は、同ビルの占有部分に対応する道路占用権ごとに評価します。

(2) 評価方法

船場センタービルの道路占用権の価額は、同ビルの専有部分に対応する次表「各号館の階層別占用権積算価額表」に定める価額にその専有部分の面積を乗じて計算した金額に

よって評価します。

(注) 専有部分の面積は、「建物の区分所有等に関する法律」に基づいて定められた「船場センタービル区分所有会」の「船場センタービル規約」に定められる「専有部分の範囲」に基づいて計測した面積とします。

各号館の階層別占用権積算価額表（平成30年分）

(単位：円／㎡)

	地下2階	地下1階	1階	2階	3階	4階
1号館	59,400	171,100	142,900	85,500	—	—
2号館	154,200	176,600	146,300	88,300	83,700	—
3号館	172,600	197,600	185,200	98,700	93,700	—
4号館	192,000	333,700	205,700	153,900	99,000	97,500
5号館	—	397,300	247,500	165,000	125,800	—
6号館	—	368,100	230,200	168,200	115,800	—
7号館	—	442,300	270,900	220,200	129,300	125,800
8号館	—	467,700	334,300	249,200	133,200	—
9号館	315,800	490,400	349,100	261,800	145,400	—
10号館	397,500	298,100	373,600	188,800	—	—

(算式)

各号館別の階層別占用権積算価額 × 専有部分の面積（㎡）

(計算例)

区分所有に係る専有部分が3号館の2階で専有部分の面積が60㎡の場合

　98,700円　×　60㎡　＝　5,922,000円

第5節 使用貸借に係る「宅地以外の土地」の使用権及びその目的となっている土地の評価

使用貸借に係る「宅地以外の土地」の使用権、その目的となっている土地の評価については、6章7節に準じて評価します。

第8章

家屋及び借家権並びに構築物の評価

第1節 家屋の評価

1 | 評価単位

家屋の評価は、原則として、1棟の家屋ごとに評価します（評基通88）。

2 | 家屋の評価

家屋の価額は、その家屋の固定資産税評価額に評価基本通達の別表1に定める倍率を乗じて計算した金額によって評価します（評基通89）。

別表に掲げる倍率は下記のとおり1.0ですから、「固定資産税評価額」が家屋の評価額となります。

別表1　耕作権割合等一覧表（抜粋）

内　　容	割合等
家屋の固定資産税評価額に乗ずる倍率	1.0

3 | 建築中の家屋の評価

課税時期において現に建築中の家屋の価額は、その家屋の費用現価の**100分の70**に相当する金額によって評価します（評基通91）。

Q8-1　建築中の家屋の評価方法

問　家屋は、原則的に固定資産税評価額に1.0倍して評価します。したがって、その評価額は、固定資産税評価額と同じですが、建築途中の家屋の場合には、固定資産税の評価額が付けられていません。

その場合は、どのように評価したらよいでしょうか。

答　建築途中の家屋の価額は、その家屋の**費用現価の70％**に相当する金額により評価します。

これを算式で示すと次のとおりです。

建築途中の家屋の評価額　＝　費用現価の額　×　70％

この算式における「**費用現価の額**」とは、課税時期（相続の場合は被相続人の

死亡の日、贈与の場合は贈与により財産を取得した日）までに建物に投下された建築費用の額を課税時期の価額に引き直した額の合計額のことをいいます（評基通89、91）。

設例　建築中の家屋の評価

・相続開始時点の工事進行割合　　　50％
・建築総額　　　　　　　　　　　　4,000万円
・相続開始時点の支払済工事代金　　2,000万円

① 直営工事の場合の評価額
　家屋　2,000万円　×　0.7　＝　1,400万円

② 請負工事の場合の評価額
　家屋　（4,000万円×0.5（工事進行割合））　×　0.7　＝　1,400万円(注)
　　　　　（請負代金）

（注）②の場合は、課税時期における費用現価を基として評価することとなりますので、注文者の支払代金と請負者の投下費用の額とに差異があるときは、その差額は「未払金」又は「前渡金」として計上することとなります。

仮に、設例の場合で、支払代金が2,500万円の場合は、次のようになります。
イ　家屋（4,000万円×50％）　×　0.7　＝　1,400万円
ロ　前渡金　2,500万円　－　（4,000万円×50％）　＝　500万円

Q8-2　増改築等に係る家屋の状況に応じた固定資産税評価額が付されていない家屋の評価

問　所有する家屋について増改築を行いましたが、家屋の固定資産税評価額が改訂されていないため、その固定資産税評価額が増改築に係る家屋の状況を反映していません。このような家屋は、どのように評価するのでしょうか。

答　増改築等に係る家屋の状況に応じた固定資産税評価額が付されていない場合の家屋の価額は、増改築等に係る部分以外の部分に対応する固定資産税評価額に、当該増改築等に係る部分の価額として、当該増改築等に係る家屋と状況の類似した付近の家屋の固定資産税評価額を基として、その付近の家屋との構造、経過年数、用途等の差を考慮して評定した価額（ただし、状況の類似した付近の家屋がない場合には、その増改築等に係る部分の再建築価額から課税時期までの間における償却費相当額を控除した価額の**100分の70**に相当する金額）を加算した価額（課税時期から申告期限までの間に、その家屋の課税時期の状況に応じた固定資産税評価額が

付された場合には、その固定資産税評価額）に基づき評価基本通達89《家屋の評価》又は93《貸家の評価》の定めにより評価します。

なお、償却費相当額は、評価基本通達89-2《文化財建造物である家屋の評価》の(2)に定める評価方法に準じて、再建築価額から当該価額に0.1を乗じて計算した金額を控除した価額に、その家屋の耐用年数（減価償却資産の耐用年数等に関する省令に規定する耐用年数）のうちに占める経過年数（増改築等の時から課税時期までの期間に相当する年数（その期間に１年未満の端数があるときは、その端数は、１年とします。））の割合を乗じて計算します。

（参考：東京地裁昭和53年12月21日判決、昭51（行ウ）16号。税務訴訟資料103号851頁　訟務月報25-4-1197）

4 ｜ 附属設備等の評価

附属設備等の評価は、次に掲げる区分に従い、それぞれ次に掲げるところにより評価します（評基通92）。

(1) 家屋と構造上一体となっている設備

家屋の所有者が有する電気設備（ネオンサイン、投光器、スポットライト、電話機、電話交換機及びタイムレコーダー等を除きます。）、ガス設備、衛生設備、給排水設備、温湿度調整設備、消火設備、避雷針設備、昇降設備、じんかい処理設備等で、その家屋に取り付けられ、その家屋と構造上一体となっているものについては、その家屋の価額に含めて評価します。

(2) 門、塀等の設備

門、塀、外井戸、屋外じんかい処理設備等の附属設備の価額は、その附属設備の再建築価額から、建築の時から課税時期までの期間（その期間に１年未満の端数があるときは、その端数は１年とします。）の償却費の額の合計額又は減価の額を控除した金額の**100分の70**に相当する金額によって評価します。

この場合における償却方法は、定率法（所得税法施行令120条の2第1項2号ロ又は法人税法施行令48条の2第1項2号ロに規定する定率法をいいます。以下同じです。）によるものとし、その耐用年数は減価償却資産の耐用年数等に関する省令（以下「耐用年数省令」といいます。）に規定する耐用年数によります。

(3) 庭園設備

庭園設備（庭木、庭石、あずまや、庭池等をいいます。）の価額は、その庭園設備の調達価

額（課税時期においてその財産をその財産の現況により取得する場合の価額をいいます。以下同じです。）の**100分の70**に相当する価額によって評価します。

Q8-3　借家人が附属させた建物附属設備の評価

問　同族会社の株価評価をする上で、会社が代表者より借りている建物の内部造作の評価について、建物は個人名義なので建物の評価額に含めて固定資産税評価額で評価することができません。

　この場合、どのように評価したらよいでしょうか。

答　借家人が建物に付属させた「内部造作」の場合は、建物と一体として評価することはできません。そうすると評価基本通達に定めがないことになりますので、評価基本通達5《評価方法の定めのない財産の評価》により評価基本通達に定める評価方法に準じて評価することとなります。

　借家人が建物に付属させた建物附属設備は不動産である建物と一体として評価することはできないことから評価基本通達129《一般動産の評価》の定めに準じて評価することとなります（参考判例：大阪地裁平成7年3月28日判決、平2（行ウ）31。税務訴訟資料208号1035頁。大阪高裁平成8年1月26日判決、平7（行コ）21。税務訴訟資料215号148頁。最高裁第一小法廷平成9年9月4日判決、平9（行ツ）106。税務訴訟）。

　したがって、その造作（建物附属設備）の再調達価格（同種及び同規格の課税時期における小売価額）から、その造作を付属させた時から課税時期までの期間の償却費（定率法で計算した金額）を控除した金額によって評価することとなります（評基通129、130(2)）。

> 【チェックポイント】
> ・評価基本通達129には、当該算定金額の100分の70相当額で評価する定めはないことに留意してください。
> ・また、再調達価格と実際取得価額に差がないと認められる場合（建物附属設備を取得したときからの期間が短期間である場合若しくは取得時と課税時期の物価変動が少ないと認められる場合）には、取得価額で計算することができると解されます。
> ・法人の帳簿上の償却率が定額法であったとしても、評価基本通達に基づき評価する場合は、評価基本通達130(2)の定めに従い定率法で計算することとなります。

5 | 貸家の評価

貸家の価額は、次の算式により計算した価額によって評価します（評基通93）。

（算式）

$$\text{自用家屋等としての価額}^{(注1)}(A) - A \times 0.3(借家権割合)^{(注2)} \times 賃貸割合^{(注3)}$$

(注) 1 「自用家屋等としての価額」とは、上記1〜3により評価した価額です。なお、その家屋が文化財建造物等である家屋の場合は、3章9節で評価した価額となります。

　　 2 借家権割合は、評価基準書により確認します。

　　　 東京都の平成30年分の借家権割合は、次のとおりです。

> 平成30年分
> （東京都）
>
> **借家権割合**
>
> 　財産評価基本通達94（借家権の評価）の定めにより借家権の価額を評価する場合における借家権割合は、100分の30です。
> 　なお、借家権の価額は、その権利が権利金等の名称をもって取引される慣行のない地域にあるものについては評価しません。

　　 3 「賃貸割合」は、次の算式により計算した割合によります（評基通26(2)）。

（算式）

$$賃貸割合 = \frac{Aのうち賃借している各独立部分の床面積の合計}{当該家屋の各独立部分の床面積の合計（A）}$$

第2節 借家権の評価

1 | 借家権の価額

借家権の価額は、次の算式により計算した価額によって評価します。

ただし、この権利が権利金等の名称をもって取引される慣行の<u>ない</u>地域にあるものについては評価しません（評基通94）。

（算式）

> 自用家屋等としての価額 × 0.3(借家権割合) × 賃借割合

（注）「自用家屋等としての価額」、借家権割合、賃借割合は、1節の5「貸家の評価」の「賃貸割合」に同じです。

Q8-4 借家権と相続税の課税財産

問 借家権には、相続税の課税対象となる財産性はあるのでしょうか。

答 一般的には、借家権は相続税において、課税物件として課税価格に算入すべきとされるほどの財産性は認められておりません（評基通94）。

ただし、借家権が、実体として転売できる場合など、権利金等の名称をもって取引されている地域にあるものであれば、財産性が認められ相続税の課税対象となります（一般的な賃貸借契約書で契約されているものは該当しません。）。

したがって、相続税の実務上は、借家権の評価額は貸家建付地を評価するための減額要素として計算するにすぎず、仮に被相続人が借家権を有していたとしても、預け保証金のうち返還されるべき金額を預け保証金債権として相続税の課税価格に算入することになるだけで、借家権が相続財産とされることはないと考えられます。

第3節 構築物

1 | 評価単位

構築物（土地又は家屋と一括して評価するものを除きます。以下同じです。）の価額は、原則として、1個の構築物ごとに評価します。ただし、2個以上の構築物でそれらを分離した場合においては、それぞれの利用価値を著しく低下させると認められるものにあっては、それらを一括して評価します（評基通96）。

2 | 評価の方式

構築物の価額は、その構築物の再建築価額から、建築の時から課税時期までの期間（その期間に1年未満の端数があるときは、その端数は1年とします。）の償却費の額の合計額又は減価の額を控除した金額の**100分の70**に相当する金額によって評価します。この場合における償却方法は、定率法によるものとし、その耐用年数は耐用年数省令に規定する耐用年数によります（評基通97）。

Q8-5　構築物の賃借人の土地に対する権利及び構築物に対する権利の評価

問　野球場、ゴルフ練習場、プール等の構築物を賃借しています。
　　この場合には、建物の賃借人がその建物の敷地に対して有する権利と同様に、構築物の敷地に対して有する権利を考慮する必要があるのでしょうか。また、構築物に対する権利も考慮する必要があるのでしょうか。

答　建物の賃貸借については、借地借家法の適用があり、評価基本通達では借家人がその借家の敷地である宅地等に有する権利の評価方法を定めています（ただし、その権利が権利金等の名称をもって取引される慣行のない地域にあるものについては、評価しないこととしています（評基通31））。
　　しかし、構築物の賃貸借については法律上の特別の保護を与えられたものでないこと等から、原則として、構築物の賃借人の構築物の敷地に対する権利は評価しません。
　　また、構築物の賃借人の構築物に対する権利についても同様です。
　　なお、貸し付けられている構築物の敷地の価額は、自用地価額で評価します。

第9章

負担付贈与等及び信託の場合の評価

第1節 負担付贈与又は時価より低額の対価で取得した土地等及び家屋等に係る評価

　負担付贈与又は個人間の対価を伴う取引により取得した土地等及び建物等の価額は次のとおり評価します（「負担付贈与又は対価を伴う取引により取得した土地等及び家屋等に係る評価並びに相続税法第7条及び第9条の規定の適用について」通達《平成元年3月29日付直評5直資2-204》。以下「負担付贈与通達」といいます。）。

1 負担付贈与等の場合の評価額

　土地等及び家屋等の取得時の通常の取引金額に相当する価額で評価します。
　路線価や固定資産税評価額により評価することはできません。
　ただし、贈与者又は譲渡者が取得又は新築した当該土地等又は建物等に係る取得価額が課税時期の取得価額と認められるときは、その価額とされます（建物等は減価償却が認められています。）。

2 負担付贈与等の場合の贈与価額（経済的利益の額）

（算式）

> 贈与価額 ＝ 負担付贈与等の場合の評価額 － 負担額

　当該対価を伴う取引による土地等又は家屋等の取得が相続税法7条に規定する「著しく低い価額の対価で財産の譲渡を受けた場合」又は相続税法9条に規定する「著しく低い価額の対価で利益を受けた場合」に当たるかどうかは、個々の取引について取引の事情、取引当事者間の関係等を総合勘案し、実質的に贈与を受けたと認められる金額があるかどうかにより判定することとされていますが、その取引における対価の額が当該取引に係る土地等又は家屋等の取得価額を下回る場合には、当該土地等又は家屋等が下落したことなどの合理的な理由があると認められるときを除き、「著しく低い価額の対価で利益を受けた場合」に当たります（負担付贈与通達2（注））。

　なお、この取扱いは、土地家屋等の不動産の通常の取引価額と相続税評価額との開きに着目した贈与税の租税負担回避行為に対して、税負担の公平を図るためのものです。

keyword 「負担付贈与」と「対象となる財産」

「負担付贈与」とは、例えば、贈与者が車を贈与する代わりに車のローンを受贈者が負担することを条件とした贈与契約で、贈与財産の価額と負担額との差額に相当する金額が贈与税の課税対象となり贈与税が課税されます（相法21の2、相通21の2-4）。

負担付贈与通達の「対象となる財産」は、土地及び土地の上に存する権利、家屋及びその付属設備又は構築物です。

Q9-1　住宅ローンの負担付の高層マンションの贈与

問　住宅ローン5,000万円付のマンション（取得価額1億円、現在の取引価額1億円）を父から子に贈与しました。相続税評価額は8,000万円です。
この場合、贈与税はかかるのでしょうか。

答　負担付贈与による土地建物の贈与は、相続税評価額の適用はなく、贈与財産は時価（通常の取引価額）で評価され、その価額から負担額を控除した金額が贈与税の課税価格となります（負担付贈与通達1）。

贈与日現在の通常の取引価額が1億円とすると、マンションの評価額は1億円、そこから住宅ローン5,000万円を控除した5,000万円が父から子への贈与価額ということになります。

Q9-2　賃貸用不動産を無償で贈与した場合の評価について

問　父親は、長男に対して賃貸アパートの建物を贈与しましたが、この贈与をするに際し、賃借人から預かった敷金に相当する現金500万円の贈与も同時に行っています。この場合、負担付贈与通達の適用を受けることとなりますか。

答　敷金とは、不動産の賃借人が、賃料その他の債務を担保するために契約成立の際、あらかじめ賃貸人に交付する金銭（権利金と異なり、賃貸借契約の終了に際し賃借人に賃料未払等の債務がない限り返還されます。）であり、その法的性格は、停止条件付返還債務である（判例・通説）とされています。

また、賃貸中の建物の所有権の移転があった場合には、旧所有者に差し入れた敷金が現存する限り、たとえ新旧所有者間に敷金の引継ぎがなくても、賃貸中の建物の新所有者は当然に敷金返還義務を引き継ぐ（判例・通説）とされています。

ところで、旧所有者（父親）が賃借人に対して敷金返還義務を負っている状態で、新所有者（長男）に対し賃貸アパートの建物を贈与した場合には、法形式上は、

負担付贈与に該当しますが、当該敷金返還義務に相当する現金の贈与を同時に行っている場合には、当該敷金返還債務を承継させ（す）る意図が贈与者・受贈者間においてなく、実質的な負担はないと認定することができます。

したがって、実質的に負担付贈与に当たらないと解するのが相当ですから、負担付贈与通達の適用はありません。

なお、実質的に負担付贈与に該当せず、譲渡の対価がありませんので父親に対して譲渡所得の課税は生じません。

第2節 信託と土地評価

　信託とは、信託契約、遺言、公正証書等により、特定の者が一定の目的（専らその者の利益を図る目的を除きます。）に従い、財産の管理又は処分及びその他の当該目的の達成のために必要な行為をすべきものをすることをいいます。

　信託の利益を受ける権利には、信託財産の管理及び運用によって生ずる利益を受ける権利と、信託の終了の場合の信託財産の帰属の権利、すなわち、信託財産自体を受ける権利とがあり、前者を**収益の受益権**、後者を**元本の受益権**といい、両者を含めて**信託受益権**といいます。

1 ｜ 信託受益権の評価

　信託の利益を受ける権利の評価は、次に掲げる区分に従い、それぞれ次に掲げるところにより評価します（評基通202）。

(1) 元本と収益との受益者が同一人である場合においては、この通達に定めるところにより評価した課税時期における信託財産の価額によって評価します。

(2) 元本と収益との受益者が元本及び収益の一部を受ける場合においては、この通達に定めるところにより評価した課税時期における信託財産の価額にその受益割合を乗じて計算した価額によって評価します。

(3) 元本の受益者と収益の受益者とが異なる場合においては、次に掲げる価額によって評価します。

　イ　元本を受益する場合は、課税時期における信託財産の価額から、ロにより評価した収益受益者に帰属する信託の利益を受ける権利の価額を控除した価額

　ロ　収益を受益する場合は、課税時期の現況において推算した受益者が将来受けるべき利益の価額ごとに課税時期からそれぞれの受益の時期までの期間に応ずる基準年利率による複利現価率を乗じて計算した金額の合計額

2 ｜ 信託財産が土地等及び家屋等である場合について

　元本の受益者と収益との受益者が同一の場合、実質的に信託財産の所有権を収得することに変わりがないことになります。

　したがって、信託財産が土地等及び家屋等である場合の信託の利益を受ける権利の評価の計算の基礎となる土地等及び家屋等の評価は、課税時期における土地等及び家屋等について評価基本通達を基に評価した価額によります。

信託受益権の評価明細書

被相続人氏名	

信託財産の所在・種類・数量	○市　土地(○○○㎡)及び家屋
委託者の住所氏名	A
受託者の住所氏名	B
受託契約締結の年月日	平成○年○月○日　受益の時期　元本／収益
受益者の住所氏名	C
受益財産の区分	元本　((全部)・一部)　((金銭)・金銭以外) 収益　((全部)・一部)　((金銭)・金銭以外)

1　元本と収益との受益者が同一人である場合又は元本と収益との受益者が元本及び収益の一部を受ける場合

信託財産の種類	①信託財産の相続税評価額	②受益者の受益割合	評価額（①×②）
	円	％	円

2　元本と収益との受益者が異なる場合

イ　元本の受益権

信託財産の種類	A 信託財産の相続税評価額	B 収益の受益権の価額（Dの価額）	C 元本の受益権の価額（A－B）
○○○	000,000 円	000 円	000 円

ロ　収益の受益権

受益の時期	①将来受けるべき利益の価額	②課税時期から受益の時期までの期間に応ずる基準年利率による複利現価率	③（①×②）	摘要（「将来受けるべき利益の価額」の算定根拠等）
第　　年目	円		円	
第　　年目				
第　　年目				
第　　年目				
第　　年目				
第　　年目				
第　　年目				
第　　年目				
第　　年目				
第　　年目				

D　収益の受益権の価額（③の合計額）　　　　　　　　円

（資4－33－A4統一）

第10章

特定非常災害に伴う土地等の評価

第1節 概要

　災害により損害を受けた者に係る相続税又は贈与税については、災害被害者に対する租税の減免、徴収猶予等に関する法律（以下「災害減免法」といいます。）により、相続又は贈与により取得した財産について、その価額は、物理的に被害を受けた部分の価額を控除した金額とするといった措置が講じられています。

　他方、阪神・淡路大震災及び東日本大震災については、その被害の規模や性質を踏まえ、それぞれ「震災特例法」を制定し、震災に基因する地価下落といった経済的な損失についても対応するための更なる特例措置が設けられていました。

　先般、平成28年４月の熊本地震をはじめ近年災害が頻発していることを踏まえ、被災者の不安を早期に解消するとともに、税制上の対応が復旧や復興の動きに遅れることのないよう、各税目にわたり、あらかじめ規定を整備することとされ、相続税及び贈与税についても、阪神・淡路大震災及び東日本大震災の際に講じられた措置を参考に、災害に対応した措置を常設化することとされました（措法69の６、69の７）。

1 ｜ 対応措置の概要

(1)　特定非常災害(注1)発生日前に相続又は遺贈により財産を取得した者があり、かつ、その相続又は遺贈に係る相続税の申告書の提出期限がその特定非常災害発生日以後である場合において、その者がその相続若しくは遺贈により取得した財産又は贈与により取得した財産で、その特定非常災害発生日において所有していたもののうちに、特定土地等(注2)（特定地域(注3)内にある土地等）があるときは、その特定土地等に係る相続税の課税価格に算入すべき価額又は相続税の課税価格に加算される贈与により取得した財産の価額は、「特定非常災害の発生直後の価額（特定非常災害発生後を基準とした価額）」とすることができることとされました（措法69の６①）。

　また、特定非常災害発生日の属する年の１月１日からその特定非常災害発生日の前日までの間に贈与により取得した財産で、その特定非常災害発生日において所有していたもののうちに、特定土地等又は特定株式等がある場合には、その特定土地等又は特定株式等に係る贈与税の課税価格に算入すべき価額も、「特定非常災害の発生直後の価額（特定非常災害発生後を基準とした価額）」とすることができることとされています（措法69の７①）。

(2)　なお、「特定非常災害に係る評価の特例（措法69の６及び措法69の７）」は、特定非常災害

に基因するいわば経済的な損失による評価損に配慮した特例であり、一方、「災害減免法」は、災害により発生したいわば物理的な損失を対象とした減免措置です。

したがって、特定土地等に該当するものについては、土地そのものの形状が変わったこと等による物理的な損失は「災害減免法」の適用対象となり、それ以外の損失は、経済的な損失として「特定非常災害に係る評価の特例」の適用対象となります。

また、「特定非常災害に係る評価の特例」と「災害減免法」では、適用の対象となる財産も異なっており、「特定非常災害に係る評価の特例」の対象となる財産は、一定の土地等及び非上場株式等であるのに対し、相続税又は贈与税に係る「災害減免法」の対象財産は、主として、建物、家庭用財産及び自動車等です。

(注) 1 「特定非常災害」とは、特別非常災害の被害者の権利利益の保全等を図るための特別措置に関する法律2条1項の規定により特別災害として指定された非常災害をいいます。これまでに適用された災害は、「阪神・淡路大震災」、「平成16年新潟中越地震」、「東日本大震災」、「平成28年熊本地震」及び「平成30年7月豪雨」の5件です。
2 「特定土地等」とは、「特定地域」内に存する土地又は借地権などの土地の上に存する権利をいいます。
3 「特定地域」とは特定非常災害により被災者生活再建支援法3条1項の規定の適用を受ける地域（この規定の適用がない場合には、その特定非常災害により相当な損害を受けた地域として財務大臣が指定する地域）をいいます。

2 | 計算例

具体的には、特定土地等に該当するものの価額は、調整率が定められている場合で、①路線価地域にあるものについては、特定非常災害発生日の属する年分の路線価に「調整率」を乗じたものに奥行価格補正率等の画地調整率及び地積を乗じて、②倍率地域にあるものについては、特定非常災害発生日の属する年分の倍率に「調整率」を乗じたものに特定非常災害発生日の属する年度の固定資産税評価額を乗じて評価することができます。

（1）路線価方式

設例 二方路線に面する宅地の場合の計算例

○調整率（宅地）0.30とします。

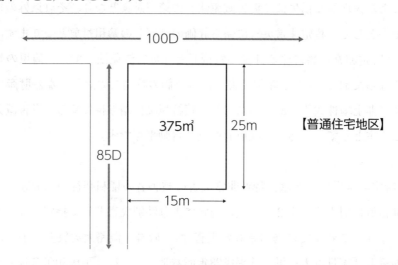

調 整 率 表

市区町村名：○○市　　　　　　　　　　　　　　　　　　　　　　　　　　　○○税務署

音順	町（丁目）又は大字名	適用地域名	路線価及び評価倍率に乗ずる調整率					
			宅地	田	畑	山林	原野	牧場	池沼
あ	△△町	市街化区域	0.30	比準	比準	比準	比準		

1　(正面路線価) 100,000円 × (調整率) 0.30 = (調整率適用後の正面路線価) 30,000円

2　(調整率適用後の正面路線価) 30,000円 × (奥行25mに対応する奥行価格補正率) 0.97 = (補正後の正面路線価) 29,100円

3　(側方路線価) 85,000円 × (調整率) 0.30 = (調整率適用後の側方路線価) 25,500円

4　(調整率適用後の側方路線価) 25,500円 × (奥行15mに対応する奥行価格補正率) 1.00 = (補正後の側方路線価) 25,500円

5　(補正後の正面路線価) 29,100円 + (補正後の側方路線価) 25,500円 × (側方路線影響加算率) 0.03 = (1㎡当たりの評価額) 29,865円

6　(1㎡当たりの評価額) 29,865円 × (地積) 375㎡ = (評価額) 11,199,375円

第1節 概要

（記載例）

土地及び土地の上に存する権利の評価明細書（第1表）

局(所)：○○ 署：○○		
○年分 ○○○ページ		

所在地番	(住居表示)( ) ○○区 ○○ 1-2-3	所有者	住所(所在地) ○○区1-2-3 / 氏名(法人名) ○○ ○○	使用者	住所(所在地) 同左 / 氏名(法人名) 同左

地目	地積	路線価				地形図及び参考事項
(宅地) 田 畑 山林 原野 雑種地 [ ]	375 ㎡	正面 100,000×0.30円 30,000	側方 85,000×0.30円 25,500	側方 円	裏面 円	100D / 375㎡ / 25m / 85D / 15m

間口距離	15 m	利用区分	(自用地) 貸宅地 貸家建付地 借地権 私道	貸家建付借地権 転貸借地権 転借権 借家人の有する権利	地区区分	ビル街地区 高度商業地区 繁華街地区 (普通住宅地区) 中小工場地区 大工場地区 普通商業・併用住宅地区
奥行距離	25 m					

自用地1平方メートル当たりの価額				
1 一路線に面する宅地 (正面路線価) (奥行価格補正率) 30,000 円 × 0.97	(1㎡当たりの価額) 29,100 円	A
2 二路線に面する宅地 (A) ［(側方)・裏面 路線価］ (奥行価格補正率) ［(側方)・二方 路線影響加算率］ 29,100 円 + (25,500 円 × 1.00 × 0.03)	(1㎡当たりの価額) 29,865 円	B
3 三路線に面する宅地 (B) ［側方・裏面 路線価］ (奥行価格補正率) ［側方・二方 路線影響加算率］ 円 + (円 × . × .)	(1㎡当たりの価額) 円	C
4 四路線に面する宅地 (C) ［側方・裏面 路線価］ (奥行価格補正率) ［側方・二方 路線影響加算率］ 円 + (円 × . × .)	(1㎡当たりの価額) 円	D
5-1 間口が狭小な宅地等 (AからDまでのうち該当するもの) (間口狭小補正率) (奥行長大補正率) 円 × (. × .)	(1㎡当たりの価額) 円	E
5-2 不整形地 (AからDまでのうち該当するもの) 不整形地補正率※ 円 × 0. ※不整形地補正率の計算 (想定整形地の間口距離) (想定整形地の奥行距離) (想定整形地の地積) m × m = ㎡ (想定整形地の地積) (不整形地の地積) (想定整形地の地積) (かげ地割合) (㎡ - ㎡) ÷ ㎡ = % (不整形地補正率表の補正率) (間口狭小補正率) 小数点以下2位未満切捨て 0. × . = . ① (奥行長大補正率) (間口狭小補正率) [不整形地補正率 (①、②のいずれか低い率、0.6を限度とする。)] . × . = . ②	(1㎡当たりの価額) 円	F
6 地積規模の大きな宅地 (AからFまでのうち該当するもの) 規模格差補正率※ 円 × 0. ※規模格差補正率の計算 (地積(Ⓐ)) (Ⓑ) (Ⓒ) (地積(Ⓐ)) 小数点以下2位未満切捨て {(㎡ × +) ÷ ㎡} × 0.8 = 0.	(1㎡当たりの価額) 円	G
7 無道路地 (F又はGのうち該当するもの) (※) 円 × (1 - 0.) ※割合の計算 (0.4を限度とする。) (正面路線価) (通路部分の地積) (F又はGのうち該当するもの) (評価対象地の地積) (円 × ㎡) ÷ (円 × ㎡) = 0.	(1㎡当たりの価額) 円	H
8 がけ地等を有する宅地 (AからHまでのうち該当するもの) ［南、東、西、北］ (がけ地補正率) 円 × 0.	(1㎡当たりの価額) 円	I
9 容積率の異なる2以上の地域にわたる宅地 (AからIまでのうち該当するもの) (控除割合 (小数点以下3位未満四捨五入)) 円 × (1 - 0.)	(1㎡当たりの価額) 円	J
10 私道 (AからJまでのうち該当するもの) 円 × 0.3	(1㎡当たりの価額) 円	K

自用地の評価額	自用地1平方メートル当たりの価額 (AからKまでのうちの該当記号) (B) 29,865 円	地積 375 ㎡	総額 (自用地1㎡当たりの価額)×(地積) 11,199,375 円	L

(注) 1 5-1の「間口が狭小な宅地等」と5-2の「不整形地」は重複して適用できません。
2 5-2の「不整形地」の「AからDまでのうち該当するもの」欄の価額について、AからDまでの欄で計算できない場合には、(第2表)の「備考」欄等で計算してください。

(資4-25-1-A4統一)

（2）倍率方式

> **設例** 倍率地域内の「宅地」の場合の計算例

平成30年分の評価倍率　1.1倍

平成30年度の固定資産税評価額　5,000,000円

調整率表

市区町村名：○○市　　　　　　　　　　　　　　　　　　　　　　　　　　　　　　　　○○税務署

音順	町（丁目）又は大字名	適用地域名	路線価及び評価倍率に乗ずる調整率						
			宅地	田	畑	山林	原野	牧場	池沼
い	△△町	全域	0.50	0.90	0.90	0.90	0.90		

1　　1.1（平成30年分の評価倍率）　×　0.50（調整率）　＝　0.55（調整率適用後の評価倍率）

2　　5,000,000円（平成30年度の固定資産税評価額）　×　0.55（調整率適用後の評価倍率）　＝　2,750,000円（自用地の価額）

（3）災害減免法との関係

Q10-1　災害減免法と特定非常災害の評価の特例の計算例

問　特定土地等に該当し、かつ、地割れや陥没等物理的な損失が生じていることにより災害減免法6条が適用される土地等の評価はどのように計算しますか。

　　※災害減免法の「被害を受けた部分の金額」は、600万円です。

・路線価　50,000円　　・調整率　0.80

・奥行価格補正率　1.0　　・面積　500㎡

答　特定非常災害により、地割れ等が生じたことによって土地そのものの形状が変わったことに伴う損失（物理的な損失）が生じている場合で、下記の①又は②のいずれかの要件に該当する場合については、災害減免法6条《相続税又は贈与税の計算》の減免措置の対象となりますので、同一の土地等について特定非常災害に係る評価の特例と災害減免法の両方の規定の適用がある場合には、<u>特定非常災害に係る評価の特例を適用して路線価等に調整率を乗じたものを基に計算した価額</u>から、災害減免法6条を適用して<u>「被害を受けた部分の価額」</u>を控除した額が課税価格に算入すべき価額となります。

① 相続税又は贈与税の課税価格の計算の基礎となった財産の価額（相続税については債務控除後の価額）のうちに被害を受けた部分の価額の占める割合が10分の1以上であること

② 相続税又は贈与税の課税価格の計算の基礎となった「動産等」の価額のう

ちに動産等について被害を受けた部分の価額の占める割合が10分の1以上であること

(参考)

災害減免法	特定非常災害に係る評価の特例
物理的な損失 (土地そのものの形状が変わったことに伴う損失) [具体例] ・地割れ、亀裂 ・陥没 ・隆起 ・海没	経済的な損失 (左記以外の損失(地価下落)) [具体例] ・街路の破損 ・鉄道交通の支障 ・ライフラインの停止 ・周囲の建物の倒壊 ・がれきの堆積 ・塩害

(計算例)

```
         (路線価)    (調整率)  (奥行価格
                             補正率)    (面積)       (評価額)
1        50,000円  ×  0.80  ×  1.0   ×  500㎡   =  20,000,000円

         (1の価額)           (被害を受けた    (課税価格に算
                            部分の価額)     入すべき価額)
2        20,000,000円  -    6,000,000円  =   14,000,000円
```

(参考) なお、この場合における「被害を受けた部分の価額」は、物理的な損失に係る原状回復費用の見積額(保険金、損害賠償金等により補填された金額を除きます。)の100分の80に相当する金額を、災害減免法第6条における土地等の「被害を受けた部分の価額」として差し支えないことになっています。

Q10-2 特定非常災害発生日前に取得した家屋の評価

問 特定非常災害の発生日前に取得した特定非常災害の特定地域内にある家屋が、液状化現象等により被害を受けました。
このような家屋はどのように評価するのでしょうか。

答 (1) 特定非常災害に係る評価の特例が適用される財産は、特定土地等及び特定株式等のみであり、家屋については特定非常災害に係る評価の特例の対象とされていませんので、家屋の価額は、評価基本通達89《家屋の評価》の定めにより固定資産税評価額に評価基本通達の別表1に定める倍率(1.0)を乗ずるなどして評価することになります

ただし、下記の①又は②のいずれかの要件に該当する場合については、災

害減免法6条の規定により、「被害を受けた部分の価額」を控除することができます。

① 相続税又は贈与税の課税価格の計算の基礎となった財産の価額（相続税については債務控除後の価額）のうちに被害を受けた部分の価額の占める割合が10分の1以上であること

② 相続税又は贈与税の課税価格の計算の基礎となった動産等の価額のうちに動産等について被害を受けた部分の価額の占める割合が10分の1以上であること

(2) 災害減免法第6条の対象となる場合は、液状化現象により傾いた家屋を水平にするため等の原状回復費用の見積額（保険金、損害賠償金等により補填された金額を除きます。）を、災害減免法第6条の「被害を受けた部分の価額」の計算における家屋の「被害額」として差し支えありません。

(参考) 災害減免法の詳細については、平成23年4月27日付資産課税課情報第8号・資産評価企画官情報第1号「東日本大震災により被害を受けた場合の相続税・贈与税・譲渡所得・登録免許税の取扱い」について（情報）の「3 災害減免法関係」を参照してください（国税庁ホームページ（www.nta.go.jp））。

Q10-3　課税時期が特定非常災害発生日以降である場合の取扱い

問　特定非常災害発生日以降に相続等により取得した特定地域内にある土地等の評価はどのようにするのでしょうか。

答　特定非常災害発生日から同日の属する年の12月31日までの間に相続、遺贈又は贈与により取得した特定地域内にある土地等についても、特定土地等の「特定非常災害の発生直後の価額（特定非常災害後を基準とした価額）」の評価方法に準じて、特定非常災害発生日の属する年分の路線価及び評価倍率に、原則として、特定地域内の一定の地域ごとに定めた「調整率」を乗じたものを路線価及び評価倍率として評価することができます。

　また、災害により、地割れ等が生じたことによって、土地そのものの形状が変わったことに伴う損失（物理的な損失）が生じている土地等については、通常、一定の費用を投下することで災害前の状態に復帰するため、個別に災害による物理的な損失がないものとした場合の土地等の価額から原状回復費用相当額（①原状回復費用の見積額の100分の80に相当する金額、又は②市街地農地等を宅地に転用する場合において通常必要とされる宅地造成費相当額から算定した金額）を

控除して差し支えありません。

(参考)

	特定非常災害に係る特例の適用を受ける特定土地等	特定非常災害後に取得	
		特定地域内の土地等	特定地域外の土地等
地目 評価単位 権利関係	課税時期の現況 (特定非常災害前)	課税時期の現況 (特定非常災害後)	
路線価等	特定非常災害発生日の属する年分の路線価等×調整率	特定非常災害発生日の属する年分の路線価等×調整率	特定非常災害発生日の属する年分の路線価等
特定非常災害による物理的な損失	災害減免法第6条《相続税又は贈与税の計算》により減額	土地等の評価で個別に減額	

Q10-4 特定非常災害発生後に評価額が改定されていない被災家屋の評価

問 特定非常災害の発生後においても固定資産税評価額が改定されていない被災家屋について、特定非常災害の発生直後から課税時期までの間に修理、改良等を行っている場合はどのように評価するのですか。

- ○特定非常災害の発生直前の固定資産税評価額3,000千円
- ○被災家屋に適用された固定資産税の軽減の割合10分の4
- ○修理、改良等に係る費用現価4,000千円
  うち、増改築等に該当する部分1,000千円

答 (1) 被災家屋の価額

まず、次の算式により被災家屋の価額を求めます。

(算式)

$$\left(\begin{array}{c}\text{その家屋の特定非常}\\\text{災害の発生直前の}\\\text{固定資産税評価額（A）}\end{array}\right) \times 1.0倍 - \left((\text{A}) \times \begin{array}{c}\text{被災家屋に係る固定資産}\\\text{税の軽減又は免除の割合}\end{array}\right)$$

= 被災家屋の価額

(計算例)
1 被災家屋の価額
3,000千円 × 1.0倍 －（3,000千円×0.4）＝ 1,800千円
2 修理・改良等の費用
4,000千円 × 0.7 ＝ 2,800千円
① 増改築等に該当しない部分
（4,000千円－1,000千円）× 0.7 ＝ 2,100千円
② ①以外の部分（増改築等に該当する部分）
1,000千円 × 0.7 ＝ 700千円
3 被災家屋について修理、改良等を行っている場合の家屋の価額（限度額の計算）
1,800千円 ＋ 2,100千円 ＝ 3,900千円
3,900千円＞3,000千円（特定非常災害の発生直前の家屋の価額を限度とします。）
4 価額
3,000千円 × 1.0倍 ＋ 700千円 ＝ 3,700千円

　特定非常災害により被災した家屋について、被災後の現況に応じた固定資産税評価額の改定が行われていない場合には、評価基本通達89《家屋の評価》の定めにより評価した特定非常災害の発生直前の家屋の価額から、その価額に地方税法第367条《固定資産税の減免》の規定に基づき条例に定めるところによりその被災家屋に適用された固定資産税の軽減又は免除の割合を乗じて計算した金額を控除した金額によって評価することができます。

　地方公共団体において家屋の固定資産税の減免を行っていない場合など、上記の取扱いの対象とならない場合であっても、被災家屋について、特定非常災害の発生直前の固定資産税評価額によって家屋を評価することが適当でないと認められる場合には、被害の状況を反映して評価することとなります。

　例えば、その家屋の損害の程度に応じて「災害被害者に対する地方税の減免措置等について（平成12年自治省事務次官通知）」に定める家屋の固定資産税の軽減又は免除の割合を乗じて計算した金額を控除することなどが考えられます。

(参考)「災害被害者に対する地方税の減免措置等について（平成12年自治省事務次官通知）」に定める家屋の固定資産税の軽減又は免除の割合
　　　　（損害の程度）　　　　　　　　　（軽減又は免除の割合）
　　① 全壊、流失、埋没、復旧不能等……………………全部
　　② 10分の6以上の価値減………………………………10分の8
　　③ 10分の4以上10分の6未満の価値減………………10分の6

④ 10分の2以上10分の4未満の価値減‥‥‥‥‥‥‥‥10分の4

(2) 修理、改修等について

　次に被災家屋について、特定非常災害の発生直後から課税時期までの間に修理、改良等が行われている場合のその家屋の価額は、(1)の被災家屋の価額で計算した金額に特定非常災害の発生直後から課税時期までに投下したその修理、改良等に係る費用現価の100分の70に相当する金額を加算して評価します。つまり、次の算式により求めます。

（算式）

$$\text{被災家屋の価額} + \left(\begin{array}{l}\text{特定非常災害の発生直後から課税時}\\\text{期までに投下したその修理、改良等}\\\text{に係る費用現価}\end{array}\right) \times \frac{70}{100}$$

= 被災家屋について修理、改良等を行っている場合の家屋の価額

　被災家屋の価額と修理、改良等（その価値を増すような工事（増改築等）を除きます。）に係る費用現価の100分の70に相当する金額の合計額が、特定非常災害の発生直前の家屋の価額を超える場合は、特定非常災害の発生直前の固定資産税評価額により評価して差し支えありません。

　ただし、特定非常災害により被災した家屋の修理に併せて、その価値を増すような工事（増改築等）を行っている場合については、その工事の費用現価の100分の70に相当する金額を上記により計算した価額に加算します。

（参考）

　特定土地等の災害に関する取り扱いについては、下記①の通達を受け、②の情報で、「特定土地等の特定非常災害の発生直後の価額」の考え方や「災害減免法第6条との関係」さらに「特定株式等の特定非常災害の発生直後の価額」の計算方法や「評価通達の評価方法と特定非常災害の発生直後の価額の評価方法の比較」についてまで述べられており、参考になります。なお、平成28年の熊本地震の特定地域等についても②で触れられています。

　また、④では、「特定地域内にある土地等の評価」の考え方の外に「特定発生日以後に取得した特定地域内にある土地等の評価方法と特定非常災害に係る特例の適用を受ける特定土地等の評価方法の異同」も整理されているので詳細については下記を参照してください。

① 「租税特別措置法第69条の6《(特定土地等及び特定株式等に係る相続税の課税価格の計算の特例》及び同法第69条の7《(特定土地等及び特定株式等に係る贈与税の課税価格の計算の特例》に規定する特定土地等及び特定株式等の評価について)（法令解釈通達))（平成29年課評2-8他）

② 「租税特別措置法第69条の6《(特定土地等及び特定株式等に係る相続税の課税価格の計算の特例》及び同法第69条の7《(特定土地等及び特定株式等に係る贈与税の課税価格の計算の特例》に規定する特定土地等及び特定株式等の評価について)（法令解釈通達)の趣旨について（情報）（平成29年資産評価企画官情報1号他）

③ 特定非常災害発生日以後に相続等により取得した財産の評価について（法令解釈通達)（平成29年課評2-10他）

④ 「特定非常災害発生日以後に相続等により取得した財産の評価について」（法令解釈通達)の趣旨について（情報）（平成29年資産評価企画官情報2号他）

〈質疑応答事例集〉

・「特定非常災害発生日以後に相続等により取得した財産の評価に関する質疑応答事例集」の送付について（情報）（平成30年1月15日資産評価企画官情報第2号）

・「特定土地等及び特定株式等に係る相続税の課税価格の計算の特例(措置法69の6)並びに特定土地等及び特定株式等に係る贈与税の課税価格の計算の特例（措置法69の7）に規定する特定土地等及び特定株式等の評価に関する質疑応答事例集」の送付について（情報）（平成30年1月15日資産評価企画官情報第1号）

(国税庁ホームページ参照)

参考資料

① 国税庁　質疑応答事例一覧（平成30年11月1日現在）

1　土地評価の総則関係　　　　　　　　　　　　　　　　　　　　　　　　　　　　（参照頁）
　(1)　共有地の評価 …………………………………………………………………………… 40
　(2)　土地の地目の判定 ……………………………………………………………………… 21
　(3)　土地の地目の判定－農地 ……………………………………………………………… 21
　(4)　採草放牧地の地目 ……………………………………………………………………… 22
　(5)　地目の異なる土地が一体として利用されている場合の評価 ……………………… 22
　(6)　「実際の地積」によることの意義 …………………………………………………… 39
　(7)　山林の地積 ……………………………………………………………………………… 41

2　宅地の評価単位
　(1)　宅地の評価単位 ………………………………………………………………………… 26
　(2)　宅地の評価単位－自用地 ……………………………………………………………… 26
　(3)　宅地の評価単位－自用地と自用地以外の宅地が連接している場合 ……………… 27
　(4)　宅地の評価単位－使用貸借 …………………………………………………………… 29
　(5)　宅地の評価単位－貸宅地と貸家建付地 ……………………………………………… 27
　(6)　宅地の評価単位－貸宅地 ……………………………………………………………… 28
　(7)　宅地の評価単位－借地権 ……………………………………………………………… 28
　(8)　宅地の評価単位－地目の異なる土地が一体として利用されている場合(1) …… 245
　(9)　宅地の評価単位－自用地と借地権 ………………………………………………… 232
　(10)　宅地の評価単位－地目の異なる土地が一体として利用されている場合(2) ……… 22
　(11)　宅地の評価単位－共同ビルの敷地 …………………………………………………… 28
　(12)　宅地の評価単位－不合理分割(1) ……………………………………………………… 31
　(13)　宅地の評価単位－不合理分割(2) ……………………………………………………… 33

3　土地評価における画地調整関係
　(1)　正面路線の判定(1) ……………………………………………………………………… 94
　(2)　正面路線の判定(2) ………………………………………………………… 88・90・98
　(3)　正面路線に2以上の路線価が付されている場合の宅地の評価 …………………… 88
　(4)　宅地が2以上の地区にまたがる場合の画地調整 …………………………………… 90
　(5)　地区の異なる2以上の路線に接する宅地の評価 …………………………………… 98
　(6)　側方路線影響加算又は二方路線影響加算と間口狭小補正との関係 ……………… 109
　(7)　側方路線に宅地の一部が接している場合の評価 ………………………………… 103
　(8)　側方路線影響加算の計算例－不整形地の場合 ………………………… 91・94・121
　(9)　二方路線影響加算の方法 …………………………………………………………… 104
　(10)　側方路線影響加算等の計算－特定路線価を設定した場合 ………………………… 55
　(11)　2の路線に接する宅地の評価 ……………………………………………………… 104

⑿	三方又は四方が路線に接する宅地の評価	100・101
⒀	側方路線影響加算又は二方路線影響加算の方法－三方路線に面する場合	105
⒁	多数の路線に接する宅地の評価	88・100
⒂	路線価の高い路線の影響を受ける度合いが著しく少ない場合の評価	106
⒃	間口距離の求め方	92
⒄	間口が狭い宅地の評価	107
⒅	屈折路に面する宅地の間口距離の求め方	92
⒆	不整形地の奥行距離の求め方	91
⒇	屈折路に面する不整形地の想定整形地のとり方	117
㉑	不整形地の評価－区分した整形地を基として評価する場合	119
㉒	不整形地の評価－計算上の奥行距離を基として評価する場合	121
㉓	不整形地の評価－近似整形地を基として評価する場合	123
㉔	不整形地の評価－差引き計算により評価する場合	125
㉕	不整形地の評価－不整形地としての評価を行わない場合⑴	128
㉖	不整形地の評価－不整形地としての評価を行わない場合⑵	130
㉗	無道路地の評価	142
㉘	接道義務を満たしていない宅地の評価	144
㉙	がけ地等を有する宅地の評価	147
㉚	がけ地等を有する宅地の評価－南東を向いている場合	149
㉛	がけ地等を有する宅地の評価－2方向にがけ地部分を有する場合	149

4　広大地の評価　※課税時期が平成29年12月31日以前の場合（省略）

5　地積規模の大きな宅地の評価　※課税時期が平成30年1月1日以降の場合

⑴	地積規模の大きな宅地の評価－共有地の場合の地積規模の判定	40
⑵	地積規模の大きな宅地の評価－工業専用地域とそれ以外の用途地域にわたる場合の用途地域の判定	136
⑶	地積規模の大きな宅地の評価－指定容積率の異なる2以上の地域にわたる場合の容積率の判定	137
⑷	地積規模の大きな宅地の評価－基準容積率が指定容積率を下回る場合の容積率の判定	138
⑸	地積規模の大きな宅地の評価－正面路線が2以上の地区にわたる場合の地区の判定	136
⑹	地積規模の大きな宅地の評価－倍率地域に所在する場合の評価方法	158
⑺	地積規模の大きな宅地の評価－市街地農地等	165
⑻	地積規模の大きな宅地の評価－計算例①（一般的な宅地の場合）	131
⑼	地積規模の大きな宅地の評価－計算例②（用途地域が工業専用地域とそれ以外の地域にわたる場合）	136
⑽	地積規模の大きな宅地の評価－計算例③（指定容積率の異なる2以上の地域にわたる場合）	137

⑾　地積規模の大きな宅地の評価－計算例④（正面路線が２以上の地区にわたる場合）……… 136

⑿　地積規模の大きな宅地の評価－計算例⑤（倍率地域に所在する場合）………………… 158

6　上記以外の土地等・家屋の評価

⑴　土地の評価単位－地目の異なる土地を一団として評価する場合………………………… 24

⑵　土地の評価単位－市街地農地等……………………………………………………… 24・34

⑶　市街地農地等の評価単位………………………………………………………………… 34

⑷　一団の雑種地の判定……………………………………………………………………… 35

⑸　借地権の意義……………………………………………………………………………… 231

⑹　区分地上権に準ずる地役権の意義……………………………………………………… 286

⑺　占用権の意義……………………………………………………………………………… 339

⑻　がけ地補正率を適用するがけ地等を有する宅地……………………………………… 145

⑼　容積率の異なる２以上の地域にわたる宅地の評価⑴………………………………… 154

⑽　容積率の異なる２以上の地域にわたる宅地の評価⑵………………………………… 154

⑾　容積率の異なる２以上の地域にわたる宅地の一部が都市計画道路予定地の区域内となっ
ている宅地の評価……………………………………………………………………… 154・196

⑿　倍率方式によって評価する土地の実際の面積が台帳地積と異なる場合の取扱い…… 157

⒀　固定資産税評価額が付されていない土地の評価……………………………………… 210

⒁　私道の用に供されている宅地の評価…………………………………………………… 182

⒂　不特定多数の者の通行の用に供されている私道……………………………………… 181

⒃　歩道状空地の用に供されている宅地の評価…………………………………………… 185

⒄　土地区画整理事業施行中の宅地の評価………………………………………………… 187

⒅　造成中の宅地の評価……………………………………………………………………… 188

⒆　農業用施設用地の評価…………………………………………………………………… 189

⒇　農用地区域内等以外の地域に存する農業用施設の用に供されている土地の評価…… 159

㉑　一般定期借地権の目的となっている宅地の評価－簡便法⑴………………………… 279

㉒　一般定期借地権の目的となっている宅地の評価－簡便法⑵………………………… 279

㉓　複数の地目の土地を一体利用している貸宅地等の評価……………………………… 245

㉔　区分地上権の目的となっている宅地の評価…………………………………………… 283

㉕　区分地上権に準ずる地役権の目的となっている宅地の評価………………………… 287

㉖　借地権と区分地上権に準ずる地役権とが競合する場合の宅地の評価……………… 291

㉗　貸家が空き家となっている場合の貸家建付地の評価………………………………… 256

㉘　貸家建付地等の評価における一時的な空室の範囲…………………………………… 256

㉙　従業員社宅の敷地の評価………………………………………………………………… 255

㉚　借地権の及ぶ範囲………………………………………………………………………… 246

㉛　構築物の賃借人の土地に対する権利の評価…………………………………………… 350

㉜　農地の評価上の分類……………………………………………………………………… 208

⑶ 市街地農地等を宅地比準方式で評価する場合の形状による条件差 …………… 161・165
⑷ 生産緑地の評価 ……………………………………………………………………… 170
⑸ 農地法の許可を受けないで他人に耕作させている農地の評価 …………………… 309
⑹ 市民農園として貸し付けている農地の評価 ………………………………………… 309
⑺ 農業経営基盤強化促進法に基づく農用地利用集積計画の公告により賃借権が設定されている農地の評価 ……………………………………………………………………… 310
⑻ 農地中間管理機構に賃貸借により貸し付けられている農地の評価 ……………… 311
⑼ 10年以上の期間の定めのある賃貸借により貸し付けられている農地の評価 …… 311
⑽ 特別緑地保全地区内で管理協定が締結されている山林の評価 …………………… 318
⑾ 市民緑地契約が締結されている土地の評価 ………………………………………… 319
⑿ 風景地保護協定が締結されている土地の評価 ……………………………………… 319
⒀ 景観重要建造物である家屋及びその敷地の評価 …………………………………… 202
⒁ 歴史的風致形成建造物である家屋及びその敷地の評価 …………………………… 203
⒂ 市街化調整区域内にある雑種地の評価 ……………………………………………… 217
⒃ 雑種地の賃借権の評価 ………………………………………………………………… 327
⒄ 貸駐車場として利用している土地の評価 …………………………………………… 333
⒅ 臨時的な使用に係る賃借権の評価 …………………………………………………… 330
⒆ 一時使用のための借地権の評価 ……………………………………………………… 242
⒇ 公開空地のある宅地の評価 …………………………………………………………… 186
(51) 増改築等に係る家屋の状況に応じた固定資産税評価額が付されていない家屋の評価 …… 345

② 不動産登記事務取扱手続準則

（平17年2月25日法務省民二第456号法務省民事局長通達）

（地目）

第68条　次の各号に掲げる地目は、当該各号に定める土地について定めるものとする。この場合には、土地の現況及び利用目的に重点を置き、部分的にわずかな差異の存するときでも、土地全体としての状況を観察して定めるものとする。

(1) 田　　　　　農耕地で用水を利用して耕作する土地
(2) 畑　　　　　農耕地で用水を利用しないで耕作する土地
(3) 宅地　　　　建物の敷地及びその維持もしくは効用を果たすために必要な土地
(4) 学校用地　　校舎、附属施設の敷地及び路線の敷地
(5) 鉄道用地　　鉄道の駅舎、附属施設及び路線の敷地
(6) 塩田　　　　海水を引き入れて塩を採取する土地
(7) 鉱泉地　　　鉱泉（温泉を含む。）の湧出口及びその維持に必要な土地
(8) 池沼　　　　灌漑用水でない水の貯溜地
(9) 山林　　　　耕作の方法によらないで竹木の生育する土地
(10) 牧場　　　　獣畜を放牧する土地
(11) 原野　　　　耕作の方法によらないで雑草、灌木類の生育する土地
(12) 墓地　　　　人の遺骸又は遺骨を埋める土地
(13) 境内地　　　境内に属する土地で、宗教法人法第3条第2号及び第3号に掲げる土地（宗教法人の所有に属しないものを含む。）
(14) 運河用地　　運河法第12条第1項第1号又は第2号に掲げる土地
(15) 水道用地　　もっぱら給水の目的で敷設する水道の水源地、貯水池、濾水場、喞水場、水道線路に要する土地
(16) 用悪水路　　灌漑用又は悪水排泄用の水路
(17) ため池　　　耕地灌漑用の用水貯留地
(18) 堤　　　　　防水のために築造した堤防
(19) 井溝　　　　田畝又は村落の間にある通水路
(20) 保安林　　　森林法に基づき農林大臣が保安林として指定した土地
(21) 公衆用道路　一般交通の用に供する道路（道路法による道路たると否とを問わない。）
(22) 公園　　　　公衆の遊楽のために供する土地
(23) 雑種地　　　以上のいずれにも該当しない土地

（地目の認定）

第69条　土地の地目は、次に掲げるところによって定めるものとする。

(1) 牧草栽培地は、畑とする。
(2) 海産物を乾燥する場所の区域内に永久的設備と認められる建物がある場合には、その敷

地の区域に属する部分だけを宅地とする。

(3) 耕作地の区域内にある農具小屋等の敷地は、その建物が永久的設備と認められるものに限り、宅地とする。

(4) 牧畜のために使用する建物の敷地、牧草栽培地及び林地等で牧場地域内にあるものは、すべて牧草とする。

(5) 水力発電のための水路又は排水路は、雑種地とする。

(6) 遊園地、運動場、ゴルフ場又は飛行場において、建物の利用を主とする建物敷地以外の部分が建物に附随する庭園に過ぎないと認められる場合には、その全部を一団として宅地とする。

(7) 遊園地、運動場、ゴルフ場又は飛行場において、一部に建物がある場合でも、建物敷地以外の土地の利用を主とし、建物はその附随的なものに過ぎないと認められるときは、その全部を一団として雑種地とする。ただし、道路、溝、堀その他により建物敷地として判然区分することができる状況にあるものは、これを区分して宅地としても差し支えない。

(8) 競馬場内の土地については、事務所、観覧席及びきゅう舎等永久的設備と認められる建物の敷地及びその附属する土地は宅地とし、馬場は雑種地とし、その他の土地は現況に応じてその地目を定める。

(9) テニスコート又はプールについては、宅地に接続するものは宅地とし、その他は雑種地とする。

(10) ガスタンク敷地又は石油タンク敷地は、宅地とする。

(11) 工場又は営業場に接続する物干場又はさらし場は、宅地とする。

(12) 火葬場については、その構内に建物の設備があるときは構内全部を宅地とし、建物の設備のないときは雑種地とする。

(13) 高圧線の下の土地で他の目的に使用することができない区域は、雑種地とする。

(14) 鉄塔敷地又は変電所敷地は、雑種地とする。

(15) 坑口又はやぐら敷地は、雑種地とする。

(16) 製錬所の煙道敷地は、雑種地とする。

(17) 陶器かまどの設けられた土地については、永久的設備と認められる雨覆いがあるときは宅地とし、その設備がないときは雑種地とする。

(18) 木場（木ぼり）の区域内の土地は、建物がない限り、雑種地とする。

③ 画地調整率表
(平成30年1月1日以降用)

① 奥行価格補正率表

地区区分 奥行距離(m)	ビル街	高度商業	繁華街	普通商業・併用住宅	普通住宅	中小工場	大工場
4未満	0.80	0.90	0.90	0.90	0.90	0.85	0.85
4以上6未満		0.92	0.92	0.92	0.92	0.90	0.90
6 〃 8 〃	0.84	0.94	0.95	0.95	0.95	0.93	0.93
8 〃 10 〃	0.88	0.96	0.97	0.97	0.97	0.95	0.95
10 〃 12 〃	0.90	0.98	0.99	0.99	1.00	0.96	0.96
12 〃 14 〃	0.91	0.99	1.00	1.00		0.97	0.97
14 〃 16 〃	0.92	1.00				0.98	0.98
16 〃 20 〃	0.93					0.99	0.99
20 〃 24 〃	0.94					1.00	1.00
24 〃 28 〃	0.95				0.97		
28 〃 32 〃	0.96		0.98		0.95		
32 〃 36 〃	0.97		0.96	0.97	0.93		
36 〃 40 〃	0.98		0.94	0.95	0.92		
40 〃 44 〃	0.99		0.92	0.93	0.91		
44 〃 48 〃	1.00		0.90	0.91	0.90		
48 〃 52 〃		0.99	0.88	0.89	0.89		
52 〃 56 〃		0.98	0.87	0.88	0.88		
56 〃 60 〃		0.97	0.86	0.87	0.87		
60 〃 64 〃		0.96	0.85	0.86	0.86	0.99	
64 〃 68 〃		0.95	0.84	0.85	0.85	0.98	
68 〃 72 〃		0.94	0.83	0.84	0.84	0.97	
72 〃 76 〃		0.93	0.82	0.83	0.83	0.96	
76 〃 80 〃		0.92	0.81	0.82			
80 〃 84 〃		0.90	0.80	0.81	0.82	0.93	
84 〃 88 〃		0.88		0.80			
88 〃 92 〃		0.86			0.81	0.90	
92 〃 96 〃	0.99	0.84					
96 〃 100 〃	0.97	0.82					
100 〃	0.95	0.80			0.80		

※ 上記網かけ部分は、平成29年12月31日以前については注意してください。

② 側方路線影響加算率表

地区区分	加算率	
	角地の場合	準角地の場合
ビル街	0.07	0.03
高度商業、繁華街	0.10	0.05
普通商業・併用住宅	0.08	0.04
普通住宅、中小工場	0.03	0.02
大工場	0.02	0.01

③ 二方路線影響加算率表

地区区分	加算率
ビル街	0.03
高度商業、繁華街	0.07
普通商業・併用住宅	0.05
普通住宅、中小工場	0.02
大工場	0.02

④ 不整形地補正率を算定する際の地積区分表

地区区分 \ 地積区分	A	B	C
高度商業	1,000㎡未満	1,000㎡以上 1,500㎡未満	1,500㎡以上
繁華街	450㎡未満	450㎡以上 700㎡未満	700㎡以上
普通商業・併用住宅	650㎡未満	650㎡以上 1,000㎡未満	1,000㎡以上
普通住宅	500㎡未満	500㎡以上 750㎡未満	750㎡以上
中小工場	3,500㎡未満	3,500㎡以上 5,000㎡未満	5,000㎡以上

⑤ 不整形地補正率表

地区区分 \ 地積区分 \ かげ地割合	高度商業、繁華街、普通商業・併用住宅、中小工場			普通住宅		
	A	B	C	A	B	C
10%以上	0.99	0.99	1.00	0.98	0.99	0.99
15% 〃	0.98	0.99	0.99	0.96	0.98	0.99
20% 〃	0.97	0.98	0.99	0.94	0.97	0.98
25% 〃	0.96	0.98	0.99	0.92	0.95	0.97
30% 〃	0.94	0.97	0.98	0.90	0.93	0.96
35% 〃	0.92	0.95	0.98	0.88	0.91	0.94
40% 〃	0.90	0.93	0.97	0.85	0.88	0.92
45% 〃	0.87	0.91	0.95	0.82	0.85	0.90
50% 〃	0.84	0.89	0.93	0.79	0.82	0.87
55% 〃	0.80	0.87	0.90	0.75	0.78	0.83
60% 〃	0.76	0.84	0.86	0.70	0.73	0.78
65% 〃	0.70	0.75	0.80	0.60	0.65	0.70

(注) 1 不整形地の地区区分に応ずる地積区分は、付表4「地積区分表」による。

2 かげ地割合は次の算式により計算した割合による。

$$「かげ地割合」 = \frac{想定整形地の地積 - 不整形地の地積}{想定整形地の地積}$$

3 間口狭小補正率の適用がある場合においては、この表により求めた不整形地補正率に間口狭小補正率を乗じて得た数値を不整形地補正率とする。ただし、その最小値はこの表に定める不整形地補正率の最小値(0.60)とする。

また、奥行長大補正率の適用がある場合においては、選択により、不整形地補正率を適用せず、間口狭小補正率に奥行長大補正率を乗じて得た数値によって差し支えない。

4 大工場地区にある不整形地については、原則として不整形地補正を行わないが、地積がおおむね9,000㎡程度までのものについては、付表4「地積区分表」及びこの表に掲げる中小工場地区の区分により不整形地としての補正を行って差し支えない。

⑥　間口狭小補正率表

地区区分 間口距離(m)	ビル街	高度商業	繁華街	普通商業・併用住宅	普通住宅	中小工場	大工場
4未満	－	0.85	0.90	0.90	0.90	0.80	0.80
4以上6未満	－	0.94	1.00	0.97	0.94	0.85	0.85
6 〃 8 〃	－	0.97		1.00	0.97	0.90	0.90
8 〃 10 〃	0.95	1.00			1.00	0.95	0.95
10 〃 16 〃	0.97					1.00	0.97
16 〃 22 〃	0.98						0.98
22 〃 28 〃	0.99						0.99
28 〃	1.00						1.00

⑦　奥行長大補正率表

地区区分 奥行距離/間口距離	ビル街	高度商業	繁華街	普通商業・併用住宅	普通住宅	中小工場	大工場
2以上3未満	1.00	1.00			0.98	1.00	1.00
3 〃 4 〃			0.99		0.96	0.99	
4 〃 5 〃			0.98		0.94	0.98	
5 〃 6 〃			0.96		0.92	0.96	
6 〃 7 〃			0.94		0.90	0.94	
7 〃 8 〃			0.92			0.92	
8 〃			0.90			0.90	

⑧　がけ地補正率表

がけ地の方位 がけ地地積/総地積	南	東	西	北
0.10以上	0.96	0.95	0.94	0.93
0.20 〃	0.92	0.91	0.90	0.88
0.30 〃	0.88	0.87	0.86	0.83
0.40 〃	0.85	0.84	0.82	0.78
0.50 〃	0.82	0.81	0.78	0.73
0.60 〃	0.79	0.77	0.74	0.68
0.70 〃	0.76	0.74	0.70	0.63
0.80 〃	0.73	0.70	0.66	0.58
0.90 〃	0.70	0.65	0.60	0.53

(注)　がけ地の方位については次により判定する。

　1　がけ地の方位は、斜面の向きによる。

　2　2方位以上のがけ地がある場合は、次の算式により計算した割合をがけ地補正率とする。

$$\frac{\begin{pmatrix}\text{総地積に対する}\\\text{がけ地部分の全}\\\text{地積の割合に応}\\\text{ずるA方位のが}\\\text{け地補正率}\end{pmatrix} \times \begin{pmatrix}\text{A方位の}\\\text{がけ地の}\\\text{地積}\end{pmatrix} + \begin{pmatrix}\text{総地積に対する}\\\text{がけ地部分の全}\\\text{地積の割合に応}\\\text{ずるB方位のが}\\\text{け地補正率}\end{pmatrix} \times \begin{pmatrix}\text{B方位の}\\\text{がけ地の}\\\text{地積}\end{pmatrix} + \cdots}{\text{がけ地部分の全地積}}$$

　3　この表に定められた方位に該当しない「東南斜面」などについては、がけ地の方位の東と南に応ずるがけ地補正率を平均して求めることとして差し支えない。

⑨ 規模格差補正率を算定する際の表

イ 三大都市圏に所在する宅地

地区区分　記号　地積㎡	普通商業・併用住宅　普通住宅 Ⓑ	Ⓒ
500以上1,000未満	0.95	25
1,000 〃 3,000 〃	0.90	75
3,000 〃 5,000 〃	0.85	225
5,000 〃	0.80	475

ロ 三大都市圏以外の地域に所在する宅地

地区区分　記号　地積㎡	普通商業・併用住宅　普通住宅 Ⓑ	Ⓒ
1,000以上3,000未満	0.90	100
3,000 〃 5,000 〃	0.85	250
5,000 〃	0.80	500

④ 一般定期借地権の目的となっている宅地の評価に関する取扱いについて

平成10年8月25日付課評2-8、課資1-13（最終改正　平11.7.26課評2-14外）

　標題のことについては、下記に掲げるものの評価について、課税上弊害がない限り、昭和39年4月25日付直資56、直審（資）17「財産評価基本通達」（以下「評価基本通達」という。）25《貸宅地の評価》の（2）の定めにかかわらず、評価基本通達27《借地権の評価》に定める借地権割合（以下「借地権割合」という。）の地域区分に応じて、当分の間、下記により取り扱うこととしたから、平成10年1月1日以後に相続、遺贈又は贈与により取得したものの評価については、これによられたい。

（趣旨）

　評価基本通達9《土地の上に存する権利の評価上の区分》の（6）に定める定期借地権等の目的となっている宅地の評価については、平成6年2月15日付課評2-2、課資1-2「財産評価基本通達の一部改正について」により、その評価方法を定めているところであるが、借地借家法（平成3年、法律第90号）第2条第1号に規定する借地権で同法第22条《定期借地権》の規定の適用を受けるもの（以下「一般定期借地権」という。）の目的となっている宅地の評価については、最近における一般定期借地権の設定の実態等を勘案するとともに、納税者の便宜に資するため、所要の措置を講じたものである。

記

1　一般定期借地権の目的となっている宅地の評価

　借地権割合の地域区分のうち、次の2に定める地域区分に存する一般定期借地権の目的となっている宅地の価額は、課税時期における評価基本通達25《貸宅地の評価》の（1）に定める自用地としての価額（以下「自用地としての価額」という。）から「一般定期借地権の価額に相当する金額」を控除した金額によって評価する。

　この場合の「一般定期借地権の価額に相当する金額」とは、課税時期における自用地としての価額に、次の算式により計算した数値を乗じて計算した金額とする。

（算式）

$$(1-底地割合) \times \frac{課税時期におけるその一般定期借地権の残存期間年数に応ずる基準年利率による複利年金現価率}{一般定期借地権の設定期間年数に応ずる基準年利率による複利年金現価率}$$

（注）基準年利率は、評価基本通達4-4に定める基準年利率をいう。

2　底地割合

　1の算式中の「底地割合」は、一般定期借地権の目的となっている宅地のその設定の時における価額が、その宅地の自用地としての価額に占める割合をいうものとし、借地権割合の地域区分に応じ、次に定める割合によるものとする。

（底地割合）

地域区分	借地権割合		底地割合
	路線価図	評価倍率表	
	C	70%	55%
	D	60%	60%
	E	50%	65%
	F	40%	70%
	G	30%	75%

(注) 1 借地権割合及びその地域区分は、各国税局長が定める「財産評価基準書」において、各路線価図についてはAからGの表示により、評価倍率表については数値により表示されている。

2 借地権割合の地域区分がA地域、B地域及び評価基本通達27《借地権の評価》ただし書に定める「借地権の設定に際しその設定の対価として通常権利金その他の一時金を支払うなど借地権の取引慣行があると認められる地域以外の地域」に存する一般定期借地権の目的となっている宅地の価額は、評価基本通達25の（2）に定める評価方法により評価することに留意する。

3 「課税上弊害がない」場合とは、一般定期借地権の設定等の行為が専ら税負担回避を目的としたものでない場合をいうほか、この通達の定めによって評価することが著しく不適当と認められることのない場合をいい、個々の設定等についての事情、取引当事者間の関係等を総合勘案してその有無を判定することに留意する。

なお、一般定期借地権の借地権者が次に掲げる者に該当する場合には、「課税上弊害がある」ものとする。

(1) 一般定期借地権の借地権設定者（以下「借地権設定者」という。）の親族

(2) 借地権設定者とまだ婚姻の届出をしないが事実上婚姻関係と同様の事情にある者及びその親族でその者と生計を一にしているもの

(3) 借地権設定者の使用人及び使用人以外の者で借地権設定者から受ける金銭その他の財産によって生計を維持しているもの並びにこれらの者の親族でこれらの者と生計を一にしているもの

(4) 借地権設定者が法人税法（昭和40年法律第34号）第2条第15号《定義》に規定する役員（以下「会社役員」という。）となっている会社

(5) 借地権設定者、その親族、上記（2）及び（3）に掲げる者並びにこれらの者と法人税法第2条第10号《定義》に規定する政令で定める特殊の関係にある法人を判定の基礎とした場合に同号に規定する同族会社に該当する法人

(6) 上記（4）又は（5）に掲げる法人の会社役員又は使用人

(7) 借地権設定者が、借地借家法第15条《自己借地権》の規定により、自ら一般定期借地権を有することとなる場合の借地権設定者

⑤ 相当の地代を収受している貸宅地の評価について

昭和43年10月28日付直資3-22、直審（資）8、官審（資）30

標題のことについて昭和42年7月10日別紙2のとおり東京国税局直税部長から上申があり、これに対して同年12月5日別紙1のとおり指示したところであるが、今後、同様の事案については、これにより処理されたい。

別紙1

昭和42年12月5日付直資3-13、官審（資）28、直法1-298、直審（資）12、査調4-12

東京国税局長　殿

国税庁長官

相当の地代を収受している貸宅地の評価について
（昭和42年7月10日付東局直資第72号による上申に対する指示）

　標題のことについて、課税時期における被相続人所有の貸宅地は、自用地としての価額から、その価額の20％に相当する金額（借地権の価額）を控除した金額により、評価することとされたい。

　なお、上記の借地権の価額は、昭和39年4月25日付直資56相続税財産評価に関する基本通達32の(1)の定めにかかわらず、被相続人所有のI株式会社の株式評価上、同社の純資産価額に算入することとされたい。

（理由）

　地代率との相関関係から借地権の有無につき規定している法人税法施行令第137条の趣旨からすれば、本件の場合土地の評価に当たり借地権を無視する考え方もあるが、借地借家法の制約賃貸借契約にもとづく利用の制約等を勘案すれば、現在借地慣行のない地区についても20％の借地権を認容していることとの権衡上、本件における土地の評価についても借地権割合を20％とすることが適当である。

　なお、本件における借地権の価額を被相続人が所有するI株式会社の株式評価上、同社の純資産価額に算入するのは、被相続人が同社の同族関係者である本件の場合においては、土地の評価額が個人と法人を通じて100％顕現することが、課税の公平上適当と考えられるからである。

別紙2

（省略）

⑥ 相当の地代を支払っている場合等の借地権等についての相続税及び贈与税の取扱いについて

昭和60年6月5日付課資2-58（例規）、直評9 〔最終改正〕平成17年5月31日　課資2-4

標題のことについては、下記のとおり定めたから、これによられたい。

（趣旨）

借地権の設定された土地について権利金の支払に代え相当の地代を支払うなどの特殊な場合の相続税及び贈与税の取扱いを定めたものである。

したがって、借地権の設定に際し通常権利金を支払う取引上の慣行のある地域において、通常の地代（その地域において通常の賃貸借契約に基づいて通常支払われる地代をいう。）を支払うことにより借地権の設定があった場合又は通常の地代が授受されている借地権若しくは貸宅地の相続、遺贈又は贈与があった場合には、この通達の取扱いによることなく、相続税法基本通達及び相続税財産評価に関する基本通達等の従来の取扱いによるのであるから留意する。

1　相当の地代を支払って土地の借受けがあった場合

借地権（建物の所有を目的とする地上権又は賃借権をいう。以下同じ。）の設定に際しその設定の対価として通常権利金その他の一時金（以下「権利金」という。）を支払う取引上の慣行のある地域において、当該権利金の支払に代え、当該土地の自用地としての価額に対しておおむね年6％程度の地代（以下「相当の地代」という。）を支払っている場合は、借地権を有する者（以下「借地権者」という。）については当該借地権の設定による利益はないものとして取り扱う。

この場合において、「自用地としての価額」とは、昭和39年4月25日付直資56ほか1課共同「財産評価基本通達」（以下「評価基本通達」という。）25《貸宅地の評価》の(1)に定める自用地としての価額をいう（以下同じ。）。

ただし、通常支払われる権利金に満たない金額を権利金として支払っている場合又は借地権の設定に伴い通常の場合の金銭の貸付けの条件に比し特に有利な条件による金銭の貸付けその他特別の経済的な利益（以下「特別の経済的利益」という。）を与えている場合は、当該土地の自用地としての価額から実際に支払っている権利金の額及び供与した特別の経済的利益の額を控除した金額を相当の地代の計算の基礎となる当該土地の自用地としての価額とする。

(注)　1　相当の地代の額を計算する場合に限り、「自用地としての価額」は、評価基本通達25《貸宅地の評価》の(1)に定める自用地としての価額の過去3年間（借地権を設定し、又は借地権若しくは貸宅地について相続若しくは遺贈又は贈与があった年以前3年間をいう。）における平均額によるものとする。

　　　2　本文のただし書により土地の自用地としての価額から控除すべき金額があるときは、当該金額は、次の算式により計算した金額によるのであるから留意する。

（算式）

$$\text{その権利金又は特別の経済的な利益の額} \times \frac{\text{当該土地の自用地としての価額}}{\text{借地権の設定時における当該土地の通常の取引価額}}$$

2 相当の地代に満たない地代を支払って土地の借受けがあった場合

借地権の設定に際しその設定の対価として通常権利金を支払う取引上の慣行のある地域において、当該借地権の設定により支払う地代の額が相当の地代の額に満たない場合、借地権者は、当該借地権の設定時において、次の算式により計算した金額から実際に支払っている権利金の額及び供与した特別の経済的利益の額を控除した金額に相当する利益を土地の所有者から贈与により取得したものとして取り扱う。

（算式）

$$\text{自用地としての価額} \times \left\{ \text{借地権割合} \times \left(1 - \frac{\text{実際に支払っている地代の年額} - \text{通常の地代の年額}}{\text{相当の地代の年額} - \text{通常の地代の年額}} \right) \right\}$$

上記の算式中の「自用地としての価額」等は、次による。

(1)「自用地としての価額」は、実際に支払っている権利金の額又は供与した特別の経済的利益の額がある場合に限り、1《相当の地代を支払って土地の借受けがあった場合》の本文の定めにかかわらず、借地権の設定時における当該土地の通常の取引価額によるのであるから留意する。

(2)「借地権割合」は、評価基本通達27《借地権の評価》に定める割合をいう。

(3)「相当の地代の年額」は、実際に支払っている権利金の額又は供与した特別の経済的利益の額がある場合であっても、これらの金額がないものとして計算した金額による。

(注) 通常権利金を支払う取引上の慣行のある地域において、通常の賃貸借契約に基づいて通常支払われる地代を支払うことにより借地権の設定があった場合の利益の額は、次に掲げる場合に応じ、それぞれ次に掲げる金額によるのであるから留意する。

(1) 実際に支払っている権利金の額又は供与した特別の経済的利益の額がない場合　評価基本通達27《借地権の評価》により計算した金額

(2) 実際に支払っている権利金の額又は供与した特別の経済的利益の額がある場合　通常支払われる権利金の額から実際に支払っている権利金の額及び供与した特別の経済的利益の額を控除した金額

3 相当の地代を支払っている場合の借地権の評価

借地権が設定されている土地について、相当の地代を支払っている場合の当該土地に係る借地権の価額は、次によって評価する。

(1) 権利金を支払っていない場合又は特別の経済的利益を供与していない場合　零

(2) (1) 以外の場合　原則として2《相当の地代に満たない地代を支払って土地の借受けがあった場合》に定める算式に準じて計算した金額

4 相当の地代に満たない地代を支払っている場合の借地権の評価

借地権が設定されている土地について、支払っている地代の額が相当の地代の額に満たない場合の当該土地に係る借地権の価額は、原則として2《相当の地代に満たない地代を支払って土地の借受けがあった場合》に定める算式に準じて計算した金額によって評価する。

5 「土地の無償返還に関する届出書」が提出されている場合の借地権の価額

　借地権が設定されている土地について、平成13年7月5日付課法3-57ほか11課共同「法人課税関係の申請、届出等の様式の制定について」（法令解釈通達）に定める「土地の無償返還に関する届出書」（以下「無償返還届出書」という。）が提出されている場合の当該土地に係る借地権の価額は、零として取り扱う。（平成17課資2-4改正）

6 相当の地代を収受している場合の貸宅地の評価

　借地権が設定されている土地について、相当の地代を収受している場合の当該土地に係る貸宅地の価額は、次によって評価する。

(1) 権利金を収受していない場合又は特別の経済的利益を受けていない場合

　当該土地の自用地としての価額の100分の80に相当する金額

(2) (1)以外の場合

　当該土地の自用地としての価額から3《相当の地代を支払っている場合の借地権の評価》の(2)による借地権の価額を控除した金額（以下この項において「相当の地代調整貸宅地価額」という。）

　ただし、その金額が当該土地の自用地としての価額の100分の80に相当する金額を超えるときは、当該土地の自用地としての価額の100分の80に相当する金額

(注)　上記(1)及び(2)のただし書に該当する場合において、被相続人が同族関係者となっている同族会社に対し土地を貸し付けている場合においては、昭和43年10月28日付直資3-22ほか2課共同「相当の地代を収受している貸宅地の評価について」通達（以下「43年直資3-22通達」という。）の適用があることに留意する。

　　この場合において、上記(2)のただし書に該当するときは、43年直資3-22通達中「自用地としての価額」とあるのは「相当の地代調整貸宅地価額」と、「その価額の20%に相当する金額」とあるのは「その相当の地代調整貸宅地価額と当該土地の自用地としての価額の100分の80に相当する金額との差額」と、それぞれ読み替えるものとする。

7 相当の地代に満たない地代を収受している場合の貸宅地の評価

　借地権が設定されている土地について、収受している地代の額が相当の地代の額に満たない場合の当該土地に係る貸宅地の価額は、当該土地の自用地としての価額から4《相当の地代に満たない地代を支払っている場合の借地権の評価》に定める借地権の価額を控除した金額（以下この項において「地代調整貸宅地価額」という。）によって評価する。

　ただし、その金額が当該土地の自用地としての価額の100分の80に相当する金額を超える場合は、当該土地の自用地としての価額の100分の80に相当する金額によって評価する。

　なお、被相続人が同族関係者となっている同族会社に対し土地を貸し付けている場合には、43年直資3-22通達の適用があることに留意する。この場合において、同通達中「相当の地代」とあるのは「相当の地代に満たない地代」と、「自用地としての価額」とあるのは「地代調整貸宅地価額」と、「その価額の20%に相当する金額」とあるのは「その地代調整貸宅地価額と当該土地の自用地としての価額の100分の80に相当する金額との差額」と、それぞれ読み替えるものとする。

8 「土地の無償返還に関する届出書」が提出されている場合の貸宅地の評価

　借地権が設定されている土地について、無償返還届出書が提出されている場合の当該土地に係る

貸宅地の価額は、当該土地の自用地としての価額の100分の80に相当する金額によって評価する。

なお、被相続人が同族関係者となっている同族会社に対し土地を貸し付けている場合には、43年直資3-22通達の適用があることに留意する。この場合において、同通達中「相当の地代を収受している」とあるのは「「土地の無償返還に関する届出書」の提出されている」と読み替えるものとする。
（注）使用貸借に係る土地について無償返還届出書が提出されている場合の当該土地に係る貸宅地の価額は、当該土地の自用地としての価額によって評価するのであるから留意する。

9　相当の地代を引き下げた場合

借地権の設定に際し、相当の地代を支払った場合においても、その後その地代を引き下げたときは、その引き下げたことについて相当の理由があると認められる場合を除き、その引き下げた時における借地権者の利益については2《相当の地代に満たない地代を支払って土地の借受けがあった場合》の定めに準じて取り扱う。

また、2《相当の地代に満たない地代を支払って土地の借受けがあった場合》又は上記により利益を受けたものとして取り扱われたものについて、その後その地代を引き下げたときは、その引き下げたことについて相当の理由があると認められる場合を除き、その引き下げた時における利益（2《相当の地代に満たない地代を支払って土地の借受けがあった場合》又は上記により受けた利益の額を控除したところによる。）については上記と同様に取り扱う。

10　相当の地代を支払っている場合の貸家建付借地権等の価額

(1)　3《相当の地代を支払っている場合の借地権の評価》から5《「土地の無償返還に関する届出書」が提出されている場合の借地権の価額》までに定める借地権（以下「相当の地代を支払っている場合の借地権等」という。）が設定されている土地について、貸家の目的に供された場合又は相当の地代の支払、相当の地代に満たない地代の支払若しくは無償返還届出書の提出により借地権の転貸があった場合の評価基本通達28《貸家建付借地権の評価》から31《借家人の有する宅地等に対する権利の評価》までに定める貸家建付借地権、転貸借地権、転借権又は借家人の有する権利の価額は、相当の地代を支払っている場合の借地権等の価額を基として1《相当の地代を支払って土地の借受けがあった場合》から9《相当の地代を引き下げた場合》までの定めによるものとする。

(2)　借地権（(1)に該当する借地権を除く。）が設定されている土地について、相当の地代の支払、相当の地代に満たない地代の支払又は無償返還届出書の提出により借地権の転貸があった場合の評価基本通達29《転貸借地権の評価》から31《借家人の有する宅地等に対する権利の評価》までに定める転貸借地権、転借権又は借家人の有する権利の価額は、評価基本通達27《借地権の評価》の定めにより評価したその借地権の価額を基として1《相当の地代を支払って土地の借受けがあった場合》から9《相当の地代を引き下げた場合》までの定めによるものとする。

11　地価税における借地権等の評価

3《相当の地代を支払っている場合の借地権の評価》から8《「土地の無償返還に関する届出書」が提出されている場合の貸宅地の評価》まで及び10《相当の地代を支払っている場合の貸家建付借地権等の価額》の定めは、地価税の課税価格計算の基礎となる土地等の価額の評価について準用する。

⑦ 使用貸借に係る土地についての相続税及び贈与税の取扱いについて

昭和48年11月1日付直資2-189（例規）、直所2-76、直法2-92

標題のことについては、次のとおり定め、今後処理するものからこれによることとしたので、通達する。

なお、この取扱いは、個人間の貸借関係の実情を踏まえて定めたものであるから、当事者のいずれか一方が法人である場合のその一方の個人については、原則として、従来どおり法人税の取扱いに準拠して取り扱うこととなることに留意されたい。

（趣旨）

建物又は構築物の所有を目的とする使用貸借に係る土地に関する相続税及び贈与税の取扱いについて所要の整備を図ることとしたものである。

記

1　使用貸借による土地の借受けがあった場合

建物又は構築物（以下「建物等」という。）の所有を目的として使用貸借による土地の借受けがあった場合においては、借地権（建物等の所有を目的とする地上権又は賃借権をいう。以下同じ。）の設定に際し、その設定の対価として通常権利金その他の一時金（以下「権利金」という。）を支払う取引上の慣行がある地域（以下「借地権の慣行のある地域」という。）においても、当該土地の使用貸借に係る使用権の価額は、零として取り扱う。

この場合において、使用貸借とは、民法（明治29年法律第89号）第593条に規定する契約をいう。したがって、例えば、土地の借受者と所有者との間に当該借受けに係る土地の公租公課に相当する金額以下の金額の授受があるにすぎないものはこれに該当し、当該土地の借受けについて地代の授受がないものであっても権利金その他地代に代わるべき経済的利益の授受のあるものはこれに該当しない。

2　使用貸借による借地権の転借があった場合

借地権を有する者（以下「借地権者」という。）からその借地権の目的となっている土地の全部又は一部を使用貸借により借り受けてその土地の上に建物等を建築した場合又は借地権の目的となっている土地の上に存する建物等を取得し、その借地権者からその建物等の敷地を使用貸借により借り受けることとなった場合においては、借地権の慣行のある地域においても、当該借地権の使用貸借に係る使用権の価額は、零として取り扱う。

この場合において、その貸借が使用貸借に該当するものであることについては、当該使用貸借に係る借受者、当該借地権者及び当該土地の所有者についてその事実を確認するものとする。

(注)　1　上記の確認に当たっては、別紙様式1「借地権の使用貸借に関する確認書」を用いる。

　　　2　上記確認の結果、その貸借が上記の使用貸借に該当しないものであるときは、その実態に応じ、借地権又は転借権の贈与として贈与税の課税関係を生ずる場合があることに留意する。

3　使用貸借に係る土地等を相続又は贈与により取得した場合

使用貸借に係る土地又は借地権を相続（遺贈及び死因贈与を含む。以下同じ。）又は贈与（死因

贈与を除く。以下同じ。）により取得した場合における相続税又は贈与税の課税価格に算入すべき価額は、当該土地の上に存する建物等又は当該借地権の目的となっている土地の上に存する建物等の自用又は貸付けの区分にかかわらず、すべて当該土地又は借地権が自用のものであるとした場合の価額とする。

4　使用貸借に係る土地等の上に存する建物等を相続又は贈与により取得した場合

　使用貸借に係る土地の上に存する建物等又は使用貸借に係る借地権の目的となっている土地の上に存する建物等を相続又は贈与により取得した場合における相続税又は贈与税の課税価格に算入すべき価額は、当該建物等の自用又は貸付けの区分に応じ、それぞれ当該建物等が自用又は貸付けのものであるとした場合の価額とする。

5　借地権の目的となっている土地を当該借地権者以外の者が取得し地代の授受が行われないこととなった場合

　借地権の目的となっている土地を当該借地権者以外の者が取得し、その土地の取得者と当該借地権者との間に当該土地の使用の対価としての地代の授受が行われないこととなった場合においては、その土地の取得者は、当該借地権者から当該土地に係る借地権の贈与を受けたものとして取り扱う。ただし、当該土地の使用の対価としての地代の授受が行われないこととなった理由が使用貸借に基づくものでないとしてその土地の取得者からその者の住所地の所轄税務署長に対し、当該借地権者との連署による「当該借地権者は従前の土地の所有者との間の土地の賃貸借契約に基づく借地権者としての地位を放棄していない」旨の申出書

が提出されたときは、この限りではない。

（注）　1　上記の「土地の使用の対価としての地代の授受が行われないこととなった場合」には、例えば、土地の公租公課に相当する金額以下の金額の授受がある場合を含み、権利金その他地代に代わるべき経済的利益の授受のある場合は含まれないことに留意する（以下7において同じ。）

　　　　2　上記の申出書は、別紙様式2「借地権者の地位に変更がない旨の申出書」を用いる。

6　経過的取扱い―土地の無償借受け時に借地権相当額の課税が行われている場合

　従前の取扱いにより、建物等の所有を目的として無償で土地の借受けがあった時に当該土地の借受者が当該土地の所有者から当該土地に係る借地権の価額に相当する利益を受けたものとして当該借受者に贈与税が課税されているもの、又は無償で借り受けている土地の上に存する建物等を相続若しくは贈与により取得した時に当該建物等を相続若しくは贈与により取得した者が当該土地に係る借地権に相当する使用権を取得したものとして当該建物等の取得者に相続税若しくは贈与税が課税されているものについて、今後次に掲げる場合に該当することとなったときにおける当該建物等又は当該土地の相続税又は贈与税の課税価格に算入すべき価額は、次に掲げる場合に応じ、それぞれ次に掲げるところによる。

(1)　当該建物等を相続又は贈与により取得した場合　当該建物等の自用又は貸付けの区分に応じ、それぞれ当該建物等が自用又は貸付けのものであるとした場合の価額とし、当該建物等の存する土地に係る借地権の価額に相当する金額を含まないものとする。

(2)　当該土地を相続又は贈与により取得した場合　当該土地を相続又は贈与により取得する前に、

当該土地の上に存する当該建物等の所有者が異動している場合でその時に当該建物等の存する土地に係る借地権の価額に相当する金額について相続税又は贈与税の課税が行われていないときは、当該土地が自用のものであるとした場合の価額とし、当該建物等の所有者が異動していない場合及び当該建物等の所有者が異動している場合でその時に当該建物等の存する土地に係る借地権の価額に相当する金額について、相続税又は贈与税の課税が行われているときは、当該土地が借地権の目的となっているものとした場合の価額とする。

7 経過的取扱い─借地権の目的となっている土地をこの通達の施行前に当該借地権者以外の者が取得している場合

この通達の施行前に、借地権の目的となっている土地を当該借地権者以外の者が取得し、その者と当該借地権者との間に当該土地の使用の対価としての地代の授受が行われないこととなったもの（この通達の施行後に処理するものを除く。）について、今後次に掲げる場合に該当することとなったときにおける当該土地の上に存する建物等又は当該土地の相続税又は贈与税の課税価格に算入すべき価額は、次に掲げる場合に応じ、それぞれ次に掲げるところによる。

(1) 当該建物等を相続又は贈与により取得した場合 当該建物等の自用又は貸付けの区分に応じ、それぞれ当該建物等が自用又は貸付けのものであるとした場合の価額とし、当該建物等の存する土地に係る借地権の価額に相当する金額を含まないものとする。

(2) 当該土地を相続又は贈与により取得した場合 当該土地を相続又は贈与により取得する前に、当該土地の上に存する当該建物等の所有者が異動している場合でその時に当該建物等の存する土地に係る借地権の価額に相当する金額について相続税又は贈与税の課税が行われていないときは、当該土地が自用のものであるとした場合の価額とし、当該建物等の所有者が異動していない場合及び当該建物等の所有者が異動している場合でその時に当該建物等の存する土地に係る借地権の価額に相当する金額について相続税又は贈与税の課税が行われているときは、当該土地が借地権の目的となっているものとした場合の価額とする。

別紙様式1

借地権の使用貸借に関する確認書

① （借地権者）　　　　　（借受者）
＿＿＿＿＿＿＿＿＿＿　は、＿＿＿＿＿＿＿＿＿＿に対し、平成＿＿年＿＿月＿＿日にその借地している下記の土地 { に建物を建築させることになりました。／の上に建築されている建物を贈与（譲渡）しました。} しかし、その土地の使用
（借地権者）
関係は使用貸借によるものであり、＿＿＿＿＿＿＿＿＿＿の借地権者としての従前の地位には、何ら変更はありません。

記

土地の所在＿＿＿＿＿＿＿＿＿＿＿＿＿＿＿＿＿＿＿＿＿＿＿＿＿＿＿＿

地　　積＿＿＿＿＿＿＿＿＿＿＿＿＿＿m²

② 上記①の事実に相違ありません。したがって、今後相続税等の課税に当たりましては、建物の所有者はこの土地について何らの権利を有さず、借地権者が借地権を有するものとして取り扱われることを確認します。

　　平成　　年　　月　　日

借　地　権　者（住所）＿＿＿＿＿＿＿＿＿＿＿＿（氏名）＿＿＿＿＿＿＿＿㊞

建物の所有者（住所）＿＿＿＿＿＿＿＿＿＿＿＿（氏名）＿＿＿＿＿＿＿＿㊞

③ 上記①の事実に相違ありません

　　平成　　年　　月　　日

土地の所有者（住所）＿＿＿＿＿＿＿＿＿＿＿＿（氏名）＿＿＿＿＿＿＿＿㊞

※
上記①の事実を確認した。

　　平成　　年　　月　　日

（確認者）＿＿＿＿＿税務署　＿＿＿＿＿部門　担当者㊞

（注）※印欄は記入しないでください。

別紙様式2

借地権者の地位に変更がない旨の申出書

平成　年　月　日

_____税務署長　殿

(土地の所有者)
_____は、平成　年　月　日に借地権の目的となっている
　　　　　　　　　　　　　　　　　　　　　　　(借地権者)
下記の土地の所有権を取得し、以後その土地を_____に無償で貸し付けることになりましたが、借地権者は従前の土地の所有者との間の土地の賃貸借契約に基づく借地権者の地位を放棄しておらず、借地権者としての地位には何らの変更をきたすものでないことを申し出ます。

記

土地の所在_____

地　積_____ ㎡

土地の所有者(住所) _____ (氏名) _____ ㊞

借 地 権 者(住所) _____ (氏名) _____ ㊞

⑧ 相当の地代等を収受している場合の借地権等についての取扱い（相続税・贈与税）一覧

	権利金等	地代の授与	無償返還の届出	借地権設定時の課税関係	課税される利益の（評価）額
借地権の設定に際し通常権利金を支払う取引上の慣行のある地域	権利金等の授与が一切ない	※1 相当の地代		課税関係なし	
		通常の地代を超え相当の地代に満たない地代	無	地代調整借地権により贈与税を課税	自用地価額 × (借地権割合 × (1 − (実際地代−通常地代)/※1(相当地代−通常地代))) = 地代調整借地権価額
			有	課税関係なし	
		通常の地代	無	借地権価額（財産評価額）により贈与税を課税	自用地価額 × 通常の借地権割合
			有	課税関係なし	
		使用貸借		課税関係なし	
		相当の地代を引き下げた場合		地代調整借地権により贈与税を課税（引き下げたことに相当の理由がない場合）	自用地価額 × (借地権割合 × (1 − (実際地代−通常地代)/※1(相当地代−通常地代))) = 地代調整借地権価額
	通常の権利金等に満たない権利金等を授与	※2 相当の地代		課税関係なし	
		通常の地代を超え相当の地代に満たない地代		地代調整借地権価額と実際支払権利金等の額の差額に対して贈与税を課税	※3 自用地価額 × (借地権割合 × (1 − (実際地代−通常地代)/※1(相当地代−通常地代))) = 地代調整借地権価額
		通常の地代		※4 通常の借地権価額と実際支払権利金等の額の差額に対して贈与税を課税	自用地価額 × 通常の借地権割合
	通常の権利金等を授与	通常の地代		課税関係なし	自用地価額 × 通常の借地権割合
権利金等を支払う慣行がない		通常の地代		課税関係なし	

※1　相当の地代＝自用地としての価額（財産評価額）の過去3年間の平均額×6％

※2　相当の地代＝$\left(\begin{matrix}\text{自用地としての価額}\\\text{（財産評価額）}\\\text{の過去3年間の平均額}\end{matrix} - \begin{matrix}\text{支払った}\\\text{権利金等}\\\text{の額}\end{matrix} \times \dfrac{\text{自用地としての価額（財産評価額）の過去3年間の平均額}}{\text{借地権設定時の通常取引価額}}\right) \times 6\%$

相続税等の課税時における借地権の評価	相続税等の課税時における貸宅地の評価	取引相場のない様式の評価上純資産価額に加算する価額
零	自用地価額 × 80％	自用地価額 × 20％
自用地価額 × 借地権割合 × $\left(1-\dfrac{実際地代-通常地代}{相当地代-通常地代}\right)$※1 ＝地代調整借地権価額	自用地価額－地代調整借地権又は、自用地価額×80％のいずれか低い方の価額	地代調整借地権価額又は、自用地価額×20％のいずれか高い方の価額
零	自用地価額 × 80％	自用地価額 × 20％
自用地価額×通常の借地権割合	自用地価額×（1－通常の借地権割合）	自用地価額×通常の借地権割合
零	自用地価額 × 80％	自用地価額 × 20％
零	自　用　地　価　額	な　し
（引き下げ後は下記と同じ）	（引き下げ後は下記と同じ）	（引き下げ後は下記と同じ）
自用地価額 × 借地権割合 × $\left(1-\dfrac{実際地代-通常地代}{相当地代-通常地代}\right)$※1 ＝地代調整借地権価額	自用地価額－地代調整借地権又は、自用地価額×80％のいずれか低い方の価額	地代調整借地権価額又は、自用地価額×20％のいずれか高い方の価額
自用地価額 × 借地権割合 × $\left(1-\dfrac{実際地代-通常地代}{相当地代-通常地代}\right)$※1 ＝地代調整借地権価額	自用地価額－地代調整借地権又は、自用地価額×80％のいずれか低い方の価額	地代調整借地権価額又は、自用地価額×20％のいずれか高い方の価額
自用地価額×通常の借地権割合	自用地価額×（1－通常の借地権割合）	自用地価額×通常の借地権価額
自用地価額×通常の借地権割合	自用地価額×（1－通常の借地権割合）	自用地価額×通常の借地権割合
借地権については評価しない	自用地価額×（1－20％）	な　し

※3　自用地価額＝借地権設定時の通常取引価額
※4　通常の借地権価額＝通常の取引価額×通常の借地権割合

⑨ 農用地利用増進法等の規定により設定された賃貸借により貸付けられた農用地等の評価について

昭和56年6月9日付直評10、直資2-70

標題のことについては、農林水産省構造改善局長から別紙2のとおり照会があり、これに対して別紙1のとおり回答したから了知されたい。

別紙1

昭和56年6月9日付直評9、直資2-69

農林水産省構造改善局長　殿

国税庁長官

農用地利用増進法等の規定により設定された賃貸借により貸付けられた農用地等の評価について
（昭和56年4月21日付56構改B第630号照会に対する回答）

標題のことについては、貴見のとおり取扱うこととします。

別紙2

昭和56年4月21日付56構改B第630号

国税庁長官　殿

農林水産省構造改善局長

農用地利用増進法等の規定により設定された賃貸借により貸付けられた農用地等の評価について（照会）

　農用地利用増進法（昭和55年法律第65号）が、第91回通常国会において成立し、昭和55年9月1日から施行されていますが、同法は、地域の実情に応じて、地域農業者の合意のもとに、農用地（農地法第2条第1項に規定する農地又は採草放牧地をいいます。以下同じです。）について耕作者のために利用権の設定等を促進する事業その他農用地の農業上の利用の増進を図るための事業を総合的に行うことにより、農業経営の改善と農業生産力の増進を図り、農業の健全な発展に寄与することを目的としているものであります。

　この法律に基づく農用地の権利移動については、市町村が作成する農用地利用増進計画の公告によって、同計画の定めるところに従い、権利の設定・移転がされることとして仕組まれており、この場合には、農地法第3条第1項本文の権利移動の許可制、第6条の小作地所有制限、第19条本文の賃貸借の法定更新の適用が除外されることとされています。

　そのため、この農用地利用増進計画の公告により設定された賃貸借は同計画に定める存続期間の満了により自動的に終了し、その返還について一般の場合のような離作料の支払という問題も生じません。したがって、この農用地利用増進計画の公告により設定された賃貸借は、農地法第19条本文の賃貸借の法定更新及び同法第20条第1項本文の賃貸借の解約等の制限によって保護されている従来の農用地の賃貸借のように、いわゆる耕作権としての価格が生ずるような強い権利ではありま

せん。

　また、農用地について10年以上の期間の定めのある賃貸借についても、農地法第20条第1項本文の規定が除外されており、同様に耕作権としての価格が生ずるような強い権利ではありません。

　このようなことから、この農用地利用増進計画の公告により設定された賃貸借及び10年以上の期間の定めのある賃貸借により貸し付けられた農用地等の相続税及び贈与税の課税に当たっての評価については、下記のとおり取り扱っていただきたく、照会します。

記

(1) 農用地利用増進法第7条第1項の規定による公告があった農用地利用増進計画の定めるところによって設定された賃貸借に基づき貸し付けられている農用地の価額は、その賃貸借設定の期間がおおむね10年以内であること等から、相続税法第23条の地上権及び永小作権の評価等に照らし、その農用地が貸し付けられていないものとして相続税財産評価に関する基本通達の定めにより評価した価額（農用地の自用地としての価額）から、その価額に100分の5を乗じて計算した金額を控除した金額によって評価する。

(2) 当該賃貸借に係る賃借権の価額については、相続税又は贈与税の課税価格に算入することを要しない。

(3) 農地法第20条第1項本文の賃貸借の解約等の制限の規定の適用除外とされている10年以上の期間の定めがある賃貸借についても、上記(1)及び(2)に準じて取り扱われる。

(注) 農用地利用増進法は農業経営基盤強化のための関係法律の整備に関する法律（平成5年法律第70号）により「農業経営基盤強化促進法」と改題されている。

⑩ 負担付贈与又は対価を伴う取引により取得した土地等及び家屋等に係る評価並びに相続税法第7条及び第9条の規定の適用について

平成元年3月29日付直評5、直資2-204　[最終改正]平成3年12月18日付課資2-49（例規）、課評2-5、徴管5-20

標題のことについては、昭和39年4月25日付直資56、直審（資）17「財産評価基本通達」（以下「評価基本通達」という。）第2章から第4章までの定めにかかわらず、下記により取り扱うこととしたから、平成元年4月1日以後に取得したものの評価並びに相続税法第7条及び第9条の規定の適用については、これによられたい。

（趣旨）

最近における土地、家屋等の不動産の通常の取引価額と相続税評価額との開きに着目しての贈与税の税負担回避行為に対して、税負担の公平を図るため、所要の措置を講じるものである。

記

1　土地及び土地の上に存する権利（以下「土地等」という。）並びに家屋及びその附属設備又は構築物（以下「家屋等」という。）のうち、負担付贈与又は個人間の対価を伴う取引により取得したものの価額は、当該取得時における通常の取引価額に相当する金額によって評価する。

　　ただし、贈与者又は譲渡者が取得又は新築した当該土地等又は当該家屋等に係る取得価額が当該課税時期における通常の取引価額に相当すると認められる場合には、当該取得価額に相当する金額によって評価することができる。

　（注）「取得価額」とは、当該財産の取得に要した金額並びに改良費及び設備費の額の合計額をいい、家屋等については、当該合計金額から、評価基本通達130《償却費の額等の計算》の定めによって計算した当該取得の時から課税時期までの期間の償却費の額の合計額又は減価の額を控除した金額をいう。

2　1の対価を伴う取引による土地等又は家屋等の取得が相続税法第7条に規定する「著しく低い価額の対価で財産の譲渡を受けた場合」又は相続税法第9条に規定する「著しく低い価額の対価で利益を受けた場合」に当たるかどうかは、個々の取引について取引の事情、取引当事者間の関係等を総合勘案し、実質的に贈与を受けたと認められる金額があるかどうかにより判定するのであるから留意する。

　（注）その取引における対価の額が当該取引に係る土地等又は家屋等の取得価額を下回る場合には、当該土地等又は家屋等の価額が下落したことなど合理的な理由があると認められるときを除き、「著しく低い価額の対価で財産の譲渡を受けた場合」又は「著しく低い価額の対価で利益を受けた場合」に当たるものとする。

⑪ 都市公園の用地として貸し付けられている土地の評価について

平成4年4月22日付課評2-4、課資2-122

　標題のことについては、建設省都市局長から別紙2のとおり照会があり、これに対して別紙1のとおり回答したから了知されたい。

別紙1

平成4年4月22日付課評2-3、課資2-121

建設省都市局長　殿

国税庁長官

都市公園の用地として貸し付けられている土地の評価について
（平成4年3月30日付建設省都公緑発第37号照会に対する回答）

　標題のことについては、貴見のとおり取扱うこととします。

別紙2

平成4年3月30日付建設省都公緑発第37号

国税庁長官　殿

建設省都市局長

都市公園の用地として貸し付けられている土地の評価について

　緑豊かなうるおいのある居住環境の形成を図る等の観点から、都市公園の計画的整備が喫緊の課題となっているところですが、昨今の地価高騰により用地の取得が困難となっている状況にかんがみ、建設省では、今後、従来の用地取得方式に加え、いわゆる借地方式により都市公園の整備を推進していくこととしています。

　ところで、都市公園を構成する土地物件については、都市公園法（昭和31年法律第79号）の規定により私権が行使できないこととされており、また、公園管理者に対する都市公園の保存義務規定も存することから、都市公園の用地として貸し付けられている土地については、相当長期間にわたりその利用が制限されることになります。

　このようなことから、相続税及び贈与税の課税上、都市公園の用地として貸し付けられている土地の評価については、下記のとおり取り扱っていただきたく、照会します。

記

1　都市公園の用地として貸し付けられている土地の範囲

　都市公園の用地として貸し付けられている土地とは、都市公園法第2条第1項第1号《定義》に規定する公園又は緑地（堅固な公園施設が設置されているもので、面積が500平方メートル以上あるものに限る。）の用に供されている土地として貸し付けられているもので、次の要件を備えるものとする。

(1) 土地所有者と地方公共団体との土地貸借契約に次の事項の定めがあること
 イ 貸付けの期間が20年以上であること
 ロ 正当な事由がない限り貸付けを更新すること
 ハ 土地所有者は、貸付けの期間の中途において正当な事由がない限り土地の返還を求めることはできないこと。
(2) 相続税又は贈与税の申告期限までに、その土地についての権原を有することとなった相続人又は受贈者全員から当該土地を引き続き公園用地として貸し付けることに同意する旨の申出書が提出されていること

2 都市公園の用地として貸し付けられている土地の評価

　都市公園の用地として貸し付けられている土地の価額は、その土地が都市公園の用地として貸し付けられていないものとして、昭和39年4月25日付直資56、直審（資）17「財産評価基本通達」の第2章《土地及び土地の上に存する権利》の定めにより評価した価額から、その価額に100分の40を乗じて計算した金額を控除した金額によって評価する。

3 適用時期等

　この取扱いは、平成4年1月1日以後に相続若しくは遺贈又は贈与により取得した都市公園の用地として貸し付けられている土地の評価に適用する。

　なお、この取扱いの適用を受けるに当たっては、当該土地が都市公園の用地として貸し付けられている土地に該当する旨の地方公共団体の証明書（上記1の（2）に掲げた申出書の写しの添付があるものに限る。）を所轄税務署長に提出するものとする。

⑫ 特定市民農園の用地として貸し付けられている土地の評価について

平成6年12月19日付課評2-15、課資2-212

　標題のことについては、農林水産省構造改善局長及び建設省都市局長から別紙2のとおり照会があり、これに対して別紙1のとおり回答したから了知されたい。

別紙1

平成6年12月19日付課評2-14、課資2-211

農林水産省構造改善局長　殿
建設省都市局長　殿

国税庁長官

特定市民農園の用地として貸し付けられている土地の評価について
（平成6年11月22日付6構改B第1067号及び建設省都公緑発第90号照会に対する回答）

　標題のことについては、貴見のとおり取り扱うこととします。

別紙2

平成6年11月22日付6構改B第1067号建設省都公緑発第90号

国税庁長官　殿

農林水産省構造改善局長
建設省都市局長

特定市民農園の用地として貸し付けられている土地の評価について

　緑豊かなまちづくりを推進し、自然との触れ合いの場を確保するため、現在、各地方公共団体において市民農園の整備が進められているところですが、その用地については借地方式によるものが多いのが現状であります。

　農林水産省及び建設省では、健康でゆとりある国民生活の確保を図るとともに、良好な都市環境の形成等にも資するとの観点から、この借地方式による市民農園のうち、地方公共団体の条例で設置され、契約期間も長期にわたるなど一定の要件（下記1参照）を満たす市民農園を「特定市民農園」として認定する制度を創設し、特に積極的にその整備を推進していくこととしました。

　この特定市民農園は、土地の貸借期間が20年以上であり、かつ、正当事由がなければ土地所有者が土地の返還を求めることはできないものであること、議会の過半数の同意がなければ廃止できないものであり、また、公益上特別の必要がある場合等を除き、廃止されないようその開設者である地方公共団体が的確に管理運営するとともに、認定権者においても認定後の管理運営状況を常時把握することによりその適正な運営が図られるものであることなどから、特定市民農園の用地として貸し付けられている土地については、相当長期にわたりその利用等が制限されることになります。

　このようなことから、相続税及び贈与税の課税上、特定市民農園の用地として貸し付けられてい

る土地の評価については、下記のとおり取り扱っていただきたく、照会します。

記

1　特定市民農園の範囲

　特定市民農園とは、次の各基準のいずれにも該当する借地方式による市民農園であって、都道府県及び政令指定都市が設置するものは農林水産大臣及び建設大臣から、その他の市町村が設置するものは都道府県知事からその旨の認定書の交付を受けたものをいう。

(1)　地方公共団体が設置する市民農園整備促進法第2条第2項の市民農園であること

(2)　地方自治法第244条の2第1項に規定する条例で設置される市民農園であること

(3)　当該市民農園の区域内に設けられる施設が、市民農園整備促進法第2条第2項第2号に規定する市民農園施設のみであること

(4)　当該市民農園の区域内に設けられる建築物の建築面積の総計が、当該市民農園の敷地面積の100分の12を超えないこと

(5)　当該市民農園の開設面積が500㎡以上であること

(6)　市民農園の開設者である地方公共団体が当該市民農園を公益上特別の必要がある場合その他正当な事由なく廃止（特定市民農園の要件に該当しなくなるような変更を含む。）しないこと

　　なお、この要件については「特定市民農園の基準に該当する旨の認定申請書」への記載事項とする。

(7)　土地所有者と地方公共団体との土地貸借契約に次の事項の定めがあること

　イ　貸付期間が20年以上であること

　ロ　正当な事由がない限り貸付けを更新すること

　ハ　土地所有者は、貸付けの期間の中途において正当な事由がない限り土地の返還を求めることはできないこと

2　特定市民農園の用地として貸し付けられている土地の評価

　特定市民農園の用地として貸し付けられている土地の価額は、その土地が特定市民農園の用地として貸し付けられていないものとして、昭和39年4月25日付直資56、直審（資）17「財産評価基本通達」の定めにより評価した価額から、その価額に100分の30を乗じて計算した金額を控除した金額によって評価する。

　なお、この取扱いの適用を受けるに当たっては、当該土地が、課税時期において特定市民農園の用地として貸し付けられている土地に該当する旨の地方公共団体の長の証明書（相続税又は贈与税の申告期限までに、その土地について権原を有することとなった相続人、受遺者又は受贈者全員から当該土地を引き続き当該特定市民農園の用地として貸し付けることに同意する旨の申出書の添付があるものに限る。）を所轄税務署長に提出するものとする。

3　適用時期

　この取扱いは平成7年1月1日以後に相続若しくは遺贈又は贈与により取得した特定市民農園の用地として貸し付けられている土地の評価に適用する。

⑬ 公益的機能別施業森林区域内の山林及び立木の評価について

（平成24年4月1日以後に認定を受けて森林経営計画に係るもの）

平成14年6月4日付課評2-3、課資2-6

（平成24年7月12日付課評2-35外一部改正）

標題のことについては、下記のとおり定めたから、平成14年4月1日以後に取得したものの評価については、これによられたい。

（趣旨）

森林法の一部を改正する法律（平成13年法律第109号、平成14年4月1日施行）により、同法による改正後の森林法（昭和26年法律第249号）に公益的機能別施業森林区域内の森林施業の方法その他森林の整備に関する事項等が定められたことに伴い、当該区域内の山林及び立木の評価方法を定めたものである。

記

（公益的機能別施業森林区域内の山林の評価）

1　森林法（昭和26年法律第249号）第11条第5項の規定による市町村の長の認定を受けた同法第11条第1項に規定する森林経営計画（以下「森林経営計画」という。）が定められていた区域内に存する山林のうち、次に掲げるものの価額は、財産評価基本通達45《評価の方式》に定める方式によって評価した価額から、その価額に別表に掲げる森林の区分に応じて定める割合を乗じて計算した金額に相当する金額を控除した金額によって評価する。

(1) 相続又は遺贈により取得した場合

　イ　森林法第17条第1項の規定により効力を有するものとされる森林経営計画において、同法第11条第5項第2号ロに規定する公益的機能別施業森林区域内（以下「公益的機能別施業森林区域内」という。）にあるもの（特定遺贈及び死因贈与（特定の名義で行われるものに限る。）により取得する場合を除く。）

　ロ　次に掲げる森林経営計画において、公益的機能別施業森林区域内にあるもの

　　①　被相続人を委託者とする森林の経営の委託に関する契約（以下「森林経営委託契約」という。）が締結されていたことにより、受託者（次の②に掲げる受託者を除く。）が認定を受けていた森林経営計画で、相続人、受遺者又は死因贈与による受贈者（以下「相続人等」という。）の申出により、森林経営委託契約が継続され、かつ、受託者の森林経営計画として存続する場合における当該森林経営計画

　　②　被相続人を委託者、相続人等を受託者とする森林経営委託契約が締結されていたことにより、当該受託者が認定を受けていた森林経営計画で、当該受託者の森林経営計画として存続する場合における当該森林経営計画

(2) 贈与により取得した場合

　次に掲げる森林経営計画において、公益的機能別施業森林区域内にあるもの

　イ　贈与者を委託者とする森林経営委託契約が締結されていたことにより、受託者（次のロに

掲げる受託者を除く。）が認定を受けていた森林経営計画で、贈与前に贈与を停止条件とする森林経営委託契約が締結されることにより、受託者の森林経営計画として存続する場合における当該森林経営計画

ロ　贈与者を委託者、受贈者を受託者とする森林経営委託契約が締結されていたことにより、当該受託者が認定を受けていた森林経営計画で、当該受託者の森林経営計画として存続する場合における当該森林経営計画

ハ　贈与者が認定を受けていた森林経営計画で、贈与後に森林法第12条第1項に基づく当該森林経営計画の変更の認定を受けたことにより、受贈者の森林経営計画として存続する場合における当該森林経営計画

（公益的機能別施業森林区域内の立木の評価）

2　森林経営計画が定められていた区域内に存する立木のうち、次に掲げるものの価額は、財産評価基本通達113《森林の主要樹種の立木の評価》、117《森林の主要樹種以外の立木の評価》又は122《森林の立木以外の立木の評価》の定めにより評価した価額から、その価額に別表に掲げる森林の区分に応じて定める割合を乗じて計算した金額を控除した金額によって評価する。

(1)　相続又は遺贈により取得した場合

イ　森林法第17条第1項の規定により効力を有するものとされる森林経営計画において、公益的機能別施業森林区域内にあるもの（特定遺贈及び死因贈与（特定の名義で行われるものに限る。）により取得する場合を除く。）

ロ　次に掲げる森林経営計画において、公益的機能別施業森林区域内にあるもの

①　被相続人を委託者とする森林経営委託契約が締結されていたことにより、受託者（次の②に掲げる受託者を除く。）が認定を受けていた森林経営計画で、相続人等の申出により、森林経営委託契約が継続され、かつ、受託者の森林経営計画として存続する場合における当該森林経営計画

②　被相続人を委託者、相続人等を受託者とする森林経営委託契約が締結されていたことにより、当該受託者が認定を受けていた森林経営計画で、当該受託者の森林経営計画として存続する場合における当該森林経営計画

(2)　贈与により取得した場合

次に掲げる森林経営計画において、公益的機能別施業森林区域内にあるもの

イ　贈与者を委託者とする森林経営委託契約が締結されていたことにより、受託者（次のロに掲げる受託者を除く。）が認定を受けていた森林経営計画で、贈与前に贈与を停止条件とする森林経営委託契約が締結されることにより、受託者の森林経営計画として存続する場合における当該森林経営計画

ロ　贈与者を委託者、受贈者を受託者とする森林経営委託契約が締結されていたことにより、当該受託者が認定を受けていた森林経営計画で、当該受託者の森林経営計画として存続する場合における当該森林経営計画

ハ　贈与者が認定を受けていた森林経営計画で、贈与後に森林法第12条第1項に基づく当該森

林経営計画の変更の認定を受けたことにより、受贈者の森林経営計画として存続する場合における当該森林経営計画

(保安林等の評価)

3 上記1《公益的機能別施業森林区域内の山林の評価》又は2《公益的機能別施業森林区域内の立木の評価》に該当する山林又は立木が、森林法その他の法令の規定に基づき土地の利用又は立木の伐採について制限を受けている場合には、その山林又は立木の価額は、財産評価基本通達50《保安林等の評価》又は123《保安林等の立木の評価》によって評価した価額と上記1《公益的機能別施業森林区域内の山林の評価》又は2《公益的機能別施業森林区域内の立木の評価》によって評価した価額のいずれか低い金額により評価する。

(注) この通達において使用する用語については、次の点に留意する。

1 「森林法第11条第5項」については、森林法第12条第3項において準用する場合又は木材の安定供給の確保に関する特別措置法(平成8年法律第47号)第10条第2項の規定により読み替えて適用される森林法第12条第3項において準用する場合を含む。

2 「市町村の長」については、森林法第19条の規定の適用がある場合には、同条第1項各号に掲げる場合の区分に応じ当該各号に定める者をいう。

3 「森林経営計画」については、森林法第16条又は木材の安定供給の確保に関する特別措置法第10条第3項の規定による認定の取消しがあった森林経営計画を含まない。

4 「森林経営計画が定められていた区域内」については、森林法第11条第1項に規定する森林経営計画の全部又は一部として定められる森林の保健機能の増進に関する特別措置法(平成元年法律第71号)第6条第1項に規定する森林保健機能増進計画に係る区域内を含まない。

(別表)

森林の区分	割合
・森林法施行規則第13条第1項に規定する水源涵(かん)養機能維持増進森林 ・森林法施行規則第13条第2項に規定する土地に関する災害の防止及び土壌の保全の機能、快適な環境の形成の機能又は保健文化機能の維持増進を図るための森林施業を推進すべき森林として市町村森林整備計画において定められている森林その他水源涵(かん)養機能維持増進森林以外の森林(以下「水源涵(かん)養機能維持増進森林以外の森林」という。)のうち、森林法施行規則第13条第2項第1号に規定する複層林施業森林(同項第3号に規定する択伐複層林施業森林を除く。)及び標準伐期齢のおおむね2倍以上に相当する林齢を超える林齢において主伐を行う森林施業を推進すべき森林として市町村森林整備計画において定められている森林	0.2
・水源涵(かん)養機能維持増進森林以外の森林のうち、森林法施行規則第13条第2項第2号に規定する特定広葉樹育成施業森林及び同項第3号に規定する択伐複層林施業森林	0.4

(附則)

森林法の一部を改正する法律(平成23年法律第20号)附則第8条の規定により、なお従前の例によることとされた、平成24年3月31日以前に市町村の長の認定を受けた森林施業計画が定められている区域内に存する山林又は立木の評価については、この法令解釈通達の改正前の取扱いを適用する。

⑭　公共用地の取得に伴う損失補償基準細則

昭和38年3月7日用地対策連絡会決定（最近改正　平成25年3月22日）

第1	基準第8条	（土地の補償額算定の基本原則）
第2	基準第9条	（土地の正常な取引価格）
第2-2	基準第10条	（所有権以外の権利の目的となっている土地に対する補償）
第2-3	基準第12条	（地上権、永小作権及び賃借権の正常な取引価格）
第3	基準第13条	（使用貸借による権利に対する補償）
第4	基準第16条	（建物その他の工作物の取得に係る補償）
第5	基準第17条	（立木の取得に係る補償）
第6	基準第19条	（土石砂れきの取得に係る補償）
第7	基準第20条	（漁業権等の消滅に係る補償）
第8	基準第21条	（鉱業権、租鉱権又は採石権の消滅に係る補償）
第9	基準第22条	（温泉利用権の消滅に係る補償）
第10	基準第23条	（水を利用する権利等の消滅に係る補償）
第11	基準第24条	（土地の使用に係る補償）
第12	基準第25条	（空間又は地下の使用に係る補償）
第13	基準第26条	（建物等の使用に係る補償）
第14	基準第27条	（権利の制限に係る補償）
第15	基準第28条	（建物等の移転料）
第15-2	基準第28条	（建物等の移転料）
第15-3	基準第29条の2	（区分所有建物の取得等）
第16	基準第31条	（動産移転料）
第17	基準第32条	（仮住居等に要する費用）
第17-2	基準第33条	（家賃減収補償）
第18	基準第34条	（借家人に対する補償）
第19	基準第35条	（改葬の補償）
第20	基準第36条	（祭し料）
第21	基準第37条	（移転雑費）
第22	基準第38条	（立木の移植補償）
第23	基準第39条	（用材林の伐採補償）
第24	基準第40条	（薪炭林の伐採補償）
第25	基準第41条	（果樹等の収穫樹の伐採補償）

別記2

土地利用制限率算定要領

(土地利用制限率)

第1条　基準第25条に掲げる「土地の利用が妨げられる程度に応じて適正に定めた割合」(以下「土地利用制限率」という。)を算定するため、本要領を定める。

(土地の利用価値)

第2条　土地の利用価値は、地上及び地下に立体的に分布しているものとし、次の各号に掲げる使用する土地の種別に応じ、当該各号に掲げる利用価値の合計とすることを基本とし、それぞれの利用価値の割合は、別表第1「土地の立体利用率配分表」に定める率を標準として適正に定めるものとする。

一　高度市街地内の宅地

建物による利用価値及びその他の利用価値(上空における通信用施設、広告用施設、煙突等の施設による利用及び地下における特殊物の埋設、窄井による地下水の利用等をいう。以下同じ。)

二　高度市街地以外の市街地及びこれに準ずる地域(概ね、市街化区域内又は用途地域が指定されている高度市街地以外の区域をいう。)内の宅地又は宅地見込地

建物による利用価値、地下の利用価値及びその他の利用価値

三　農地又は林地

地上の利用価値、地下の利用価値及びその他の利用価値

(土地利用制限率の算定方法)

第3条　土地の利用制限率は、次式により算定するものとする。

一　前条第1号の土地の場合

$$\text{建物による利用価値の割合} \times \frac{B}{A} + \text{その他の利用価値の割合} \times a$$

A　建物利用における各階層の利用率の和

B　空間又は地下の使用により建物利用が制限される各階層の利用率の和

a　空間又は地下の使用によりその他利用が制限される部分の高さ又は深さによる補正率(0～1の間で定める。)

二　前条第2号の土地の場合

$$\text{建物による利用価値の割合} \times \frac{B}{A} + \text{地下の利用価値の割合} \times p + \text{その他の利用価値の割合} \times a$$

A、B　それぞれ前号に定めるところによる。

p　地下の利用がなされる深度における深度別地下制限率

a　前号に定めるところによる。

三　前条第3号の土地の場合

$$\text{地上の利用価値の割合} \times q + \text{地下の利用価値の割合} \times p + \text{その他の利用価値の割合} \times a$$

　　　　　　q　空間又は地下の使用により地上利用が制限される部分の利用率の割合
　　　　　　p　第2号に定めるところによる。
　　　　　　a　第1号に定めるところによる。

(建物利用における各階層の利用率)
第4条　前条に規定する建物利用における各階層の利用率を求める際の建物の階数及び用途は、原則として、使用する土地を最も有効に使用する場合における階数及び用途とするものとし、当該階数及び用途は、次の各号に掲げる事項を総合的に勘案して判定するものとする。
　一　当該地域に現存する建物の階数及び用途
　二　当該地域において近年建築された建物の標準的な階数及び用途
　三　土地の容積率を当該土地の建ぺい率で除して得た値の階数
　四　当該地域における都市計画上の建ぺい率に対する標準的な実際使用建ぺい率の状況
　五　当該地域における用途的地域
　六　当該地域の将来の動向等
2　建物の各階層の利用率は、当該地域及び類似地域において近年建築された建物の階層別の賃借料又は分譲価格等を多数収集の上これを分析して求めるものとする。この場合において、高度市街地内の宅地にあっては、別表第2「建物階層別利用率表」を参考として用いることができるものとする。

(深度別地下制限率)
第5条　第3条に規定する深度別地下制限率は、地域の状況等を勘案して定めた一定の深度までの間に、1～10メートルの単位で設ける深度階層毎に求めるものとし、原則として当該深度階層毎に一定の割合をもって低下するとともに、最も浅い深度階層に係る深度別地下制限率を1として算定するものとする。

(農地等の地上利用)
第6条　第3条に規定する地上利用が制限される部分の利用率は、農地及び林地における農業施設の所要高、立木の樹高の最大値等を考慮の上、地域の状況に応じて、地上利用の高さ及び高度別の利用率を決定することにより適正に定めるものとする。

(空間又は地下の使用による残地補償)
第7条　同一の土地所有者に属する土地の一部の空間又は地下を使用することによって残地の利用が妨げられる場合の当該残地に関する損失の補償額の算定は、次式によるものとする。
　　　　土地価格×建物利用制限率×残地補償対象面積
　　　　　残地補償対象面積＝残地面積－建築可能面積
　　　　　建築可能面積　当該残地の建ぺい率、画地条件、周辺の環境及び直接利用制限部分との関係等を考慮して適正に定める。
　　　　　建物利用制限率　使用する土地の土地利用制限率(その他の利用価値に係る制限率が含まれる場合は、これを除く。)

別表第1　土地の立体利用率配分表

土地の種別	宅地						宅地見込地
容積率等 利用率等区分	900%を超えるとき	600%を超え900%以内	400%を超え600%以内	300%を超え500%以内	150%を超え300%以内	150%以内	
最有効使用 建物利用率	0.9	0.8	0.7	0.7	0.6	0.6	0.6
最有効使用 地下利用率	0.1	0.2	0.3	0.2	0.3	0.3	0.3
その他使用 その他利用率（δ）				0.1	0.1	0.1	0.1
その他使用 （δ）の上下配分割合			1：1	2：1	3：1	4：1

土地の種別	農地 林地
利用率等区分	
地上利用率	0.9
地下利用率	
その他利用率（δ）	0.1
（δ）の上下配分割合	5：1

（注）1　建築基準法等で定める用途地域の指定のない区域内の土地については、当該地の属する地域の状況等を考慮のうえ、土地の種別のいずれか照応するものによるものとする。
2　土地の種別のうち、宅地の同一容積率等での地下利用率については、原則として当該地の指定用途地域又は用途的地域が商業地域以外の場合等に適用するものとする。
3　土地の種別のうち、宅地中、当該地の指定用途地域又は用途的地域が商業地域の場合の建物等利用率については、当該地の属する地域の状況等を考慮して、上表の率を基礎に加算することができるものとする。
4　土地の種別のうち、農地・林地についての地上利用率と地下利用率との配分は、宅地見込地を参考として、それぞれ適正に配分するものとする。

別表第2　建物階層別利用率表

階層	A群	B群	C群			D群
9	32.8		30.0	30.0	30.0	↑
8	32.9		30.0	30.0	30.0	
7	33.0		30.0	30.0	30.0	
6	36.9	67.4	30.0	30.0	30.0	
5	40.1	70.0	30.0	30.0	30.0	
4	42.8	72.7	30.0	30.0	30.0	
3	44.1	75.4	60.0	30.0	30.0	
2	61.5	79.4	70.0	70.0	30.0	
1	100.0	100.0		100.0		100.0
地下1	55.7	52.9		60.0		
地下2	33.1			40.0		

A群　下階が店舗で上階にゆくに従い事務所（例外的に更に上階にゆくと住宅となる場合もある。）使用となる建物
B群　全階事務所使用となる建物
C群　下階が事務所（又は店舗）で大部分の上階が住宅使用となる建物
D群　全階住宅使用となる建物
注1　本表の指数は土地価格の立体分布と建物価格の立体分布とが同一であると推定したことが前提となっている。
　2　本表の指数は各群の一応の標準を示すものであるから、実情に応じ補正は妨げない。特に各群間の中間的性格を有する地域にあっては、その実情を反映させるものとする。
　3　本表にない階層の指数は本表の傾向及び実情を勘案のうえ補足するものとする。
　4　本表は各階層の単位面積当たりの指数であるから、各階層の床面積が異なるときは、それぞれの指数と当該階層の床面積との積が当該階層の有効指数になる。
　5　C群の□内の指数は当該階層の用途が住宅以外であるときの指数である。

〔登載判決一覧表〕

登載頁	判決等		出典
3	平成18年3月15日	裁決	裁決事例集 No.71-505頁
6	平成21年9月16日	裁決	裁決事例集 No.78-491頁
6	昭和51年4月15日	裁決	TAINSコード　J12-4-02
30	平成28年12月7日	裁決	裁決事例集 No.105
31	平成19年9月28日	裁決	裁決要旨集登載
51	平成7年4月24日	千葉地裁判決 （平4（行ウ）21号）	税務訴訟資料第209号155頁
111	平成24年10月10日	裁決	裁決事例集 No.89
208	昭和61年12月5日	最高裁二小判決 （昭56（行ツ）89号）	税務訴訟資料第154号781頁
216	平成12年12月21日	裁決	裁決事例集 No.60-522頁
224	平成29年4月7日	裁決	裁決事例集 No.107
226	平成20年9月25日	裁決	裁決事例集 No.76　307頁
247	平成12年6月27日	裁決	裁決事例集 No.59-332頁
247	昭和42年12月5日	最高裁三小判決 （昭42（オ）293号）	最高裁判所民事判例集21巻10号2545頁
254・259	平成22年11月24日	裁決	TAINSコード　F0-3-268
260	平成18年9月13日	大阪地裁判決 （平15（行ウ）76）	税務訴訟資料256号順号10499
346	昭和53年12月21日	東京地裁判決 （昭51（行ウ）16）	税務訴訟資料103号851頁訟務月報25-4-1197
347	平成7年3月28日	大阪地裁判決 （平2（行ウ）31）	税務訴訟資料208号1035頁
347	平成8年1月26日	大阪高裁判決 （平7（行コ）21）	税務訴訟資料215号148頁
347	平成9年9月4日	最高裁一小判決 （平9（行ツ）106）	税務訴訟資料228号418頁

(編著者)

渡邉　定義（わたなべ　さだよし）

昭和31年　大分県生まれ。立命館大学法学部卒業。昭和55年東京国税局採用後、国税庁総務課、人事課、東京国税局国税訟務官室、国税不服審判所（本部）、国税庁資産税課、国税庁資産評価企画官室、麻布税務署副署長、東京国税局査察部、調査部、杉並税務署長、東京国税局資産課税課長などを歴任後、平成25年国税庁首席監察官、平成27年熊本国税局長を最後に退官。平成28年8月税理士登録。

［主な著書］
・「非上場株式の評価実務ハンドブック」　・「土地評価Ｑ＆Ａ」
・「体系基礎から学ぶ財産評価」　・「税理士法の実務」
　その他、国税通則法関係等多数執筆。

(著者)

村上　晴彦（むらかみ　はるひこ）

昭和29年生まれ。関西大学法学部卒業。昭和55年大阪国税局採用後、大阪国税局資産課税課、国税訟務官室（資産）、尼崎税務署統括官（資産）、大阪国税局徴収部特官、吹田税務署副署長、西脇税務署長、大阪国税局機動課長（資産）、徴収課長、徴取部次長などを歴任後、堺税務署長を最後に退官。平成27年　税理士登録。

堀内　眞之（ほりうち　まさゆき）

昭和29年生まれ。大阪市立大学法学部卒業。平成11年大阪国税局課税第一部国税訟務官室国税実査官、平成13年審理専門官【資産】、平成16年大阪国税不服審判所国税審査官、平成22年審理専門官【資産】、平成27年大阪国税局課税第一部審理課国税実査官、平成28年3月退官、同年5月堀内眞之税理士事務所開設、平成29年4月近畿大学非常勤講師。

(執筆協力者)

税理士　　田作有司郎

税理士　　平岡　良

税理士　　宇野貫一郎

> 本書の内容に関するご質問は，ファクシミリ等，文書で編集部宛に
> お願い致します。(fax 03-6777-3483)
> 　なお，個別のご相談は受け付けておりません。

相続税・贈与税のための
土地評価の基礎実務

（著者承認検印省略）

平成30年12月14日　第一刷印刷
平成30年12月28日　第一刷発行

ⓒ 編著者	渡　邉　定　義	
著　者	村　上　晴　彦	
	堀　内　眞　之	
発行所	税 務 研 究 会 出 版 局	
	週刊「税務通信」「経営財務」発行所	
	代 表 者　山　根　　毅	
	郵便番号　100-0005	
	東京都千代田区丸の内 1 - 8 - 2	
	鉄鋼ビルディング	
	振替口座　00160-3-76223	
	電話〔書籍編集〕　03(6777)3463	
	〔書店専用〕　03(6777)3466	
	〔書籍注文〕　03(6777)3450	
	（お客さまサービスセンター）	

各事業所　電話番号一覧

北海道 011(221)8348	神奈川 045(263)2822	中　国 082(243)3720
東　北 022(222)3858	中　部 052(261)0381	九　州 092(721)0644
関　信 048(647)5544	関　西 06(6943)2251	

＜税研ホームページ　https://www.zeiken.co.jp＞

乱丁・落丁の場合は，お取替え致します。　　印刷・製本　奥村印刷
ISBN 978-4-7931-2364-1